高等院校
经济学管理学
核心课教材

ORGANIZATIONAL
BEHAVIOR

# 组织行为学

（第二版）



罗珊　编著

格致出版社　上海人民出版社

## 内容简介

本书融合了作者多年的教学和科研成果，从组织行为学概论、组织中个体心理和行为、激励理论及其实践、群体心理和行为、领导心理和行为、组织行为等方面对组织行为学进行了全方位和多层次的介绍。本书在保证科学性和逻辑性的基础上，对组织行为学中的管理定律进行了详细的介绍和剖析，并结合管理故事和管理案例进行分析，增加了趣味性，适合于管理类专业的本科生、MBA学生，各类组织的领导者和管理者，以及对管理科学和心理学感兴趣的读者。

## 作者简介

罗珊，华南师范大学经济与管理学院教授，管理学博士，硕士生导师，英国纽卡斯尔大学高级访问学者，中国人力资源部和社会保障部培训专家。长期从事人力资源管理、技术经济管理领域的教学科研工作。曾获2014年度广东省社会科学年会优秀论文一等奖、华南师范大学“星光为了明天”教学大赛一等奖、华南师范大学教学成果二等奖。

# 前　言

组织行为学是集科学性、系统性、综合性、应用性于一身，理论应用前景广阔，实践性、可操作性极强的一门科学。自20世纪80年代初期传入中国直到今天，随着社会各个领域对组织行为学的需求越来越迫切，大批的组织行为学译著、教材和专著在国内出版，大批的组织行为学的研究项目也在国内实施，取得了许多令人瞩目的科研成果。

作为一名在组织行为学教学第一线的高校教师，在长达十几年的组织行为学的教学实践中，笔者不断地对国内外最新的组织行为学的研究成果进行了收集整理与研究学习，对新的组织学理论也进行了跟踪研究，为组织行为学课程建设做了大量的工作，包括修改教学大纲、教学模式和学生成绩评估规范和模式，建立考试题库和中英文案例库等，取得了良好的教学效果，赢得了学校师生的一致好评。作者也凭借组织行为学课程参加华南师范大学"星光为了明天"教学竞赛，获得了一等奖，该课程的教学改革项目也获得了学校的立项。

在新版的教材中，增加了新的内容，更加注重将启发性、开放性、交互性、趣味性和服务性融于一体，科学系统地阐述组织行为学的基本概念、原理和方法，更好地适应教学工作的需要。

本书的主要特色体现在以下几个方面：

1. 系统性。本书从组织行为学概论、组织中个体心理和行为、群体心理和行为、领导心理和行为、组织行为、激励理论及其实践等方面对组织行为学进行了全方位和多层次的研究和介绍，在内容的安排上具有完整性、全面性和系统性。

2. 实操性。组织行为学的教学目标，不仅仅是传授管理知识，更重要的是培养管理人员的实操技能。因此，作者在编写教材的过程中加入大量的案例，包括每章开篇的引导案例和每章结尾的分析案例。这些案例大部分都是在实践中采集到的真实事例加以典型化处理，形成供教师、学生思考、分析、讨论和决断的例子，让学生在自我研究和相互讨论的过程中学会理解和运用组织行为学的基本概念和相关理论，从而提高学生分析问题、解决问题的能力。

3. 新颖性。教材融合了作者多年的教学和科研成果，同时也吸收和参考了近几年国内外较新的科研成果。除了考虑内容上的新颖，本书在体例设计上也力求新颖。为了更好地突出理论性与实用性相结合的特点，本书的体例设计均由"学习目标""引导案例”“正文”“补充资料”“思考题”及“案例分析”六部分组成,使读者对知识的把握能有清晰的思路,并帮助读者举一反三,灵活运用。

4. 启发性。本书并非对其他教材内容的简单重复,而是结合作者自己的思路和视角对组织行为学的知识和基本原理进行研究和介绍,这有利于读者在遵循一定的逻辑思路的前提下,逐步形成自己对组织行为学的认识,以达到启发读者思路的效果。

5. 趣味性。本书在保证其科学性、逻辑性的基础上,将组织行为学中的管理定律进行了详细介绍和剖析,并结合管理故事和管理案例进行分析,增加了趣味性。这样既便于读者对知识点的理解与掌握,同时又使读者更具备感性的认识,提高学习兴趣。

6. 服务性。教材的最终目的是要保证教学的需要,因此为学生和老师提供及时周到的服务是本书的宗旨。本书以学生需要为中心,以实现教学效果为目的,使教材的形式、内容、文字等都尽量适应学生需要。本书还注意理论联系实际、学以致用,适于专门人才的培养,同时还为采纳本教材的教师提供教学课件等教学支持与服务。

适合阅读和应用本书的读者群:

一是在校的学生,主要是MBA学生和所有管理类专业的本科生,可以学习到组织行为学的理论知识以及在实践中进行运用的方法和技能。

二是各类组织的领导者和管理者,通过对本书的学习,能科学地理解、预测和引导组织成员的心理和行为,掌握领导和管理的艺术,提高领导和管理的有效性。

三是对管理科学和心理学感兴趣的读者,通过对本书的学习,能更进一步地对管理学和心理学的基本知识进行了解,学习如何将这些知识很好地运用到生活中。

非常感谢格致出版社和上海人民出版社的大力支持,使得本书得以顺利出版。书中存在的不足之处,敬请批评指正!

# 目　录 Contents

## 第五篇　领导心理与行为



## 第六篇　组织行为

# 第一篇　导　论

# 第1章 绪论

## 【本章学习目标】

通过本章学习,你应该了解:

1. 组织的概念及类型。
2. 行为的概念及类型。
3. 组织行为学的概念。
4. 组织行为学的学科性质及与其他学科的联系。
5. 组织行为学研究方法与模型。
6. 组织行为学产生与发展的过程。
7. 组织行为学面临的挑战与机遇。

### 引导案例

**春兰集团的人才战略**

中国加入WTO后,春兰集团把企业的发展方向从国内转向国外,把培养国际化人才放在企业发展战略的首位。围绕这一目标,春兰集团主要从三个方面做好专业技术人员的继续教育工作。

一是创造良好的学习环境。1998年,春兰投资6 000万元建成国内第一所企业大学——春兰学院,学院内设置了一整套的语音室、微机室和实验室等,并配备了健全的教师队伍。

二是建立完善的培训制度。春兰有完善的全员培训计划,所有员工每年必须参加相应的继续教育,对专业技术人员的要求更为严格。《春兰科技工作条例》规定所有的专业技术人员每年必须参加100课时以上的专业培训。

《春兰员工培训制度规定》中规定对专业技术人员的技术教育要进行相应考核,并将考核结果存入个人档案,作为年终考核和服务晋升的依据之一。2001年春兰专业技术人员赴国外进修150多人次,参加国内高级技术与管理方面的研讨班、培训班

120多人次,组织内部培训和进修4 000多人次。

三是与著名高校合作,共同培养人才。为有效提高专业技术人员的业务水平,提高企业开拓国际市场的能力,春兰与国内外一些著名高校建立了长期合作的关系,如美国麻省理工学院、南京大学、上海交大和上海理工大学等,充分利用高校的理论优势和最新技术成果为技术人员充电,各高校为春兰培养了MBA、国际贸易、制冷、计算机、电子、广告策划和人力资源管理等10余个专业的数百名各类人才,大大提高了企业核心竞争力。

正是由于重视人才的不断培养,春兰从一个年产值不足1 000万元的小型企业,迅速发展成年产30多个亿的国家级大型企业、中国最大的空调基地、世界七大空调生产基地之一,形成由24家法人企业组成,拥有家电、自动车、投资贸易三大支柱产业,实行科工贸结合的跨地区、跨行业经营,以公有制为主体的混合所有制大型企业集团,实现了春兰发展的"核裂变"。

**【点评】**

市场经济的一个重要特征是充满竞争,而竞争归根结底是人的竞争,是人的素质的竞争,换句话说是人的心理活动和行为的竞争。因此,现代企业管理的一个显著特点是"以人为中心"的管理。随着社会文明的进步,人的作用显得日益重要。如果一个企业中员工素质不高,或者员工的积极性未调动起来,那么,这个企业中的资金、土地、原料、设备、信息等物质因素都不能实现其真正价值。

春兰培养人才的经验表明,企业发展的动力来自企业内部,特别是对于加入WTO后的中国企业来说,紧贴时代需求,培养好现有人才,充分挖掘他们的潜力,是保证企业持续发展、有效参与国际竞争的一条快捷、高效的途径。

人才是企业之本。而研究和学习组织行为学可以帮助我们更好地了解企业员工的心理和行为特点,提高管理者的管理效能,协调企业、团队、个体之间的相互关系,最大程度地发挥人们的主观能动性,使企业获得最佳的经济效益和社会效益,因此,管理者掌握必要的组织行为学知识与技能势在必行。

# 第1节 组织行为学概述

## 一、组织的内涵

"组织"一词来源于英文,原义是指自成系统的、具有特定功能的细胞结构的器官，后来逐渐演变为针对人群而言的概念，运用于社会管理之中。人类为了生存，在与大自然搏斗的过程中结成了群体。只要有群体的活动，就需要管理，有管理就会需要组织。在我国，组织的原始意义是编织的意思，即经纬相交，织作布帛。从管理学的角度来看，我们可以从静态与动态两个方面来理解组织这个概念。一方面，组织是相对静态的社会实体单位，它是把分工的范围、程度、相互之间的协调配合关系以及各自的任务和职责等用部门和层次的方式确定下来，形成各种规章制度和责、权、利相结合的组织机构模式。另一方面，组织又是动态的组合活动过程，即通过组织机构的建立与变革，将生产经营活动所需的人、财、物和信息资源，从时间、空间上科学地组织起来，使每个成员都能接受领导、协调行动，从而产生新的、大于个人和小集体功能简单加总的整体职能。我们可以将组织定义为：组织是在特定社会环境中，由人群构成的，为了达到共同的目标，通过责权分配和层次结构所构成的一个完整的有机体。

## 二、组织的分类

### （一）正式组织和非正式组织

**1. 正式组织**

正式组织是指在组织设计中，为了实现组织的总目标而成立的功能结构。这种功能结构或部门是组织的组成部分，并有明确的目标、任务、结构、职能以及由此形成的成员间的责权关系，并借助组织结构图和职务说明书等文件予以明确规定，如企业中的销售部门、生产部门、财务部门等都是正式组织。

**2. 非正式组织**

非正式组织是指建立在诸如地理位置关系、兴趣爱好关系、工作关系、亲朋好友关系等基础上的一种没有明文规定的群体，这种群体中的成员之间并没有明确的责、权、利关系，如企业中的同乡会、业余舞蹈队等都是非正式组织。

企业中的非正式组织对于正式组织来说是一把“双刃剑”。相对正式组织而言，非正式组织在表达思想、提高士气、促进人员稳定、利于沟通、提高人员的自信心和减少紧张感等方面有着较大的优势。如果两者之间能积极互动，和谐相处，那么非正式组织就能有力地推动正式组织的健康发展，成为组织发展的“助推器”。但是，如果正式组织和非正式组织之间的关系处理不好，就可能出现非正式组织集体对抗和抵制正式组织制定的规章制度和管理条例的情况，扰乱正常的工作秩序，成为整个组织向前发展的“绊脚石”。

## (二) 实体组织与虚拟组织

实体组织，即一般意义上的组织，其具有完成业务活动所需的全部功能，其为了某种特定的目标而将自身的功能和资源集中在一起完成组织的活动，达成组织目标。实体组织在地理和空间上具有连续性，如工厂、学校、医院、军队等都是实体组织。

虚拟组织主要指以信息技术为支撑的人机一体化组织，是社会及组织发展到一定阶段出现的产物。其实，虚拟组织在计算机信息网络出现之前就已经产生了，而信息网络的出现使虚拟组织得到了前所未有的全面发展和广泛认同。

相对于传统的组织形式，虚拟组织有其独特的优势：

(1) 人才优势。现代通信与信息技术消除了人们在生活和工作中由于空间距离和区位带来的不便和障碍，也为组织动态地集聚和利用世界各地的人力资源创造了条件，同时也减少了关键人才的流失。

(2) 信息优势。虚拟组织成员来源区域广泛，能够充分获取世界各地的技术、知识、产品信息资源，这为保持组织的活力奠定了基础。同时，成员可以及时搜集来自各方面的意见和需求，使组织能更好地进行内部和外部的有效沟通。

(3) 竞争优势。虚拟组织可以通过良好的知识采集、筛选、整理、分析工具和机制，使其成员好的经验、灵感能够很快在数字化管理网络内得以推广，实现优势互补和有效合作，使众多不同渠道的零散知识可以迅速整合为系统的集体智慧，转化为竞争优势。

(4) 效率优势。虚拟团队利用便捷的网络沟通技术实现信息的及时交流，而最迅速的信息传递又确保了组织能及时作出相对正确的决策，使得组织各方面的效率大大提高。

(5) 成本优势。一方面，由于大量利用外部人力资源条件，从而减轻了组织内部人工成本压力；另一方面，由于减少了成员的办公费用、为聚集开会而支付的旅行费用和重新安置员工的费用，从而降低了管理成本。

## (三) 机械式组织与有机式组织

### 1. 机械式组织

根据美国著名组织行为学家史蒂芬·罗宾斯在其所著的《管理学》中所做的定义。机械式组织，又称官僚行政组织，是指由于坚持统一指挥因而产生了一条正式的职权层级链，在这条职权层级链上每个人只受一个上级的控制和监督，保持狭窄的管理跨度，并随着组织层次的提高缩小管理跨度，因此形成的一种高耸的、非人格化的组织结构。

### 2. 有机式组织

有机式组织，又称适应性组织，具有低复杂性、低正规化和分权化的特点，其一般具有“扁平化”的组织结构和开创性的工作方式，强调团队协作、组织学习和管理创新，注重组织的公共关系建设和公众形象塑造。由于其不具有标准化的工作和规则条例，所以是一种松散的结构，能根据需要迅速做出调整。一般来说，有机式组织中员工的专业性比较强，其所受的教育已经使他们把职业行为的标准作为习惯，所以不需要太多正式的规则和直接监督。

## 三、行为的概念

行为的定义可以从狭义和广义两个方面来理解。从狭义的角度来理解，行为是泛指有机体有目的的外显活动、动作、运动、反应或行动。例如，我们说某个同学有不遵守纪律的行为，通常是指这个同学有诸如迟到、早退、上课讲小话等一些行为动作，而这些都是我们可以直接观察得到的。而从广义的角度来理解，行为则是除了可以直接观察到的外显活动外，还包括内隐的心理活动。例如，学生有不守纪律的行为，我们不仅指的是其迟到、早退等外显可以观察的活动，我们更要探究其内心的真实心理活动，即他为什么要迟到？他究竟是怎么想的？他的动机是什么？等等。组织行为学当中“行为”的概念是广义的角度来理解的概念。

组织行为学研究的行为具有以下几个特点：

（1）目的性。当人们认定某种行为有助于其实现某一目的时，就会选择该行为。因此，行为是有意识的、自觉的、有计划的、有目标的。

（2）能动性。主观能动性是一种积极主动的自觉性，是在有意识地、有目的地、有计划地、能动地认识世界和改造世界中表现出来的。人的行为不是消极地适应外部世界，而是一个能动地改造世界的过程。

（3）预见性。因为人的行为会遵循一些共同的规律，所以人的行为方式和行为结果等是可以预见的。

（4）多样性。在不同的时空条件下，在不同的情境中，人的行为也不一样。人的行为根据不同的性质、不同的时间长短、不同的难易程度而不同。

（5）可控性。行为的可控性是指人的行为是可以控制的，人类能有意识地控制和调节自身的行为，使其向着目标前进。

## 四、组织行为学的内涵

### （一）行为科学的概念及发展

行为科学是研究人的行为或人类集合体的行为，在心理学、人类学、社会学、经济学、政治学和语言学等领域协作的一门科学。其研究对象涉及思考过程、交往、消费者行为、经营行为、社会和文化的变革、国际关系政策的拟定等广泛的课题。

组织行为学广泛地应用于企业管理,研究如何激发人的工作积极性,提高劳动生产率,改善并协调人与人之间的关系,缓和劳资矛盾。很多心理学家、社会学家围绕这些问题进行研究,这些人被统称为行为科学家,如马斯洛等。行为科学不同于心理学中的行为主义派别,行为主义拒绝意识或把意识等同于行为,行为科学虽然研究人的行为规律,但它结合人的主观世界来研究行为规律,广泛接受传统心理学上用来描述人们主观世界的观念,如需要动机、性格、爱好、心理机制等。

泰勒制是在第一次世界大战前出现的"科学管理"制度,其根本目的是谋求最高效率,使较高工资和较低的劳动成本统一起来,从而扩大再生产。要达到最高的工作效率的重要手段是用科学化、标准化的管理方法代替以往的经验管理。为此,泰勒提出了一些基本的管理制度:一是对工人的操作方法进行规范,研究工人工作时动作的合理性,去掉多余的动作,改善必要动作,并规定出完成每一个单位操作的标准时间,制定出劳动时间定额,以便有效利用工时,提高工效。二是对工人进行科学的选择、培训网晋升。三是制定科学的工艺规程,使工具、机器、材料标准化,并对作业环境标准化,用文件形式固定下来。四是实行具有激励性的计件工资报酬制度。对完成和超额完成工作定额的工人以较高的工资率计件支付工资,对完不成定额的工人,则按较低的工资率支付工资。五是将管理职能从企业生产职能中独立出来,使得企业开始有人从事专职的管理工作。

泰勒的"科学管理"制度在当时确实取得了很大成功。例如,他提出的现场作业管理方法在实际的生产管理中取得了显著效果,推动了生产力的发展,提高了企业生产效率,也为企业带来了可观的利润。但是,一段时间以后,工人们发现虽然收入有所提高,但这却使他们承担了巨大的工作压力,是通过高强度的工作换来的,与资本家获取的丰厚利润相比,他们增加的收入实在是太少。工人阶级的觉悟提高后,他们用有组织的罢工、怠工等方法抵制资本家的剥削,泰勒制的定额奖惩法就失灵了。

由于生产发展的需要,许多学者探索比泰勒制先进的管理办法,他们进行种种提高劳动生产率的实验,试图通过改变劳动条件的办法找到劳动生产率的决定性因素。其结果证明:企业中人的因素比物的因素更重要,工人并不是只关注经济利益的"经济人",而是有感情、有理智的"社会人",员工劳动生产率的高低,在很大程度上取决于社会和心理因素影响的工作情绪。这种理论促进人们去研究人群关系,研究如何激励"士气",如何创造心情舒畅的工作环境,以后发展成为行为科学。由此看来,行为科学对泰勒制来说无疑是进一步的发展。

## (二) 什么是组织行为学

组织行为学是综合运用心理学、社会学、文化人类学、生理学、生物学、经济学、政治学等学科有关人的行为的知识与理论，来研究一定组织中的人的行为规律，以提高管理人员预测、引导和控制人的行为的能力，实现组织既定目标的科学。

从学科性质上来看，组织行为学是一门多学科、多层次相交叉的边缘性学科，又是具有两重性和应用性的学科。

**1. 组织行为学的边缘性**

组织行为学的边缘性表现为多学科相交叉性和多层次相交切性。组织行为学的理论来源非常广泛，其综合运用了心理学、社会学、文化人类学、生理学、生物学、经济学、政治学等学科有关人的行为的知识与理论，来研究一定组织中的人的行为规律，如表1.1所示。

**表1.1　与组织行为学密切相关的学科**

| 学　科 | 具体学科 | 主要影响和涉及研究领域 |
|---|---|---|
| 管理学 | 人力资源管理学 | 培训与开发、绩效管理、员工招聘与选拔、薪酬管理、劳资关系 |
| | 组织管理学 | 组织理论、组织技术、组织变革、组织文化 |
| 行为科学 | 心理学 | 激励、领导、知觉、个性、个体决策、工作满意度、态度、工作压力、工作设计 |
| 社会科学 | 社会学 | 群体动力、群体行为、团队建设、沟通、行为改变、态度改变、群体决策 |
| | 人类学 | 价值观比较、态度比较、跨文化研究、组织文化、组织环境 |
| | 政治学 | 冲突、组织内权力与政治 |
| | 经济学 | 领导有效性、工作绩效 |
| | 伦理学 | 激励、领导、沟通的伦理问题 |

(1) 组织行为学与心理学。

心理学是组织行为学的理论来源。心理活动是内隐的，行为是外显的，所以要研究组织中人的外显行为的规律性，必须要以心理学作为理论基础。管理人员处理人的问题时，必须要以心理学理论为基础，才能制定出有针对性的组织人事政策。组织行为学所涉及的组织成员个体行为、群体行为、领导行为以及激励问题研究都涉及心理学的理论和知识。

(2) 组织行为学与社会学。

社会学是从社会整体出发，通过社会关系和社会行为来研究社会的结构、功能、发生、发展规律的综合性学科。组织中的行为是离不开社会关系的，要全面认识组织中人的行为就必须要从其所处的整个社会关系着手进行研究。具体地讲,社会学对组织行为学的最大贡献是关于组织中群体行为的研究,包括群体的动力、结构、交往、权力和冲突,非正式组织、群体之间的协作配合和人与人之间相互关系等,这尤其表现在正式和复杂组织的研究中。

(3) 组织行为学与人类学。

人类学是组织行为学的重要理论基础之一。人类学分为体质人类学、文化人类学(又称社会人类学)和考古学,其中文化人类学与研究组织行为学关系最密切。文化人类学是从文化的角度研究人类种种行为的学科,它研究人类文化的起源、发展变迁的过程、世界上各民族各地区文化的差异,试图探索人类文化的性质及演变规律。人的行为并不是完全按照本能产生的,人的行为中文化性的行为多于生物性的行为。管理者如何根据不同的文化背景和现实环境,选择相适应的有效的组织形式和领导方式是组织行为学要探讨的问题,因此也不可避免地要涉及组织成员价值观和态度、组织规范、组织文化和组织环境等问题的研究,而这些也都是文化人类学所研究的范畴。

(4) 组织行为学与其他学科。

组织行为学与政治学、伦理学、生物学、生理学等学科都有着十分密切的联系(见图1.1)。政治学是一门以研究政治行为、政治体制以及政治相关领域为主的社会科学学科,而在组织中同样会存在涉及权力与冲突问题,伦理和道德的政治行为。人体犹如一个生物钟,有它自己的生物节奏的规律性,有体力、智力、情绪的低潮与高潮,这都

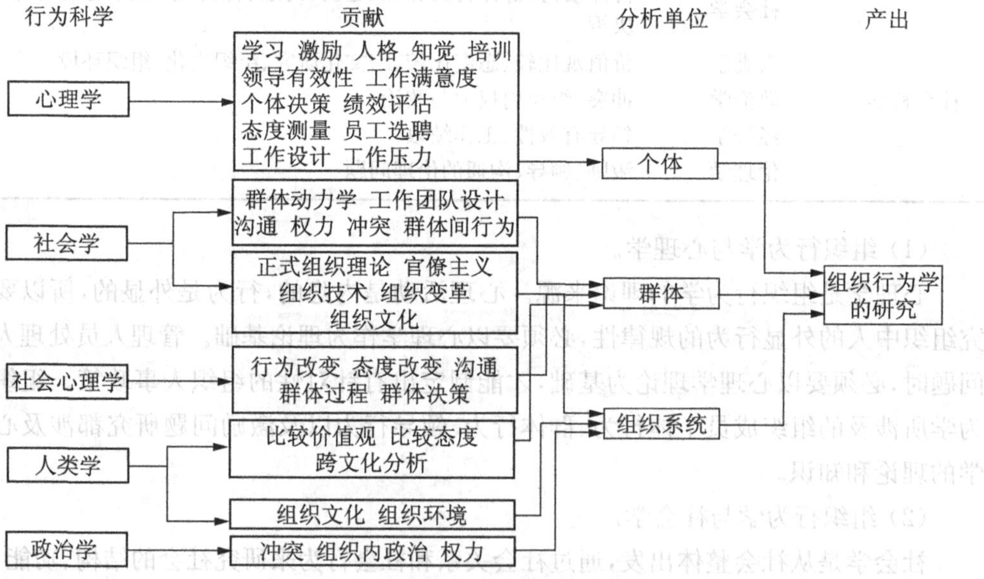


图1.1 组织行为学与相关学科的关系

会影响人的行为。20世纪80年代，组织行为学开始研究工作压力对个体、群体、组织的行为和工作绩效的影响，主要分析当人们承受工作压力时，身体所做出的生理反应，以及引起身体生物结构的变化和如何防治等。

**2. 组织行为学的两重性**

组织行为学的两重性表现为组织行为学既具有自然属性，又具有社会属性。组织行为学的两重性来源于管理的两重性、人的两重性和学科的两重性。

（1）管理的两重性。

一方面，管理作为一门科学，是对人们共同劳动的协调和指挥，因此，具有共性和一般性，反映了社会化大生产的共同规律，是人类生产实践中形成的共同文明成果。这种管理的共性不受社会制度的影响，不管是资本主义还是社会主义的社会化大生产都需要通过协调和指挥来进行管理。另一方面，管理又是一种监督劳动，这种监督劳动是一种社会属性的职能，不同的社会制度是不一样的。这种管理的两重性就决定了专门研究管理领域内人的心理和行为规律的组织行为学也具有两重性。

（2）人的两重性。

组织行为学的研究对象是人，而人也是具有自然属性和社会属性的。一方面，作为生物学意义上的人，是自然界的一部分。首先，从人的自身构造来看，人和其他生物一样也是由自然界的有机物构成，死后又分解为自然界的有机物。人和动物一样也有自然的欲求。其次，人的生存离不开自然界。作为自然界有生命的存在物，人依赖自然界提供的各种资源和生态环境，包括光、热、水、气、土壤、矿藏等无机成分，以及植物、动物和微生物等生物部分。这些条件，既为人类提供了生存的物质基础，也为人类生存和发展提供了物质生活资料。再次，人的生存和发展总是受到自然规律的制约，人从生到死都受生命运动的规律支配，人在自然界中的一切活动(认识自然的活动、改造世界的活动)都必须遵循自然规律和认识规律。另一方面，人又是社会的产物。如果说缺少自然属性人就无法生存、延续的话，那么，缺少社会性人就无法生存和发展。社会性是人类所特有的，物质资料的生产是人类社会存在和发展的基础。

（3）学科的两重性。

组织行为学的学科来源非常广泛，这些学科中既有社会科学，又有自然科学。例如，作为组织行为学来源学科的政治学、社会学就属于社会科学，而同样是组织行为学来源学科的生理学、生物学就属于自然学科。组织行为学的理论来源学科的两重性也决定了组织行为学的两重性。

**3. 组织行为学的应用性**

应用性表现为组织行为学研究的直接目的在于联系组织管理者工作实际，提高其工作能力，提高组织的工作绩效。

## 五、组织行为学的研究内容

组织行为学是现代管理科学和行为科学发展过程中派生出来的一门综合性、边缘性学科。它的研究对象主要是人的行为激励、探索人的行为规律、提高激励人的心理和行为的各种途径与技巧,以达到最大限度地提高组织管理效能的目的。组织行为学研究的主要内容有如下几个方面。

### (一) 个体心理与行为

所谓个体心理,确切地说是个体的社会心理,即个体在特定的社会部门或组织系统中,因其所处的角色地位而表现出的心理现象。个体心理包括个人行为的发展过程、态度、个性、价值观以及自我意识的发展、社会认知的确定、人格特征的形成等。个体行为则是指处于组织环境中的个人的所作所为。组织行为学研究个体行为的共同规律,目的在于对它进行引导和控制,使之符合组织目标。或者说,通过对个体心理与行为的研究,探讨个体内在的能力,激发个体的工作潜能,实现管理科学化。

### (二) 群体心理与行为

组织中的人们总是处在一定的关系之中,这些关系又表现为亲近或疏远的不同程度,并呈现为不同的群体。要有效地达到管理目标,就必须研究群体心理与行为,包括群体心理的特征、群体的凝聚力、群体的合作与竞争、群体的冲突与沟通以及群体中的人际关系等,使管理者能掌握群体行为形成的原因,并对之进行有效地协调与控制。

### (三) 领导心理与行为

领导心理是影响组织、群体和个体行为,进而影响组织生产或工作效率的一个关键因素。虽然领导者作为普通个人,领导班子作为一般群体,有其一般性规律,但在管理活动中,由于他们的特殊地位、角色身份、职责与功能,决定了他们的特殊性和重要性,有必要专列课题来研究。领导行为研究的内容主要包括领导功能、权威与影响力、领导者素质与领导者选拔、领导行为等问题。领导行为研究的目的在于为领导者的选拔、培训与考核提供理论依据,为提高领导艺术水平和领导效率服务。

### (四) 组织行为与组织效率

组织行为直接关系到组织自身的生存和发展。同时,组织又是个体和群体实现某种目标的工具,组织状况直接影响个体或群体的行为效率。因此,对于组织行为的研究具有十分重要的意义。组织行为研究的内容主要包括组织结构、组织设计、组织决策、组织文化以及组织变革与发展等问题。组织行为研究的目的在于:分析组织结构、管理体制、组织文化对组织成员心理和行为以及组织效率的影响,以期形成良好的组织气氛,促进组织管理效率的提高;探索组织变革、组织发展的原则和模式,促进组织不断完善和发展。

## 六、组织行为学研究方法与模型

### (一)组织行为学的研究方法

**1. 观察法**

观察法是指在自然条件下,观察者通过感官有目的、有计划地直接观察他人的行为,并把观察结果按时间顺序作系统记录的研究方法。

观察法有以下几种类型:(1)自然观察法。自然观察法是指观察者在自然环境中尽可能地不引起被观察者注意,进行行为观察的方法。(2)参与式观察法。参与式观察法是指观察者参与到被观察者的活动中,以便观察和记录被观察者的行为。(3)策划性观察法。策划性观察法,又称结构式观察法,是指在特意安排的情境下对被观察者行为进行观察的方法。这种观察法常常在实验室里或一个人造的情境中,所设置的场景越自然,被观察者的行为就越真实。

观察法的主要优点是:(1)由于是通过观察直接获得的第一手资料,中间不经过其他环节,所以相对来说资料比较真实。(2)观察法具有及时性的优点,因为它捕捉到的是正在发生的现象。(3)观察法有时能收集到语言无法表达的材料。

观察法的主要缺点是:(1)受时间条件限制,有些事件的发生不具重复性。(2)受观察对象的限制,有些观察对象不愿意被人观察。(3)观察结果可能会受到观察者本人主观意识的影响而变得不客观,同时观察者的感官也存在生理上的限制,超出这个限度就很难直接观察。(4)观察者只能观察外表现象和某些物质结构,不能直接观察到事物的本质和人们的思想意识。(5)对于大面积的调查,观察法并不适合。

**2. 调查法**

调查法是指运用各种调查的方法了解被调查者对某一事物的看法、感情和满意度。

调查法有以下几种类型:(1)面谈法。根据谈话过程中结构模式的不同,可以把面谈法分为结构化面谈和非结构化面谈。结构化面谈是指调查者事先准备好问题和各种可能的答案,在谈话中要调查者对这些问题都一一作答。而非结构化面谈采用的是开放性的问题,而且所提的问题也没有标准答案。面谈法的主要优点是反馈及时,还可以获取更多的非语言信息。缺点在于面谈法对于调查者的沟通能力要求比较高,而且有些人对面对面的沟通会有压力。(2)电话调查法。通过打电话向调查对象了解有关情况。电话调查的优点在于获得资料的速度快,节省调查时间和经费,而且覆盖面广,可以对任何有电话的地区、单位和个人进行调查,被调查者不受调查者在场的心理压力。主要缺点是受到时间的限制,询问时间不能过长,而且挂断电话的拒答者,很难做进一步的规劝工作。(3)问卷调查法。这是一种运用内容明确、表达正确的问卷量表,让调查对象根据个人情况,自行选择答案的研究方法。问卷调查法的优点是可以在较短的时间内取得广泛的材料,并使结果达到数量化。其主要缺点是问卷调查的回收率难以保证,而且调查问卷的设计和制作比较耗费时间和精力。

**3. 实验法**

实验法是指有目的地控制一定的条件或创设一定的情境,以引起被研究者的某些心理活动进行研究的一种方法。实验法又分自然实验法和实验室实验法。自然实验法是指在日常生活等自然条件下,有目的、有计划地创设和控制一定的条件来进行研究的一种方法。自然实验法比较接近人的生活实际,易于实施又兼有实验法和观察法的优点。实验室实验法则是通过专门仪器进行测试和记录实验数据来进行研究的方法。其优点是便于严格控制各种因素,并且信度较高,通常多用于研究心理过程和某些心理活动的生理机制等方面的问题。缺点是对研究个性心理和其他较复杂的心理现象,这种方法仍有一定的局限性。

**4. 测验法**

测验法是指采用标准化的心理测验量表或精密的测量仪器测量被研究者的有关行为特征和心理品质的研究方法。测验法最大的优点是测验的结果信度和效度相对较高。但这种方法要求研究者必须具备心理学的专业知识、技能和资质,否则不宜使用。

**5. 个案研究法**

个案研究法是指针对某一个体、某一群体或某一组织在较长时间里连续进行调查,从而研究其行为发展变化的全过程。个案研究法的优点是具有较强的现实性,利于对特殊问题采取有效措施,而且可以通过若干个案的积累、比较,从中探求规律性的东西。缺点是研究结果可能并不具备普遍性,而且容易出现研究者的选择性偏差,易受个人主观性的影响,使研究结果的科学性降低。

### (二) 组织行为学研究的一般模型

组织行为学在三个层面研究一定组织中人的行为:

（1）个体水平：主要研究个性特征、知觉、价值观和态度以及能力对个体行为的影响；

（2）群体水平：主要研究沟通模式、领导方式、权力和政治、群体间关系和冲突水平如何影响个体和群体行为；

（3）组织水平：主要从正式组织的设计、技术和工作过程、组织文化、工作压力水平等对个体、群体和组织行为的影响。

个体、群体和组织心理和行为的结果总是通过特定的外部有效性表现出来，从而显示心理和行为（自变量）与行为有效性（因变量）之间的某种因果关系。自变量有时通过中间/中介变量影响因变量。如果以下三个标准得到满足，就可以说个体、群体或组织在有效地从事工作：

（1）组织的产出（产品或服务）超过那些接受、评价或使用这种产出的个体或群体所需要的最低质量或数量标准；

（2）从事目前工作的经历有助于提高组织进一步完成新工作的能力；

（3）组织中的人在本组织中工作所获得的经验，有利于他们自身的成长和满足程度的提高。

表现这种行为有效性的指标比较常见的有效果、效率、缺勤、离职、工作满意度。

值得指出的是，效果和效率是两个不同的概念，前者是指方向、目标正确，做正确的事；后者是指快速地实现目标，正确地做事，少走弯路。组织行为学模型就在于通过定量的数学方法揭示个体、群体或组织心理和行为及其行为有效性之间的相互关系（如相关关系或者因果关系）。

## 七、研究和学习组织行为学的意义

现代管理体系认为，管理最根本的职能就是使一个系统从无序变为有序或使一个系统从低级有序变为高级有序的过程。根据这一理论，对当今的企业管理者提出了非常严峻的课题。要想在越来越激烈的市场竞争中取得一席之地，在国际化进程中突破企业本身的局限，实现与国际同步，就要求企业的管理者在管理过程中必须提高自身素质，以系统的管理知识和理论为依据，进行科学管理。

组织行为学作为现代管理体系的主要组成部分、管理学科的主干课程，是专门研究一定组织与环境中相互作用的人的心理与行为规律性的科学。加强这门科学的研究和应用，能够提高管理者的管理水平，实现管理者对所属人员的心理和行为进行科学的预测、引导和控制，协调企业、团队、个体之间的相互关系，最大程度地发挥人们的主观能动性，以便获得最佳的经济效益和社会效益。

通过对这门课程的学习,不仅可以直接获得系统的理论知识,而且,结合实际案例分析和现实工作、生活,我们能够更加深刻认识到掌握这门学科的知识是生活顺利乃至事业成功的基础和重要保证。

# 第 2 节　组织行为学的产生与发展

组织行为学是在管理科学发展的基础上产生和发展起来的。1911 年泰勒的《科学管理原理》一书的出版,标志着管理学作为一门独立学科的诞生。人是管理的主体,也是管理的对象,研究人的行为规律便成为管理学的重要内容。社会的进步促使组织中的管理者必须重视对人的管理,组织管理学、人事管理学这些管理学的分支越来越显示出其在管理体系中的地位。

## 一、组织行为学的早期研究

在资本主义发展的早期,特别是资本的原始积累阶段,劳资矛盾非常突出。资方追求成本最小化、利润最大化,而劳方则期待公平,要求改善工作条件、提高福利待遇。劳资矛盾的加剧,大规模的罢工、关闭工厂的现象不断出现,社会各界都期望寻求到一种解决劳资关系矛盾斗争的办法。在这样的时代背景下,组织行为学应运而生。

"科学管理"之父弗雷德里克·温斯洛·泰勒(Frederick Winslow Taylor,1856—1915)认为,劳资双方完全可以通过设法提高生产效率,进而提高产出和利润,提高工资和改善条件,而不应为争夺少得可怜的一小块利益而纠缠不清。泰勒运用"时间—动作分析"的方法进行了大量的试验,提出了"劳动定额"、"工时定额"、"工作流程图"、"计件工资制"等一系列科学管理制度和方法,在很大程度上调动了工人的积极性,提高了生产效率。

**★小资料**

### 泰勒与铁锹作业

泰勒在贝特莱汉姆钢铁厂工作的时候,对铁锹作业的工作效率产生了兴趣。当时,有 600 多名工人正用铁锹铲铁矿石和煤。泰勒想:一把铁锹的重量为几磅时工人感到最省力,并能达到最佳的工作效率呢?为此他选出两名工人,通过改变一把铁锹的重量来仔细观察并记录每天的实际工作量。结果发现，当每把铁锹的重量为38磅时每天的工作量是25吨，当重量为34磅时是30吨。于是，他得出作业效率随着铁锹重量的减轻越来越高的结论。但是当铁锹的重量下降到21—22磅以下时，工作效率反而下降。

由此，他认为矿石重量较重应使用小锹，而煤较轻则应使用大锹，当每把铁锹的重量为21—22磅时为最好。他合理地安排了600名工人的工作量，并取得了成功。这样，费用由以前的每吨0.072美元降低到每吨0.033美元，每年节省了8万美元的费用。

1892年，被人们称为"工业心理学之父"的雨果·芒斯特伯格(Hugo Munsterberg，1863—1916)应邀从德国到美国哈佛大学任实验心理学教授，负责心理实验室的工作。芒斯特伯格强烈要求加强管理的科学性，特别是要更好地理解和应用心理学，提出把心理学应用于管理领域。从1910年开始，他和他的学生开始在许多大工厂中进行把心理学应用于工业的试验，并于1912年把研究成果写成《心理学和工业生产率》一书。在这本书中芒斯特伯格明确提出，他的目标在于：(1)寻求如何使人们的智能与其所从事的工作最适合；(2)在什么样的心理条件下，才能从每个人的工作中获得最大和最令人满意的产出；(3)企业如何去影响工人，以便从他们那里获得最好的结果。芒斯特伯格把心理学应用于管理领域开创了工业心理学这一崭新领域。工业心理学可以看作是组织行为学的雏形。

莉莲·吉尔布雷斯(Lillian Moller Gilbreth，1878—1972)的创新思想对芒斯特伯格的理论进行了补充。在1914年出版的《管理心理学》一书中，吉尔布雷斯就想把早期的心理学概念应用到科学管理实践中去。她关心工作中人的因素。她强调，在应用科学管理原理时，必须首先看到工人，并且要了解他们的个性和需要。工人很多的不满，并不是因为工作的单调，而是因为管理人员对工人的关心不够。她首次提出"管理心理学"的概念，力图把早期心理学的概念应用到管理实践中去，但在当时并未引起人们足够的重视。

**★小资料**

### 莉莲·吉尔布雷斯和她的研究

莉莲·吉尔布雷斯，美国管理心理学家，也是美国第一个获得心理学博士学位的妇女。1915年，她以论文《管理心理学》获得布朗大学心理学博士学位。他们夫妇二人都热衷于探索提高工作效率和生产力的方法，婚后他们还用科学的管理方式来管理自己的家庭和他们的12个孩子。

她和丈夫弗兰克一起从事动作研究,吉尔布雷斯夫妇在动作研究和工作简化方面做出了特殊贡献。他们采用两种手段进行时间与动作研究。

工人的操作动作分解为17种基本动作,她们用拍影片的方法记录和分析工人的操作动作,寻找合理的最佳动作,以提高工作效率。通过这些手段,他们纠正了工人操作时某些不必要的多余动作,形成了快速准确的工作方法。

吉尔布雷斯夫妇在工作中开始注意到人的因素,在一定程度上试图把效率和人的关系结合起来。她们为了记录各种生产程序和流程模式,制定了生产程序图和流程图。这两种图至今都还被广泛应用。吉尔布雷斯夫妇除了从事动作研究以外,还制定了人事工作中的卡片制度,这是现行工作成绩评价制度的前身。她们竭力主张,管理和动作分析的原则可以有效地应用在自我管理这一尚未开发的领域。她们开创了对疲劳这一领域的研究,该研究对工人健康和生产率的影响一直持续到现在。

把心理学应用到管理方面的另一位重要的早期行为科学家是沃尔特·迪尔·斯科特(Walter Dill Scott, 1869—1955),他于1900年获得了心理学博士学位,写过许多关于把心理学概念应用于广告和市场销售方面的书,还写了一些关于有效地选拔人才等人事管理实务方面的著作。

从20世纪20年代起,人们开始逐步认识到心理学在研究工作环境中越来越重要,工业心理学开始兴起。

## 二、霍桑实验的影响

1927—1932年在西方电气公司的霍桑工厂从事著名试验的埃尔顿·梅奥(Elton Mayo, 1880—1949)、罗特利斯伯格(F.J.Roethlisberger, 1898—1974)和其他一些人对组织行为学的发展具有巨大影响。霍桑工厂是一个制造电话交换机的工厂,具有较完善的娱乐设施、医疗制度和养老金制度,但工人们仍愤愤不平,生产成绩很不理想。为找出原因,在1924—1927年间,美国国家研究委员会组织研究小组开展实验研究,以确定照明和其他条件对工人和生产率的影响。认为生产效率理论占统治地位的劳动医学的观点认为,也许影响工人生产效率的是疲劳和单调感等,于是当时的实验假设便是"提高照明度有助于减少疲劳,使生产效率提高"。可是经过两年多的实验发现,照明度的改变对生产效率并无影响,对试验小组的照明无论是增强还是减弱,生产率都有提高。研究人员面对此结果感到茫然,失去了信心,从而退出实验。从1927年起,以梅奥教授为首的一批哈佛大学心理学工作者将实验工作接管下来,继续进行研究。他们采用改变试验小组照明度，改善休息时间，缩短工作日和变换有鼓励性的工资制度等方法，似乎都不能解释生产率变化的原因。于是梅奥和他的研究人员做出结论，必定有其他因素在起作用。经过进一步的分析发现，导致生产效率上升的主要原因是工人参加实验的光荣感和成员间良好的相互关系。后来，研究人员还发现工人们长期以来对工厂的各项管理制度和方法存在许多不满，这些不满通过访谈实验得以发泄，发泄过后心情舒畅，士气提高，使产量得到提高。因此，他们认为，生产率的提高是由一些社会因素在起作用，如士气、员工被重视的自豪感、劳动集体成员之间满意的相互关系（一种归属感）以及有效的管理。后来，这种由于受到额外的关注而引起绩效或努力上升的情况我们称之为"霍桑效应"。

霍桑实验及早期人际关系学家提出了许多关于组织中人的行为的概念，其中引人注目之处包括：(1)企业组织不仅是一个技术—经济系统，而且是个社会系统；(2)个体不仅受经济奖励的激励，而且受各种不同的社会和心理的影响；(3)企业中存在着"非正式组织"；(4)强调"民主"而不是"独裁"的领导模式；(5)强调参与管理，重视在组织等级中各层次之间建立有效的沟通渠道；(6)管理者不仅需要有效的技术才能，而且需要有效的社会才能；(7)组织成员都可以通过满足某种社会—心理需要来调动工作的积极性。

霍桑实验的重大贡献在于，它不同意泰勒把人只看成"会说话的机器"或人的活动只是受金钱的驱使，霍桑实验认为人是"社会人"。霍桑实验的另一个重大贡献在于它发现并证实了"非正式组织"的存在，这种"非正式组织"有其特殊的行为规范、感情倾向，控制着每个成员的行为，甚至影响整个正式组织的活动。霍桑实验所取得的一系列成果，经梅奥归纳、总结、整理，于1933年正式发表，即《工业文明中人的问题》，并由此提出了著名的人际关系学说理论，而该理论成为了行为科学研究的先声。

行为科学这一新兴学科在20世纪40年代末—50年代初正式形成。1949年在美国芝加哥大学召开的一次跨学科的讨论会上，提出了"行为科学"的概念。1953年美国福特基金会邀请一些大学的著名学者研讨后，正式把这门综合性极强的学科定名为"行为科学"。到20世纪60年代之后，行为科学进入到组织行为的研究阶段，60年代末开始形成组织行为学。进入80年代，组织行为学又分为宏观组织行为学和微观组织行为学。宏观组织行为学来源于社会学、政治学、经济学，探讨在一定社会经济背景下的组织结构、组织设计和组织行为；微观组织行为学来源于心理学，研究个体行为、态度、动机与组织系统之间的相互影响。

## 三、从管理心理学到组织行为学

美国斯坦福大学教授莱维特(H.J.Leavitt)于1958年开始用管理心理学这个名称

来代替原来的“工业心理学”,使之成为一门独立的学科。20 世纪 60 年代初莱维特在一篇文章中又首先提出“组织心理学”这个名称,其目的也是要强调社会心理学,尤其是群体心理学在企业界日益显著的作用。

此后不久,美国心理协会第 14 分会——工业心理学分会改名工业和组织心理分会,其目的也是要承担比个体差异测定更广泛的组织问题研究。随着这一学科从个体到群体再到组织研究的演变,其研究机构也发生了变化,从原来各大学的心理学系转入到管理学院、系,特别是这些学院的研究生部。在研究的过程中,这些学院的教师队伍又吸收了社会心理学家、社会学家和人类学家。从这批人中产生出来的研究项目,开始取名“组织行为学”。至此,组织行为学作为一门学科公开问世。

## 四、积极组织行为学——组织行为学研究的新领域

20 世纪 60 年代,在人本主义思潮以及人类潜能开发思想的影响下,研究者们开始研究快乐、幸福、满意、士气等积极的心理课题。至 20 世纪 90 年代,有关“积极心理学”的研究成果更是大量涌现,发展的势头已锐不可当,被心理学界称之为“第四次改革运动”。其矛头直指在过去近一个世纪中占主导地位的消极心理学模式。

积极组织行为学(positive organizational behavior, POB)是组织行为学科在 21 世纪才兴起的新的研究领域,由鲁森斯于 2002 年正式提出,强调对人类心理优势的开发与管理。与传统组织行为学将研究领域的重点放在解决管理者和员工的机能失调、冲突、工作压力等问题上所不同的是,积极组织行为学将研究重点放在如何采取积极的方法和怎样发挥员工优势以提高组织的绩效水平上。其研究范畴包括信心/自我效能、希望、乐观、主观幸福感、情绪智力等,具备积极性、独立性、可测量性、可开发性、有助于提高工作绩效等基本特征。

积极组织行为学的理论基础源于积极心理学的研究成果。多年来,组织行为学研究人员发现积极的帮助、正面的影响、员工积极的态度、幽默感均对绩效有显著影响。但尽管如此,长期以来组织行为学的研究重点仍然放在对员工负面障碍的问题解决上,如研究如何更有效地解决冲突、压力和工作倦怠,改进不良的态度和对组织变革的抵制,如何激励那些处于边缘状态、缺乏工作动力的员工等。

鲁森斯将积极组织行为学定义为:为提高工作绩效,对心智能力测量、开发及有效的管理,并以员工的积极活力为导向的应用学科。这个定义包括来自态度、人格、激励和领导能力。这一定义既为积极组织行为学的未来发展奠定了研究的框架,也将其与传统取向的组织行为学划清了界限。

# 第3节 组织行为学面临的挑战与机遇

今天，有很多挑战和机遇供管理人员使用组织行为学概念。组织行为学可以对管理者所面临的一些关键问题提供答案，提供有意义的启示。在迅速而剧烈的变革时代，组织行为学面临着新的机遇与挑战。

## 一、改善质量和提高生产率

越来越多的管理者正在面临着来自美国、欧洲、日本制造商的激烈竞争。为了生存，不得不削减开支、提高组织的生产率、提高产品质量、改善服务。为了提高质量和生产率，企业管理者推行全面质量管理和企业重组，而这些方案都要求员工广泛地参与。管理者必须重新思考这样一些问题：如果是重新开始，工作应该如何做？组织应该如何设计？任何提高质量和生产率的努力要想成功，都离不开员工的参与。员工将不再只是执行变革的主要力量，而且会越来越主动地参与变革计划的制订过程。组织行为学将为管理者处理这些变革提供重要的启示。

## 二、改善人际技能

人际技能是管理者与他人一起工作和作为一名小组成员而有效工作的能力，具体表现为管理者与他人的关系，其中包括激励、帮助、协调、领导、沟通和解决冲突的能力。现代企业管理中，人际技能已经成为发挥组织功能的基石，如理解他人的能力、印象管理、沟通能力、说服能力以及如何使用权力等核心的人际技能已经成为现代企业管理者的必备技能。提高和开发人际技能，将有助于人们深入认识自己的行为和别人的行为，并改善自己的人际技能。

## 三、管理多元化的劳动力

现代企业的主要特征是劳动力多元化，即员工队伍在性别、种族、民族、年龄、文化结构、能力结构和性格特征等方面将更加多样化。导致劳动力多元化的原因主要有：人口结构的不断变化、人们价值观的多元化、员工工作方式的多元化、公平就业状况的不断变化和劳动力全球化等。如何理解差异，并以能够保证员工稳定和提高生产率的方式对差异作出反应是组织管理者必须面对的问题。如果管理得当,多元化会提高组织的创造性和革新精神,通过鼓励不同的观点来改善决策质量。如果管理不当,就有可能出现流动率高、沟通困难和更多的人际冲突。

## 四、全球化进程中的跨文化管理需求

管理不再受国家边界的限制了。目前,许多中国企业已开始跨国投资、兼并及并购。比如联想兼并IBM的PC业务、TCL并购德国施奈德的子公司、中石油60多亿美元收购哈萨克斯坦的石油公司以及吉利收购沃尔沃等,更多跨文化管理问题在这一阶段浮现。下一阶段中国将进入跨国经营(国际化)高速发展期,跨文化管理势必变成最大热点。中国走向世界将变成不容置疑的事实。然而,中国企业走向世界也带来一些问题:如何进行跨文化管理?中国人如何管理美国人、管理欧洲人或者亚洲其他国家的人?这对今天的管理者来讲是一个挑战。

## 五、授权

授权是组织运作的关键,它是以人为对象,将完成某项工作所必须的权力授给部属人员。即主管将处理用人、用钱、做事、交涉、协调等决策权移转给部属,不只授予权力,且还托付完成该项工作的必要责任。组织中的不同层级有不同的职权,权限则会在不同的层级间流动,因而产生授权的问题。授权是管理人的重要任务之一。有效的授权是一项重要的管理技巧。若授权得当,所有参与者均可受惠。因此,管理者需要学会如何放松控制,员工需要学会如何对自己所做的工作承担责任及如何恰当地决策。

## 六、激发革新和变革

有这样一句话:变革可能失败,但不变肯定失败。企业变革的产生源自于全球竞争的环境,源自于领导自身变革的需要。

企业组织成长缓慢,内部问题层出不穷,外部经营环境变化(全球竞争、环境保护主义、政府管制、机器人在产业链中突出作用、太空技术等高科技高速发展),企业面临生存困境,都无不要求企业与周围环境相适应。如何维持企业的灵活性,改善产品和服务质量来赢得市场的竞争是企业关注的问题。员工可以是革新和变革的推动力,也可能成为主要的绊脚石。管理的任务是刺激员工的创造性和对变革的容忍性。组织行为学可以为我们提供丰富的观点和技术，帮助我们实现这些目标。

## 七、处理“临时性”

管理者一直关注着变革，因为变革正以比组织反应更快的速度发生着。如果说以前的管理特点是长期的稳定伴随着偶尔的短期的变革，那么现在的情形是长期的不断变革伴随着短期的稳定，组织成员需要不断更新自己的知识和技能，学会在充满灵活性、自发性和不可预测性的环境中生活，以满足新的工作要求。组织行为学研究能够为我们提供重要的真知灼见，帮助我们更好地理解不断变革中的工作环境，如何克服变革的阻力，如何更好地创造一种组织文化，在变革中求得发展。

## 八、员工忠诚度减弱

企业员工的忠诚度是指员工对于企业所表现出来的行为指向和心理归属，即员工对所服务的企业尽心竭力的奉献程度。员工希望他们的雇主会通过工作的保障、丰厚的福利和薪水的提高来报答他们对组织的忠诚。但是，从 20 世纪 80 年代中期开始，为了适应全球性的竞争、不友好的接管、收购和兼并等，许多公司开始摒弃传统的工作稳定性、资历和报酬政策。他们通过关闭工厂、把生产转移到劳动力成本低廉的国家、卖掉或关闭不盈利的企业、减少管理层次、用临时工代替长期工来适应竞争的环境，从而变得“刻薄而吝啬”了。这些变化导致了员工忠诚性的急速下降。组织行为学所面临的一个重要挑战就是为管理者设计出能够调动忠诚度不高的员工积极性的方法，同时又能维持组织在全球竞争中的实力。

## 九、改善道德行为

对于一个企业，无论是中高层的管理者，还是每个普通的员工，拥有坚定的信仰、高尚的职业道德是必须的基本素质。那种忽视企业信仰和违反职业道德，没有规则意识与职业素养的人，是不足以承担企业赋予他的工作重任的。但在管理实践中，组织成员越来越发现自己面临着道德困境，即他们需要决定什么是正确的和错误的行动。例如，如果他们发现组织中出现了违法活动时是否应该揭发？他们是否应该遵从个人不同意的命令？如果他们知道绩效评估的结果能够保障同事的工作的话，他们是否应该凭空吹捧自己喜欢的员工？对于什么是符合道德的行为，以前并没有给出明确的定义。近年来，区分正确的和错误的界限变得模糊不清了，需要企业对员工的职业道德、个人品质等方面进行全面系统的培训，包括制定道德行为法规，指导员工处理道德困境，为员工提供研讨会、培训班和类似的培训项目，以改善道德行为。

## 【复习思考题】

1. 什么是组织？组织可以分为哪几种类型？
2. 组织行为学研究的行为具有哪些特点？
3. 什么是组织行为学？研究和学习组织行为学的意义是什么？
4. 与组织行为学密切相关的学科有哪些？这些学科与组织行为学有什么联系？
5. 怎样理解组织行为学的学科性质？
6. 简述组织行为学的发展历程。
7. 组织行为学有哪些研究方法？
8. 组织行为学面临的挑战与机遇是什么？

## 【本章案例分析】

### 员工对企业缺乏归属感——泉州企业胸口的痛

泉州民营企业中的不少人力资源经理都有同样一种感慨：人才难找、难用、难留。尽管企业主在用人和管理上花费的精力不少，但收效甚微。向心力和凝聚力危机成为当前泉州企业发展的另一个瓶颈。

为什么大部分民企员工会缺少向心力和凝聚力？一位企业中层管理人员的话颇为典型："打从进企业的第一天起，我除了被指派完成任务外，就是埋头于工作事务，感觉自己每天都很忙却又很盲目，虽然薪酬不低，但实在找不到继续呆下去的理由。"

在泉州，很多人跳槽并不都为薪酬问题，而是感到企业的长远目标和梯队架设意图太模糊，导致他们缺乏事业归属感。因为没有共同的事业愿景，员工长时间处于被动工作状态，其工作乐趣和热情便逐渐湮灭殆尽。同时，许多企业老板又忙于应付业务，忽略了人性化的管理，造成员工之间、员工与上司之间因缺乏良好沟通而导致人际关系的紧张甚至恶化。多数企业由于只注重教条化控制行为规范的"管"，而缺乏适应自然平衡律的"理"，久而久之使得员工的心境发生了微妙的变化，如果得不到及时正确的疏导,往往就会激起员工的抵触对抗情绪,进而影响到企业团队的凝聚力。

虽然许多企业一直在尝试做一些培训,但只注重知识和技能的传授,结果常常是企业成为一种为对手付学费的“培训班”和创造对手的“速成班”。而企业中教育培训制度的不健全,升迁任用机制和梯队规划的缺乏,最终必然出现更多的员工“身在曹营心在汉”。而一成不变的工作程序又一天天在消耗着员工的激情,内在凝聚力的消失于是演化成损害和削弱企业发展动力的消极力量。

究其原因,实际上与许多企业老板和核心管理层没有认识到团队是企业最大的财富有关。企业忽视对员工意志和精神的锻造,没有注意对员工进行情感上的、协作上的精神培养,致使许多打工阶层总觉得泉州的一些企业没有“家”的感觉。而最让许多管理人员头疼的是,泉州的许多民企老板总是喜欢玩个人主义的“匪气”和“霸气”,这种强化家族和个人事业的企业环境与家族式管理结合起来的企业,实际上也就严重挤压了外来人才的发展空间。

试想,一个事无巨细都要一竿子插到底的老总,会让员工产生成就感吗?一个让员工束手束脚、委曲求全的领导,又怎么能够建立一种信任基础上的团队归属感?

群雁在飞行时总会呈“一”字、“人”字或“V”字,因其所借助的空气动力学的作用,要比消耗同样能量而单独飞行的鸟多飞70%的路程,也就是说,编队飞行的鸟产生的合力更适于团队整体的效率。而对于一个企业来说,团队成员有强烈的归属感,成员之间信息沟通畅快,所产生的团队工作效率也就最直接有效,高凝聚力的团队精神就会转化成最直接的生产力。

## 思考题:

1. 泉州企业员工对企业为什么缺乏归属感?如何才能增强其归属感?
2. 结合案例谈谈企业经营管理者学习和研究组织行为学的重要性。

# 第二篇　个性心理与行为

# 第2章
# 个　性

## 【本章学习目标】

通过本章学习，你应该了解：

1. 个性的概念、结构及特性。

2. 影响个性形成的因素。

3. 心理测验的概念、特性与分类。

4. 心理测评在企业人力资源管理中的应用。

### 引导案例

#### 如何面对个性迥异的员工

个性上有问题的员工，是管理上较为棘手的问题，也是不容忽视的问题。

诚然，你无法解决所有他人个性的问题，也没有人会期望你这么做。较为极端的情况应该是让训练有素的心理医生或精神病大夫解决，但是你可以在可能的范围内和他们沟通，试着去了解他们，并以一视同仁的态度对待他们。你事先应该有心理准备：个性上的问题，不是短期之内可以改变得了的，严整纪律的行动很少发生效用。

面对下列个性迥异的员工，你将怎么办？

1. 感情脆弱、容易受伤型

假设你在公司的高级系统部门担任管理工作，属下共有五个程序设计师。管理上的政策是将旧有的作业转换成电脑作业，今天你才发现进度无法满足副总裁的需要。他要求你和每个程序设计师私下会谈，就他们在进度上的落后提出批评和检讨。这时你所面临的难题是一位名叫若玲的属下。

若玲感情脆弱，别人的批评很容易让她有受伤的感觉。上个星期她就曾经因为你针对她的工作提出质疑而泫然欲涕，现在你该如何面对她？

2. 暴躁易怒型

李奇在一家化学工厂修护部门担任机械修护工作，他的技艺卓越却不太合群，容易为一点小事大动肝火。上星期他再三以有人偷了他的工具为由,要求经理出面解决,否则他要如法炮制拿走同仁的工具作为补偿。工厂经理不愿解决这件事,他将问题转交给你,假如你是李奇的主管,你该怎么办?

3. 特立独行、难以捉摸型

克雄从事撰写广告文案的工作,他颇具创意,但特立独行的作风常和传统的工作规范格格不入。克雄虽然能将分内的工作圆满完成,且创出令人耳目一新的风格,但他迟到的次数频繁,并经常以"私事"为由请假。

你也不喜欢克雄和客户接触时那种吊儿郎当的德行。其他的广告工作人员都穿着公司规定的服饰,并依照规章行事,克雄的穿着和举止却是随兴所至,自行其是。他可能穿运动夹克和球鞋来上班,有时则是一件破旧的牛仔裤,再套件运动衫。此外他接待客人时那种漫不经心的态度,让你怀疑他的作为是否损害公司的形象。身为主管的你是否该继续容忍克雄的特立独行?

4. 消极悲观型

历文在你管理下的质量检验部门任职已有三年之久。你们的产品中有为数可观的塑胶制品,质量检验部大多数的工作为检验新产品,研究某项产品失败的原因,并作降低成本的分析工作。

历文虽然手艺灵活,但是生性悲观,凡事总以悲观的角度诠释,诸如举出各种理由来证明目标无法达成,新的构想无法推展,对于新观念又不抱希望,他墨守成规,认为保持原状才是明智之举,因而很难让历文对工作产生热情。你一方面很难确定他是否肯花心思在整修故障和提高品质上面,另外你又担心他凡事消极的态度会影响其他的同仁,因而不愿旁人和他共事。

**【点评】**

20 世纪 60 年代之前,大熔炉的观点统治着管理层的思想,他们认为员工进入组织后就会自动地被组织同化,最终每个人都一样。20 世纪 90 年代以后,环境的变迁使人们不仅承认差异,而且开始尊重差异,并逐渐认识到存在差异是好事,尤其对个性心理差异给予了更多的关注。对个体个性差异的尊重和适应提高了组织的创造力、革新速度、灵活性,使组织能够做出更高质量的决策,个性差异在现代社会中已经成为能够转化成组织生产力的主要财富之一。

在企业管理实践中,区分各种类型个性的员工是搞好企业人力资源管理的出发点。要管好人,首先要了解人,只有了解人的个性特点,才能有的放矢、因人而异地做好管理与教育工作。

# 第1节 个 性 概 述

## 一、什么是个性

简单地说，个性就是一个人的整体精神面貌，即具有一定倾向性的心理特征总和。

个性一词最初来源于拉丁语 personal，开始是指演员所戴的面具，后来指演员——一个具有特殊性格的人。一般来说，个性就是个性心理的简称，在西方又称人格。

个性，在心理学中的解释是：一个区别于他人的，在不同环境中显现出来的，相对稳定的影响人的外显和内隐性行为模式的心理特征的总和。

由于个性结构较为复杂，因此，许多心理学者从自己研究的角度提出个性的定义，美国心理学家奥尔波特(G.W.Allport)曾综述过 50 多个不同的定义。我国心理学界对个性的概念和定义尚未有一致的看法。我国第一部大型心理学词典——《心理学大词典》中的个性定义反映了多数学者的看法，即："个性，也可称人格。指一个人的整个精神面貌，即具有一定倾向性的心理特征的总和。个性结构是多层次、多侧面的，由复杂的心理特征的独特结合构成的整体。这些层次有：第一，完成某种活动的潜在可能性的特征，即能力；第二，心理活动的动力特征，即气质；第三，完成活动任务的态度和行为方式的特征，即性格；第四，活动倾向方面的特征，如动机、兴趣、理想、信念等。这些特征不是孤立的存在的，是错综复杂、相互联系、有机结合的一个整体，对人的行为进行调节和控制的。"

也有少数学者提出将"个性"和"人格"加以区别，认为个性即个体性，指人格的独特性；人格是一个复杂的内在组织，它包括人的思想、态度、兴趣、气质、潜能、人生哲学以及体格和生理等特点。两者并不是完全相同的，只是互相交错在一起，共同影响着人的行为，人格的形成更多的是由教育决定的。

综上所述，尽管心理学家们对个性的概念和定义所表达的看法不尽相同；但其基本精神还是比较一致的："个性"内涵非常广阔丰富，是人们的心理倾向、心理过程、心理特征以及心理状态等综合形成系统心理结构。

现代心理学一般认为，个性就是个体在物质活动和交往活动中形成的具有社会意义的稳定的心理特征系统。

## 二、个性的结构

从构成方式上讲，个性其实是一个系统，其由三个子系统组成。

## (一)个性倾向性

个性倾向性是指人对社会环境的态度和行为的积极特征,它是推动人进行活动的动力系统,是个性结构中最活跃的因素。决定着人对周围世界认识和态度的选择和趋向,决定人追求什么,包括兴趣、需要、动机、理想、信念、世界观等。个性倾向性是人的个性结构中最活跃的因素,它是一个人进行活动的基本动力,决定着人对现实的态度,决定着人对认识活动的对象的趋向和选择。

**1. 兴趣**

兴趣是个人积极探究事物的认识倾向。俗话说"兴趣是最好的老师",兴趣使人对相关事物给予优先注意并进行积极探索。例如,对文学感兴趣的人总是会首先注意与文学有关的资料和书籍,其认识活动总是优先指向与文学有关的事物。在企业管理中,管理者如果能引导和培养员工对工作的兴趣,那么在管理中就会起到事半功倍的效果。

**2. 需要**

需要是人脑对生理需求和社会需求的反映。自从有人类社会以来,人们每天吃、穿、睡、劳动、学习、娱乐,不知疲倦地日复一日地进行各种活动,这都是源于人的需要。需要是人的行为产生的最原始的动力,也是对个体进行激励的基础。

**3. 动机**

动机是激励和维持人的行动,并将行动导向某一目标,以满足个体某种需要的内部动因。动机本身不属于行为活动,它是行为的原因,不是行为的结果。引起动机的内在条件是需要,外在条件是诱因。凡是个体趋向诱因而得到满足时,这种诱因称为正诱因。例如,儿童被同伴群体接纳,可以满足其归属与爱的需要。在这里,同伴群体的作用就是一种正诱因。凡是个体因逃离或躲避诱因而得到满足时,这种诱因称为负诱因。例如,考试对一个成绩不好的学生往往意味着自尊心的伤害,因此,他们往往采取种种方式以逃避考试,以维护自己的自尊心。在这里,考试作用就成了负诱因。

**4. 理想、信念和世界观**

(1) 理想是个人对未来有可能实现的奋斗目标的向往和追求。理想在人们的工作和生活中起着重大作用,远大的理想能极大地鼓舞人们去努力奋斗。理想作为一种思想意识,是一个人的政治立场、世界观和人生观的集中表现。人们的政治立场有先进与反动之分,世界观有科学与不科学之分,人生观有崇高与卑下之分,因此,人们的理想也有先进与反动、科学与不科学、崇高与卑下之分。

(2) 信念是指人按照自己所确信的观点、原则和理论去行动的个性倾向。信念不仅是单纯的认识,而且富有深刻的情绪体验。信念是指导人们行为的准则,缺乏信念的人往往有模棱两可、见风使舵和朝秦暮楚的特点。

(3) 世界观是人们对世界的总的、根本的看法，它包括自然观、社会观和人生观等。世界观是个性倾向性的最高层次，它是人的行为的最高调节器，制约着人的整个心理面貌。

### (二) 个性心理特征

个性心理特征是个体在其心理活动中经常地、稳定地表现出来的特征，主要是指人的能力、气质和性格。

### (三) 自我意识

自我意识是指自己对所有属于自己身心状况的意识，包括自我认识、自我体验、自我调控等方面，如自尊心、自信心等。自我意识是个性系统的自动调节结构。有的学者还把自我意识称为自我调控系统。

个性结构的这些成分或要素，又因人、时间、地点、环境的不同而互相排列组合，结果就产生了在个性特征上千差万别的人和一个人在不同的时间、地点环境中的个性特征的变化。而心理过程是个性产生的基础。

## 三、个性的特性

一般而言，个性具有下列特性。

### (一) 个性的独特性与共同性

个性的独特性是指人与人之间的心理和行为是各不相同的。如同世界上很难找到两片完全相同的叶子一样，很难找到两个完全相同的人。因为每一个人在先天遗传、家庭条件、受教育程度、成长环境等方面都是不一样的，所以在认识、情感、意志、能力、气质和性格等方面都有每个人独特的一面。如有的人文静内秀，有的人活泼外向，有的人敏感多疑，人们的个性千差万别。然而，人的个性的独特性并不排斥人与人之间在个性上的共性。个性的共同性是指某一群体、某个阶级或某个民族在一定的群体环境、生活环境、自然环境中形成的共同的典型的心理特点，如中华民族就有吃苦耐劳、勤奋向上的共性特征。正是个性具有的独特性和共同性才组成了人复杂的心理面貌。

### (二) 个性的稳定性与可塑性

从表现上看，人的个性一旦形成，就具有相对的稳定性。所谓的"江山易改，本性难移”就是表现了人的个性的稳定性。偶尔一次出现的某种心理特征,不能叫个性,只有那些一贯地、经常而持久出现的心理特征,才能叫个性。例如,一个处事谨慎稳重的人,偶尔表现出冒险、轻率的举动,就不能说他具有轻率的个性特征。

同时,个性或称人格决不是一成不变的。随着社会现实和生活条件、教育条件的变化,年龄的增长,主观的努力等,个性也可能会发生某种程度的改变。特别是在生活中遭受重大变故的时候,一个原本活泼开朗的人可能会变得沉默寡言,个性发生变化。当然,个性的变化比较缓慢,不可能立竿见影。由此可见,个性既具有相对的稳定性,又有一定的可塑性。教育工作者要充分认识到这一点,履行教育职责时才能有耐心和信心。

### (三)个性的自然性与社会性

个性首先具有自然性,人们与生俱来的感知器官、运动器官、神经系统和大脑在结构上与机能上的一系列特点是个性形成的物质基础与前提条件。但人的个性并非单纯自然的产物,它总是要深深地打上社会的烙印。例如,人的性格形成就受社会文化、教育教养内容和方式的影响。可以说,每个人的人格都打上了他所处的社会的烙印,即个体社会化结果。个性是自然性与社会性的统一。

# 第2节　个性形成的影响因素

## 一、先天遗传因素

遗传是父母将包含在精子和卵子中的密码信息——基因传递给子代的过程。基因不仅决定一个人的性别、眼睛的颜色、身高、皮肤颜色等外部特征,还决定了人的个性倾向。所以,在生活中我们可以观察到,子女与父母之间不但相貌和体形相似,而且在个性方面也有相似性。

人的容貌、体形的好坏对人的个性会产生直接影响。身体外部条件比较好的人容易产生愉快、满足之感,这种自豪感容易使人产生积极向上的个性。反之,身体外部条件不好的人,容易形成一种心理压力,产生一种自卑感,这种自卑感时间一长也容易使人产生一种消极的个性。

发育早晚也对人的个性产生影响。早熟者的性格特征一般表现为社会化程度高、责任感强,比较遵守社会准则,也易理解别人和处理人际关系;而生理成熟晚者则常依靠自己的态度和情感言语行事,较少有责任感,不太遵守社会准则等。

同样，人的身体的某一个或多个机能有障碍，如神经系统、心血管系统、内分泌系统有残疾，也可能引起人的个性的变化，如思想压抑、情绪呆板、行动迟缓等。

诚然，遗传因素在很大程度上奠定了人们生理反应及个性发育的基础，但也不能否认后天社会环境对气质的影响，更不能认为人的整体个性都是由先天因素决定的。事实上，先天遗传和后天的社会环境影响共同塑造了人的个性，而且后天的影响因素对于个性的形成更为关键。

## 二、后天社会环境因素

环境因素主要指家庭、学校和社会对一个人个性形成的影响。

### (一) 家庭教育环境

家庭教育环境主要是指家庭中各成员间的关系所形成的一种氛围，这种氛围对个人的成长影响极大，对一个人的个性形成起着潜移默化的作用。俗话说："家庭是孩子成长的第一所学校，父母是孩子的第一任老师"，就形象地说明了家庭因素对人的个性的影响。

影响人的性格的家庭因素有很多方面，如父母的观念、思想、职业、性格、文化水平，父母对子女的态度，即对子女的哪些行为给予鼓励，哪些行为予以批评，希望子女成为怎样的人，如此等等，集中地表现为父母的养育态度、方式。放任型父母对孩子采取放任自流的态度，很少去管孩子。对子女过分地放纵和宽容，会造成孩子容易退缩、胆怯，或者形成反社会性格。由于孩子小时候没有能力分辨善恶美丑，再加上缺少父母积极正确的指引，孩子往往不能辨别是非。溺爱型父母只关爱孩子，尽力满足孩子的一切愿望，很少对孩子提要求，不论孩子怎么做，都认为是对的，而且从不严厉批评。这就会导致孩子从小缺乏容忍力和自制力，经常得寸进尺、贪得无厌，而且不爱自己动手，长大以后会变得好吃懒做，生活自理能力差，不求上进。专制型父母对孩子的教育过分严格、粗暴甚至虐待孩子，这样会使孩子不敢有自己的想法，做事呆板或者是产生叛逆心理。民主型的家庭教育方式最利于培养孩子良好的性格特征。父母不任意打骂孩子，对孩子的行为更多的是加以分析与引导，对于孩子在成长或学习过程中发生的问题更多的是采取帮助与鼓励的方法，并合理地应用奖励与处罚的手段，使孩子从父母的行为与教育中获得知识，明白事理。在这种气氛下，孩子和父母之间存在着积极的交流关系，孩子在很小的时候就会尝试着想出新颖的主意，使自己的行为方式更加独特，孩子长大后仍会有相似的行为。在民主式的家庭教育中，父母会有意识地培养孩子的独立性，容许孩子有自己的想法，有助于孩子形成自信独立，勇于创新的良好个性。

## (二)学校环境

学校是社会的细胞,学校环境是社会环境"大气候"中的"小气候",但它具有鲜明的选择性、可控性和导向性,因而具有教育性。学校环境包括学校"硬环境"与"软环境"两方面。硬环境,即学校的自然环境,又叫物质环境;软环境,即群众心理环境,又叫精神环境。学校环境是学校的一种特殊的教育资源,对人的成长具有重要意义,学校环境不仅可以开发人的智力,同时也培养了人的非智力素质。学校教育对人的性格的形成,特别是对人的世界观、人生观、道德理想、奋斗目标的确立具有重要的意义。优良的学校历史传统、校风、班风、人际关系和校园文化承载着特定的思想文化、价值取向、情感和风气,它深刻地体现了校园群体的共同价值、理想、信念和情操,对人的思想、心理素质产生熏陶作用,形成具有一定精神特质的人格。校园环境具有暗示性、渗透性等特点,它对学生的影响深远而持久。

## (三)社会文化和社会阶层

社会文化作为社会群体行为的范本,是对个体最具影响力的外界引导。社会文化作为一种社会存在,它可以给涉足、参与它的社会成员一种归属感;通过对社会文化的掌握和继承,可以提高社会成员的自信力;通过文化的交流,可以培植社会成员的创造力;通过文化的传播,使社会成员对外界的刺激做出群体的反应。上述社会文化功能的释放和发挥,为其社会成员,特别是青少年一族的成长,提供了社会外部环境和心理上的庇护,从而促进青少年人格的成长。社会主流文化所提倡的社会主流价值观和生活方式被要求同一民族或同一社会全体成员认可和接受,因此,社会主流文化决定社会成员人格特征趋于相同。例如,由于东西方文化价值观的不同,中国青少年表现出坚强宽容服从,富有团队精神的人格特征;而美国文化中的青少年往往表现出好胜、独立、富有个性的人格特征。这种人格特征的差异和类同现象,正是社会文化规律的体现。

不同的国家和地区有具体的文化特征,比如不同的语言、不同的道德理想、不同的价值观念、不同的生活方式。这些都会在人的性格上打上不同的烙印。比如,俄罗斯人的坚忍与淡淡的忧郁情调,英国人的绅士风度、聪明、保守,法国人的浪漫、激情澎湃,美国人的求实、幽默,德国人的严谨、深沉,如此等等。而中华文化源远流长,博大精深,历经重重洗礼而传承至今,积淀生成了中国人的民族性格。中国人的民族性格在整体上呈现出一种含蓄、内敛而温润的性格倾向,表现为遵从人伦、服从权威、主张中庸、讲求现实四个主要特征。

社会阶层由教育水平、家庭收入和职业状况等决定。这些因素相互联系,共同组合,形成了不同的社会阶层,如低收入阶层、高收入阶层、工人阶层、知识分子阶层。不同阶层人群的价值观念、人生观等彼此不同，对子女的期望水平、要求和教养方式也不尽相同。

### （四）生活事件和大众传播媒体等因素

生活中诸如亲人去世、父母婚变、家庭不和睦、好友关系破裂、学业失败等重大的变故以及生理上的缺陷、罹患重大疾患等都会对人格的形成有重大影响。

大众传播媒体在现代社会非常普及，电影、电视、广播和书刊等大众传播媒体对人的思想、信念乃至行为会产生极大影响，特别是以互联网、手机为代表的新兴媒体迅猛发展，不仅强烈地冲击着社会的经济形态，对世界观正在形成、最易接受新生事物的青少年的影响尤为明显。例如，青少年利用互联网资源进行学习、研究乃至创新，可以极大地提高学习效率，同时也给生活带来巨大的便利和乐趣。但是互联网上的一些不健康的内容，也会对他们的行为产生消极影响，如追求生活享受、意志丧失、道德观念淡薄等。研究表明，反映暴力的影视内容确实可以引起人们暴力行为的增加或对暴力行为的认可，还有年轻一代对明星的崇拜、模仿，也影响他们人格的发展。

酒精和药物滥用是近代的一个社会问题，同时也是影响人格发展的一个重要因素。

### （五）地域环境

研究表明，自然物理环境对人格塑造不起决定性作用，更多地表现为一时性，不稳定性的影响。例如，游牧民族过着流浪的生活，居无定所的居住环境使他们形成了坚定、独立、冒险的人格特征。而具有安稳固定居所的从事农业生产的人们，往往具有依赖、服从、保守的人格特点。气候变化也会对人格特点产生影响，如世界上炎热的地方，也是攻击行为较多的地方。

高原、平原、海岸地带等地势的不同以及气候的差异对人的性格形成也有很大的影响。例如，从地理方位来看，西方民族生存的空间多以海岛为主，生活方式多以流动为主，价值观念多以个体为主。所以在漫长的岁月里，形成了爱动的脾性。他们不喜欢过安分守己的日子，一到成年就脱离父母，独自谋生。中国文化的发祥地是黄河流域，属于温带气候。黄河巨大的冲击使黄河流域土深地肥。先民们最早在光热水土组合良好的大河流域定居，从事采集与农耕，世代生活、劳动在一起，居住在一个地区，从而产生了依恋故土、热爱家乡的思想。这种农耕文化的稳定有序生活方式和恋土情结，也自然具有“静”的特质。所以，相对于西方人，中国人更多的具有内向、文静、柔弱、自谦、含蓄、中庸守常、讲面子等个性特点。

人们所从事的职业也会影响其个性。在一定时期内，一个人所从事的职业，要求他反复扮演与其职业有关的角色，进行与职业相符的活动，逐渐使其形成与职业特点有关的个性特征。例如,律师思维严谨,逻辑性强;演艺人员情感丰富,表现力强,富于创造等。

除了上述原因,年龄也与个性有关。不同年龄段的人的个性特点也不一样,这与人的思想的发展、知识面的扩大、经验的丰富有关。

综上所述,人的个性的形成受到各方面的直接或间接的影响。人的生理条件是个性形成的基础,家庭、学校和社会是个性形成的社会条件。这些生理条件和社会条件因个体内在心理活动的差异而对性格形成发挥着不同的功效,致使人们形成独特的性格特征。但是,我们必须认识到,人并不是消极被动地接受外部环境的影响,人对外部的反映是能动的,外部因素对性格形成的影响首先取决于个体对自己与外部因素之间的认识。同样处于逆境,消极者消沉、悲观、退缩,而积极者坚强、奋发、进取,就在于两者内在心理活动的不同。

**★小资料**

## 双生子研究

心理学家认为,双生子研究(twin studies)是研究个性遗传因素的最好方法:同卵双生子具有相同基因,他们之间的任何差异都可归结为环境因素的作用。异卵双生子的基因虽然不同,但在环境上有许多相似性,如出生顺序、母亲年龄等,因此,也提供了环境控制的可能性。完整研究这两种双生子,就可以看出不同环境对相同基因的影响,或者是相同环境下不同基因的表现。

埃森克曾指出:在同一环境中成长的同卵双生子其外向型的相关为0.61,而分开在不同环境下成长的同卵双生子,其外向性的相关为0.42;异卵双生子的外向性相关为−0.17。在神经质方面也有同样的发现,在相同环境中成长的同卵双生子其相关为0.53,在不同环境中成长的同卵双生子的相关为0.38,而异卵双生子的相关为0.11。由于同卵双生子在外向性和神经质方面的相关显著高于异卵双生子,说明遗传因素在个性形成中有重要作用;同样,由于在不同环境下成长的同卵双生子,其外向性和神经质的相关均高于在同一环境中成长的同卵双生子,说明环境在个性的形成中也起重要的作用。

研究结论显示:

1. 遗传是个性不可缺少的影响因素。

2. 遗传因素对个性的作用程度随人格特质的不同而异。通常在智力、气质这些与生物因素相关较大的特质上,遗传因素的作用较重要;而在价值观、信念、性格等与社会因素相关紧密的特质上,后天环境的作用可能更重要。

3. 个性的发展是遗传与环境两种因素交互作用的结果。

# 第3节 个性的测量

## 一、心理测验

### (一) 心理测验的概念与特性

心理测验是指依据一定的心理学理论,使用一定的操作程序,给人的能力、人格及心理健康等心理特性和行为确定出一种数量化的价值。广义的心理测量,不仅包括以心理测验为工具的测量,也包括用观察法、访谈法、问卷法、实验法、心理物理法等方法进行的测量。

心理测验具有下列三个特性。

**1. 心理测验的间接性**

心理测验只能通过一个人对问题情境的反应来推论他的心理特质,也就是从个体的外在行为模式来推知其内在的心理特性,因而心理测验永远是间接的。

**2. 心理测验的相对性**

在对人的心理特性和行为进行比较时,没有绝对参照点,即没有绝对零点,有的只是一个连续的行为序列。因此,心理测验的度量单位是相对的。如一个学生的智力高低和能力大小等,都是就其在所在团体的整个分数序列、行为序列中的地位来说的,其测量的分数单位是相对的。一般说来,心理测验是在等级量表上进行的,但往往把等级量表转换成以标准差为单位的等距量表。

**3. 心理测验的客观性**

客观性是对一切测验的基本要求。由于任何测验都有误差,因此,心理测验的客观性实际上就是测验的标准化问题。标准化是指量具的编制、实施、计分和分数解释过程的一致性,减少主试和被试的随意性程度,尽可能地控制和减少误差,进而保证测验结果的准确性和客观性。

## 二、个性心理测评工具

个性心理测验,一般采用问卷法、投射法和作业法,其中运用较多的是问卷法。

问卷法,又称自我评定问卷法或自陈量表,问卷设计者按照测验目的,列举出一系列问题,要求被试根据本人情形对问题作出相应回答,回答的方式有是非式也有选择式。问卷法,大都是以个性的特质理论为基础测量多种个性变量。编制较严格规范和标准化,特别注意试题不表现出明显的是非倾向,但是被试往往会受社会道德规范的定式影响,或根据自我需要猜测测验意图,猜测“标准答案”,而不愿表露出本人的真实情况等,使测验结果并不符合被试的客观实际,缺乏真实性,失去研究价值。因此,有的个性测验量表也设计了一些修正方法来识别被试的“说谎”(如 MMPI 的效度量表),但问卷法仍不可避免会带有一定的个体倾向性。

投射法,一般被试不易觉察测试的意图,往往采用结构不明确、模棱两可的材料,让被试对这类材料作无拘束的自由联想,把自己的内心世界投射到外界事物上,常可使被试隐藏在潜意识中的心理活动表露出来。但是投射法的测验结果主要根据主试的经验来解释,虽也有一定的标准和依据,但一般均没有标准化的常模,不能作统计学处理。投射法一般在精神检查方面运用较多。

作业法,又称操作法,是让被试完成一定的“作业”,根据“作业”的质量及特点来分析被试的个性特征。

### (一) 明尼苏达多相人格测验量表

明尼苏达多相人格测验(MMPI)是 20 世纪 40 年代美国明尼苏达大学教授哈撒韦(Hathaway)和麦金利(Mckinley)制定的,已译成多国文字的一百多个版本,是应用最广的个性(人格)测验之一,主要用于人类学、心理学及医学的研究,特别在精神病临床方面是最基本的诊断工具之一。我国有中国科学院心理研究所等单位组成的 MMPI 全国协作组修订版。

MMPI 量表共包括 566 个自我陈述语的题目(其中 16 个为重复题目),被试作是非式回答,测试时间一般需 45—90 分钟,适用年龄为 16 岁以上。13—16 岁能合作的少年也可作此测试,但测试结果不能与成人相比较。一般情况下要求一次完成,特殊情况也可分几次完成。团体测试或个别测试均可。

MMPI 题目的范围很广,涉及身体健康状况、精神状况、婚姻家庭、教育、宗教、政治、社会态度、职业等 26 个方面。

MMPI 包括 10 个临床量表,3 个效度量表。

临床量表包括:

(1) Hs(hypochondriasis)疑病。

(2) D(depression)抑郁。

(3) H(hysteria)癔病。

(4) Pd(psychopathic deviate)精神病态。

(5) Mf(masculinity-femininit)男子气、女子气。

(6) Pa(paranoia)妄想狂。

(7) Pt(psychasthenia)精神衰弱。

(8) Sc(schizophrenia)精神分裂症。

(9) Ma(hypomania)轻躁狂。

(10) Si(social introversion)社会内向。

效度量表包括:

(1) L(lie)说谎分数。分数高表示答案不真实。

(2) F(infrequency of fake bad)诈病分数。分数高表示诈病或缺席严重偏执。

(3) K(denfensiveness)校正分数。分数高表示一种自卫反应。

根据测得的原始分及性别换算成T分,画出人格特质剖面图。T分等于50分为平均分,根据国外标准,T分超过70分,即属异常范围,存在心理问题。《MMPI使用手册》对高、低分有较详尽解释。效率量表若得分偏高,则表示该被试测验可靠性差。

MMPI主要在精神病临床诊断上有较大参考价值,但在其他方面的运用还需进一步探讨。随着MMPI的使用日益广泛,有国外研究以MMPI测题作不同组合,发展成455种特殊研究量表,我国对MMPI的研究也开始深入。但由于MMPI测题项目过多,测试时间过长,被试易烦躁而影响测试,而且对测验结果多用病理上的名词而难以理解,因此很少对正常人作MMPI测验。

## (二) 卡特尔16种人格因素测验量表(16PF)

美国心理学家卡特尔R.B.Cattell使用因素分析的方法,这个方法是经过多年的研究和实践编制而成的卡特尔个性因素测验,是目前世界上广泛应用的个性心理测验量表,已被译成几十种文字。

卡特尔认为,个性是十分复杂的,因此不能简单地把个性划成几个类型。个性应是很多特性构成的,心理的结构是多层次、多水平、多倾向、多动力的有机整体。它们的组成部分是互相联系互相制约的,各种特性在一个人身上的不同组合就构成了一个人的独特个性。他采用因素分析法,研究得出人的个性包含有若干种个性因素,并据此按不同年龄段编制出16PF、CPQ、ESPQ等个性量表。其中16种人格因素测验被认为是非常经典的试题,其测评的准确度和广泛的适用性经过了时间的考验,是目前世界上一种广泛运用的心理测试工具,已有法、意、德、日、中诸国的修订本。

16PF适用年龄为16岁以上,初中三年级以上文化程度的成人,共包括187个问题。每题三个答案,被试作判断式回答。测试明确规定,一般15—60分钟可以完成。

团体测试或个别测试均可。我国有辽宁省教育科学研究所修订本、华东师范大学修订本等多种修订版本,且有根据不同职业而编制出的常模。

卡特尔把对人类行为的 1 800 种描述称为人格的表面特质,并将这种描述通过因素分析的统计合并成 16 种因素,称这 16 种因素为根源特质。他认为只有根源特质才是人类的潜在的、稳定的人格特征,是人格测验应把握的实质。这 16 种特性因素在任何一个人身上组合,就构成了其不同于其他人的独特人格。这 16 种个性因素是:A 乐群形,B 聪慧性,C 稳定性,E 恃强性,F 兴奋性,G 有恒性,H 敢为性,I 敏感性,L 怀疑性,M 幻想性,N 世故性,O 忧虑性,Q 实验性,Q2 独立性,Q3 自制性,Q4 紧张性。

卡特尔还认为,在 16 种"根源特性"中,有的起源于体质因素,他称为"体质特性",有的起源于环境因素,他称为"环境形成特性",这两种特性又都同"动力特性"、"能力特性"、"气质特性"有关。最后,这些特性又都同"本能特性"、"习得特性"和"知觉"、"运动"相结合。卡特尔认为,人的个性形成和发展与"体质特性"和"环境形成特性"的改变有密切联系,而人的这两种特性的改变又都是被一个人的先天素质和后天经验决定的。

卡特尔 16 项个性因素测验量表,原本有 A、B、C 三个复卷,每卷各有 187 个问题。1970 年经刘泳和、梅吉瑞修订,将 A、B 两卷合并为一卷,每个因素包括 10 至 13 个问题,全卷共有 187 个测题。测题排列采取按序轮流排列。

16 种人格因素,各有其特点,其因素分数高低能够反映出一个人的人格特点,但必须注意,每种因素分数高低的意义和作用,还有赖于其他各因素得分高低和全体因素的组合方式。

16 种人格因素的测验,不仅能明确描绘 16 种基本的人格特性,而且还可以根据实验统计的结果所得的公式,推算出许多可以描绘人格类型的双重因素。双重人格因素的推算,并不是直接利用原分,而是由几个有关的基本因素的标准分,经过数量的均衡,连同指定的常数相加而成。主要双重人格因素类型如下。

**1. 适应与焦虑性**

低分者在生活中适应顺利,通常感觉心满意足,能做到所期望和认为有重要意义的事,但极端低分可能缺乏努力,遇事知难而退,不肯努力奋斗。

高分者通常易于激动、焦虑、对自己的环境常常感到不满意。高度的焦虑不但会减低工作的效率,而且身体不健康,易患神经病。

**2. 内向与外向型**

低分者内向,通常羞怯而审慎,与人相处多拘谨不自然。内向的性格无所谓利弊,也以工作条件为准,如内向者较专心,能从事较精确性的工作。

高分者外向，通常擅于人际交往，不计小节，不受拘束，从事与人打交道的工作比较合适。

**3. 感情用事与安详机警性**

低分者情绪多困扰不安，通常感觉挫折气馁，遇到问题必须百般考虑才能做出决定，但较为含蓄敏感，温文尔雅，讲究生活艺术。

高分者安详警觉，通常果断刚强、有进取精神。但有时过分现实，忽视生活情趣，遇到困难，有时欠考虑，不计后果，贸然行事。

**4. 怯懦与果断性**

低分者常常人云亦云，优柔寡断，受人影响而不能独立，依赖别人的扶持，因而事事迁就，以获取别人的欢心。

高分者独立、果断、露锋芒、有气魄。通常主动地寻找可以施展所长的环境或机会，以充分表现自己的独创能力。

## （三）艾森克人格问卷

艾森克人格问卷（Eysenck personality questionnaire，EPQ）是英国伦敦大学心理系和精神病研究所艾森克教授编制的。目前它有成人问卷和青少年问卷两种格式。成人问卷包括90个项目（试题），让被测试者根据自己的情况回答是与否，然后用四个量表（即E，N，P，L）的计分标准登记分数。E、N、P分别代表艾森克人格测验理论中关于人格结构的三个度即内外向、神经质、精神质，L是后来加进的一个量表。

E：内外向。分数高表示人格外向，可能是好交际，渴望刺激和冒险，情感易于冲动。分数低表示人格内向，可能是好静，内省，除了亲密的朋友外，对一般人缄默冷淡，不喜欢刺激，喜欢有秩序的生活，情绪比较稳定。

N：神经质（又称情绪性）。反映的是正常行为，并非病症。高分可能是焦虑、担忧，常常郁郁不乐，忧心忡忡，有强烈的情绪反应，以至出现不够理智的行为。

P：精神质（又称倔强，讲究实际）。并非指精神病，它在所有人身上都存在，只是程度不同而已。但如果某人表现出明显程度则易发展成为异常。高分可能是孤独，不关心他人，难以适应外部环境，不近人情，感觉迟钝，与他人关系不佳，喜欢寻衅闹事，喜欢干奇特的事情，并且不顾危险。

L：测定被测试者的掩饰、假托或自身隐蔽，或者测定其社会性朴实幼稚的水平。L与其他量表的功能相联系，但它本身代表一种稳定的人格功能。

总之，E、N、P人格度不但经过许多数学统计上的和行为观察方面的分析，而且也得到实验室内多种心理实验的考查。

艾森克个性问卷在我国有陈仲庚等的测试，在我国南方有龚耀先等及刘协和等的测试。一般结果认为,此量表的项目较少,项目内容较适合我国国情。我国测试的结果表明,有一定的信度和效度。因此,经过反复测查、使用、修改后可能是较好的个性测定方法之一。我们使用的是陈仲庚先生的测试。

### (四) 气质测验量表

北京师范大学陈会昌等编制的气质测验量表是我国心理学工作者自行编制并较广泛使用的气质类型问卷量表。量表按照心理学对气质类型的传统分类,设计了 60 个自测题,以 5 级计分,然后根据测题的编排组合,将气质类型划分成典型的多血质、胆汁质、粘液质和抑郁质,以及由某两种甚至三种典型气质类型的部分特点所组成的混合型气质。根据研究,可确定 13 种气质类型。

该量表使用简单,评分客观,为一般了解人的气质类型提供了较有效的简易工具,故在教育、心理咨询、职业指导等方面具有一定的参考价值。但是由于该量表仅对人的外部表现作描述性判断,缺乏年龄、性别常模,因此只能对人的气质类型[①]的评定有参考作用,而不宜用作科学研究的工具。

### (五) A 型行为问卷等

A 型行为问卷是 Friedman 和 Rosenman 编制的。用于发现个体的 A 型行为模式。A 型性格的人通常表现出有进取心、本能地感到时间的紧迫性、不断地努力以争取在最短的时间里完成最多的任务、并且会对影响进程的事情和人表示抗拒。在北美文化中,这种性格可能会获得高度评价,并会被认为这种人具有积极的野心,能在物质条件的获得中取得成功。具有 A 型行为模式的人更容易患心血管疾病。A 型行为评估应结合临床观察和会谈,A 型行为者性急、易怒。他们总是不停地移动、步行,并且快速进食;他们对事件发生的速度感到不安;努力同时思考或做两件或两件以上的事;不会利用业余时间;通常用获得多少来衡量成功与否。

本测试共有 60 题,以陈述性方式提出,被测试者根据与实际情况的符合与否进行选择。测试涉及有关 A 型性格的各种表现形式,如:行事的速度、焦虑的程度、兴趣爱好的多少、急功近利与否、进取心、竞争力等。

## 三、心理测验在企业人力资源管理中的应用

心理测验是许多招聘人员的机构所采用的一种重要的人员选拔技术,这种技术在

① 关于气质类型,第 4 章将有详细讲解。

企业人员招聘中也有应用,但在我国现阶段仍需要大力发展。心理测验有两种目的:工作定向的选择和人员定向的安置。所以,它可以用于求职者自测自知,亦可以用于用人单位施测以知彼,还可以用于职业指导者获取基本的材料依据。

心理测验可以了解一个人的潜力以及他的心理活动规律。在企业管理,心理测试主要用在招聘、人事安排和职业咨询方面。当前的市场竞争,归根结底是人才的竞争,而人才竞争很重要的一点,就是使每个人都尽可能发挥他的潜在能力,而心理测验正是可以了解潜在能力的一种科学方法。因此,心理测验在招聘中运用,可以了解一个人是否符合该企业某一岗位的需要。所谓的人事安排,就是让合适的人担任合适的工作。而心理测验正可以了解一个人的实际能力,这样,决策者可以把适当的人安排在适当的岗位上。

心理测评的理论与方法在企业人力资源管理中的应用主要体现在人才素质测评之中,具体说有以下几个方面的作用:

### (一) 工作分析

工作分析,又称岗位分析、职位分析,是指通过了解组织内部的职位,并以工作说明书或岗位规范等书面文件把与这种职位有关的信息描述出来,从而使其他人能了解这一职位的过程。工作分析是人力资源管理的一项核心基础职能,它的目的在于寻求人与事的最佳结合,使企业的工作目标具体地落实到每个工作者身上,以形成结构化的分工协作。工作分析除了要对岗位的性质、任务、职责、权限、程序与其他岗位的联系、劳动资料与劳动对象、劳动强度、劳动环境与条件等方面逐一进行分析、比较和描述外,还有一个重要方面就是对员工素质要求进行分析,也就是明确本岗位员工在知识水平、工作经验、操作技能、身体条件、心理品质等方面所应该具备的条件,并将上述分析的结果形成工作说明书、岗位规范等书面人事文件。在此过程中,都将运用人才素质测评的理论和方法。

### (二) 人力资源规划

人力资源规划是指组织为了实现其目标不断地审视其人力资源需求的变化,以确保在组织需要时能够获得一定数量的具有一定知识和技能要求的人力资源的系统过程。人力资源规划最重要的一个内涵就是人力资源素质规划,即依据企业战略、业务模式、业务流程和组织对员工行为要求,设计各职类、职种、职层人员的任职资格要求,包括素质模型、行为能力及行为准则等。人力资源素质规划是企业开展选人、用人、育人和留人活动的基础与前提条件。人力资源素质规划工作离不开人才素质测评。

### (三) 人员招聘

人才素质测评在企业人力资源管理中的作用体现在三个方面:首先,帮助组织全面获取应聘人员功能信息。人才素质测评要通过知识考试、面试、标准化的心理测验和评价技术中心等一系列的环节,通过这些环节不仅可以通过简历等掌握应聘人员的表面信息,而且可以通过交谈、测试等了解隐藏信息,更加全面的获取应聘人员的功能信息。其次,录取人员更加标准化。各个企业根据自身不同的行业要求和岗位设置不同的人员评价指标,并采用定量评价和定性评价相结合的方法,使人员录取更加标准化。第三,避免主观意识代替客观依据。一般的人员招聘往往根据应聘人员的经历和能力主观判断其是否适合岗位,缺乏科学根据,人员素质测评技术建立了一套客观的评价标准,使招聘变得科学合理。

### (四) 人员配置

人才素质测评可以测察人的素质状况,优点及缺点,了解其特长、个性、兴趣和爱好。掌握了这些信息,可以为人力资源管理部门选拔、任用和安置人员提供客观依据,为领导进行人事决策提供科学依据。一方面可以使人和事相互配置,做到人事相宜,人尽其才。另一方面可以使人与人优化组合、取长补短。在一个组织集体中,共同的事业不仅需要每个人都具备优良的素质,同时更需要人才素质结构的合理组合。事业的成功与否主要取决于集体成员的合理配置,否则,就会造成矛盾,形成不利局面。

### (五) 人员晋升

晋升是企业获取人才的重要来源。它不但有利于保证战略和文化的连续性,而且作为激励人才的有效手段,在调动员工的工作积极性、主动性与创造性,激发潜能,实现个人价值等方面发挥了重要作用。成功的晋升是对人力资源的再度优化配置,使人才发挥出更大效用、为企业绩效做出更大贡献的同时也有助于个人目标的实现,是双赢的局面。然而在实际中,不少人被提拔到了不能胜任的职位,加剧了人浮于事、效率低下,阻碍了企业目标的实现。对个人而言不但遭遇了“天花板”,而且失去了曾经能够应付自如的较低职位。人才素质测评则可以帮助企业和个人避免这样的困扰。

### (六) 薪酬制度

薪酬制度是企业在国家宏观政策范围内,灵活运用各种方法手段,制定各种薪酬激励措施,激发员工不断为企业做出贡献。它的实质是企业对员工贡献的报偿,体现了人才的市场价值。它的主要任务是将有限的薪酬资源公平、合理、有效地进行配置,以激发员工的工作热情和对企业的归属感。其核心是科学、量化地根据员工对企业的贡献来确定员工的薪酬差别，制定公平、公开、公正的薪酬制度。人才素质测评可以帮助企业在构建员工综合素质测评体系的基础上，运用科学的方法对员工的综合素质做出评估，依据员工综合素质测评的结果来确定其薪酬。

### （七）绩效考核

绩效考核是指企业组织以既定标准为依据，对其人员在工作岗位上的工作行为表现和工作结果方面的情况，进行收集、分析、评价和反馈的过程。从执行结果来看，它包含对人的管理、监督、指导、教育、激励和帮助等功能。但传统的考核办法多以定性考核为主，没有针对不同岗位采取不同的定量考核测评方法，导致考核结果的可信度不强，不能反映被考核人的真实素质和能力。人才素质测评可大大提高绩效考核的公平性和科学性。

### （八）员工培训

员工培训是指企业为了实现目标而对员工开展的一种提高员工素质、能力、工作绩效和对组织的贡献，而实施的有计划、有系统的培养和训练活动。其目标就在于使员工的知识、技能、工作方法、工作态度以及工作的价值观得到改善和提高，从而发挥出最大的潜力提高组织和个人的业绩，推动组织和个人的不断进步，实现组织和个人的双重发展。但是，如何确立培训的目标和内容、采取哪种培训的方式与方法、如何评估培训的效果与效益、如何针对员工的心理特点进行培训等问题都是企业在设计和实施培训时需要了解的内容。

## 四、心理测验应注意的问题

因为心理测验是一种科学的测试手段，所以它有一些基本的原则必须遵循：

（1）要对个人的隐私加以保护。在未征得被试同意之前，不能公布其心理测试结果，因为心理测验涉及个人的智力、能力等方面的个人隐私，这些内容严格来说应该只让被试以及他愿意让人知道的人才能了解。所以，有关测试内容应该严加保密。

（2）心理测验以前，要先做好预备工作。心理测验选择的内容、测试的实施和计分，以及测试结果的解释都是有严格的程序的。一般来说，主试和被试要受过严格的心理测量方面的训练。

（3）主试要事先做好充分的准备，包括统一讲出测试指导语；准备好测试材料；能够熟练地掌握测试的具体实施手续；尽可能使每一次测试的条件相同，这样测试结果才可能比较正确。

(4) 要有严格的程序。从心理测验准备,到心理测验实施,以致最后心理测验结果的评判,都要遵循严格的程序。

(5) 心理测验结果只反映出人们某一方面的特点,因此结果不能作为唯一评定的依据。应根据实际需要,结合多种方法做出客观评价,作出更周全的决策。

>>>>>>>>>>>>>>>>>>>>>>>>>>>>>>>>>>>>>>>>>>>>>>>>>>>>>>>>>>>>>>

## 【复习思考题】

1. 什么是个性? 个性的结构是怎样的?
2. 人的个性具有什么特点?
3. 试论述影响个性形成的因素有哪些。
4. 什么是心理测验? 心理测验可以分为哪些类型?
5. 试论述如何在企业人力资源管理中应用心理测评技术?
6. 运用心理测试应遵循哪些基本原则?

## 【本章案例分析】

### 辛格博士挽救狼孩

1920 年,辛格博士在印度加尔各答西南部森林的狼穴中救出了两个裸体小女孩。她们中大的约七、八岁,小的约两岁,分别被取名为卡玛那和阿玛那。辛格博士把她们带到米德纳坡尔孤儿院抚养。刚入孤儿院时,她们每天晚上像狼一样嚎叫许多次,并竭尽全力寻找出路以便逃回丛林。起初,她们用四肢爬行,慢走时用手掌、膝盖着地;快走时半屈着腿,用手掌和脚掌着地。她们害怕强烈的光亮,在黑暗中却很自在,也会辨别方向。她们寻觅食物时,凭嗅迹追踪。她们常常撕破衣服,摆脱毛毯,扔开被子,即使天气寒冷也不怕。但是她们怕水火,给她们洗澡时,她们竭力挣逃。她们用舌头舔饮生水和流汁,只吃放在地板上的生肉,从来不吃任何人手里的东西,啃骨头也能不用手来帮忙。

卡玛那对阿玛那怀着深厚的感情。她俩像小狗一样互相偎依着睡在一块。一年后,阿玛那死去了,卡玛那流了眼泪,而且两天两夜不吃不喝。十天过后,她还经常嗅阿玛那生前常到的那些地方。但是卡玛那对其他人却怀着敌意，要是有人在她吃食时靠近，她就咆哮起来，显出凶狠的样子。其他的孩子也引不起她的兴趣。

辛格博士下了很大工夫，可是使卡玛那“恢复人性”的工作仍然拖得很久。不过，总还是有了一点成绩。两年以后(即 1922 年)，她学会直立，但还得有人扶着。到 1926 年她已经能够单独直立行走了，但还不会跑，当她想走得快些的时候，仍像从前一样，四肢并用。至于在学习语言方面，几乎没有任何成效可言。四年以后，卡玛那只能听懂几句简单的话，仅仅学会了 6 个词；七年过后，她学到 45 个词，并勉强学了几句话。

在她生命的最后三年中，卡玛那喜欢并开始适应人类社会了。人类文化的习惯取代了以前野兽生活习惯。她已经习惯于晚上睡觉并开始害怕黑暗了；她吃东西用手拿着，喝水也使用杯子；时钟报时也理解成作息的信号了；她整天喜欢和辛格夫人在一起，还能从晾好的衣服中拣出自己的去熨平。但是在智力发展的水平上，卡玛那根本不能与同年龄的正常孩子相比。在刚被发现(8 岁)的时候，她的智力只相当于 6 个月的婴儿；快到 15 岁时，相当于 2 岁婴儿；她在 17 岁那年死去了，当时的智力才相当于 4 岁小孩的水平。

**思考题：**

1. 影响人的个性形成的因素有哪些？
2. 结合本案例谈谈哪种影响因素是最重要的？

# 第3章

# 个性倾向性

## 【本章学习目标】

通过本章学习，你应该了解：

1. 需要的概念、特征及种类。
2. 动机的概念及其种类。
3. 态度的概念及特征。
4. 有关态度改变的理论。
5. 如何改变员工的态度。
6. 价值观的概念、特点和分类。
7. 企业经营管理价值观的类型。

### 引导案例

**一位总经理的烦恼**

周女士毕业于南方某著名的大学并获得该校的MBA学位，被某服装制造厂聘为总经理。周女士近几个月一直感到很苦恼。首先，她手下的管理人员越过自己直接向股东汇报工作，于是她感到自己被架空；其次，自己的建设性意见老被股东拒绝，如她提议在车间设立开水供应点，方便职工饮水。但股东就认为员工就是要关注工作，赶任务，至于饮水等他们下了班再自行解决。如此，周女士认为股东一味地要求员工努力工作，而完全忽视员工的需要和动机，越来越感到自己与股东在价值观上、对员工的态度等方面都存在很大的差距，觉得自己离开工厂是迟早的事。

**【点评】**

个性可分为个性倾向性和个性心理特征两大部分。个性倾向性是推动人进行活动的动力系统，是个性结构中最活跃的因素，决定着人对周围世界的认识和态度、选择和趋向。个性倾向性包括：需要、动机、兴趣、爱好、态度、理想、信仰和价值观。个性倾向体现了人对社会环境的态度和行为的积极特征，对个体心理的影响主要表现在心理活动的选择性，对认知对象的不同态度体验以及行为模式上。

案例中，工厂股东对工厂员工的需要和动机缺乏关心，与身为总经理的周女士在管理价值观上也差距很大，这将会为工厂带来诸如人才流失、员工工作积极性降低等问题。因为，人有什么样的个性倾向性就会有相对应的行为，若要有效地理解、预测和引导员工的行为，就必须对人的个性倾向性有所了解。

# 第1节 需　要

## 一、对需要的理解

杨国枢教授认为，西方心理学中的各种需要概念，大体上有两种用法。第一种用法重视它的动力性意义，把需要看作是一种力或紧张；第二种用法重视它的非动力性意义，把需要看作个体在某一方面的不足或缺失。前苏联心理学家波果斯洛夫斯基认为，需要反映有机体内部环境或外部生活条件的稳定的要求，是人的思想活动的基本动力。

学者们对需要的概念都有不同的解释。总的来说，需要就是个体对内外环境的客观需求在脑中的反映。它常以一种“缺乏感”体验着，以意向、愿望的形式表现出来，最终导致为推动人进行活动的动机。需要是个体的一种内部状态，或者说是一种倾向，它反映个体对内在环境和外部生活条件的较为稳定的要求，而且总是指向某种东西、条件或活动的结果等，具有周期性，并随着满足需要的具体内容和方式的改变而不断变化和发展。

## 二、需要的特征

需要作为一种心理状态，具有以下特点：

(1) 需要的指向性。人的需要总是指向一定具体的事物或对象，如对事物、知识、情感、对劳动和交往的需要以及对文化和政治生活的需要等，都指向某种具体的事物或活动。抽象的、无所指的需要是不存在的。

(2) 需要的驱动性。当人们产生某种需要时，心理上就会产生不安与紧张的情绪，这种情绪就构成了一种内在的驱动力量，推动人去从事某种活动。正是从这个意义上，需要才被称为推动人从事各种活动的源泉或动因。

(3) 需要的转移性。人的某种需要如果因为一些主客观条件的限制而无法满足时,会转移到寻求另一种需要的满足上。

(4) 需要的再生性。已形成的需要一般不会因需要的暂时满足而消失,它会随需要的满足而暂时潜伏下来,随着时间的推移,条件的变化,又会反复出现。需要的不断重新出现是需要形成和发展的重要条件,如人的饮食、排泄、运动、休息等需要就是这样循环往复,推动着人的行为活动。

(5) 需要的社会历史性。人的需要为其所处的社会环境和生产条件所决定,因此,需要就随着社会的发展而发展。古人与现代人对衣、食、住的需要迥然不同就说明了这一点。另外,人的需要并不因为一次获得满足而终止,而是在前次需要得到满足的基础上产生新的需要。随着社会生产力水平、科学技术等方面的发展,人们需要对象的范围不断扩大,需要满足的方式也不断改变,人类的需要也不断得到丰富和发展。

(6) 需要的年龄特征。个体的需要会随着年龄的增长而处于不断的发展变化之中。如幼儿需要玩具和游戏,少年需要知识和学习,中年需要工作和成就等。

## 三、需要的种类

可根据不同的标准把需要分为不同的种类。

### (一) 根据需要的起源划分

根据需要的起源可把需要分为自然需要和社会需要。自然需要是与维持个体的生长发育及种族延续有关的需要。如饮食、睡眠、御寒、避险等方面的需要。自然需要也叫天然需要,它是人与动物共有的需要,但二者有着本质的区别。人的自然需要已具有社会性质,是推动人们行动的强大动力。社会需要是与人的社会生活相联系的需要。如求知需要、成就需要、尊重需要、交往需要、劳动需要等。它是在人的自然需要的基础上,在社会实践和教育条件下形成和发展起来的,受着社会生活条件的制约,具有社会历史性。社会需要是人类所特有的,是社会发展的基本动力。

### (二) 根据需要对象的性质划分

根据需要对象的性质,可把需要分为物质需要和精神需要。物质需要是指人对社会物质产品的需要。如对衣、食、住、行等有关物品的需要,对劳动、学习、科研等用品的需要。人的物质需要既包括生理需要,也包括社会需要。随着生产力的发展和社会的进步,人的物质需要也会不断地发展。精神需要是指人对社会精神生活和精神文化产品的需要。如交往需要、道德需要、学习需要、美的需要、尊重的需要等。交往需要是个体心理正常发展的必要条件，在精神需要中占有重要地位，长期缺乏社会交往会导致个性变态。

### (三) 根据医学角度划分

根据医学角度，可把需要分为生理需要和心理需要。心理学家默里(H.Marry)通过临床观察，列举了人类 40 种基本需要，其中 12 种为生理需要，28 种为心理需要。

上述需要的分类只具有相对的意义，实际上有些需要很难简单地归为某一种需要。例如，一个人对衣物的需要是生理需要，但对衣服式样的追求则既是精神需要，又是社会需要，同时还属于物质需要。

美国人本主义心理学派的主要代表人物马斯洛，通过对各种人物的观察和对一些人物传记的研究，把人类行为的动力从理论上加以系统整理，提出了需要层次说，我们将在后面的章节中对马斯洛的需要层次理论做详细的介绍。

# 第2节 动 机

## 一、对动机的理解

动机是指由特定需要引起的，欲满足该种需要的特殊心理状态和意愿。动机是人的活动的推动者。它体现着所需要的客观事物对人的活动的激励作用，把人的活动引向一定的、满足他需要的具体目标。

动机可以由当前的具体事物所引起。如感到寒冷的人，有取暖的需要；附近的木柴、引火物等，能引起他产生烤火的动机。可是引起动机的，远不限于当前的事物，也可以是事物的表象和概念，甚至是人的信念和道德理想等。例如，对真理和正义的坚信和热爱、个人的责任感或事业心，在一定条件下都能成为推动人去从事活动的动机。

## 二、动机的种类

人类的动机是复杂多样的，从不同的侧面或角度可把动机分成如下几种。

### (一) 生理性动机与社会性动机

根据动机的起源，可把动机分为生理性动机和社会性动机。生理性动机是以有机体的生理需要为基础的动机，是先天具有的，比较低级的动机。如饥饿、干渴、瞌睡等。

人的生理性动机也受社会生活条件的制约，具有社会性。社会性动机是以人的社会性需要为基础的动机，是在后天的社会生活中获得的，比较复杂的、高级的动机状态。研究表明，社会性动机具有持久性，能够持续几个月、几年、甚至终生，而且不会充分满足，一个目标达到后，又会指向另一个新的目标，而且在人与人之间存在很大的个别差异。

### (二) 合理动机与不合理动机

根据动机的意义，可把动机区分为合理动机与不合理动机。合理动机是指与我们社会利益相一致的、有利于个体健康发展的动机，它包括高尚的、正确的和在一定时期里有较多积极因素的动机。所谓不合理动机，是指不符合我们社会利益和个体健康发展的动机，它包括低卑的、错误的和有较多消极因素的动机。

### (三) 内因性动机与外因性动机

根据动机产生过程中需要和诱因哪个起主要作用，可把动机分为内因性动机和外因性动机。内因动机是指由内在因素引起的活动动机。个体追求的奖励来自动机活动的内部，即活动成功的本身就是对个体的最好奖励，例如，人们在工作中获得的成就感、荣誉感和满足感等。外因动机是指由外在因素引起的活动动机。个体追求的奖励来自动机活动的外部，即不是活动成功的本身，而是活动成功所带来的活动之外的报酬或奖励。例如，为获得奖金而努力工作，奖金是诱因，而并非对工作过程本身感兴趣。一般情况下，外因性动机的推动力较小，持续时间较短。外在条件一旦消失，这种动机也会很快失去作用。

### (四) 有意识动机与无意识动机

根据对动机内容的意识程度，可把动机分为有意识动机和无意识动机。有意识动机是指行为者能觉察到的，并对其内容有明确意识的动机。人类的大多数行为动机是可以被自身所意识到的。无意识动机是一种在不知不觉中出现的，决定人活动倾向的动机，它在人类举止行为的动机系统中起着重要作用。定势、习惯、情绪波动、灵感等均有无意识动机的成分。

### (五) 近景性动机与远景性动机

根据动机的影响范围和持续作用时间，可把动机分为近景性动机和远景性动机。近景性动机是与具体活动本身相联系，影响范围小、持续作用时间短的动机。远景性动机是与活动的社会意义相联系，影响范围大，持续作用时间长的动机。例如，学生在确定选修课程时，有的是考虑今后走上社会、踏上工作岗位的需要，有的只是考虑眼下是否容易通过考试。他们的择课动机便分别属于远景性动机和近景性动机。只有将远景性动机和近景性动机结合起来，取长补短，才能在活动中起到巨大的推动作用。

### （六）主导性动机与辅助性动机

根据动机在活动中的地位和所起作用大小，可把动机分为主导性动机和辅助性动机。主导性动机处于支配地位，起主导作用的动机。辅助性动机是处于从属地位，只起辅助作用的动机。当辅助性动机与主导性动机一致时，推动作用会得到加强，反之，则会削弱对活动的推动力量。

## 三、动机与行为

动机是一种主观状态，具有内隐的特点，必须要通过行为才能表现出来，我们可以通过对人的行为的观察而探寻到其内在的动机。但是，动机和行为之间并不是简单的线性关系，而是一种非常复杂的关系。具体表现为：

（1）同一种动机可以引起种种不同的行为。例如，想过上好的物质生活，有的人靠诚实劳动，勤奋努力的工作来实现，有的人通过婚恋来改变自己的经济状况，还有的人通过一些违法乱纪的事情，搞歪门邪道来获得不义之财，从而达到自己的目的。

（2）同一行为，可以出自不同动机。例如，购买商品房，有的人是为了自住，有的人是为了保值、增值，有的人是为了炒作与投机，还有的人是为了攀比。

（3）好的动机可能引起不合理甚至是错误的行为。例如，家长们望子成龙有可能引起过分溺爱、娇纵或是棍棒体罚等错误的行为，反而导致子女们逆反、沾染不良习气，事与愿违。

从动机和行为的复杂关系可以看出，一个人外在的表现和内在的动机可能会相互一致，也可能不一致。因此，我们在分析动机和行为关系的过程中，一定要具体情况具体分析，避免被“假象”所迷惑，或被“假动机”所误导。

## 四、动机的性质与力量

人的动机的性质是各种各样的。不同性质的动机，可以对人有不同的意义，具有强度不同的推动力量。行动的方式、行动的坚持性和行动效果，在很大程度上受动机性质的制约。

有一个实验研究了不同动机对儿童行为的影响。学前儿童活泼好动，要他们长时间地站着不动是很困难的。但实验者安排了一种游戏的情景，儿童所扮演的角色要求他长时间地保持不动的站立姿势。这时情形就明显不同。比较成人单纯地提出要求，儿童在游戏情境中保持站立的时间要长3—4倍。这里，除了游戏带来的情绪方面的有利因素以外，儿童的活动动机显然起着重要的作用(马努依连柯的实验)。

在活动动机中，社会性因素起着重要作用。社会性动机所产生的力量可能如此之大，以致会超过和压制人的生物学本能。比如一些社会活动家，为了政治斗争的需要，可以抑制进食的自然需要，长期绝食达十几天之久。

在实验室里，也见到类似结果。有人报导，要求三组成人被试(大学生)用右手食指拉起久布氏测力计上悬挂的重达3.4公斤的砝码。对第一组被试不说明任何理由；对第二组被试，要求他们表现自己的最高能力；对第三组被试，则告之这种活动与一种社会性的重要任务有直接关系(拉砝码的动作同电力输送到工厂、住宅的效果有关)。结果显示，在三种不同的活动动机之下，社会性最丰富的动机能表现出最大的力量(费约的实验)。

战争是一种要求高度意志力的社会现象。在战争行动中，可以清楚地看出动机的性质同它对行动的推动力量之间的关系。古往今来，投身正义战争的士兵，为崇高的动机所推动，具有一往无前、艰苦卓绝的精神，善于克服千难万险，表现出坚强的意志。在从事非正义战争的军队里，士兵为打仗而打仗，或仅为金钱或其他个人动机而战，他们在艰险和危难面前，容易胆怯、动摇，表现出意志薄弱。革命战争的领导者之所以高度重视战前动员的作用，不义战争的策动者之所以常常对自己的士兵作欺骗宣传，力图把他们的战争意图说得冠冕堂皇，其心理学依据就是人的不同性质的动机对行动具有不同的激励作用。

## 五、动机体系与优势动机

一个人复杂而多样的动机，以其一定的相互关系构成动机的体系。人的动机体系中有某种动机最为强烈，是决定行为的主要因素，这一最强烈的动机就是优势动机。例如，在爬山时口渴了，渴的动机驱使人到处去找水，弄得精疲力竭，这时需要休息的动机取代渴的动机成为优势动机，支配人的行为，迫使人坐下来休息。等疲劳消除到某种程度，渴再度成为优势动机时，才使人站起来继续找水。

影响人的动机体系与优势动机的因素有：

(1) 爱好和兴趣。爱好与兴趣对人的行为的优势动机的影响作用表现为：相对于个人的某种需求，一般总有多个目标可以满足这种需求。在这种情况下，人们在生活中养成的兴趣和爱好就会影响他们对目标的选择，影响他们的优势动机。

(2) 价值观。人的价值观不同,其强调的生活方式与生活目标,以及追求和行为的动机也不相同。有的人认为人生应以为社会服务、奉献为目的;有的人以追求理想为目标,有的人以追求物质享受为人生最大乐趣……,这些都会对人的动机体系及优势动机产生重要影响。

(3) 抱负水准。抱负水准是指一种想把自己的工作做到某种质量标准的心理需求。一个人的兴趣与价值观决定其行为的方向,而抱负水准则决定其行为达到什么程度。个人抱负水准的高低不同,对个人成就的影响也会不同,对个人优势动机实现的影响也会发生差异,两者之间呈正相关关系。

当然,优势动机和其他动机一样,在人的生活中也是处于不断变化之中的,它会随着自身的满足而产生新的动机。动机的发展和变化,受多种因素的影响。但主要是受年龄的变化和社会生活条件的影响。

年龄不同,生理发展状况和心理发展水平就不同,人的动机就会呈现出不同的情况。例如,婴儿的优势动机就是生理需求,这个时期是无所谓自我实现的。而对于成年人来说,由于人是社会关系的总和,所以交往、实践、自我实现的需要占明显的优势。现实生活中,很多人为了事业的成功,历经磨难,吃尽苦头而在所不惜就是最好的例子。

此外,动机体系还会随完整个性的改变而改变的。人在社会中生活并接受教育,在逐渐掌握社会行为规范的过程中,形成关于义务、行为理想的观念,并根据社会需要逐渐学会做自我要求。当社会要求转化为个体的主观需要时,在此基础上形成的动机,其他的动机以及整个动机体系也会不断地发生改造。由于动机体系和优势动机是在个体接受社会环境的影响下形成的,因此它反映着一个人的思想信仰、文化教养和道德面貌。

# 第3节 态 度

## 一、对态度的理解

态度是个人对某一对象所持有的评价与行为倾向。

一般来说,态度由三种因素构成:一是认知,指主体对态度对象的认知,包括感知、思维、理解、看法等;二是指主体对态度对象的情感体验;三是意向,指主体作用于态度对象的行为准备状态。态度的这三种因素相互联系,相互制约,相互协调,形成一个相对稳定的统一体。

例如,对教师职业的态度,有人认为教师是“人类灵魂的工程师”,有人认为“家有一斗糠,不当孩子王”,反映了人们的认识的差别和思想水平的不同。前者就会热爱、尊敬教师,而后者就会对教师怀有冷漠、轻视的情感;前者不仅喜欢教师,他还会想与其交往,前去请教,而后者则会疏远教师。但是,意向并不是行为,它只是行为实施前的心理准备倾向。

## 二、态度的特征

### (一) 态度的社会性

人的态度不是由遗传获得的,而是随着人的成长,通过后天的学习形成的,需要人们在工作和生活实践中通过与他人的交往和与环境的相互作用逐渐形成。人的各种态度,如对长辈、朋友、职业、劳动纪律、自己、他人、集体和国家等的态度,是在社会生活的实践中形成的。态度形成后反过来对他人和环境发生影响。态度就是在不断地与他人和环境发生的相互作用中,不断得到修正,从而使个体的态度体系日趋完善。

### (二) 态度的针对性

态度具有特定的对象,这个对象可能是具体的,也可能是某种状态或某种观念。态度的这种针对性的特点,反映了主体与客体的对应关系。任何一种态度都是有其针对的对象的,例如“热爱和平,反对战争”,“赞成改革,反对守旧”就是反映了主体对战争、和平、改革、守旧所持有的态度。

### (三) 态度的协调性

构成态度的三要素即认知、情感、意向是协调一致的,有什么样的认知就有什么样的情感,有什么样的情感就会有什么样的行为意向,它们之间在彼此相对稳定的条件下不发生矛盾。具体来讲,构成态度的三要素中,认知是态度的基础,情感是态度的核心,意向是态度的外部表现。

### (四) 态度的稳定性

态度形成的过程需要相当一段时间,而一旦形成之后,就比较稳定,比较长久,并且不轻易改变。作为管理者,在对员工的管理过程中,对员工的某种不正确的态度,要及时加以引导、教育。否则,当不正确的态度形成并稳定后,再进行教育就困难得多了。

### (五) 态度的两极性

态度的两极性指人们对一个事物往往有两种极端对立的态度。如肯定—否定;赞成—反对等。当然在态度的两极之间还有中间状态,但它往往是暂时的,经常两极化。

### (六) 态度的间接性

态度不是指行为本身,它只是行为表现前的心理状态,即行为准备状态。因此,要想了解一个人的态度,是可以通过对他的语言、表情、动作的具体分析推论出来的。当然,也可采用心理测量的科学方法进行测定。由于态度具有间接性这一特性,有的人就可能隐瞒自己的真实态度,即所谓的“知人知面不知心”。但俗话说:“路遥知马力,日久见人心”,通过长时间的交往和观察,人的真实的态度终究会要显示出来。

## 三、有关态度改变的理论

### (一) 海德的平衡理论

1958 年,心理学家海德(F. Heider)提出了改变态度的“平衡理论”,又被称为“P-O-X 理论”。海德认为,人类普遍有一种平衡、和谐的需要。一旦人们在认识上有了不平衡和不和谐,就会在心理上产生紧张的焦虑,从而促使他们的认知结构向平衡与和谐的方向转化。显然,人们喜欢完美的平衡关系,而不喜欢不平衡的关系。

平衡理论涉及一个认知对象与两个态度对象之间的三角形关系。例如,用符号 P 来表示认知的主体,用符号 O 与 X 表示两个态度对象。O 与 X 称为处于一个单元中的两个对象。认知主体 P 对构成一体的两对象 O 与 X 的评价是带有情绪性的,即喜恶、赞成与反对。

通常,认知主体对单元中两对象的态度是趋向一致的,如喜欢某人,则对某人的工作也很赞赏;不喜欢某人,则认为他的朋友也不是好东西。

为此,当认知主体对一个单元内两对象看法一致时,其认知体系呈现平衡状态;当对两对象有相反看法时,就产生不平衡状态。例如,喜欢某人,但对他的工作表现不能赞同。不平衡的结果会引起内心的不愉快和紧张。消除不平衡状态的办法将是,赞同他的工作表现,或不再喜欢此人,这就产生了态度转变的问题。

现将上述的 P-O-X 的关系列成图解形式,以符号“+”表示正的关系,以符号“—”表示负的关系,那么,共有 8 种,其中 4 种是平衡的结构,4 种是不平衡的结构,如图 3.1:

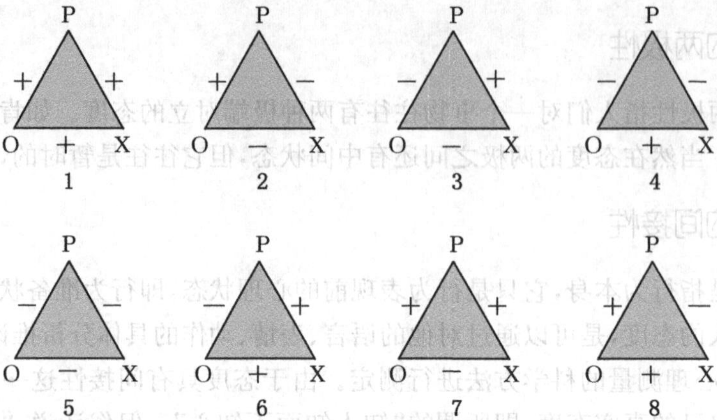


**图 3.1　P-O-X 的关系示例**

判断三角关系是平衡的,还是不平衡的,其根据为:平衡的结构必须三角形三边符号相乘为正;不平衡的结构必须三角形三边符号相乘为负。

现举例说明这种三角关系。今有认知主体 P(女青年),态度对象为 O(男青年,为 P 的男朋友),X(男青年 O 自愿当清洁工)。

对此,可能存在三种情况:

(1) P 对 O 与 X 皆持赞成态度,这是一种平衡状态。

(2) P 对 O 与 X 皆持不赞成态度,这也是一种平衡状态。

(3) P 对 O 持赞成态度,对 X 持不赞成态度,这就造成了不平衡状态。

在第三种情况下,P 要达到平衡的解决办法为:

(1) P 改变对 O 的看法,认为 O 很老实、肯干。

(2) P 改变对 X 的看法,认为 X(清洁工)也是工作的需要。

(3) P 劝说 O,不要去做清洁工。

由上可见,不平衡状态会导致认知结构中的各种变化,所以,态度可以凭借这种不平衡的关系而形成和改变。

平衡理论的用处在于使人们可以用"最小努力原则"来预计不平衡所产生的效应,使个体尽可能少地改变情感关系以恢复平衡结构。在一定的情境中,它能以简练的语言来描述认知的平衡概念,使它成为解释态度改变的重要理论。

### (二) 认知失调理论

认知失调理论是认知一致性理论的一种,它最早由费斯廷格(Leon Festinger)提出来。在费斯廷格看来,所谓的认知失调是指由于做了一项与态度不一致的行为而引发的不舒服的感觉,比如你本来想帮助你的朋友,实际上却帮了倒忙。费斯廷格认为,在一般情况下,人们的态度与行为是一致的,如你和你喜欢的人一起郊游或不理睬与你有过节的另一个人。但有时候态度与行为也会出现不一致,如尽管你很不喜欢你的上司夸夸其谈,但为了怕他报复你而恭维他。在态度与行为产生不一致的时候,常常会引起个体的心理紧张。为了克服这种由认知失调引起的紧张,人们需要采取多种多样的方法,以减少自己的认知失调。解决认知不协调的三种途径:

(1) 改变行为,使对行为的认知符合态度的认知。

(2) 改变态度,使其符合行为。

(3) 引进新的认知元素,改变不协调的状况。

以戒烟为例。你很想戒掉你的烟瘾,但当你的好朋友给你香烟的时候你又抽了一支烟,这时候你戒烟的态度和你抽烟的行为产生了矛盾,引起了认知失调。要改变这种认知失调,可采取以下办法:

(1) 降低认知要素之一的重要程度。例如:认为自己一天只抽一两根烟,危害不大;或者,强调并不是每个抽烟的人都会得肺癌。

(2) 改变其中的一个认知要素,要么他选择戒烟,从此不再抽;要么他否定"抽烟导致肺癌"的论断,认为是医生唬人的,根本不科学,不抽烟的人照样会得肺癌。

(3) 增加新的因素C:改抽低焦油含量、过滤嘴香烟;或者很高兴地听说最近香烟里已经很少尼古丁了;再或者把生癌不当一回事,认为自己反正年事已高,得不得癌症无所谓。

再举一例。员工应按时上班与经常迟到之间存在失调,恢复平衡的办法有:

(1) 改变或否定其中一个元素:员工不必准时上班。

(2) 降低一个或两个元素的重要性或强度:我偶尔迟到。

(3) 增加新的认知元素:应实行弹性工作制。

由此可见,改变态度实际上就是自我认知的调节过程。

## 四、态度改变与管理

### (一) 态度转变的条件

#### 1. 原先的态度与要求改变的态度之间距离的大小

心理学家采用态度的主观量表来表示态度之间的距离的大小。

态度变化难易要看两者差距的大小而决定。也就是说,要转变一个人的态度取决于他原来的态度如何,如果两者差距太大,往往不仅难以改变。一般来说,只要个人原来的态度体系中具有下列特点,态度都不容易改变:(1)个人从小形成的、后经社会生活实践反复强化的态度具有持久而稳定的特性,如果没有经过强有力的刺激,很难轻易改变;(2)个体原有的态度愈绝对、愈极端,则其改变的可能性愈小;(3)个人原有态度所依赖的事实根据越简单、越少,越易改变;依赖的事实根据越多、越复杂则越不易改变;(4)个人原有的态度非常稳定、巩固、深刻,而且前后有一贯性,并和信念相联系具有中心趋势,则不易改变;(5)个人原有的态度中的认知、情感、行为趋向三种成分协调一致,较少存在心理冲突,则态度不易改变;(6)态度满足欲望的数量越多,力量越强,价值越大,则越不易改变。

能否转变态度,除考虑态度立场差距这一因素外,还要看个人是否迫切要求改变现状,即改变态度与个人切身利益的关系大小。企业中青年工人提升晋级都要有学历,于是青年工人对于学习的态度就必须转变,这说明外在因素已经转化为他的强烈要求改变态度的动机,从而构成了他的参照结构,最后转变了学习态度。

**2. 在积极参加活动中转变态度**

要转变一个人的态度,必须引导他积极参与有关活动,例如,经常组织企业员工开展一些业余的有益的集体活动,有助于员工了解企业、加强与同事的联系和沟通,这对改变他们对一些事情和人际交往中的一些消极看法有很大的促进作用。

如果员工参加了不正当的活动,这就会使态度向坏的方向转变,如偶尔抱着好奇心参加赌博等,在这些有害活动中态度就转向了消极、反面。

**3. 团体规范与态度的转变**

人们都处在一定的团体中,团体中的准则、规范化的规则控制并调节着每一个成员的态度与行为,使团体价值观转化为每个成员的自我价值体系的中心成分。假如一个人违背了团体的意志,他就要承受来自团体其他成员的压力。可见,团体规范对团体成员的态度形成有重要的影响。

**4. 宣传与态度转变**

宣传对态度的转变是有影响的。但是宣传对被宣传者态度变化的效果大小究竟怎样,这还取决于以下的因素。

(1) 宣传者的权威。

宣传者本身有无权威对被宣传者态度转变关系很大。宣传者的威信是由两个因素构成,即专业性与可信性。专业性指专家身份,如学位、社会地位、职业、年龄等。可靠性是指宣传者的人格特征、外表仪态以及讲话时的信心、态度等。

社会心理学家哈维兰(Havland)等人曾做过如下实验:同一个宣传者用同样的宣传材料对两组大学生进行宣传,实验人员对甲组大学生说宣传者是个权威,而对乙组的大学生说宣传者是一个普通人。结果甲组有23%的人改变了态度,而乙组转变态度的人不到7%。这个实验说明宣传者的权威和威信对改变他人的态度起着重要的作用。

(2) 宣传内容及其组织。

心理学研究表明,与宣传者的因素相比,宣传内容更能在被宣传者心中经受住时间的考验,留下更深的印象,也更容易改变人的态度。

从宣传的形式来看,不同的宣传形式有不同的宣传效果。口头宣传更为直接、快速和灵活,说服力和感染力都比较强。文字宣传具有可以长期保存、反复阅读、供人慢慢消化理解的特点。而电影、电视、展览会和舞台表演等形象化宣传则图、文、声、形并茂,为大众所喜闻乐见,更能起到潜移默化的作用。

另外,宣传内容是仅仅强调一方面有效呢?还是强调正反两方面有效呢?心理学家对此进行过研究,结果如下:

① 对于教育程度低的人来说,单方面宣传容易转变他们的态度,而对于文化程度较高的人,则听到正反两方面内容的宣传效果为最好。

② 人们最初的态度与宣传者所强调的方向一致时,单方面宣传有效,假若最初态度与宣传者的意图相对抗时,那么两方面宣传更为有效。

③ 引起恐惧的宣传。宣传内容要使对方具有不安全感,有一定的压力,产生一定的焦虑,这样就能使人被迫改变态度。例如,通过向违反交通规则的人展示惨不忍睹的车祸现场照片,强调不遵守交通规则所带来的可怕后果,可以使人警醒,从而改变以往的态度,重视交通安全。同样的道理,企业管理人员为了使员工能够安全生产,就需要使工人能够理解不安全会带来重大的人身事故,轻则残疾,重则死亡,这样的带有恐惧性的宣传会带来很好的效果,使不重视安全生产的工人改变态度。

④ 逐步提出要求与一时提出高要求的影响。弗里德曼(J.L.Freedman)曾做过如下实验:向第一组被试(家庭主妇)先后分两次提要求,每次提一项;向第二组一次提两项,结果是第一组效果比较好。可见,宣传应分阶段逐步提出要求。先提出较小要求,然后再来提出进一步要求,这比一开始就提出高要求容易使人接受,也有利于转变态度。为此,管理实践中管理者对员工进行说服教育时不要急于求成,要循序渐进地提出不同的要求。先提出他力所能及的小要求,然后再逐步加码,这样就容易奏效,否则欲速则不达。

⑤ 宣传效果与被宣传者的个性特点有关。人们在同一情境内接受宣传,有的人容易转变态度,有的人难以改变,这些都与每个人的个性特点有关,如智力、性格等。一般说来,智力水平高的人比智力水平低的人不容易接受宣传而转变态度。个人自尊心强的人比自尊心不强的人不容易转变态度。在性格上依赖性强,缺乏判断力的人比较容易改变态度。

## (二)如何改变员工态度

态度形成之后比较持久,但也不是一成不变的,它会随着外界条件的变化而变化,从而形成新的态度。

态度的转变有两个方向,一是方向的转变,另一为强度的转变。比如对某一事物原来是消极的,后来变得积极了,这是方向的变化。原来对某事物有犹豫不决的态度,后来变得坚定不移地赞同,这就是强度的变化。当然,方向与强度有关,从一个极端转变到另一个极端,既是方向的转变,又是强度的变化。

个体态度的形成是后天因素。它直接影响员工的学习和工作效率。管理者的责任之一就是要不断了解员工工作的态度,采取措施,强化人们积极的态度,改变人们消极的态度。美国曾经流传过"斯尼奈奇迹"的故事。斯尼奈原是某一药物计算中心扫地工,中心的负责人预言,他将来会成为计算机专家,并把预言告诉这个工人,对他多方鼓励。结果工人真的成了计算机专家,实现了中心负责人的预言。

在管理实践中,如果我们想要改变员工的态度,我们可以采用以下几种办法。

**1. 说服宣传**

在日常生活中,人们常常会遇到试图说服别人和被别人说服的情形,从而时时会有态度方向的转变和强度的增减。因此,说服宣传在态度的改变中起着重要作用,怎样才能取得良好的效果呢?

说服宣传过程有三个主要环节:信息与信息的来源、传播方式、劝说对象。这些环节的作用对最后的态度改变了都产生影响。

怎样进行说服宣传才能取得良好效果呢?社会心理学家做了大量实验,归纳起来有以下几项:

(1) 实事求是地提供信息。

在进行说服宣传时,宣传者所提供的信息必须实事求是,既不过分夸大,也不过分缩小。过分夸大会使人产生怀疑感与不信任感,过分缩小则不易引起人们充分重视。

有人将同一型号汽车作了两则广告。一则广告说:这种车门的内把手太偏右了一点,用起来不顺手,但除此之外,其他方面都很好;另一则广告中没有这一条,全都讲优点,结果顾客都相信第一则广告。这说明事实事求是地介绍优缺点能获得人们的信任,从而使人们容易接受宣传的内容而转变其态度。

(2) 说服宣传要晓以利害。

美国社会心理学家施肯认为,宣传必须使人们的内心感到有压力与威胁,只能听从劝告转变态度以消除心理上的负担。

琼斯等人在 20 世纪 50 年代进行一系列的实验研究。他们使用三种不同的宣传方式说明龋齿和身体健康的关系。第一组以强硬的讲解方式，说明牙齿腐烂引起的痛苦和感染；第二组用中等程度的方式诉说，其口气不如前者强硬；第三组用轻微的方式诉说。以上三种方式引起三种不同程度的焦虑：第一组显示出强烈的焦虑；第二组是中等程度的焦虑；第三组是轻微的焦虑。结果最遵守口腔卫生的是第一组（被试者中有 38%），第三组最少（被试者中有 8%）。

(3) 双方面宣传和单方面宣传。

要转变人们的态度，应该宣传正反两方面的内容，还是仅仅指出所强调的一方面的内容，这就是双方面宣传和单方面宣传何者有效的问题。

霍夫兰德在第二次世界大战中对军队士兵进行了实验。研究结果表明：对于教育程度低的士兵来说，单方面的宣传容易转变他们的态度，他们都接受了宣传的观点；对于文化程度较高的士兵来说，进行正反两方面的宣传的效果好。此外，士兵最初的态度和宣传者的强调的方向一致时，单方面的宣传有效；若最初态度与宣传者意图相矛盾时，双方面宣传更有效。

分析以上的结果可见，单方面宣传与双方面宣传对人们态度的转变作用不是绝对的，要根据对象的特点有针对性地进行宣传。

(4) 逐步提出要求。

实验社会心理学研究表明，要转变一个人的态度就必须了解他原先的态度，然后再估计一下两者的差距是否过于悬殊。若差距过大，操之过急反而会发生反作用，而逐步提出要求，不断缩小差距，才能够使人们接受。

**2. 增加接触与增进了解**

美国学者史密斯曾经组织学生到黑人社区访问，他要求学生们利用半个月的时间，广泛与黑人中的报刊编辑、外科医生、诗人、画家、音乐家等进行接触，听黑人的演说，参加黑人学生的会议，与黑人交谈等。结果发现，不少学生由以前对黑人的歧视态度，转变为对黑人非常的友好，一段时间后，这种友好的态度仍然持续着。可见，增加对认知对象的接触和了解可以帮助人们改变以前对认知对象不正确的看法及态度。

**3. 参与活动**

俗话说"百闻不如一见"，这句话中也透露出了一个改变员工态度的方法—活动参与法，即通过引导员工参与有关的活动可以达到改变其态度的目的，人们通常说"耳听是虚，眼见为实"，通过让员工亲自体验参与企业活动的过程，使其对活动有切身的感受，以便有效地改变员工的态度。因为人们对某一事实的态度总是在经历一个过程之后才形成的，这个过程是社会经验不断积累的过程。

★小资料

### 改变美国家庭主妇对用动物内脏做菜的态度

第二次世界大战期间，由于食品短缺，美国政府当局希望说服家庭主妇购买动物的内脏做菜，但美国主妇一般不喜欢食用动物内脏。为了有效地改变她们的这种态度，心理学家勒温对此做了如下实验：

实验题目：不同的活动方式对美国家庭主妇改变吃杂碎(动物内脏)态度的影响。

实验方法：勒温把被试分为两组。一组为控制组，他对这一组被式采用演讲的方式，亲自讲解动物内脏的营养价值，烹调法、口味等，要求她们改变对杂碎的厌恶态度，把杂碎作为日常食品；另一组为实验组，勒温组织她们开展讨论，共同议论杂碎的营养价值、烹调法、口味等，并且分析使用杂碎作菜时可能遇到的困难，如丈夫不喜欢的问题、清洁问题等，最后由营养专家指导每个人亲自实验烹煮。

实验结果：控制组有3%的人采用杂碎为菜，实验组有32%的人采用杂碎为菜。同理，让学生在活动中积极参与、自我感悟、自我体验、自我评价的效果远远高于简单地说教、灌输的德育方法。

**4. 角色扮演**

角色扮演是要求需要改变态度的人去扮演与其原有态度不一致的行为角色(这种行为角色所应具有的态度就是期望其拥有的态度)，从而达到改变其态度的目的的方法。此方法被广泛用于组织的人员培训、人际关系改善，从而培养成员对事物的积极态度和行为方式。

在一个有关角色扮演的经典性研究中，研究者先测量被试对某一事物的态度，然后要求几个被试扮演说家的角色，按照既定的要求作一次发言，每次发言所表达的是一种比被试本人原有态度更为极端的态度，其他被试则仅仅是这几位发言者的听众。角色扮演后，实验者对被试的态度重新作了测量。结果发现，扮演演说家角色的态度沿着发言时所作表现的态度方向发生了重大的改变，而听众的态度却很少受影响。

**5. 利用群体或组织规范**

勒温曾做过这样的实验。实验对象是刚生过孩子而住医院的产妇。当她们离院回家时，被要求给婴儿吃鱼肝油和桔子汁。把产妇分为两组，用两种方式告知：一是医生告诉产妇为了婴儿健康，每天应该吃鱼肝油和桔子汁，另一种是医院给大家规定，回去必须给孩子吃鱼肝油和桔子汁。一个月以后检查，发现被医院规定的产妇几乎全部照办，而医生个别劝说的产妇只有部分人照办。可见，团体的规定在企业管理中是必要的。如工作岗位责任制、作息制度、员工守则、安全规定等都是保证企业生产的基本条件。

## （三）工作满意度

工作满意度是一种主观的心理感受，主要是指个人对他所从事的工作的一种态度。工作满意度经常是结果在多大程度上符合或者超出期望来决定的。

满意可以分成两个方面：一是侧面满意，即对工作的某一方面感到满意的倾向，而对于其他方面不一定满意。例如，他只是对这份工作的工作环境比较满意，而对于这份工作的薪水、职务等其他方面并不是很满意。二是总体满意，即一个人对其工作的全面的或综合的满意，没有什么不满意。

研究发现，工作满意度与员工的离职率、缺勤率呈明显的负相关关系，同时它与工作绩效也密切相关。

当员工的工作满意度降低，那么在工作中会出现四种情况：

(1) 退出：直接离开组织。包括寻找新的工作岗位或辞职。

(2) 建议：采取主动的、建设性的努力来改善工作条件。包括提出建议、主动与上司以及其他类型的团体一起讨论所面临的问题。

(3) 忠诚：被动但乐观地等待环境有所改善。包括面对外部批评时站出来为组织说话以及相信组织管理层会做出“正确的事”。

(4) 怠工：被动地听任事态越来越糟。包括长期缺勤、迟到，降低努力程度和增加失误率。

退出和怠工行为对绩效变量——生产率、缺勤和人员流动产生了破坏性的影响，建议和忠诚使得个体能够容忍不愉快的情景，或者重新回到满意的工作环境中。

提高员工的满意度是企业管理的关键，很多调查研究的结果证明了这一点：

(1) 哈佛大学一项调查研究表明：员工满意度每提高3个百分点，顾客满意度就提高5个百分点。

(2) 根据哈佛商业周刊的报道：每降低5%的人员流动率可以使企业降低10%的运作成本并且提高25%—65%的劳动生产率。

(3) 美国一家人力资源咨询公司翰威特从“最佳雇主调查”中得出一个结论：员工满意度达到80%的公司，平均利润率增长要高出同行业其他公司20%左右。

(4) 中消研公司调查开展的多项关于满意度的研究结果显示：只有员工满意，才能带来对方满意，才能使企业产生持续的利润增长，而不满意的员工则会以不同的方式导致公司的各项工作事倍功半，带来的结果是“较高的员工流动率”、“较低的生产效率”以及“员工的不忠诚”。

如何才能提高员工的工作满意度呢?以下的做法值得参考:

(1) 建立以人为本的企业理念,把员工的需要同企业的目标有机地结合起来,尽量满足员工的需要。

(2) 让员工参与企业的决策,使其有主人翁责任感及对企业的归属感。

(3) 鼓励员工提合理化建议,管理人员帮助实现以满足员工实现自我成就感。

(4) 为员工营造一个良好的工作环境。

(5) 管理人员实行走动管理,经常与员工自由交谈,保持上下沟通,促进了解,消除误解。

(6) 重视员工培训。为员工提供发展、提高其能力的机会,如员工培训、工作设计等。

(7) 建立精神的激励机制。

(8) 创造公平竞争的企业环境包括绩效考核的公平、薪酬的公平以及晋升机会的公平等。

★小资料

## 弗里施法则——员工的满意是企业发展的动力

德国慕尼黑企业咨询顾问弗里施提出弗里施法则:没有员工的满意,就没有顾客的满意。企业管理者应高度关注和提高员工的工作满意度。

企业光靠优厚的薪金、稳定的福利很难长久地留住员工,让员工为企业勤恳工作。只有想办法让员工热爱工作,在工作岗位上越做越开心,才能很好地发展下去。如何让员工在工作岗位上越做越开心呢?赋予员工使命感,是一个让员工满意的不错方式。使命感可以驱策人向前走。企业必须赋予员工使命感,鼓舞企业员工去接纳公司的概念,分享公司管理者的感受及态度,认同公司的方向并且去执行。这样员工就有可能在工作中更投入、更多地关心公司的成长。让企业的每一个成员都更深刻地体会到自己也是企业这个大家庭中的一员,并身体力行地做一回管理者,不仅可以充分调动他们的积极性和主动性,也对从多方面看到管理上的不足有积极作用。让员工满意的另一个重要方法就是为员工创造各种发展自己的机会,对他们实行成长管理。企业是由员工组成的,企业的成功是建立在员工成功的基础之上的,企业的发展与员工的个人发展密不可分。在成长的问题上,企业和员工并不是对立的两个方面,如果能够从员工成长的角度管理,可以激发出员工发展自己能力的愿望,同时积极地提高并投入到工作中去。

# 第4节 价 值 观

## 一、对价值观的理解

价值观是指一个人对周围的客观事物(包括人、事、物)的意义、重要性的总评价和总看法。这种对诸事物的看法和评价在心目中的主次、轻重的排列次序就是价值观体系。价值观和价值观体系是决定人的行为的心理基础。价值观是人们对社会存在的反映,是社会成员用来评价行为、事物以及从各种可能的目标中选择自己合意目标的准则。价值观通过人们的行为取向及对事物的评价、态度反映出来,是世界观的核心,是驱使人们行为的内部动力。它支配和调节一切社会行为,涉及社会生活的各个领域。

价值观念是后天形成的,是通过社会化培养起来的。家庭、学校、所处工作环境等群体对个人价值观念的形成起着关键的作用,其他社会环境也有重要的影响。个人价值观有一个形成过程,是随着知识的增长和生活经验的积累而逐步确立起来的。个人的价值观一旦确立便具有相对的稳定性,形成一定的价值取向和行为定势,是不易改变的。但就社会和群体而言,由于人员的更替和环境的变化,社会或群体的价值观念又是不断变化着的。传统价值观念会不断地受到新价值观的挑战,这种价值冲突的结果,总的趋势是前者逐步让位于后者。价值观念的变化是社会改革的前提,又是社会改革的必然结果。

## 二、价值观的特点

### (一)价值观具有相对的稳定性和持久性

在特定的时间、地点、条件下,人们的价值观总是相对稳定和持久的。例如,我们从小就被教育要诚实守信、尊老爱幼、热爱祖国等,这些价值观对人的影响就是持久和稳定的。但是,随着人们的经济地位的改变,以及人生观和世界观的改变,某一些价值观也会随之改变。例如,人们对于商品的价值观就会随着经济的发展、时代的进步而发生改变。在经济困难的年代,物质比较贫乏,衣服都是“新三年,旧三年,缝缝补补又三年”,好衣服的标准就是耐穿、保暖和便宜。而随着人们生活水平的提高,人们的商品价值观发生了巨大改变,现在人们对于衣服的要求既要满足衣服的基本功能,更要求款式新颖时髦,能符合自己个性,能体现自己社会地位等。和过去相比,人们的商品价值观已不可同日而语。

### (二) 价值观取决于人生观和世界观

一个人判断事物是否有意义、是否重要和是否有价值完全取决于其人生观和世界观。例如,如果一个人的人生观是人生在世就应该造福人类、对社会有贡献,那么他对于为有困难者献爱心这样的事情就会很热衷,认为做这样的事情非常重要和有意义、有价值。同时,一个人所处的社会生产方式及其所处的经济地位,对其价值观的形成也有决定性的影响,而且价值观还深受网络、报刊、杂志、电视和广播等媒体观点以及父母、老师、朋友和公众名人观点与行为的影响。

### (三) 因人而异

由于每个人的先天条件和后天环境不同,人生经历也不尽相同,每个人的价值观的形成会受到不同的影响,因此,每个人都有自己的价值观和价值观体系。

### (四) 影响效应

价值观不仅影响个人的行为,还影响着群体行为和整个组织行为。在同一客观条件下,对于同一个事物,由于人们的价值观不同就会产生不同的行为。同一个规章制度,如果两个人的价值观相反,那么就会采取完全相反的行为,将对组织目标的实现起着完全不同的作用。

## 三、价值观的分类

由于人们对价值的分类多种多样,标准也不统一,所以价值观的分类也是多种多样的,如有人把价值观分为人生价值观、职业价值观、文化价值观、经济价值观、政治价值观、道德价值观、审美价值观、军事价值观、交往价值观、婚恋价值观等;也有人把价值观分为生死观、义利观、得失观、金钱观、苦乐观、荣辱观、幸福观、人际观、权力观、审美观、婚恋观等;还有人把价值观分为物质价值观、精神价值观、集体(社会)价值观和个人价值观。

美国的组织行为学家史布兰格把人的价值观分为以下六种:

(1) 理性价值观。它是以知识和真理为中心的价值观。具有理性价值的人把追求真理看得高于一切。

(2) 惟美价值观。它是以外形协调和匀称为中心的价值观,他们把美和协调看得比什么都重要。

(3) 政治性价值观。它是以权力地位为中心的价值观，这一类型的人把权力和地位看得最有价值。

(4) 社会性价值观。它是以群体和他人为中心的价值观，把为群体、他人服务认为是最有价值的。

(5) 经济性价值观。它以有效和实惠为中心的价值观，认为世界上的一切，实惠的就是最有价值的。

(6) 宗教性价值观。它以信仰为中心的价值观，认为信仰是人生最有价值的。

有关研究表明，不同的国家、不同的民族、不同宗教的人们，其价值观的类型也不一样。甚至是不同的职业人群的价值观也是有差异的。

行为科学家格雷夫斯为了把错综复杂的价值观进行归类，曾对企业组织内各式人物做了大量调查，就他们的价值观和生活作风进行分析，最后概括出以下七个等级：

第一级，反应型。这种类型的人并不意识自己和周围的人类是作为人类而存在的。他们可只是照着自己基本的生理需要做出反应，而不顾其他任何条件。这种人非常少见，实际等于婴儿。

第二级，部落型。这种类型的人依赖成性，服从于传统习惯和权势。

第三级，自我中心型。这种类型的人信仰冷酷的个人主义，自私和爱挑衅，主要服从于权力。

第四级，坚持己见型。这种类型的人对模棱两可的意见不能容忍，难以接受不同的价值观，希望别人接受他们的价值观。

第五级，玩弄权术型。这种类型的人通过摆弄别人，篡改事实，以达到个人目的，非常现实，积极争取地位和社会影响。

第六级，社交中心型。这种类型的人把被人喜爱和与人善处看作重于自己的发展，受现实主义、权力主义和坚持己见者的排斥。

第七级，存在主义型。这种类型的人能高度容忍模糊不清的意见和不同的观点，对制度和方针的僵化、空挂的职位、权力的强制使用敢于直言。

这个等级分类发表以后管理学家迈尔斯等人在1974年就美国企业的现状进行了对照研究。他们认为，一般企业人员的价值观分布于第二级和第七级之间。就管理人员来说，过去大多属于第四级和第五级，现在情况在变化，这两个等级的人逐渐被第六、七级的人取代。

## 四、企业经营管理价值观

经营管理价值观是对经营管理好坏的总看法和总评价，也是企业经营管理工作的出发点。一般地,企业经营管理价值观主要有最大利润价值观、企业价值最大化价值观(委托管理价值观)、企业价值—社会效益最优价值观(生活—质量价值观)。

### (一) 最大利润价值观

这是一种最古老的最简单的局限性最大的价值观念。这种观念认为利润代表了企业新创造的财富,利润的增加就是企业财富的增加。因此,企业的经营管理决策和行为都必须服从最大利润,以此作为评价企业经营管理好坏的惟一标准。这种观念的局限性在于:

(1) 没有考虑货币的时间价值对利润的影响,即没有考虑利润的获取时间。

(2) 没有考虑利润和投入资本额之间的关系,从而会影响企业经营管理决策时优先选择高投入的项目,不利于企业提高经济效率。

(3) 没有考虑所获利润与所承担风险之间的关系,从而会使企业经营管理决策时优先选择高风险的项目,一旦不确定因素导致不利后果,企业将陷入困境,有可能被市场竞争所淘汰,甚至破产倒闭。

这种观念在18世纪、19世纪、20世纪初在工业发达国家普遍盛行,甚至在美国等其他国家现有的不少企业仍然信仰和坚守这个观念。

### (二) 企业价值最大化的价值观

从20世纪20年代开始,企业价值最大化或称之为股东财富最大化的价值观进一步修正和补充了最大利润价值观的不足之处。在企业规模不断扩大、组织复杂、投资巨额而投资者分散的条件下,企业财产的所有权和经营管理权逐渐分离,财产所有者与经营管理者之间形成了一种新型的委托代理关系。众多分散的投资者一般只考虑取得满意的利润,比如,把能否取得相当于投资的20%利润作为经营决策好坏的标准,而不会真正考虑企业未来的发展,对员工来说要取得满意的工资福利和工作环境,对消费者来说要得到价廉物美的商品,对政府来说要取得应得的税收。而经营管理者是在企业直接从事生产经营管理工作的,他们必须综合考虑到各方面的利益关系并进行协调,以企业资产的保值增值作为企业发展的基础,以企业价值最大化作为企业发展的最终目的。

### (三) 企业价值—社会效益最优价值观

这是20世纪70年代兴起的新的价值观。企业生产经营的目标与社会利益在许多方面是共同的。在市场经济中,企业为了生存必须面向市场,生产符合消费者需要的产品,满足社会需求;企业在进行简单再生产和扩大再生产过程中会增加员工人数,对其员工进行教育和培训,从而解决了社会就业并提高了人口素质;企业为了在市场竞争中处于不败地位，必须改进产品质量和服务，提高生产技术，开发新产品，促进了社会生产效率和公众生活质量的提高。

但是，企业从其自身的获得动机出发，可能会生产伪劣产品，可能会不顾工人的健康和利益，不改善劳动场所的安全设施和卫生条件，也可能在生产过程中造成水源污染、大气污染及土壤污染等其他对人类生存环境的危害。

因此，企业必须在国家法律和商业道德的约束下，在政府有关部门的行政监督及社会公众的舆论监督下，充分兼顾企业价值和社会效益从而实现两者最优化。

## 五、价值观与人力资源管理

### （一）基于价值观的企业人员聘用

企业招聘一定要考虑到价值观的因素，首先要招聘与企业价值观一致的人，因为价值观不同是不可能长久合作的。例如，爱尔兰瑞安航空公司的价值观是进取心和竞争意识；与此相反，强生公司是公社文化，它强调浓浓的家庭感，其价值观是信任、忠诚与稳定。这就意味着瑞安航空公司的人将很难适应强生公司，同样，强生公司的人也很难融入瑞安公司，哪怕这两家公司的员工能力都很强。戴尔公司的创始人迈克尔·戴尔认为："无论聘用的是新近人员，或是负责经营最大事业体的管理阶层，都必须完全与公司的哲学和目标一致。如果这个人可以认同公司的价值观和信念，也了解公司目前的营运和努力方向，那么他不但会努力达到眼前的目标，也会对组织的更大目标有所贡献。"

### （二）基于价值观的人员培训

优秀企业总是把企业价值观念的灌输作为企业人力资源培训的重要内容。例如，通用电气公司总裁：杰克·韦尔奇(Jack Welch)就经常把他推崇的五条核心价值观印刷成可以随身携带的价值观卡片发给每一名员工。为使这些价值观深入人心，韦尔奇花了大量精力和时间来培训员工，特别是各级管理人员，18 年中他亲自在公司学校讲授 250 多次课。优秀的企业很重视员工定向的过程，在这个过程中，员工不仅需要了解企业的背景与历史以及企业的具体环境，更重要的是要了解企业的文化以及企业所坚守的价值观念。

### （三）基于价值观的人员考核与评价

在推行以价值观为基础的人力资源管理的企业中，企业的绩效考核与人事测评的内容都会围绕着企业所秉承的核心价值观而展开。例如，摩托罗拉公司在建立"尊重人”的企业价值观的时候,就是通过细节思想方面的灌输和具体行为的考核和约束来建立公司的主流文化氛围。摩托罗拉公司的价值观调查问卷的设计就充分体现了对员工的尊重和以人为本的思想。在对问卷的回答中,员工可以自由地表达他们对具体岗位工作的意义、胜任程度、培训、职业前途等的看法,也可以表达个人对公司的看法,对个人前途的想法等。在这样的一个互动交流的过程中,管理层就可以迅速并且很到位地了解员工的想法,并进一步制定出在未来可能需要做出调整的方向等,来帮助企业推行自己的企业核心价值观。

### (四)基于价值观的人才提拔和培养

推行以价值观为本的企业,以各种方式奖励和提拔那些拥护并认真贯彻核心价值观,而且在实际工作中取得优秀业绩的人。在决定一位员工是否会得到提拔和晋升的时候,公司不仅要考察其工作业绩与能力,还要考察其价值观念是否符合公司要求。在提拔企业的高层管理人员时尤其应该注意这一点。因为高层管理人员的价值体系不仅会影响到其本人以及其所在部门的业绩,还会影响到公司整体的价值体系。

### (五)基于价值观的人才激励

基于价值观的领导理论强调尊重人的自我意识,通过把企业的利益和个人的利益挂钩来保护员工个人的利益,实现他们的自身价值。在价值观为本的管理下,企业的激励方式发生了根本的变化。从以外在的各种激励为主,转变为以内在激励为主。企业通过向员工不断灌输企业核心价值观,表达企业愿景,激发追随者为实现企业愿景的工作热情。同时,把握好员工的价值观,还可以激活员工的自我意识,使其认识到自己努力或不努力工作的真正原因,并进一步实现行为的调整、改变,实现自我提升和发展。

## 【复习思考题】

1. 什么是需要?需要有哪些特征?
2. 人的需要可以分为哪些种类?
3. 什么是动机?动机可以分为哪些种类?
4. 什么是态度?态度有哪些特征?
5. 海德的平衡理论的主要内容是什么?

6. 费斯廷格认知失调理论的主要内容是什么？
7. 态度改变的条件是什么？
8. 在管理实践中如何改变员工对于一些人和事的态度？
9. 如何才能提高员工的工作满意度？
10. 什么是价值观？价值观有哪些特点？

## 【本章案例分析】

### 宜家用价值观与员工"联姻"

宜家是一家有鲜明价值观的公司，同时也是一家创业型公司，其创始人英格瓦·坎普拉德(Ingvar Kamprad)的印记镌刻在公司的每个角落。以成本主义为例，虽然荣列《商业周刊》评出的全球首富，坎普拉德70多岁高龄坐飞机仍然选择经济舱。在宜家，成本概念深入到经营方式、产品生产等各个方面。比如大部分家居产品都需要顾客手工组装以节省成本，顾客要自行开车运送家具等。

宜家的这种风格吸引了同样有"成本主义"情结的人。在宜家，即使是管理层员工，也鲜有开着奔驰宝马、穿着昂贵服装上班的。他们都强调自我意识和团队合作，成本意识强烈，并具亲民性。

就像稳定的婚姻是以相同的价值观为基础一样，在宜家，企业与员工一旦因为共同的价值观而走到一起，这种关系就很难破裂。据宜家中国人力资源经理常扬介绍，几年来宜家一直维持在10%的员工流失率，远低于26%的行业平均水平。

宜家最看重员工的价值观，原因是什么呢？

学历可以提升，经验可以积累，改变一个人的价值观却比较困难。比较可行的方法是在开始时就找到合适的人。宜家的员工价值观上都有很大共同点，首先都有很强的自我意识，有明确的发展规划，知道自己通过这份工作能得到什么。

另外，要有团队工作的能力。有很强自我意识的人可分为两种，有些人希望成为个人英雄，另一些人希望通过团队的努力取得成就。前一种人不适合在宜家工作。宜家还有其他的价值观，包括亲民性、成本意识等。公司通过价值观吸引和自己志同道合的人。

**思考题：**

1. 企业的价值观和员工价值观相一致对于企业的管理有何重要意义？
2. 宜家用价值观与员工"联姻"的做法给我们带来什么样的启示？

# 第4章 个性心理特征

## 【本章学习目标】

通过本章学习，你应该了解：

1. 气质的概念和类型。
2. 气质在管理实践中的意义。
3. 性格的概念、类型和结构特征。
4. 性格在管理实践中的意义。
5. 能力的概念、类型及其形成因素。
6. 能力在管理实践中的意义。
7. 霍兰德的职业兴趣论。
8. 职业锚理论。
9. “大五”人格模型与职业的匹配。

### 引导案例

#### “世界船王”包玉刚的个性与成功

提起“世界船王”，人们自然会想到希腊的尼亚克斯、奥纳西斯或美国的路德维克等。其实，中国香港的包玉刚是首位登上世界船王宝座的华人。早在1980年，他拥有商船达200多艘，总排水量为2 000万吨，价值约10亿美元。当时，他的漆有“W”标记的香港环球航运集团的船队航行于世界海洋之上，航运集团的分支机构遍布全球各大洲。

包玉刚在事业上获得成功的原因，他自己认为除了汇丰银行的信赖和支持以及自己与日本航运界人士和制造商人有着良好的关系以外，最重要的是跟自己的个性特点有关系。

包玉刚在事业上获得成功，的确与他坚毅果断、平易近人的性格特点和勤奋上进、勇往直前的个性作风有关。有人分析包的性格说：包为人既不冲动也不保守。他精力充沛，富于中国人的好胜心。外型上热诚而富于进取心，对所结识的朋友能一见如故。他对追求的目标很有耐心，在竞争激烈的航运业中，是个小心谨慎的“保守分子”，兢兢业业的“海上霸王”。他具有采取正确行动的神秘本领。他在铺着白色地毯的香港港口办公室里，每天从早 9 时到晚 9 时，每年工作 51 个星期，以高度的效率结合着东方人的感情，处理着繁忙的事务。

他对事业的追求，有种一往直前的精神。他说：“有人遇到困难就说‘哦，对不起’。可我不那样。比方说游泳(包坚持每天早泳 15 分钟)，遇到大风或下雨有的人会说‘算了吧’，可我却不在乎。只要我认为这件事对我有益，我就会坚持干下去。”

包玉刚认为，由于遵循了父亲的教诲，“脚踏实地地工作，平易近人地待人，身体力行地忘我工作”，团结了手下 600 多名高级干部和两千多名船员，才使他的庞大船队纵横于大洋之上，在惊涛骇浪中，乘风破浪，勇往直前。

**【点评】**

个性的整个心理结构中，除个性倾向性外，个性心理特征是其重要的组成部分。它是个人身上经常表现出来的本质的、稳定的心理特征。主要包括能力、气质和性格，其中以性格为核心。船王包玉刚的成功与他所具备的诸如坚毅果断、平易近人、勤奋上进、勇往直前及热诚开朗等良好的性格特征有极大的关系。良好的性格特征是一个人事业成功的基础，所谓“性格决定命运”是很有道理的。

个性特征影响着个体的言谈举止，反映出一个人的基本精神面貌和意识倾向，集中体现了人的心理活动的独特性。它又与心理过程不可分割，以心理过程(知、情、意)为基础，反过来又影响着每个人的心理过程。了解能力、气质、性格的结构，懂得其形成原因，掌握其基本规律，将有助于正确鉴定员工的个性，培养良好的个性品质，从而提高企业管理工作的有效性。

# 第 1 节　气　　质

## 一、对气质的理解

气质是人的高级心理活动类型的心理表现，是表现在心理活动的强度、速度、灵活性与指向性等方面的一种稳定的心理特征。“性情、脾气、禀性”是气质的通俗说法。人的气质是先天形成的，受神经系统活动过程的特性所制约。孩子刚一落生时，最先表现出来的差异就是气质差异，如有的孩子爱哭好动，有的孩子平稳安静。

气质是人的天性,无好坏之分。它只给人们的言行涂上某种色彩,但不能决定人的社会价值,也不直接具有社会道德评价含义。

## 二、气质类型

古希腊医生希波克拉底提出"四体液学说",认为气质取决于人体内的四种液体,即血液、粘液、黄胆汁、黑胆汁的混合比例,并以何种体液占优势而把人的气质分为多血质、粘液质、胆汁质、抑郁质。后来这种体液说已不被采纳,但四种气质类型的名称仍得以沿用。

巴甫洛夫依据高级神经活动类型学说,根据神经系统兴奋和抑制的强度、平衡性和灵活性不同对气质重新进行解释和分类,见表4.1。

**表4.1 不同气质类型比较**

| 气质类型 | 高级神经活动过程 | 高级神经活动类型 |
|---|---|---|
| 胆汁质 | 强、不平衡、不灵活 | 不可抑制型 |
| 多血质 | 强、平衡、灵活 | 活泼型 |
| 粘液质 | 强、平衡或不平衡、不灵活 | 安静型 |
| 抑郁质 | 弱、不平衡、不灵活 | 抑制型 |

### (一)胆汁质

从神经生理学上说,这种气质的人其高级神经活动过程强、不平衡、不灵活,即具有强烈的兴奋过程和弱的抑制过程,而且在兴奋过程和抑制过程两者之间的转化不灵活。这种人的特点是精力旺盛,情感和言语动作的发生强烈且难以控制;思维灵活但粗枝大叶;勇敢果断但易感情用事;为人热情直率、朴实真诚、表里如一,行动敏捷、生气勃勃、刚毅顽强;但争强好斗,鲁莽冒失,刚愎自用。

### (二)多血质

这种气质的人其高级神经活动过程强、平衡且灵活,即神经过程平衡且灵活性高,在兴奋过程和抑制过程两者之间的转化灵活。这种人反应迅速,有朝气,活泼好动,行动敏捷,感情丰富、外露但不稳定,思维敏捷但不求甚解,活泼好动、热情大方、善于交往但交情浅薄,适应力强;他们的弱点是缺乏耐心和毅力,稳定性差,易见异思迁。

### (三)粘液质

这种气质的人其高级神经活动过程强、平衡或不平衡、不灵活,即神经过程平静而灵活性不高，在兴奋过程和抑制过程两者之间的转化不灵活。这种人情感反应慢而持久，且不外露，表情平淡，动作迟缓，情绪平稳，思维灵活性略差，但考虑问题细致而周到，安静稳重、踏踏实实、沉默寡言、喜欢沉思，自制力强、耐受力高、内刚外柔，交往适度、交情深厚。这种人的行为主动性较差，缺乏生气，行动迟缓。

### （四）抑郁质

这种气质的人其高级神经活动过程弱、不平衡且不灵活。这种人思维敏锐，多疑，感情比较脆弱，情绪体验深刻、细腻持久，情感体验丰富而不外露，反应速度慢。抑郁且多愁善感、想象丰富，不善交际、孤僻离群，踏实稳重、自制力强，但他们的行为举止缓慢，软弱胆小，优柔寡断。

## 三、气质在管理实践中的意义

### （一）正确理解气质的类型

（1）气质没有好坏之分。人的气质是各种各样的，它表现了人的神经系统的某种特性，正如人的神经系统没有好坏之分一样，气质也没有好坏的区别。任何一种个性特质既有积极的一面，也有其消极的一面。例如，多血质的人情感丰富、活泼、亲切，但又多变、精力分散甚至轻浮；胆汁质的人既生气勃勃、热情、勇敢、动作迅速有力，但又暴躁、易冲动；粘液质的人既自制力较强、坚毅、冷静，又对周围事物冷淡、固执；抑郁质的人情感深刻、观察力敏锐、办事认真，但又容易沉沦于个人的体验和过度的沉默，以致孤僻。正因为这样，个体在任何一种气质的基础上，既可以发展良好的性格特征和优异的才能，也可能发展不良的性格特征和限制才能的发展。

（2）气质类型不能决定一个人的社会价值和事业成就的高低。事实上，在社会活动家、科学家、作家等卓越的人物中，各种气质类型的典型代表都可见。据苏联心理学家的分析，俄国四位著名文学家就是四种气质的典型代表：普希金属于胆汁质类型，赫尔岑属于多血质类型，克雷洛夫属于粘液质类型，果戈理属于抑郁质类型。由此可见，任何一种气质类型的人都有可能发挥自己的才能，对社会作出贡献。所以，问题的本质不在于气质类型及其心理特征，而在于其对生活的信念和追求。

（3）气质是可以调节的。尽管人的气质类型是与生俱来的，但并不是不可以改变的。事实证明，随着年龄的增长，在环境的影响和熏陶下，经过自身的修养，根据自己的气质特点，自觉地扬长避短，改变气质，使得人格的塑造更加完善。

### (二)根据不同气质安置适宜的工作

在各种实践领域中,气质虽不起决定作用,但它对人的工作方式有影响,并在一定程度上影响人的工作效率,因此在职业的选择上,考虑气质因素是十分重要的。

研究和实践表明,某些气质特征为一个人从事某种工作提供了可能性和有利条件,有些职业活动对人的气质更是提出了特殊的要求。以运动员为例,一般认为,胆汁质的人容易兴奋,比较适合从事中、短距离跑,以及跳高、跳远、拳击、球类等动作急遽、要求爆发力强的项目;多血质的人适应性强,可塑性大,对艺术的感受较深、较快,所以除上述项目外,还可以从事体操、跳水、花样滑冰、击剑、武术等运动项目;粘液质的人比较适合从事棋类、登山、长距离跑等对耐受性要求较高的运动项目;抑郁质的人不大适合从事专项体育运动。

对于不同的工作,由不同气质的人来承担,往往能起到事半功倍的效果,尤其是对于性质特殊的工作效果会更好。一般来说,胆汁质的人喜欢从事与人打交道,工作内容不断变化,环境不断转换并且热闹的职业,如导游、推销员、节目主持人、公共关系人员等。多血质气质类型的人适合从事与外界打交道、灵活多变、富有刺激性的工作,如外交、管理、记者、律师、驾驶员、运动员等。他们不太适合做过细的、单调的机械性工作。而粘液质的人大多数都能很好利用协调性、积极性、社会性及情感稳定性冷静而出色地表现自己的才能,发挥卓越的能力。而且,无论地位高低,都能在自己的行业中占有重要位置。他们不仅能从事学术、教育、研究、技术、医生等内向职业,而且可以活跃在政治家、外交官、商人、律师等外向型职业领域。他们中以其独特才能驰骋在作家、艺术家、广告宣传、新闻报道领域的也不少。在实际工作岗位上,粘液质人多精明强干,如出色的公务员、有才气的作家、头脑精明的银行家。抑郁质的人在只需要一个人刻苦奋斗,不需要人际交往的学术、教育、研究、医学等内在要求慎重、细致、周密思考的职业领域往往有较好发展,校对、打字、排版、检验员、化验员、登记员、保管员等工作也比较适合他们。

### (三)组织工作班子要考虑气质结构

组织是一个分工协作的群体,合作是工作取得高效率和高效益的基本保证。不同气质的人合作,可以发挥彼此气质的互补相辅作用,有利于协调群体的人际关系,创设和谐的社会心理气氛。不难想象,如果一个工作班子中所有成员都是同一种气质和性格,其结果必然是“同质相克”,既不利于团结,也不利于开展工作。所以,要尽可能使班子成员性格气质具有多样性,使整个领导班子犹如一个剧团,生、旦、净、丑角色俱有,吹、拉、弹、唱人才齐全,这样才能演出一场好节目来。

### (四) 对不同气质类型的人用不同方法教育

管理者在做员工的思想教育工作时，应掌握他们的气质类型与特点，因人施教，才能收到更好的管理效果。在对员工进行教育、训练时，要注意不同气质类型的人的反应和接受能力，分析不同气质类型员工的积极因素与消极因素，并提出针对性的教育措施。

### (五) 对不同气质类型的人用不同方法管理

管理者在做员工的思想工作时，应掌握他们的气质类型与特点，因人施教，才能获得更好的管理效果。在对员工进行教育、训练时，要注意不同气质类型的人的反应和接受能力，分析不同气质类型积极与消极因素；而后提出针对性的教育措施。

针对多血质气质类型员工的活泼、开朗、善交际、善变和不稳定的特点，在工作中应尽量排除引起其分心的干扰因素，培养其自我检查的习惯，对其进行耐力训练；多安排交往性工作，多向其问计问策。多血质气质类型的员工易接近，易沟通，但他们一般喜欢被恭维，因此，对其进行批评要委婉。给这类员工提出的修养建议是：多参加需要保持注意力、耐力和需要深思熟虑的活动，如各种棋艺、刺绣、阅读、写作、冥想、射击、马拉松运动等。

针对胆汁质气质类型员工的主动、乐观、冲动、易怒和好斗的特点，要善于宽容他们刺耳的言论。与胆汁质的人发生争执时，退为上策，避免正面冲突；遇事“冷处理”“隔夜处理”；勿使员工过分紧张疲劳。引导其加强涵养，提高其自控能力；多给其布置有进攻性、挑战性的任务。给这类员工提出的修养建议是：多参加“静心”的活动，如养花、插花、茶道、瑜伽、太极、冥想、舒缓音乐等。

针对粘液质气质类型员工的稳重、安静、谨慎、克制、缓慢和拖沓的特点，批评他们时要留有余地。他们不善交际，因此，管理者应主动、热情而友好地接近他们，他们非常稳重踏实，是管理者的好帮手。这类人自尊心和独立性强，工作中不要给予其太多的帮助和恩惠。不适合做富于变化和挑战性大的工作，应多安排稳定性较高的工作。给这类员工提出的修养建议是：多参加运用发散性思维、提高应变能力的活动，如问题抢答、训练手眼协调的电子游戏、韵律操、激烈舞蹈、球类比赛、限时智力游戏等。

针对抑郁质气质类型员工的敏感、细腻、认真、孤独和怯懦的特点，对他们要有耐心，与他们开玩笑要适度，批评时也要特别讲究艺术性；有错于他们时要主动表白和道歉，因为他们容易接受消极的暗示影响。给这类员工提出的修养建议是：多参加集体活动，经风雨，见世面，广交朋友，生活、学习、工作上注意宏观把握。

# 第2节　性　　格

## 一、对性格的理解

性格是由人对现实的态度和他的行为方式所表现出来的个性心理特征。它是心理面貌本质属性的独特结合,是人们相互区别的主要方面。性格的特点是一个独特的、稳定性的个性特征,那些偶然的、暂时的、情境性的特征不能代表性格。

性格表现了一个人的品德,受人的价值观、人生观、世界观的影响,如有的人大公无私,有的人自私自利,这些具有道德评价含义的人格差异,我们称之为性格差异。性格是在后天社会环境中逐渐形成的,是人的最核心的人格差异。性格有好、坏之分,能最直接地反映出一个人的道德风貌。

## 二、性格的结构特征

性格是个人对现实的稳定的态度和习惯化了的行为方式,是一个十分复杂的心理现象,是一个多维结构。

### (一) 性格的态度特征

(1) 对社会、对集体、对他人的态度。属于这方面的特征主要有:公而忘私或假公济私;忠心耿耿或三心二意;善于交际或行为孤僻;热爱集体或自私自利;礼貌待人或为人粗暴;正直或虚伪,富有同情心或冷酷无情等。

(2) 对工作和学习的态度的特征。属于这方面的特征主要有:勤劳或懒惰;认真或马虎;细致或粗心;创新或墨守成规;节俭或浪费等。

(3) 对自己的态度。属于这方面的特征主要有:严于律己、谦虚、自尊、自信等;放任、自负、自卑、虚荣、羞怯等。

### (二) 性格的意志特征

性格的意志特征是指个体在调节自己的心理活动时表现出的心理特征。例如,自觉性、坚定性、果断性、自制力等是主要的意志特征。自觉性是指在行动之前有明确的目的,事先确定了行动的步骤、方法,并且在行动的过程中能克服困难,始终如一地执行。与自觉性相反的是盲从或独断专行。坚定性是指能采取一定的方法克服困难,以实现自己的目标。与坚定性相反的是执拗性和动摇性，前者不会采取有效的方法搜集整理，一味我行我素；后者则是轻易改变或放弃自己的计划。果断性是指善于在复杂的情境中辨别是非，迅速作出正确的决定。与果断性相反的是优柔寡断或武断、冒失。自制力是指善于控制自己的行为和情绪。与自制力相反的是任性。

具体来说，性格的意志特征表现在以下几个方面：

(1) 具有明确的行为目标，行为受社会规范约束。如独立性、目的性、组织性、冲动性、纪律性、盲目性、散漫性等。

(2) 人对行为的自觉控制的水平。如主动性和控制性。

(3) 在危难条件下表现出来的意志特征。如镇定、勇敢、果断、顽强等。

(4) 长期工作的意志。如恒心、坚韧性等。

### (三) 性格的情绪特征

人的情绪的稳定性经常表现出来的特点就形成性格的情绪特征。有如下特征：

(1) 强度：人受情绪感染和支配的程度以及情绪受意志控制的程度。例如，有的人情绪强烈，不易控制；有的人情绪微弱，易于控制。

(2) 稳定性：情绪的起伏和波动的程度。例如，有的人情绪波动大，情绪变化大；有的人情绪稳定，心平气和。

(3) 持久性：情绪活动保持时间的长短。例如，有的人情绪持续时间长，对工作学习的影响大；有的人情绪持续时间短，对工作学习影响小。

(4) 主导心境：起主导作用的心境在一个人身上表现的稳定程度。例如，有的人经常情绪饱满；有的人经常郁郁寡欢。

### (四) 性格的理智特征

与人的认识活动相联系的性格特征，称为性格理智特征。

(1) 表现在感知方面：有的能按照一定的目的任务主动地观察，属于主动观察型；有的则明显地受环境刺激的影响，属于被动观察型；有的倾向于观察对象的细节，属于分析型；有的倾向于观察对象的整体和轮廓，属于综合型；有的倾向于快速感知，属于快速感知型；有的倾向于精确地感知，属于精确感知型。

(2) 表现在记忆方面：有主动与被动之分；有善于形象记忆与善于抽象记忆之分等。

(3) 表现在想象方面：有主动想象和被动想象之分；有广泛想象与狭隘想象之分。

(4) 表现在思维方面：也有主动与被动之分；有独立思考与依赖他人之分；有深刻与肤浅之分等。

## 三、性格的类型

### (一) 根据心理机能分类

(1) 理智型:通常以理智衡量周围发生的事物,以理智支配自己的行为。他们的理智机能比情感和意志机能更占优势。

(2) 情绪型:行动易受情绪左右,其心理机能以情感占优势。

(3) 意志型:具有明确的行动目的和较强的自制能力。意志比理智与情感更占优势。

### (二) 根据个体独立性程度分类

(1) 独立型:有坚定的信念,能独立思考,危急时不惊慌失措,善于独立发挥自己的力量,喜欢把自己的力量强加于人。

(2) 顺从型:独立性差,易受暗示,屈从权势,适应别人,不善于应对紧急情况。

### (三) 根据生活方式分类

(1) 理论型:这种人以追求真理为生活目的,能冷静观察事物,根据知识体系来判断事物,但遇到实际事务时常常束手无策,如思想家、科学家。

(2) 经济型:这种人用经济观点看待一切,从实际效果判断事物的价值,以获得财产、追求利润为生活目的,如实业家。

(3) 审美型:这种人对现实生活不太关注,富于想象力,追求美感,以感受事物的美作为人生的价值,如艺术家。

(4) 权力型:这种人倾向于权力意识和权力享受,支配性强,其全部的生活价值和最高的人生目标就在于满足自己的权力欲望,得到某种权力和地位,如政治家。

(5) 社会型:这种人能关心他人,献身社会,助人为乐,以奉献社会为人生追求的最高目标,如社会活动家。

(6) 宗教型:这种人信奉宗教,相信神的存在,把信仰视为人生的最高价值,如宗教信徒。

### (四) 根据心理活动的倾向分类

心理学家对人的性格类型进行研究提出性格类型和划分的依据,把性格划分为:

(1) 外向型:注意和兴趣倾向于外部世界,开朗活泼、善于交际。

(2) 内向型:注意和兴趣倾向于内部世界,富于想象、孤僻。

(3) 沉默型:这种人性格内倾、顺从、富有钻研精神,适合做实际工作。

(4) 活跃型:这种人外倾、善于交际,适合做外事工作。

(5) 中间型:这种人兼有两者的长处,并具有独立性的特点,能根据客观的需要,调整自己的性格,这种人是领导者的重要人选。

★小资料

## A、B、C、D四种性格

美国著名内科专家弗雷德曼教授通过长期的临床观察,将人的性格分为A、B、C、D四型。

A型性格者总是不断驱动自己要在最短的时间里干最多的事,并对阻碍自己努力的其他人或事进行攻击。这种性格的人总愿意从事高强度的竞争活动,并长期有种时间上的紧迫感。例如,北美的文化高度推崇这种特点,而且它与进取心和物质利益的获得有直接的相关。具体来说,A型性格的人表现出以下特点:运动、走路和吃饭的节奏很快,对很多事情的进展速度感到不耐烦。总是试图同时做两件以上的事情,无法处理休闲时光,着迷于数字,他们的成功是以自己获益多少来衡量的。

而B型性格的人则很少有时间紧迫感或其他不适感,一般情况下,不表现或讨论自己的成就和业绩,充分享受娱乐和休闲,不会不惜代价追求卓越,充分放松而不感内疚。

在组织中A型人和B型人谁更容易成功?尽管A型人工作非常勤奋,但B型人常常占据组织中的高层职位。最优秀的推销员常常是A型人格,但高级经营管理人员却常常是B型性格。为什么?答案在于A型人格倾向于放弃对质量的追求,而仅仅追求数量,然而在组织中晋升常常授予那些睿智而非匆忙,机敏而非敌意,有创造性而非仅有好胜心的人。

C型性格指那种情绪受压抑的抑郁性格,表现为害怕竞争,逆来顺受,有气往肚子里咽,爱生闷气的性格。C就是取cancer(癌)的第一个字母,预示具有这种性格特征的人易患癌症。

D型性格的人的特点是:在社交场合非常羞涩,不知道如何与他人交往,因此惶惶不安;对人生的看法十分悲观和沮丧;不敢主动接近他人,没有朋友;经常性的焦虑,无缘无故为某些事情忧虑;心情总是很恶劣,爱发脾气,导致情绪十分低落。

目前,医学研究已经证实,焦虑、易怒、孤僻的D型性格的人易患心脏病。D型性格的人患心脏病后,生存质量差,且生存期少于患有同类疾病的A、B、C型性格的人。比利时心理学家德诺列特曾对300名不同类型性格的病人,进行跟踪观察,结果发现,10年后,这300名病人中,D型性格的病人,有27%的人已经死亡,大多数死于冠心病和脑卒中。而其他性格的同类病人中,只有7%的死亡率。荷兰的研究人员曾对刚接受过心脏支架手术的近900名冠心病人的调查发现,D型性格的病人,在接受手术后的6—9个月内,心脏病再次发作或因发作导致死亡的人,是其他类型性格者的4倍。

## 四、领导者的性格特征

各种性格特征在一个人身上的独特结合就构成一个人的性格。一类人身上共有的性格特征就是指一类人身上共有的性格特征的独特结合。管理人才的性格分为三种类型。

(1) 积极刚勇型。这种类型领导者的行为特点是活泼、有坚强的信念,有时候甚至过分相信自己;积极地做正当的事,遇事不顺利也不灰心,有斗争性;由于自己的行为伴随愉快的事,所以行为被强化了。

性格有好坏之分。不良性格影响个人生活的幸福以及事业的成功。管理人才大多属于积极刚勇型,在事业上取得辉煌的成就,有创新与冒险精神。福特汽车公司总裁——诚实、坚韧的亨利·福特和自信、坚强、傲慢的"铁娘子"——撒切尔夫人以及虚心敬业、平易近人、乐观自信的世界酒王盖洛兄弟都属此种类型。

(2) 消极怯懦型。这种类型领导者的行为特点是缩手缩脚,对社会生活不感兴趣,生活单调;话题少,依赖性强,一切听从别人指挥,使自己的思维和行为停留在狭小的范围内;虽然消极但很敏感,自卑感很强,由于遇到的都是不愉快的事,因而对采取行动持消极态度。

(3) 调和折中型。这种类型领导者的行为特点是做事没有条理,有慌张情绪;令人感到有点任性与不诚实;有时有冒险行动,有时则逃避行动。其行动伴随有愉快的与不愉快的极端变化。做事、办事不利索。

## 五、性格与气质的区别与联系

性格与气质是个性中既有区别又有联系的两个重要方面,二者的区别见表4.2。

表4.2　气质和性格的区别

| 气　质 | 性　格 |
|---|---|
| 先天的遗传素质，比较稳定的 | 后天形成的，可以改变的 |
| 个性的自然属性，无好坏之分 | 人的社会属性，有好坏之分 |
| 无阶段性，有气质相同的人 | 有阶段性，没有性格相同的人 |

## （一）性格与气质的主要区别

（1）二者的生理机制不同，气质是以神经过程的特性以及由此形成的高级神经活动类型为生理基础的。而性格的生理基础则是神经类型特点与神经系统在生活经验影响下形成的暂时神经联系。

（2）气质具有先天性，受遗传素质的影响，更多地体现神经系统基本特性的自然影响，因此，气质具有较强的稳定性，很难改变。而性格是后天形成的，是在人与周围环境的相互作用中逐渐发展而形成的。因此，对性格起决定作用的不是生物遗传因素，而是社会环境的作用。性格虽然也具有稳定性，但与气质相比，比较容易改变，具有较强的可塑性。

（3）气质是在行为中表现出来的心理活动的动力特征，不带有社会内容及社会评价意义。同一气质的大都以同样的方式表现在各种活动中，而不受活动内容、性质的影响。同时，气质类型仅表明人与人之间的个别差异，不存在好坏的评价。每一种气质类型都有积极和消极的方面。因此，气质不具有社会评价意义。性格则恰恰相反，性格是带有一定社会倾向性的个性品质，是现实社会关系在大脑中的反映。它表现出一个人的社会性及基本精神风貌，因此，性格具有社会评价意义。

## （二）性格与气质的联系

性格与气质虽然存在重要区别，但同时也具有密切的联系，主要表现在以下方面：

（1）气质可以按照自己的动力特征影响性格的表现方式，使性格带有独特的色彩。例如，在选购商品活动中，同是认真、细致的性格，多血质的消费者挑选商品时动作迅速利索、情感溢于言表；而粘液质的消费者挑选商品时却沉默寡言、动作迟缓、情感不外露。因此，不同气质类型的人，又可以具有相同的性格特征；而相同性格的人，又可以有着迥然相界的气质。

（2）气质可以影响性格特征形成和发展的速度。例如，对于自信心的建立，胆汁质、多血质的人往往不需要作特殊的意志努力就能够做到，而对于抑郁质的人来说，却要努力克服心理上的自卑感，才能建立充分的自信。又如，在购买活动中，粘液质的消费者往往能根据自己对商品的观察和认识,独立做出购买决策,不受外界干扰;而胆汁质的消费者注意力不稳定,自我控制力差,如冲动,因而要排除外界干扰,独立进行决策就较为困难。

(3) 性格对气质具有重要的调控作用。由于性格是人在社会生活实践过程中形成的对现实的稳定的态度和习惯化的行为方式,因此,性格在一定程度上可以掩盖或改造气质,使气质的消极因素受到抑制、积极因素得到发展。

## 六、性格差异与管理

美国心理学家自 20 世纪 20 年代起对 1 528 名智力超群(这些人的平均智商高达 151,而普通人的智商一般在 80—120 之间)的儿童进行了长达几十年的追踪研究,其中一部分人成就很大,大都成了社会名流、专家学者;另一部分人却成绩平平,有的甚至沦为乞丐。分析这两部分人的心理特征,发现其中成就最大与最小的 20%中,他们智力大致相同,惟在坚毅精神、自信而有进取心、谨慎和好胜心四个方面有明显的差异,成就很大的那部分人明显地超过成就平平者。正是基于此,爱因斯坦说:"优秀的性格和钢铁般的意志力比智慧和博学更为重要,智力上的成就在很大程度上依赖于性格的伟大。"由此可见,"性格决定命运"是非常有道理的。

在管理实践中,员工的性格直接或间接影响着人际关系。人的能力的发挥、工作效率与成就、领导素质与作风与其具有的性格有十分重要的关系。

### (一) 性格与管理方式

作为管理者,总是难免要遇到各种性格不同的下属。如果能够尽量学会和各种不同性格的下属打交道,努力和更多的人相处得好,就能把人管理得心服口服,工作起来也会相互协调、密切配合,这样的处世之道才算高明。《三国演义》中,诸葛亮针对张飞脾气暴躁的性格,常常采用激将法来说服他。每当遇到重要战事,先说他担当不了此任,或说怕他贪杯酒后误事,激他立下军令状,增强他的责任感和紧迫感,激发他的斗志和勇气,扫除轻敌思想。见什么人说什么话,针对下属的性格特点而采取相应的管理策略,正是体现了管理者的谋略和灵活性。

同时,性格不同的管理者会影响管理方式和方法,而且管理方式和方法对被管理者良好性格的形成也有重要影响。

### (二) 性格与组织氛围

组织氛围是影响管理绩效的重要因素。科学研究与管理实践表明,良好的性格特征，如谅解、支持、友谊、团结、诚实、谦虚、热情等使企业的人际关系和谐，凝聚力增强；相反，对人冷淡、刻薄、嫉妒、高傲等不好的性格特征容易导致人际关系紧张，出现扯皮、拆台、凝聚力减弱与士气低落的局面。

组织氛围与组织领导者的性格有直接的关系。例如，一个性格开朗的领导者，他可能比较善于调节组织内的气氛，比较愿意花时间去与下属沟通，比较善于组织一些集体活动，这样使得整个组织充满了轻松的气氛；而一个性格阴郁沉闷的领导者，他更习惯于独立思考，因此在组织氛围的营造方面会显得比较缺乏内心的主动性和言语方面的表现，并且可能会让下属觉得该领导比较可惧。

### （三）性格与生产效率

人的性格特点不一样，那么生产的进度，对待工作的态度，对产品质量的理解就不一样。有的人温和，做事慢，仔细，对待事情认真；有的人性格急躁，做事只讲速度，缺乏质量，但工作效率高；有的人内向，有了困难不讲给组长听，对新知识，新事物不易接受；有的人性格外向，做事积极主动，但是好动，喜欢在工作场所讲闲话。可见，要提高生产效率，对于员工良好性格的培养是十分重要的。俗话说"勤能补拙"，有的人能力并不强，但有事业心、责任心、恒心、勤奋好学等良好的性格品质，同样能够在学习、工作方面取得成就。相反，有的人仅靠小聪明，没有好的性格品质，为人懒惰、浮躁、浅尝辄止，那么学习和工作的效率都不会太高。

### （四）性格与创造力

中国俗语中的"勤能补拙""人一能之，己百之""人若志趣不远，心不在焉，虽学不成"等说法，都说明性格对创造力的制约关系。从创新的本质来看，创新不仅仅是知识、经验抑或能力、技法的创新，更要求创造者具有强烈的动机、浓厚的兴趣、炽热的情感、坚强的意志和进取的性格。一般来说，独立性强的人抱负远大，适应能力强，有开拓精神；而依赖性强的人自信心弱，容易受传统束缚，创造力和竞争力也差。

# 第3节　能　　力

## 一、能力及其分类

一般认为，能力是顺利完成某种活动的必备的心理条件。能力总是和人的活动密切联系，并且直接影响着活动的效果。它是个体得以顺利完成某种活动的条件，并且表现在掌握活动所必需的知识、技能和熟练的动作上的差别中,也就是在其他条件相同的情况下,掌握某种知识或技能的过程中表现出来的"速度快慢""深浅程度""难易"及其"巩固程度"上的差别。

人的能力既有一般能力,又有特殊能力,一般能力是人的认识活动中的一种具有多维结构的综合性能力,是在不同种类的活动中表现出来的能力,如观察力、记忆力、抽象概括力、想象力、创造力等。其中,抽象概括力是一般能力的核心,创造力是能力的高级表现。平日我们所说的智力就是指一般能力来说的。特殊能力是指在某些专业和特殊职业活动中表现出来的一般能力的某些特殊方面的独特发展。它是顺利完成某种专业活动的心理条件。如音乐能力、绘画能力、数学能力、专业技术能力等。

一般能力与特殊能力在活动中的关系是辩证统一的。一方面,一般能力是特殊能力的重要组成部分。如人的一般听觉能力既存在于音乐能力中,也存在于语言能力中。没有一般听觉能力的发展,就不可能发展音乐和语言听觉能力。另一方面,特殊能力的发展有助于一般能力的发展。如音乐能力的发展会提高一般的听觉能力,并进而影响言语听觉能力的发展。

具体来说,能力有以下几种类型:

(1) 模仿能力。它是指人们通过观察别人的行为、活动来学习各种知识,然后以相同的方式做出反应的能力。模仿不但表现在观察别人的行为后立即做出的相同的反应,而且表现在某些延缓的行为反应中。模仿是人类和动物的一种重要的学习能力。

(2) 创造能力。它是指产生新的思想和新的产品的能力。一个具有创造力的人往往能超脱具体的知觉情景、思维定势、传统观念和习惯势力的束缚,在习以为常的事物和现象中发现新的联系和关系,提出新的思想,产生新的产品。

(3) 液体能力。它是指在信息加工和问题解决过程中所表现的能力。如对关系的认识,类比、演绎推理能力,形成抽象概念的能力等。它较少依赖于文化和知识的内容,而决定于个人的先天禀赋;液体能力的发展与年龄有密切关系,一般人在20岁以后,液体能力的发展达到顶峰,30岁以后将随年龄的增长而降低。心理学家还发现,液体能力属于人类的基本能力,其个别差异受教育文化的影响较少。

(4) 晶体能力。它是指获得语言、数学等知识的能力,它决定于后天的学习,与社会文化有密切的关系。晶体能力在人的一生中一直在发展,只是到25岁以后,发展的速度渐趋平缓。

(5) 认知能力。它是指人脑加工、储存和提取信息的能力,即我们一般所讲的智力,如观察力、记忆力、想象力等。人们认识客观世界,获得各种各样的知识,主要依赖于人的认知能力。

(6) 操作能力。它是指人们操作自己的肢体以完成各项活动的能力,如劳动能力、艺术表演能力、体育运动能力、实验操作能力等。

(7) 社交能力。它是在人们的社会交往活动中表现出来的能力,如组织管理能力、言语感染力、判别决策能力、调解纠纷能力、处理意外事故的能力等。

★小资料

### 彼得原理的启示:做自己力所能及的工作

彼得原理是美国学者劳伦斯·彼得在对组织中人员晋升的相关现象研究后,得出一个结论:在各种组织中,雇员总是趋向于晋升到其不称职的地位。彼得原理有时也被称为向上爬的原理。这种现象在现实生活中无处不在:一名称职的教授被提升为大学校长后,却无法胜任;一个优秀的运动员被提升为主管体育的官员,而无所作为。对一个组织而言,一旦相当部分人员被推到其不称职的级别,就会造成组织的人浮于事,效率低下,导致平庸者出人头地,发展停滞。

因此,这就要求改变单纯的"根据贡献决定晋升"的企业员工晋升机制,不能因某个人在某一个岗位级别上干得很出色,就推断此人一定能够胜任更高一级的职务。要建立科学、合理的人员选聘机制,客观评价每一位员工的能力和水平,将员工安排到其可以胜任的岗位。不要把岗位晋升当成对员工的主要奖励方式,应建立更有效的奖励机制,更多地以加薪、休假等方式作为奖励手段。有时将一名员工晋升到一个其无法很好发挥才能的岗位,不仅不是对员工的奖励,反而使员工无法很好发挥才能,也给企业带来损失。

对个人而言,虽然我们每个人都期待着不停地升职,但不要将往上爬作为自己的惟一动力。与其在一个无法完全胜任的岗位勉力支撑、无所适从,还不如找一个自己能游刃有余的岗位好好发挥自己的专长。

## 二、能力差异的规律

人的能力有个别差异,这些差异可以从以下五个方面加以分析。

### (一) 能力发展水平的差异

能力发展水平的差异主要是指智力上的差异,它表明人的能力发展有高有低。研究发现,就一般能力来看,在全世界人口中,智力水平基本呈常态分布,即智力极低或智力极高的人很少,绝大多数的人属于中等智力。表4.3是美国心理学家推孟(L.M. Terman)抽取2—18岁的2 904人进行测验得出的智商情况。可以看出,表两端的百分数都很小,而中间部分很大。

**表4.3　不同智商水平的人数分配百分数**

| 智　商 | 百分比(%) | 级　别 |
|---|---|---|
| 139以上 | 1 | 非常优秀 |
| 120—139 | 11 | 优　秀 |
| 110—119 | 18 | 中　上 |
| 90—109 | 46 | 中　智 |
| 80—89 | 15 | 中　下 |
| 70—79 | 6 | 临界智力 |
| 70以下 | 3 | 智力迟钝 |

### (二)能力类型差异

能力类型差异是指构成能力的各种因素存在质的差异,主要表现在知觉、记忆、想象、思维的类型和品质方面。

知觉方面的差异有三种类型:综合型,即知觉具有概括性和整体性,但分析能力较弱;分析型,即知觉具有强的分析能力,对细节感知清晰,但整体性较差;分析综合型,具有上述两种类型的特点,即同时具有较强的分析能力和概括能力。

记忆类型的差异,根据人们怎样记忆材料可分为:视觉型,运用视觉记忆效果好;听觉型,运用听觉记忆效果好;运动型,有运动参加时记忆效果较好;混合型记忆,运用多种记忆效果较好。

言语和思维方面,有的人言语特点富于形象性,情绪因素占优势,属于生动的言语类型或形象思维类型;有的人言语特点富于概括性,逻辑因素占优势,属于逻辑联系的言语类型或抽象思维类型;还有居二者之间的混合型。在思维能力方面,每个人在思维的深刻性、灵活性和批判性等品质上又都有自己的特点。

能力的类型差异,一般不代表智力水平的高低,只影响人们学习的过程和获取知识经验的方式。

### (三)能力表现早晚的差异

各种能力不仅在质或量的方面表现出明显的差异,而且能力表现的早晚也存在着明显的差异。

**1. 能力早期的显露**

人才能力早期显露的例子古今中外有很多。例如，诗人白居易，1 岁开始识字，5、6 岁就会做诗，9 岁已精通声韵。唐代王勃 6 岁就善于文辞，13 岁时写了著名的《滕王阁序》，“落霞与孤鹜齐飞，秋水共长天一色”的名句流传千古。当代我国也涌现出了不少超常儿童。例如，宁铂 2 岁半时就有背诵诗词 30 多首，13 岁考入中国科技大学少年班，19 岁毕业后留校当助教，给研究生讲授专题课。又如，谭文西（阿西）在 8 岁时画“群猫游戏图”，图上百只姿态不同的猫栩栩如生。他的《桂林山水》画荣获第四届国际儿童绘画比赛一等奖。国外，德国大数学家高斯（C.F.Gauss）3 岁时就会心算，8、9 岁时就会解级数求和的问题。他的具有重要意义的发现大部分是在 14—17 岁这个阶段作出的。德国大诗人歌德在 9 岁时就能用德文、拉丁文和希腊文写诗。美国著名科学家维纳（N.Wiener）在 3 岁时就会阅读，14 岁从哈佛大学毕业，19 岁获博士学位，成为控制论的创始人。

能力早期表现在音乐、绘画等领域的最为常见。根据哈克（Haecker）和齐汉（Ziehen）的研究，儿童在 3 岁左右开始显露音乐才能的情况最多。

能力的早期表现，一方面是有良好素质基础，同时与其环境的早期影响，家庭的早期教育和实践活动都有密切关系。

**2. 大器晚成**

缺乏早期成就的人，并不能认为将来就不能有所作为。事实上，大器晚成的人在古今中外不乏其例。姜子牙辅佐周武王，72 岁才任宰相；我国医学家和药学家李时珍在 61 岁时才写成巨著《本草纲目》；著名画家齐白石 40 岁才表现出绘画才能，50 岁时成为著名画家；人类学家摩尔根发表基因遗传理论时已有 60 岁；达尔文在 50 多岁时才开始有研究成果，写出名著《物种起源》一书。

出现这种现象的原因很多，有的因其所专攻的学术领域具有某种长期性，不能一蹴而就，需长期努力；有的因早期不够努力，后期加倍勤奋的结果；或者是某种特殊能力显露较晚等。

一般说来，科学家作出最大贡献的最佳年龄是中年。专家们认为，中年人年富力强，精力充沛，既有丰富知识经验，又有较强的抽象思维能力和记忆能力，思维敏捷，较少保守，易于革新，勇于创造，是成才的好时机。有人对 301 位诺贝尔奖获得者做了统计，结果表明，30—45 岁是人的智力最佳年龄区，301 位诺贝尔奖获得者中有 75%的人获诺贝尔奖时年龄处于这个最佳年龄区，当代世界上杰出的科学家取得成就的年龄的峰值在 36 岁。莱曼（H.C.Lehman）进一步研究了从事不同学科的人最佳创造的平均年龄，见表 4.4。

表 4.4　不同学科最佳创造的平均年龄

| 学　科 | 最佳创造的平均年龄(岁) | 学　科 | 最佳创造的平均年龄(岁) |
|---|---|---|---|
| 化　学 | 26—36 | 声　乐 | 30—34 |
| 数　学 | 30—34 | 歌　剧 | 35—39 |
| 物　理 | 30—34 | 诗　歌 | 25—29 |
| 使用发明 | 30—34 | 小　说 | 30—34 |
| 医　学 | 30—39 | 哲　学 | 35—39 |
| 植物学 | 30—34 | 绘　画 | 32—36 |
| 心理学 | 30—39 | 雕　刻 | 35—39 |
| 生理学 | 30—39 | | |

要说明的是,各种不同能力在发展速度上是不同的。某些能力发展得较早,有的却很晚;到了老年,各种能力衰退速度也是不一样的。有研究表明,知觉能力发展较早,也首先开始下降,其次是记忆力,然后是思维能力。比较、判断能力 80 岁开始急速下降,动作反应速度在 18—29 岁发展到最高峰,在以后年龄阶段中仍保持较高的水平。从表 4.5 中可以看到,18—49 岁这个年龄阶段,四种能力的发展水平几乎都处于最高水平,尤其是比较判断能力的发展水平是最高。

表 4.5　不同能力的发展水平

| 年　龄 | 10—17 岁 | 18—29 岁 | 30—49 岁 | 50—69 岁 | 70—89 岁 |
|---|---|---|---|---|---|
| 知　觉 | 100 | 95 | 93 | 79 | 46 |
| 记　忆 | 95 | 100 | 92 | 83 | 55 |
| 比较、判断 | 72 | 100 | 100 | 87 | 69 |
| 动作反应速度 | 88 | 100 | 97 | 92 | 71 |

## (四) 一般能力与特殊能力的差异

人的能力可以分为一般能力和特殊能力两大类。一般能力是指人在一切活动中所必需的一些基本能力,例如感觉、记忆、想象和思维等方面的能力,也就是通常所说的智能。而特殊能力是指在人的某种专业活动中表现出来并保证这种专业活动获得高效率的能力,例如数学、音乐、绘画、戏剧、文学等方面的能力。

人们在一般能力上会有个别差异。例如,有的人知觉属于综合型,他的知觉具有概括性和整体性,但是分析方面较弱。有的人知觉属于分析型,他的特点是有较强的分析,对细节感知清晰,但综合方面较差。有人善于视觉记忆,有人长于听觉记忆或动作记忆;有人记得快、忘得慢,有人记得慢、忘得慢,有人记得快、忘得快,也有人记得慢、忘得快。思维方面的个别差异表现为思想的深度、灵活性、逻辑性以及批判性等等。上述这些一般能力的个别差异，在同一个人身上总是互相联系着、统一地表现出来的。

人的特殊能力的差异也很明显。如："有文学才能的人，具有敏锐而又深刻的观察自然和社会的能力、丰富的想象力、较强的语言表达能力等。而具有音乐才能的人，则具有敏锐的音乐感觉能力、较强的听觉表象记忆能力等。"

### （五）智力的性别差异

关于智力的性别差异，目前研究较多，而且结论各异，但基本一致的结论有两方面：第一，男女智力的总体水平大致相等，但男性智力分布的离散程度比女性大，即很聪明的男性和很笨的男性都比女性多，智力中等的女性比男性多；第二，男女的智力结构存在差异，各自具有自己的优势领域。男性的视知觉能力较强，尤其是空间知觉能力，男性明显优于女性。女性的听觉能力较强，特别是对声音的辨别和定位，女性明显优于男性。男性偏于抽象思维，喜欢数学、物理和化学等学科。女性长于形象思维，喜欢语言、历史、人文地理等学科。一般地说，女性比男性口语发展早，在语言流畅性及读、写、拼等方面均占优势，但男性在语言理解、言语推力等方面又比女性强。

美国麦科比（E.E.Maccoby）曾于 20 世纪 70 年代根据对 1 600 人的研究结果，再加上自己的直接研究与发现，对小学生性向与成就的性别差异问题，得出三点结论：(1)在语文能力方面，女生一般优于男生；(2)在数学能力方面，男女生无明显差异；(3)在空间关系（方位与方向）判断方面，男生一般优于女生。根据麦科比的研究以及此后其他教育心理学家们的验证，一般认为，小学阶段之后，女生在语文方面的优势逐渐消失，而男生在数学能力方面的优势却继续增加。这种学业性向的性别差异转变的现象，到中学以上直至大学阶段就更趋明显。

## 三、影响能力形成与发展的因素

能力的形成与发展受多种因素的影响，既包括先天素质，也包括后天因素，主要指对先天素质产生影响作用的环境、教育和实践活动等。实际上，能力就是这些因素交织在一起相互作用的结果。

### （一）先天素质的影响

先天素质是人们与生俱来的解剖生理特点，它包括感觉器官、运动器官以及神经系统和脑的特点。它是能力形成和发展的自然前提和物质基础。没有这个基础，任何能力都无从产生,也不可能发展。听觉或视觉生来就失灵者,无法形成与发展音乐才能,也不能成为画家;早期脑损伤或发育不全的人,其智力发展会受严重影响。

神经系统是素质的重要组成部分,它的特性(强度、灵活性、平衡性)对能力的形成是有影响的。如神经系统的强度水平影响人的注意力集中的程度和持续时间,并与学生的学习能力有关;神经系统的平衡性影响注意的分配;神经系统的灵活性影响知觉的广度。

我们承认先天素质在能力形成中的作用,并承认先天素质具有遗传性,但并不能由此而得出能力(主要指智力)由遗传决定的结论。第一,先天素质本身就不完全是通过遗传获得的,有些是因胎儿期由于母体环境的各种变异的影响,如孕妇的营养、疾病、药物和受到辐射等,都会给儿童的智力形成和发展带来危害。这些危害是先天因素造成的而非遗传因素。第二,先天素质只能为能力提供形成与发展的可能性,并不能预定或决定能力的发展方向。例如,人的手指长短是由遗传决定的,手指长为学弹钢琴提供了良好的自然条件,但这不能决定将来就一定能成为钢琴家,因为成为钢琴家还需要许多主客观条件。又如,个子矮的人不利于排球场上拦网,但如有较好的弹跳力,又灵活,就能补偿个子矮这一无法改变的先天素质条件而成为出色的拦网手。所以说,先天素质并不等于能力本身。第三,同样的先天素质可能发展多种不同的能力,而良好的先天素质由于没有受到良好的培养和训练,能力也不可能得到应有的发展。

### (二)环境、教育对能力形成与发展的影响

**1. 产前环境及营养状况的影响**

胎儿生活在母体的环境中,这种环境对胎儿的生长发育及出生后智力的发展,都有重要的影响。许多研究表明,母亲怀孕期间服药、患病、大量吸烟、遭受过多的辐射、营养不良等,能造成染色体受损或影响胎儿细胞数量,使胎儿发育受到影响,甚至直接影响出生后婴儿的智力发展。

**2. 早期环境的作用**

在儿童成长的整个过程中,智力的发展速度是不均衡的,往往是先快后慢。美国著名的心理学家布卢姆(B.S.Bloom)对近千人进行追踪研究后,提出这样的假说,即五岁前是儿童智力发展最为迅速的时期。日本学者木村久一提出了智慧发展的递减规律,他认为,生下来就具有 100 分能力的人,如果一出生就得到最恰当的教育,那么就可以成为有 100 分能力的人;如从五岁才得到最恰当的教育,那么就只能具有 80 分能力;若从十岁才开始教育,就只能成为有 60 分能力的人。可见,发展能力要重视早期环境的作用。

**3. 教育条件的影响**

一个人能朝什么方向发展，发展水平的高低、速度的快慢，主要取决于后天的教育条件。家庭环境、生活方式，家庭成员的职业、文化修养、兴趣、爱好以及家长对孩子的教育方法与态度，对儿童能力的形成与发展有极大的影响。如歌德小时候，歌德的父亲就对他进行有计划多方面的教育，经常带他参观城市建筑物，并讲解城市的历史，以培养他对美的欣赏和历史的爱好；他的母亲也常给他讲故事，每讲到关键之处便停下来，留给歌德去想象，待歌德说出自己的想法后，母亲再继续讲。歌德从小就受到良好的家庭教育，这为他能成为世界著名的大诗人打下了基础。

在教育条件中，学校教育在学生能力发展中则起主导作用。学校教育是有计划、有组织、有目的地对学生施加影响，因此，不但可以使学生掌握知识和技能，而且在学习和训练的同时促进了其能力的发展。

### (三) 实践活动的影响

实践活动是人与客观现实相互作用的过程，是人所特有的积极主动的运动形式。前面提到的素质和环境、教育是能力形成的重要因素，但这些因素只有在实践活动中才能影响能力的形成与发展，因此可以说，实践活动是能力形成与发展的必要条件。

我国汉代唯物主义哲学家王充就曾提出过“施用累能”和“科用累能”的思想。前者是说能力是在使用中积累的，后者指从事不同职业活动可以积累不同的能力。许多关于劳动、体育、科研等实践活动影响能力形成的研究充分证明了这一点。油漆工在长期的工作中，辨别漆色的能力得到充分的发展，他们可以分辨的颜色达四五百种；陶器和瓷器工人听觉很灵敏，他们可以根据轻敲制品时发出的声音的性质来确定器皿质量的优劣。同样的道理，人的自学能力是在学习活动中形成与发展的；人的组织能力也是在长期的社会实践中逐渐形成的。人的各种能力，脱离了具体的实践活动是无从提高和发展的。

### (四) 其他个性因素的影响

环境和教育是能力形成与发展的外部条件，外因必须通过内因起作用。一个人要想发展能力，除必须积极地投入到实践中去之外，还要充分发挥自身的主观能动性——积极的个性心理特征，即理想、兴趣及勤奋和不怕困难的意志力。

许多学者和有成就的人指出，人的智慧同坚强的信念、崇高的理想联系在一起。没有理想和信念，发展能力就缺乏强大的动力；兴趣和爱好是促使人们去探索实践，进而发展各种能力的重要条件。高尔基说过，才能不是别的什么东西，而是对事业的热爱。当人们迷恋于自己感兴趣的工作时，就会给能力的发展提供巨大的内部力量；勤奋与坚强的毅力也是能力得以发展所不可缺少的性格因素。歌德说过，天才就是勤奋。著名的物理学家爱因斯坦在向别人介绍自己的成功经验时写下了一个公式：A＝X＋Y＋Z，A代表成功，X代表艰苦的劳动，Y代表正确的方法，Z代表少说空话。从这个公式看出，爱因斯坦把自己的成功归于多种因素的结合，但勤奋是最重要的因素，因此，把它放在首位。

## 四、能力的差异与管理

首先，人员选拔时应做好能力与工作的匹配。个体的工作绩效是由两个关键因素所决定，即个人的激励水平和个人能力，干劲和能力相辅相成，能力是工作绩效高低的必要条件。作为管理人员必须根据工作岗位的能力要求而进行人员的选拔，做到人的能力与岗位相匹配。

例如，美国在建立第一个农业大工厂时，首先需要雇用一批保安人员。当时由于劳动力过剩，工厂规定雇用保安人员的最低标准为高中毕业生并具有三年警察或工厂警卫的经验。但按这个标准雇用来的保安人员，大多数在工作中感到单调和乏味，表示无法忍受，因而对工作漠不关心、不负责任，结果离职率很高。后来雇用了只受过四五年初等教育的保安人员，结果他们对工作满意、责任心强、缺勤率和离职率都很低，保卫工作做得很出色。因此，能力和岗位的匹配非常重要。

其次，人员使用时应知人善任、合理配置。管理者在用人时要根据个人能力不同，考虑个体的特长，尽量人尽其才，用其长避其短。能力上的差异主要表现为能力水平的差异和能力类型上的差异，即量和质上的差异。管理者在团队建设尤其是领导班子建设上，要充分考虑成员间的能力互补和相互配合，从而求取整体优势。

再次，要创造各种条件，培养和开发员工能力。第一，组织和管理者应为员工提供各种学习机会，并根据个体能力结构和岗位要求开展培训工作，第二，要为员工提供在实践中获得经验的机会，工作能力的全面发展和完善除了丰富的知识外，更离不开广泛的实践活动，这种实践机会也是将人潜能转化为实际能力的重要途径。

最后，要注重情绪智力的作用。作为管理者，在员工的选择、安置、培训等方面不仅应该注重由智商所衡量的一般能力以及与工作能力有关的具体能力的高低，更要注重人的情绪智力。情绪智力即能认识自己的情绪的能力，一共可分为五种：自知、移情、自律、自强和社会技巧等能力。如今情绪智力对工作绩效和事业成功更重要，因此，管理者在选拔、安置、培训员工时应注重对其情绪智力的考察与培养。

★小资料

特雷默定律:正确对待人才的“长”与“短”

英国管理学家 E.特雷默提出特雷默定律:每个人的才华虽然高低不同,但一定是各有长短,因此,在选拔人才时要看重的是他的优点而不是缺点,利用个人特有的才能再委以相应责任,使各安其职,这样才会使诸方矛盾趋于平衡。否则,职位与才华不能适合,使应有的能力发挥不出,彼此之间互不信服,势必造成冲突的加剧。在一个团队中,每个人各有所长,但更重要的是领导者能将这些人依其专长运用到最适当的职位,使其能够发挥自己所长,进而让整个企业繁荣强盛。没有无用的人,只有不会用人的人。

在一次宴会上,唐太宗对王珐说:“你善于鉴别人才,尤其善于评论。你不妨从房玄龄等人开始,都一一做些评论,评一下他们的优缺点,同时和他们互相比较一下,你在哪些方面比他们优秀?”

王珐回答说:“孜孜不倦地办公,一心为国操劳,凡所知道的事没有不尽心尽力去做,在这方面我比不上房玄龄。常常留心于向皇上直言建议,认为皇上能力德行比不上尧舜很丢面子,这方面我比不上魏徵。文武全才,既可以在外带兵打仗做将军,又可以进入朝廷搞管理担任宰相,在这方面,我比不上李靖。向皇上报告国家公务,详细明了,宣布皇上的命令或者转达官员的汇报,能坚持做到公平公正,在这方面我不如温彦博。处理繁重的事务,解决难题,办事井井有条,这方面我也比不上戴胄。至于批评贪官污吏,表扬清正廉署,疾恶如仇,好善喜乐,这方面比起其他几位能人来说,我也有一日之长。”唐太宗非常赞同他的话,而大臣们也认为王珐完全道出了他们的心声,都说这些评论是正确的。从王珐的评论可以看出唐太宗的团队中,每个人各有所长;但更重要的是唐太宗能将这些人依其专长运用到最适当的职位,使其能够发挥自己所长,进而让整个国家繁荣强盛。

因此,特雷默定律是我们选择人才时要考虑的一个重要问题。

# 第 4 节　个性与职业的匹配

## 一、霍兰德的职业兴趣理论

约翰·霍兰德(John Holland)是美国约翰·霍普金斯大学心理学教授,美国著名的职业指导专家。他于1959年提出了具有广泛社会影响的职业兴趣理论。该理论认为人的人格类型、兴趣与职业密切相关,兴趣是人们活动的巨大动力,凡是具有职业兴趣的职业,都可以提高人们的积极性,促使人们积极地、愉快地从事该职业,且职业兴趣与人格之间存在很高的相关性。霍兰德认为人格可分为实际型、调研型、艺术型、社会型、企业型和常规型六种类型。

### (一) 实际型

性格特征:非社交的、物质的、遵守规则的、实际的、安定的、缺乏洞察力的、感情不丰富的、不善与人交往的。

职业特征:需要进行明确的、具体的、按一定程序要求的技术性、技能性工作。

相关职业:飞机检修工、动物饲养员、木工、无线电工、汽车驾驶员、建筑工、机械操作工、工地检查员、电工、钳工、测量工、船舶驾驶员。

### (二) 调研型

性格特征:分析的、内省的、独立的、好奇的、慎重的、敏感的。喜好智力活动和抽象推理。

职业特征:通过观察、科学分析而进行的系统的创造性活动,研究对象一般侧重于自然科学方面,而不是社会科学方面。

相关职业:气象员、生物学工作人员、天文工作者、化学技师、杂志编辑、地质工作者、植物研究人员、建筑设计师、计算机程序设计员。

### (三) 艺术型

性格特征:想象力丰富、理想的、直觉的、冲动的、独创的,但是无秩序的。感情丰富,但缺乏事务性办事能力等特征。

职业特征:通过非系统化的、自由的活动进行艺术表现,但精细的操作能力较差。

相关职业:诗人、作家、乐队指挥、作曲家、演员、商品设计师、记者、导演、画家、雕刻家、工艺设计师。

### (四) 社会型

性格特征:助人的、易于合作的、社交的、有洞察力的、责任感强的、重友谊的、有说服力的,比较关心社会问题等特征。

职业特征:从事更多时间与人打交道的说服、教育和治疗工作。

相关职业:教师、口语矫正人员、临床医师、社会福利工作人员、护士、职业咨询者、服务人员、导游、公共关系人员、列车员、律师、营业员、供销员、医生、社会活动家、计划生育工作者。

## (五) 企业型

性格特征：支配的、乐观的、冒险的、冲动的、自我显示的、自信的、精力旺盛的、好发表意见和见解的，但有时是不易被人支配的、喜欢管理和控制别人等特征。

职业特征：从事需要胆略、冒风险且承担责任的活动。主要指管理、决策方面的工作。

相关职业：企业投资者、商品资讯员、广告事业人员、管理干部、经理、主持人、推销员、宣传人员、调度、乡镇企业负责人。

## (六) 常规型

性格特征：自我抑制的、顺从的、防卫的、缺乏想象力的、持续稳定的、实际的、有秩序的、回避创造性活动等特征。

职业特征：严格按照固定的规则、方法进行重复性、习惯性的活动，希望较快地见到自己的劳动成果、有自控能力。

相关职业：会计、统计人员、信贷调查员、法庭速记员、银行出纳、税务人员、仓库管理员、计算机操作人员、价格计算人员、打字员、秘书、理发师、邮递员、图书馆员。

霍兰德的职业性向理论，实质在于劳动者的职业性向与职业类型相互适应。同一类性的劳动者与同一类型的职业相互结合，便达到了适应状态，这样劳动者找到了适合自己的职业岗位，其才能与积极性才能得以发挥。

依照霍兰德的理论，劳动者职业性向类型与职业类型相关系数越大，两者适应程度越高；两者相关系数越小，相互适应程度越低，见图 4.1。

图 4.1 中六个角分别代表六种职业类型和六种职业性向类型。霍兰德所划分的六大类型，并非是并列的、有着明晰边界的。他以六边形标示出六大类型的关系。

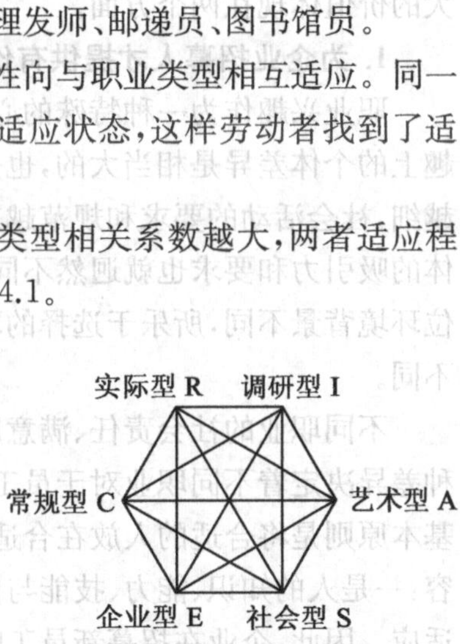


**图 4.1　六种职业定向类型**

(1) 相邻关系，如 RI、IR、IA、AI、AS、SA、SE、ES、EC、CE、RC 及 CR。属于这种关系的两种类型的个体之间共同点较多，实际型 R、调研型 I 的人就都不太偏好人际交往，这两种职业环境中也都较少机会与人接触。

(2) 相隔关系，如 RA、RE、IC、IS、AR、AE、SI、SC、EA、ER、CI 及 CS，属于这种关系的两种类型个体之间共同点较相邻关系少。

(3) 相对关系，在六边形上处于对角位置的类型之间即为相对关系，如 RS、IE、AC、SR、EI 及 CA，相对关系的人格类型共同点少，因此，一个共同人同时对处于相对关系的两种职业环境都兴趣很浓的情况较为少见。

人们通常倾向选择与自我兴趣类型匹配的职业环境，如具有实际型兴趣的人希望在现实型的职业环境中工作，可以最好地发挥个人的潜能。但职业选择中，个体并非一定要选择与自己兴趣完全对应的职业环境。一是因为个体本身常是多种兴趣类型的综合体，单一类型显著突出的情况不多，因此，评价个体的兴趣类型时也时常以其在六大类型中得分居前三位的类型组合而成，组合时根据分数的高低依次排列字母，构成其兴趣组型，如 RCA、AIS 等；二是因为影响职业选择的因素是多方面的，不完全依据兴趣类型，还要参照社会的职业需求及获得职业的现实可能性。因此，职业选择时会不断妥协，寻求与相邻职业环境、甚至相隔职业环境，在这种环境中，个体需要逐渐适应工作环境。但如果个体寻找的是相对的职业环境，意味着所进入的是与自我兴趣完全不同的职业环境，则他们工作起来可能难以适应，或者难以做到工作时觉得很快乐，相反，甚至可能会每天工作得很痛苦。

目前，霍兰德职业兴趣理论是最具影响力的职业发展理论和职业分类体系，其最大的价值体现在两个方面。

**1. 为企业招募人才提供有价值的参考**

职业兴趣作为一种特殊的心理特点，由职业的多样性和复杂性反映出来。职业兴趣上的个体差异是相当大的，也是十分明显的。因为，一方面现代社会职业划分越来越细，社会活动的要求和规范越来越复杂，各种职业间的差异也越来越明显，所以对个体的吸引力和要求也就迥然不同；另一方面，个体自身的生理、心理、教育、社会经济地位环境背景不同，所乐于选择的职业类型、所倾向于从事的活动类型和方式也就十分不同。

不同职业的社会责任、满意度、工作特点、工作风格、考评机制各不相同。同时，这种差异决定着不同职业对于员工的职业兴趣有着特殊的要求。现代人力资源管理的基本原则是将合适的人放在合适的岗位上。人与职位的匹配应该包括两个方面的内容：一是人的知识、能力、技能与岗位要求相匹配；更重要的是人的性格、兴趣与岗位相适应。因此，企业在招募新员工时，就非常有必要对申请在本企业工作的人员进行职业兴趣的测评，了解申请者的职业兴趣人格类型。通过测试，企业可以得知它所能提供的职业环境是否与申请者的职业兴趣类型相匹配，换句话说，企业可以考查到申请者是否适合在本企业的职业环境中工作。所以，企业在招募人才的过程中，如果能够坚持以霍兰德的职业兴趣理论为指导，不仅可以招募到适合本企业的人才，还可以在招聘工作中减少盲目性，通过职业兴趣的测试，企业还可以给予新员工最适合的工作环境，以期最大限度地在工作中发挥他们的聪明才干。

**2. 为个人的职业选择和职业成功提供帮助**

职业兴趣是职业选择中最重要的因素，是一种强大的精神力量，职业兴趣测验可以帮助个体明确自己的主观性向，从而能得到最适宜的活动情境并给予最大的能力投入。根据霍兰德的理论，个体的职业兴趣可以影响其对职业的满意程度。当个体所从事的职业和他的职业兴趣类型匹配时，个体的潜在能力可以得到最彻底的发挥，工作业绩也更加显著。在职业兴趣测试的帮助下，个体可以清晰地了解自己的职业兴趣类型和在职业选择中的主观倾向，从而在纷繁的职业机会中找寻到最适合自己的职业，避免职业选择中的盲目行为。尤其是对于大学生和缺乏职业经验的人，霍兰德的职业兴趣理论可以帮助做好职业选择和职业设计，成功地进行职业调整，从整体上认识和发展自己的职业能力、职业兴趣也是职业成功的重要因素。

## 二、职业锚理论

职业锚理论，又称职业定位理论，产生于在职业生涯规划领域具有"教父"级地位的美国麻省理工大学斯隆商学院、美国著名的职业指导专家埃德加·H.施恩（Edgar H.Schein）教授领导的专门研究小组，是对该学院毕业生的职业生涯研究中演绎成的。斯隆商学院的 44 名 MBA 毕业生，自愿形成一个小组接受施恩教授长达 12 年的职业生涯研究，包括面谈、跟踪调查、公司调查、人才测评、问卷等多种方式，最终分析总结出了职业锚理论。

所谓职业锚，又称职业系留点。锚，是使船只停泊定位用的铁制器具。职业锚，实际就是人们选择和发展自己的职业时所围绕的中心，是指当一个人不得不做出选择的时候，他无论如何都不会放弃的职业中的那种至关重要的东西或价值观。它是自我意向的一个习得部分。个人进入早期工作情境后，由习得的实际工作经验所决定，与在经验中自省的动机、价值观、才干相符合，达到自我满足和补偿的一种稳定的职业定位。职业锚强调个人能力、动机和价值观三方面的相互作用与整合。职业锚是个人同工作环境互动作用的产物，在实际工作中是不断调整的。

1978 年，施恩教授提出的职业锚理论包括五种类型：自主型职业锚、创业型职业锚、管理型职业锚、技术/职能型职业锚、挑战型职业锚。在 20 世纪 90 年代，又发现了三种类型的职业锚：安全稳定型、生活型、服务型职业锚。施恩教授将职业锚增加到八种类型，并推出了职业锚测试量表。

(1) 技术/职能型:技术/职能型的人,追求在技术/职能领域的成长和技能的不断提高,以及应用这种技术/职能的机会。他们对自己的认可来自他们的专业水平,他们喜欢面对来自专业领域的挑战。他们一般不喜欢从事一般的管理工作,因为这将意味着他们放弃在技术/职能领域的成就。

(2) 管理型:管理型的人追求并致力于工作晋升,倾心于全面管理,独自负责一个部分,可以跨部门整合其他人的努力成果,他们想去承担整个部分的责任,并将公司的成功与否看成自己的工作。具体的技术/功能工作仅仅被看作是通向更高、更全面管理层的必经之路。

(3) 自主型:自主型的人希望随心所欲安排自己的工作方式、工作习惯和生活方式。追求能施展个人能力的工作环境,最大限度地摆脱组织的限制和制约。他们意愿放弃提升或工作扩展机会,也不愿意放弃自由与独立。

(4) 安全稳定型:安全稳定型的人追求工作中的安全与稳定感。他们可以预测将来的成功从而感到放松。他们关心财务安全,例如:退休金和退休计划。稳定感包括诚言、忠诚,以及完成老板交待的工作。尽管有时他们可以达到一个高的职位,但他们并不关心具体的职位和具体的工作内容。

(5) 创业型:创业型的人希望使用自己能力去创建属于自己的公司或创建完全属于自己的产品(或服务),而且愿意去冒风险并克服面临的障碍。他们想向世界证明公司是他们靠自己的努力创建的。他们可能正在别人的公司工作,但同时他们在学习并评估将来的机会。一旦他们感觉时机到了,他们便会自己走出去创建自己的事业。

(6) 服务型:服务型的人指那些一直追求他们认可的核心价值,例如:帮助他人,改善人们的安全,通过新的产品消除疾病。他们一直追寻这种机会,即使这意味着变换公司,他们也不会接受不允许他们实现这种价值的工作变换或工作提升。

(7) 挑战型:挑战型的人喜欢解决看上去无法解决的问题,战胜强硬的对手,克服无法克服的困难障碍等。对他们而言,参加工作或职业的原因是工作允许他们去战胜各种不可能。新奇、变化和困难是他们的终极目标。如果事情非常容易,它马上变得非常令人厌烦。

(8) 生活型:生活型的人是喜欢允许他们平衡并结合个人的需要、家庭的需要和职业的需要的工作环境。他们希望将生活的各个主要方面整合为一个整体。正因为如此,他们需要一个能够提供足够的弹性让他们实现这一目标的职业环境。甚至可以牺牲他们职业的一些方面,如:提升带来的职业转换,他们将成功定义得比职业成功更广泛。他们认为自己在如何去生活,在哪里居住,如何处理家庭事情,以及在组织中的发展道路是与众不同的。

职业锚问卷是国外职业测评运用最广泛、最有效的工具之一。职业锚问卷是一种职业生涯规划咨询、自我了解的工具,能够协助组织或个人进行更理想的职业生涯发展规划。

职业锚在员工的工作生命周期中,在组织的事业发展过程中,发挥着重要的功能作用。

(1) 使组织获得正确的反馈。职业锚是员工经过搜索所确定的长期职业贡献区或职业定位。这一搜索定位过程依循着员工的需要、动机和价值观进行。所以,职业锚清楚地反映出员工职业追求与抱负。

(2) 为员工设置可行有效的职业渠道。职业锚准确地反映员工职业需要及其所追求的职业工作环境。反映员工的价值观和抱负。透过职业锚组织获得员工正确信息的反馈,这样,组织才可能有针对性地对员工职业发展设置可行的、有效的、顺畅的职业渠道。

(3) 增长员工工作经验。职业锚是员工职业工作的定位,不但能使员工在长期从事某项职业中增长工作经验,同时,员工职业技能也能不断增强,直接产生提高工作效率或劳动生产率的明显效益。

(4) 为员工做好奠定中后期工作的基础。之所以说职业锚是中后期职业工作的基础,是因为职业锚是员工在通过工作经验的积累后产生的,它反映了该员工价值观和被发现的才干。当员工抛“锚”于某一种职业工作过程,就是自我认知过程,就是把职业工作与自我观相结合的过程,开始决定成年期的主要生活和职业选择。

## 三、“大五”人格与职业的匹配

近年来,研究者们在人格描述模式上形成了比较一致的共识,提出了人格的大五模式。研究者通过词汇学的方法,发现大约有五种特质可以涵盖人格描述的所有方面。“大五”人格(OCEAN),也被称之为人格的海洋。大五模型的5个维度分别是:

(1) 外倾性,即外向、外向力等,正面表现为健谈、面部表情丰富,并喜欢做出各种姿势。他们果断、好交友、很活泼、富有幽默感、容易激动、好刺激、趋向于好动、乐观,负面表现为沉默寡言、呆滞。

(2) 宜人性,即友善愉快、适意、可接受程度等。正面表现为善于为别人着想,在人们心目中他们总是富于同情性、直率、体贴人。负面表现为充满敌对情绪、不友好、给人不信任感、缺乏同情心。

(3) 责任感,即有责任意志、公正性、良知等。正面表现为行为规范、可靠、有能力、有责任心,他们似乎总是能把事情做好,处处让人感到满意。负面表现为行为不规范、粗心、做事效率低、不可靠。

(4)情绪性,即神经质、稳定性、情绪稳定性等。正面表现为情绪理性化、冷静、脾气温和、满足感、与别人相处愉快。负面表现为自我防卫、担忧、担心个体是否适应、往往容易情绪波动并易产生负面情绪如生气、自罪和厌恶感,还易于产生非理性的想法,在压力状况下比他人效果差。

(5)开放性,即创新开放、智慧或智力等。正面表现为对新鲜事物感兴趣,尤其是对知识、各种艺术形式和非传统观念的赞赏。人们常常认为他们勤于思考、好幻想、知识丰富、富于创造性。负面表现为自我封闭、循规蹈矩、喜欢固定的生活和工作程式、不善于创造性思考。

"大五"人格与职业的匹配有密切联系,具体可参见表4.6。

表4.6 "大五"人格与职业的匹配

| 维　度 | 高　分 | 低　分 |
|---|---|---|
| 情绪稳定性 | 航空飞行员和外科医生 | |
| 社会外向性 | 营销人员、政治家和娱乐业工作者 | 产品经理、自然科学家 |
| 宜人性 | 教师和社会工作者 | 企业家和军事领导者 |
| 责任感 | 经理主管人员以及那些高成就者 | 艺术家和音乐家 |
| 思维开放性 | 企业家、变革者、艺术家和理论科学家 | 会计师、产品经理 |

## 【复习思考题】

1. 四种气质类型的人分别有什么特点?他们分别适合从事什么职业?
2. 试述气质在管理实践中的意义。
3. 什么是性格?性格的结构特征是怎样的?
4. 性格可以分为哪几种类型?
5. 性格与气质的区别与联系是什么?
6. 企业管理实践中为何要注重员工的性格差异?
7. 什么是能力?能力可以分为哪几种类型?
8. 人的能力差异表现出怎样的规律?
9. 影响能力形成与发展的因素有哪些?
10. 企业管理者应如何看待员工的能力?
11. 霍兰德职业兴趣理论的主要观点是什么?其具有何种价值?
12. 什么是"职业锚"理论?其在组织的事业发展过程中发挥着怎样的功能作用?

# 【本章案例分析】

## 谁当经理更合适

某电子电器工业公司是一个由十几家小厂组成的专业公司。公司行政领导班子由一正三副四个成员组成。总经理由于年事已高即将退休,需要物色一个合适的新总经理。该公司的上级主管部门经过一段时间的研究考察,认为现任三位副经理不宜提升,新的总经理需从下面挑选。各方面的意见最后集中到李厂长和王厂长两个中选一个。下面是有关他们两人的资料。

李厂长,男,39岁,文化程度大学本科(电子专业),中共党员,原是该厂技术员,高级知识分子家庭出身。"文革"中父母受到严重迫害,他也受到影响。三中全会以后,他一反过去的消沉,工作积极努力,认真学习科学文化知识,善于把学到的知识用来指导工作,为本厂的产品开发、产品的升级换代、提高质量、建立科学的检测手段等都做出了重要贡献。他从技术科长提升为厂长后,对厂里进行了一系列的改革,加强了科学管理,使工厂的面貌大为改观,大大提高了经济效益,年创利和人均创利都在本系统居首位,员工收入也大幅度增加。全厂精神振奋,一派欣欣向荣景象。李厂长性格开朗,精力充沛。善言谈,好交际,活动能力很强,在全国十多个省市开设了二百多个经销点,三十多个加工企业,效益都很显著。他认为,要发展就要靠技术,因此,千方百计,不惜重金引进人才,至今该厂已有十多位外来的高级工程师和工程师。他还很重视产品的广告,每年要花几十万广告费,电台、电视台、路边广告牌、电车、汽车以及铁路沿线都有该厂的广告,可谓"无孔不入"。他担任了市企业管理协会的理事,各方面关系融洽,对厂里工作也有促进。

李厂长事业心强,一心扑在工作上,早出晚归,南来北往,一年到头风尘仆仆,不辞辛苦。该厂曾被评为市企业管理先进单位,李厂长获市优秀厂长称号,该厂的产品也被评为市优质产品。但李厂长也有一个明显的缺点,就是骄傲自满,自以为是,常常盛气凌人,有时性情急躁,弄不好还会暴跳如雷,不把公司的领导放在眼里,经常顶撞他们,公司的"指令"常常被他顶回去,因此,公司领导对他这一点颇为不满。各科室也不大愿意和他打交道,他同公司员工的其他几个兄弟厂关系也不融洽。这些厂的厂长们对他敬而远之,对上级表彰他颇有微词。他也不善于做思想工作,认为这是党支部的事。所以平时遇到思想问题,他都是作为"信息"告诉书记,要支部去做工作。他和几个副厂长关系处理得也不太好,领导几次协调也无济于事。

王厂长,男,37岁,文化程度大专(企业管理专业),中共党员,有技术员职称,家庭出身小业主。在"文革"期间,他不参与任何派系活动,而是偷偷学文化、钻业务,组建该厂时就担任了厂长,至今已近10年。他经历了该厂由弱到强,几起几落的整个过程。对电子行业的特点非常熟悉,自己又具有设计能力。他最大的特点是精于企业管理,在学校学了计算机专业后,他率先把计算机运用到企业管理中去。他对整个厂的机构设置、行政人员的配备、岗位责任,以及各副厂长、科长、车间主任和各级管理人员的职责都有明确的规定,每年考核两次,奖惩分明。因此,平时大家各司其职,他却显得很悠闲自在,常常这个科室转转,那个车间看看,以便了解情况,发现问题。公司及有关部门召开的会议,他从来不缺席,而有的厂长则是常常忙得脱不开身。他似乎比其他厂长"超脱"得多。王厂长性格内向,沉稳,不喜欢大大咧咧发议论,对什么事情总要深思熟虑,三思而后行,人们说他"内秀"。他对自己厂今后五年的发展,有一个远景规划,听起来切实可行,也颇鼓舞人心。对一些出风头的社会活动,他不太喜欢参加,但对各种开阔思路的业务技术讲座却很感兴趣。他很善于做员工的思想工作,他认为一厂之长,要抓好生产怎么能不做思想工作呢。因此,对一些老大难问题,他从不推诿,都是亲自处理。他还要求各级行政干部做人的思想工作,并把它作为考核内容。他和党支部、工会的关系都很好,积极支持他们的工作。他待人谦和、彬彬有礼,和本公司上下左右关系都不错,公司有什么事,只要打一声招呼,他就帮助解决了。因此,他的人缘挺好,厂里进行民意测验,几乎异口同声称赞他。和李厂长不同,他不喜欢花高价引进工程技术人员,他认为这些人中不乏见利忘义之徒,只能同甘不能共苦。关键时刻还是要靠自己,宁愿多花些钱来培养自己厂里的技术人员,几年来,厂里也确实培养了一批自己的技术骨干,有些人还很拔尖。他也不喜欢高价做广告,他说我们的产品质量自己有数,我不能干这边排队卖,那边排队维修的事。他把作广告的钱用来购买先进的技术设备,为提高产品质量服务。他们厂的产品质量还是不错的,开箱抽查,合格率达98%。该厂是市企业管理先进单位,区文明单位。工会是区"先进员工之家",团支部是区"先进团支部",他本人则荣获市优秀厂长和局优秀党员称号。但也有不少人认为,王厂长缺乏开拓精神,求稳怕变,按部就班,工作没有多大起色。按照厂里的基础和实力,应该发展得更快些,他们厂的效益比不上李厂长的厂。和李厂长比,他显得保守、过于谨慎、处事比较圆通、怕得罪人。王厂长听了这些议论,不以为然,依旧我行我素。

李厂长和王厂长谁当总经理更合适,上级领导部门至今议而未定。

## 思考题:

1. 依据有关个性理论,对两位厂长的能力、气质、性格进行分析、比较。
2. 通过对他们个性的分析比较,你认为谁当总经理更为合适,为什么?
3. 在用人方面怎样才能做到"扬长避短""人尽其才"?

# 第5章
# 知觉与个体决策

## 【本章学习目标】

通过本章学习，你应该了解：

1. 知觉和社会知觉的概念和特性。
2. 社会知觉如何发生偏差。
3. 印象管理的概念、过程及策略。
4. 归因理论与管理。
5. 知觉与个体决策。

## 引导案例

### 为首脑们包装

当你注意到电视镜头中的首脑们或庄重、或亲切、或严肃、或开朗的形象时，你可知道，有一群专为首脑进行形象策划的人正在幕后精心设计。

形象设计专家认为，在一向严肃的政治生活中，稍稍展示一下首脑们作为普通人的一面，可达到首脑与选民心灵上细腻的沟通。

国外领导人形象设计应用得最广泛的时候要算在大选期间。这时候候选人周围最亲近的人士就是由新闻、广告、语言、美容等专家组成的形象设计班子。在此期间即使那些个性鲜明、不拘小节的领导人也不得不在许多细节上受专家们的控制，由他们精心“包装”。

如何避免在选举中落俗套，是克林顿的竞选班子考虑的首要问题。形象设计师们提出的“平民化路线”在实战中取得的效果果然不同凡响：克林顿首次向新闻界披露了他来自偏远的阿肯色州的一个贫穷家庭，生父早年死于车祸，继父缺乏教养并且酗酒，经常殴打他的母亲。在缺乏温暖的家庭生活中，他凭自己的坚韧不屈的意志，取得了事业的成功；乘大轿车巡回竞选，更使克林顿与布什脱离民众的贵族式作风形成鲜明对比，并获得了大批乘不起竞选飞机的地方报记者的好感。他们喜出望外地抓住机会追随克林顿的大轿车作滚动式报道。这一切努力对观察家来说也许并不新鲜,但却使克林顿的选票比布什超出24个百分点。

令德国前总理科尔的形象设计师们为难的是,皮肤黝黑、身高1.93米、体重达118公斤的科尔确实不上镜。但是形象设计师将科尔的形象定位在"敦实""可信"上便取得了成功。媒体中的科尔与现实中的科尔始终一致:在演讲台上,科尔会脱去上衣,穿着衬衫,只用一些通俗易懂的话进行演讲,很快赢得了选民的理解。在科尔的演说中,始终找不到华丽的词藻。这正如他本人敦实厚重的体型一样,选民们打心眼里认为"他是在为我们说话,是可信的人"。科尔给他们的印象是"我是你们中的一员,我所说的正是你们所想的"。这样,德国民众心中的总理就有了一个"忠厚""讲求实际"的良好形象。

与其他首脑人物庞大的形象设计班子相比,英国前首相撒切尔夫人的形象设计师戈登·里斯是个全才。在撒切尔夫人的眼中,他好像什么都懂,什么时候都是对的。在帮助撒切尔夫人竞选首相的日子里,戈登对她在社交场合的形象进行了一番彻底的改变。林肯郡家乡口音是撒切尔夫人最大的敌人,而她改变口音说话听起来有些不自然,有时甚至很刺耳。戈登从国立剧院请了一位专业教师给撒切尔夫人上课,通过语音训练,她的发音悦耳多了。为了反击政敌的攻击,撒切尔夫人在戈登的安排下让人们更多地了解她富有人情味的一面。她谈论起她的发型,穿衣服的尺寸,保养皮肤的方法,摸索女性如何将事业和生活结合起来的途径,以及她是否哭过等等。这些话题本来不是撒切尔夫人愿意谈论的,但这样做却能博得新闻界的好感,获得公民的支持。

**【点评】**

不论个体在组织内部还是组织外部都渴望被别人积极看待,避免被别人消极看待。理解他人对自己的知觉与认知,并以此为依据创造出积极的有利于我们的形象,将有助于我们成功地与人交往。

人的知觉因素是影响组织管理活动中人的行为差异的重要心理条件之一。人们生活在他们自己的知觉世界里,在现实生活中,人们的行为通常是以对现实的知觉为基础的,而非以现实本身为基础。同时,每个人对相同的事物会有不同的知觉结果。因此,认识到员工与管理者的知觉、归因的基本规律对理解管理行为是十分重要的。

# 第1节　对知觉的理解

## 一、知觉的含义

### （一）什么是知觉

知觉是人脑对客观事物整体的反映，即对客观事物赋予意义并做出解释。我们所处的环境中充满了光波和声波，但那并不是我们体验世界的方式。你看到的不是光波，而是墙上的海报；你听到的不是声波，而是广播中的音乐。感觉只是“演出”的开始，还需要更多的东西才能使刺激变得有意义和有趣，而最重要的是你能做出有效的反应。知觉是一系列组织并解释外界客体和事件的产生的感觉信息的加工过程。知觉影响人的行为，即人的行为以知觉为基础。

### （二）知觉的特性

**1. 知觉的选择性**

人在知觉事物时，首先要从复杂的刺激环境中将一些有关内容抽出来组织成知觉对象，而其他部分则留为背景。根据当前需要，对外来刺激物有选择地作为知觉对象进行组织加工的特征就是知觉的选择性（又称知觉的相对性）。

例如，在图5.1的A图中，如果我们将黑色作为背景，我们就会知觉到一个白色的奖杯，如果我们将白色作为背景，则我们就会知觉到两个人的侧面剪影；同样的道理，在B图中，如果我们将白色作为背景，我们就会知觉到一个大鼻子的男人正在一边走

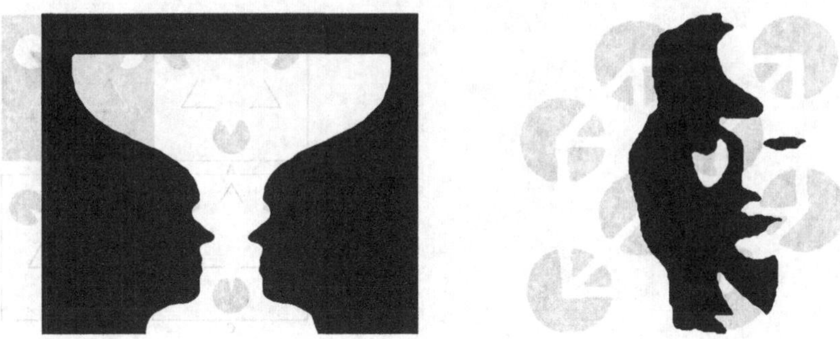

A　　　B

**图5.1　对象与背景转换的双关图**

路,一边还抽着一个大烟斗,烟斗中还飘出一圈烟雾;如果我们将黑色做为背景,则我们可以知觉到一个美丽的少女的头部剪影。因此,我们知觉到什么影像,取决于我们将哪些部分作为背景,哪些部分作为知觉对象。

**2. 知觉的理解性**

在对现时事物的知觉中,需有以过去经验、知识为基础的理解,以便对知觉的对象做出最佳解释、说明,知觉的这一特性叫理解性。不同的知识背景和理解力影响对同一对象的知觉。

影响知觉理解性的因素有知识经验,也有言语指导。例如,我们出去看云彩,我们会根据自己的知识经验将天上变化万千的云朵看成各种各样的图案,有的像奔腾的骏马,有的像温顺的白兔。有时,别人可以看出一种图形,我们一时看不出来,这时如果别人能在言语上进行描述诱导,慢慢地我们也能知觉出和别人看到的一样的图形。以上这些现象都说明了知觉是具有理解性的。

**3. 知觉的整体性**

知觉的对象是由不同的对象、不同的属性组成的。当它们对人发生作用的时候,是分别作用或是先后作用于人的感觉器官的,但人并不是孤立地反映这些部分和属性,而是把它们结合成有机的整体。

例如,在看图 5.2 的 A 图时,我们会觉得看到了一个透明的立方体,而实际情况是,在图 A 中只是存在着 8 个不同的圆形图案而已,所谓透明的立方体实际上是不存在的。但是,我们为什么会觉得有一个透明的正方体存在呢?这是因为人的知觉具有整体性,我们习惯将这 8 个不同的圆形图案组成一个有机体来看,自然就会看出透明的立方体出来。同样的道理,在 B 图中,我们会看到一些白色三角形和黑色三角形相叠的图案,而实际上这些三角形也并不存在,也是我们在知觉的整体性的作用下知觉出来的图形。

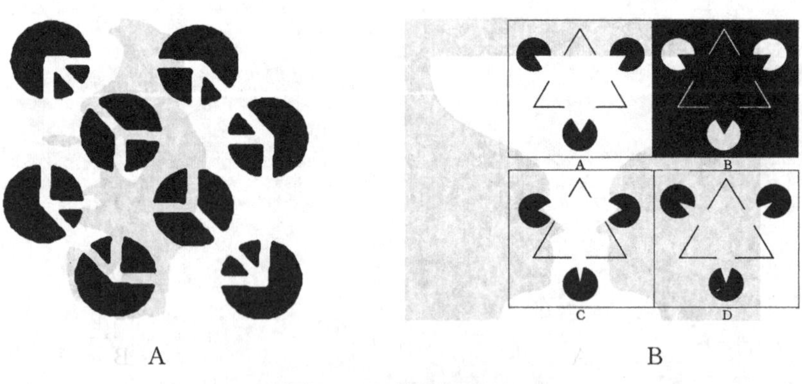


A　　　　B

**图 5.2　知觉的整体性**

人的知觉的整体性会受到一些知觉规律的影响，例如，连续性规律、接近性规律、封闭性规律和相似性规律等。

**4. 知觉的恒常性**

当知觉的客观条件在一定范围内改变时，知觉的映象在相当程度上却保持着它的稳定性，这就是知觉的恒常性。例如，在图 5.3 中，不管门的开启状态如何，我们都能判断出这就是一张门，这是由于人的知觉具有恒常性。

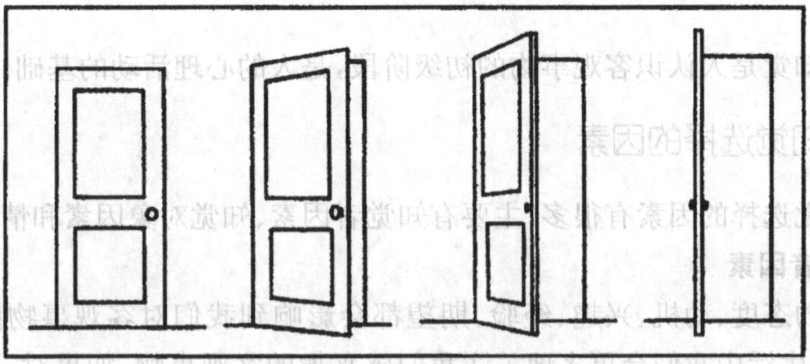

**图 5.3　知觉的恒常性**

知觉的恒常性具有十分重要的意义。客观对象具有稳定性，我们的知觉也就需要具有相应的稳定性，以便能真实地反映客观对象的自然属性和本来面貌。知觉恒常性使得我们能保持对客观世界较稳定的知觉。

## （三）知觉与感觉的关系

感觉是客观事物直接作用于人的感觉器官，人脑中所产生的对这些事物个别属性的反映。知觉以感觉为基础，但它不是个别感觉信息的简单总和。例如，我们看到一个三角形，它的成分是三条直线。但是，把对三条直线的感觉相加在一起，并不等于知觉到一个三角形。知觉是按一定方式来整合个别的感觉信息形成一定的结构，并根据个体的经验来解释由感觉提供的信息，它比个别感觉的简单相加要复杂得多。我们日常看到的不是个别的光点、色调和线段。

**1. 感觉和知觉的相同点**

感觉和知觉的相同点主要表现在以下三个方面：

（1）两者都是人脑对客观事物的主观反映。

（2）两者都是人脑对当前直接作用于感觉器官的客观事物的反映。

（3）两者的形成和发展离不开人脑的活动。

**2. 感觉和知觉的区别**

感觉和知觉的相异点主要表现在以下三个方面：

(1) 感觉和知觉反映的内容不同。

(2) 感觉和知觉产生的性质不同。

(3) 感觉和知觉的生理机制不同。

**3. 感觉和知觉之间的联系**

感觉是知觉过程中的重要组成部分，是知觉的前提和基础。知觉则是感觉的深入和发展。

感觉和知觉是人认识客观事物的初级阶段，是人的心理活动的基础。

### (四) 影响知觉选择的因素

影响知觉选择的因素有很多，主要有知觉者因素、知觉对象因素和情景因素。

**1. 知觉者因素**

知觉者的态度、动机、兴趣、经验、期望都会影响到我们对客观事物的知觉选择。例如，在日常生活中我们会更多地关注我们感兴趣的客观事物，如果对一个事物不感兴趣，我们不会选择去关注它。

**2. 知觉对象因素**

新奇、运动、声音、大小、背景、临近等这些知觉对象的特点会影响我们的知觉。例如，在一群穿着普通的人群中突然出现一个着装非常奇特的人，我们自然会关注起这个人；一只青蛙蹲在草丛中一动不动，我们很难发现它，但是一旦它一蹦一跳地运动起来，我们会轻而易举地发现它；人群中大声说话的人总是比小声说话的人更容易让人注意到。此外，知觉对象所处的背景也会影响知觉。一般来说，知觉对象和知觉背景的差距越大，越容易被人注意和发现。例如，我们经常说“白纸黑字，清清楚楚”，因为白色和黑色是两种差距很大的颜色，白色的纸张上写着黑色的字，自然很清楚了。而知觉对象和知觉背景之间差距越小，则越不容易被人知觉和发现。例如，士兵穿上迷彩服埋伏在草丛和树林里就很难被人发现，因为迷彩服和树叶野草太相似了。

**3. 情景因素**

时间、工作环境和社会环境等这些情景因素也会影响我们的知觉。例如，一个人穿着性感的晚礼服去参加晚宴是很自然的一件事，人们会觉得很正常，不会有什么特别的关注。但是如果这个人穿着同样的一套衣服去参加一个很正式的商务会议，人们会对这个人侧目以对，会因为这个人不适宜的穿着打扮而额外关注她。因此，同样的事物在不同的背景下受人关注的程度是不一样的。

## 二、社会知觉

作用于人的信息有两大类：一类是自然界中的机械、物理、化学和生物方面的信息；另一类是由人的实践所构成的社会现象的信息，这包括担任社会角色并具有人性的人、人际关系和群体，以及各种社会结构和社会事件等。如果说后者是社会性信息，则前者为非社会性信息。对非社会性信息所形成的知觉，通常被称作物知觉，而对社会性信息所形成的知觉就称作社会知觉。所以，社会知觉就是指个人在社会环境中对他人（某个个体或某个群体）的心理状态、行为动机和意向（社会特征和社会现象）做出推测与判断的过程。社会知觉包括四个方面的内容，分别是对人的知觉（包括对他人和自我的知觉）、对人际关系的知觉、对角色的知觉和对因果关系的知觉。

与对物的知觉相比，社会知觉有一些独特性：

(1) 认知对象的独特性。人能体验其内部世界，而物不能，所以社会知觉的主体可能同时还是社会知觉的对象。换句话说，社会知觉的对象是有意识的人、复杂的社会环境和人际关系，而人们对这些对象的知觉又是通过一些特殊的介质进行的。例如，通过他人的言行、表情、态度等来认识、判断。但是，无论是知觉的主体，还是知觉的对象，都会掩饰自己的内在动机，所以，人们的社会知觉判断常常可能是不准确的。

(2) 对他人行为的期望会影响社会知觉过程。社会知觉的主客体能够理解彼此间的行为对对方的利害关系，于是知觉者和被知觉者都可以有意识地操纵和利用彼此。当个体能够预测他人可能做出的行动时，他自己便可以预先计划自己的行动。因此，相互间的期望会影响彼此的知觉。

(3) 社会知觉加工过程的特殊性。进行社会知觉也需要对知觉对象的各种信息加以组织和分类，但社会知觉往往根据他人的外表和行为进行概括和判断，而且在加工过程中，对信息的处理也更容易采用以点带面的策略，所以，个人的经验会严重影响社会知觉的过程。另外，人总是在不断的变化，人与人之间的差异很大。因此，获得对人的知觉要比对物的知觉更为困难。

## 三、错觉与社会知觉的偏差

错觉是歪曲的知觉，也就是把实际存在的事物歪曲地感知为与实际事物完全不相符的事物。错觉可以发生在视觉方面，如图 5.4 所示，也可以发生在其他知觉方面。如当你掂量一公斤棉花和一公斤铁块时，你会感到铁块重，这是形重错觉。当你坐在正在开着的火车上，看车窗外的树木时，会以为树木在移动，这是运动错觉。

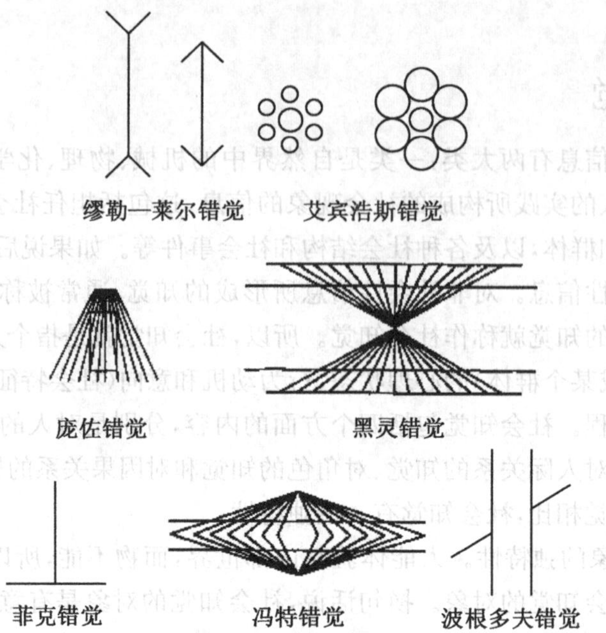


**图 5.4　各种视错觉**

在社会知觉中，我们同样也会产生很多的错觉。社会知觉偏差的产生，跟人的以下的错误的思想方法有关系。

### （一）首因效应

首因效应，又称首次效应、优先效应或“第一印象”效应，它是指当人们第一次与某物或某人相接触时会留下深刻印象，个体在社会认知过程中，通过“第一印象”最先输入的信息对客体以后的认知产生的影响作用。第一印象作用最强，持续的时间也长，比以后得到的信息对于事物整个印象产生的作用更强。

S.E.阿希是最早进行有关首因效应对认知影响的社会心理学家。1946 年，他以 7 种描述个人人格特征的词为刺激物，以大学生为被试研究了有关人格印象形成过程的实验。这 7 种人格修饰语为“精干、坚信、健谈、冷酷/热情、机智、进取、有说服力”。实验分 A、B 两组进行，除第四个人格修饰语不同外（A 组为冷酷、B 组为热情），给予两组被试的刺激语没有区别，提示的方式、时间间隔、重复次数也一概相同。实验结果发现，两组被试都很快根据 7 种人格修饰语描述了该人的人格形象，但两组的印象大相径庭。不仅 A 组被试说该人是个“冷型”的人，B 组被试说该人是个“热型”的人；而且两组被试都咬定，在这 7 个修饰语中，最关键的是冷酷或热情。而阿希将这个词抽出后，用另 6 个词进行的实验表明，两组被试此时形成的印象转变为中性的了，已不再具有前述褒贬性质。据此，阿希得出这样两条结论：其一，印象形成是所有人格要素综合作用的结果；其二，在这些人格要素中有一种是左右印象形成的主要因素，最早出现的中心词（如冷酷/热情）决定第一印象。

1957 年，美国心理学家卢钦斯曾经做过这样的一个实验：他设计了 4 篇不同的短文，分别描写一个名叫杰姆的人。在第一篇文章中通篇都把杰姆描述成一个开朗而友好的人；在第二篇文章中，前半部分把杰姆描述得开朗友好，后半部分则描述得孤僻而不友好；第三篇与第二篇相反，前半部分说杰姆孤僻而不友好，后半部分却说他开朗而友好；在第四篇文章中通篇都将杰姆描述得孤僻而不友好。然后，卢钦斯请 4 个组的被试分别读这 4 篇文章，并在一个统计表上评估杰姆的为人到底是友好还是不友好。结果表明，文章内容的前后顺序对评估结果有至关重要的影响。对于开朗友好在先的文章，评估为友好者的占 78%；对开朗友好在后的文章，评估为友好者的降至 18%。

法国的一位心理学家也做过一个类似的实验：他让两个学生做题，而且都做对 30 道题中的一半。他们之间有所不同的是，让学生 A 做对的题目是前 15 道题，而让学生 B 做对的题目是后 15 道题。然后，让其他人对这两个学生进行比较和评价，指出谁更聪明一些。实验结果发现，多数人认为做对前 15 道题的学生 A 更聪明。

首因效应在我们的工作和生活中随处可见，在求职、工作、交往、合作中都会受到首因效应的影响。又如“新官上任三把火”“恶人先告状”“先发制人”“下马威”等都是想利用首因效应占得先机。

在组织管理中，组织成员要重视和利用好首因效应，以便搞好工作。例如，由于首因效应的影响，新员工往往会在入职后的几个小时或几天内形成他们对组织的认识和评价，这个认识和评价将直接影响到他以后的工作和人际关系。同样，组织的老员工和主管也会在这段时间内形成对新员工的第一印象，并且这种印象很难改变，也将直接影响他们对新员工以后工作的评价。所以在这个时候，新员工和主管人员及老员工都应给对方一个好的第一印象，对相互之间马上开始的合作非常有帮助。

在工作过程中，作为管理者在招聘人员和对员工进行考核时，首因效应的影响也不可忽视。如果在招聘考试和考察员工绩效时，只凭第一印象，可能就会被表面现象蒙蔽。绩效评估是在确立员工的工作任务、内容、要求，以及绩效、标准，并以之为准绳对员工的工作状况和结果进行考察、测定和评价的过程。当评估的时期较长，而且评估者未做经常性的观察与记录时，可能受第一印象或早期印象的影响较大，即造成首因效应偏误；当对远期发生的事情印象比较淡漠，而对近期发生的事情印象比较深刻时，就会造成近因效应偏误。考评结果存在偏见和错误，易挫伤员工的积极性，影响企业绩效管理工作。

## (二)晕轮效应

晕轮效应最早是由美国著名心理学家爱德华・桑戴克于20世纪20年代提出的。他认为,人们对人的认知和判断往往只从局部出发,扩散而得出整体印象,也即常常以偏概全。一个人如果被标明是好的,他就会被一种积极肯定的光环笼罩,并被赋予一切好品质;如果一个人被标明是坏的,他就被一种消极否定的光环所笼罩,并被认为具有各种坏品质。这就好像刮风天气前夜月亮周围出现的圆环(月晕),其实呢,圆环不过是月亮光的扩大化而已。据此,桑戴克为这一心理现象起了一个恰如其分的名称——“晕轮效应”,又称“光环作用”。

美国心理学家凯利以麻省理工学院的两个班级的学生分别做了一个试验。上课之前,实验者向学生宣布,临时请一位研究生来代课。接着告知学生有关这位研究生的一些情况。其中,向一个班学生介绍这位研究生具有热情、勤奋、务实、果断等项品质,向另一班学生介绍的信息除了将“热情”换成了“冷漠”之外,其余各项都相同,而学生们并不知道。两种介绍间的差别是:下课之后,前一班的学生与研究生一见如故,亲密攀谈;另一个班的学生对他却敬而远之,冷淡回避。可见,仅介绍中的一词之别,竟会影响到整体的印象。学生们戴着这种有色镜去观察代课者,而这位研究生就被罩上了不同色彩的晕轮。

晕轮效应的最大弊端就在于以偏概全。其特征具体表现在三个方面。

一是遮掩性。有时我们抓住的事物的个别特征并不反映事物的本质,可我们却仍习惯予以个别推及一般、由部分推及整体,势必牵强附会地误推出其他特征。

二是表面性。晕轮效应往往产生于自己对某个人的了解还不深入,也就是还处于感、知觉的阶段,因而容易受感觉的表面性、局部性和知觉的选择性的影响,从而对于某人的认识仅仅专注于一些外在特征上。

三是弥散性。对一个人的整体态度,还会连带影响到跟这个人的具体特征有关的事物上。成语中的“爱屋及乌”“厌恶和尚,恨及袈裟”就是晕轮效应弥散的体现。

在日常生活中,晕轮效应往往悄悄地影响着我们对别人的认知和评价。比如有的老年人对青年人的个别缺点,或衣着打扮、生活习惯看不顺眼,就认为他们一定没出息;有的青年人由于倾慕朋友的某一可爱之处,就会把他看得处处可爱。

俄国著名的大文豪普希金曾因晕轮效应的作用吃了大苦头。他狂热地爱上了被称为“莫斯科第一美人”的娜坦丽,并且和她结了婚。虽然娜坦丽容貌惊人,但与普希金志不同道不合。当普希金每次把写好的诗读给她听时,她总是捂着耳朵说:“不要听!不要听!”相反,她总是要普希金陪她游乐,出席一些豪华的晚会、舞会。普希金为此丢下创作,弄得债台高筑,最后还为她决斗而死。在普希金看来,一个漂亮的女人也必然有非凡的智慧和高贵的品格，然而事实并非如此。

晕轮效应不但常表现在以貌取人上，而且还常表现在以服装定地位、性格，以初次言谈定人的才能与品德等方面。在对不太熟悉的人进行评价时，这种效应体现得尤其明显。

从认知角度讲，晕轮效应仅仅抓住并根据事物的个别特征，而对事物的本质或全部特征下结论，是很片面的。因而，在人际交往中，我们应该注意告诫自己不要被别人的晕轮效应所影响，而陷入晕轮效应的误区。

★小资料

## 美即好效应：不应该以偏概全

美国心理学家丹尼尔·麦克尼尔研究发现，对一个外表英俊漂亮的人，人们很容易误认为他或她的其他方面也很不错。

在现实生活中，我们常常看到，当一个人在某一方面很出色，如相貌、智力、天赋等，人们往往认为他们在其他方面也会自然而然出色。更有甚者，只要认为某个人不错，就赋予其一切好的品质，便认为他所使用过的东西、跟他要好的朋友、他的家人都很不错。相反，对于那些相貌平庸或丑陋的人，人们也会觉得他们在其他方面也很差。

在与别人的交往中，我们并不总是能够实事求是地评价一个人，而往往是根据已有的对别人的了解而对其他方面进行推测，从对方具有的某个特性而泛化到其他有关的一系列特性上，从局部信息形成一个完整的印象，一好俱好，一坏俱坏。固然，有些人确实可以在很多方面都很优秀，但现实中这种人毕竟不多。现实中多的是有所专长，但在许多方面都很平庸的人。古语云：人不可貌相，海水不可斗量。要是以貌取人，或是对一个人的能力以偏概全，你可能会丢失很多宝贵的东西。因此，在日常管理中，我们要采取理性的态度去识人用人。

### (三) 近因效应

近因效应是指对一个人的判断主要依赖于目前的情景，在印象的产生时以最近的信息为依据。

心理学者卢钦斯做了这样的实验。分别向两组被试者介绍一个人的性格特点。对甲组先介绍这个人的外倾特点，然后介绍内倾特点；对乙组则相反，先介绍内倾特点，后介绍外倾特点。最后考察这两组被试者留下的印象。结果与首因效应相同。卢钦斯把上述实验方式加以改变,在向两组被试者介绍完第一部分后,插入其他作业,如做一些数字演算、听历史故事之类不相干的事,之后再介绍第二部分。实验结果表明,两个组的被试者,都是第二部分的材料留下的印象深刻,近因效应明显。

在社会知觉中既存在首因效应,又存在近因效应,那么,如何解释这似乎矛盾的现象呢?换言之,究竟在何种情况下首因效应起作用,何种情况下近因效应起作用呢?

社会心理学家对此进行了多种解释。具体说来有这样几种看法:(1)卢钦斯认为,在关于某人的两种信息连续被人感知时,人们总倾向于相信前一种信息,并对其印象较深,即此时起作用的是首因效因;而在关于某人的两种信息断续被人感知时,起作用的则是近因效应;(2)也有人指出,认知者在与陌生人交往时,首因效应起较大作用,而认知者与熟人交往时,近因效应则起较大作用;(3)怀斯纳则认为,首因效应和近因效应究竟何者起作用,取决于认知主体的价值选择和价值评价。他在 1960 年的一项实验中,使用了两套刺激语做实验,一套是阿希实验的 7 种人格修饰语,另一套是测验被试选择能力和比较能力的测验表。让被试对两套刺激语进行评价,然后计算被试对人物人格修饰语的评价值和每对测验表中各项内容的评价值之间的关系。结果发现,被试对人物性格特点的评价取决于对测验表各项内容的评价,即被试究竟喜欢哪一种人格特点取决于他们的价值观念。

首因效应和近因效应是考核中最常见的社会认知偏差,对于管理均有重要影响。例如,在对员工进行绩效考核时,由于直接或间接的第一印象对人的影响非常深刻,使考核者只关注被考核者的最初印象,对其后来的表现视而不见,或只凭在第一印象中获取的少量信息,就力图对被考核者的其他特征和表现加以推测与判断。这种认知偏差,多见于人才聘用和引进之时或新进人员的考核中。近因效应与首因效应却有截然相反的时间效应偏差,它指最近的印象对人的认知所产生的重要影响。考核评定人员对考核对象的近期表现关注较多,而忽视了他们以往的表现。如果某人最近一段时间工作表现突出,考核的意见就比较好,反之,考核意见就差。一般地说,在考核不太熟悉的人时,首因效应起较大的作用,而考核身边的人或熟悉的人时,近因效应则会起更大作用。

在管理中应该把首因效应和近因效应结合起来对人、对事进行感知。首先,要预防两种效应的消极影响,既不能“先入为主”,也不能不看过去,只看现在。而应该以联系发展的态度感知事物,把对人、对事的每一次感知,都当作我们认知事物过程中的一个阶段,避免形而上学的片面性;其次,要在一定条件下,发挥两种效应的积极作用。讲话、办事、接触人、做具体工作,要善始善终,不能使人感觉“无头无尾”“虎头蛇尾”“蛇头龙尾”。

## (四) 定型化效应

"定型化效应",又称"刻板印象",是指个人受社会影响而对某些人或事持稳定不变的看法。它既有积极的一面,也有消极的一面。积极的一面表现为:在对于具有许多共同之处的某类人在一定范围内进行判断,不用探索信息,直接按照已形成的固定看法即可得出结论,这就简化了认知过程,节省了大量时间、精力。消极的一面表现为:在被给予有限材料的基础上做出带普遍性的结论,会使人在认知别人时忽视个体差异,从而导致知觉上的错误,妨碍对他人做出正确的评价。

定型化的形成,主要是由于在社会生活中,没有人有时间和精力去对每个群体中的每一成员都进行深入的了解,而只能与其中的部分成员交往,因此,只能由部分推知全部,用所接触到的部分,去推知这个群体的全部。可是,定型化一经形成,就很难打破,并且会对人的认知过程产生很大的影响。看过驯象的人都知道,驯象人只需要把象用绳拴在竹竿上就可以了,许多人很难理解,小小的竹竿怎能拴住力大无比的大象呢?原来,在象很小的时候,就被拴在上面,小象虽然拼命挣扎,却无力逃脱,最后终于放弃了努力。再比如,市场咨询公司在招聘入户访问的员工时,一般都喜欢选择女性,而不太愿意要男性。为什么呢?这是因为在人的心目中,女性一般比较善良,具有亲和力,较少攻击性,力量也比较单薄,因而入户访问时不会对主人造成太大的威胁;而如果换成身强力壮的男性,要求入户访问,则被拒绝的可能性要大得多,因为他们很容易使人联想到一系列与暴力、攻击有关的事情,人们的戒备心理增强。尽管大家都知道,事实并不是那么绝对的。由此也可见定型化对人际交往的影响有多大。

**★小资料**

### 玻璃天花板效应:职场中的刻板印象

"玻璃天花板"一词出现于1986年3月24日的《华尔街日报》的"企业女性"的专栏当中,指的是设置一种无形的、人为的困难,以阻碍某些有资格的人(特别是女性)在组织中上升到一定的职位。因此,如果组织中的女性或少数族群想顺着职业生涯发展阶梯慢慢往上攀升,当快要接近顶端时,自然而然就会感觉到一层看不见的障碍阻隔在他们上面,所以他们的职位往往只能爬到某一阶段就不可能再继续上去了。这样的情况就是所谓的玻璃天花板的障碍。

天花板效应主要是与男性的刻板印象相关。在很多企业,这种刻板的印象甚至已经约定俗成了。升迁的标准往往掌握在男性手中,那些想要升职的女性要按他们的标准衡量。

1991 年,美国政府开始建立名为“天花板协会”的机构。这个机构由 21 名国会和总统委任的成员组成,并且由工会秘书长担任主席。作为人权法案的一部分,这个部门的职能就是找出并消除那些企业中阻碍女性职业发展的阻碍因素,帮助她们获得平等的机会和权利。

## (五)投射效应

投射作用是指个体依据其需要、情绪的主观指向,将自己的特征转移到他人身上的现象。投射作用的实质是个体将自己身上所存在的心理行为特征推测成在他人身上也同样存在。所谓“以小人之心度君子之腹”就是一种投射作用。

投射效应常使人们对他人的知觉产生失真现象。人们倾向于按照自己是什么样的人来知觉他人,而不是按照被观察者的真实情况进行知觉。心理学家罗斯做过这样的实验来研究投射效应,在 80 名参加实验的大学生中征求意见,问他们是否愿意背着一块大牌子在校园里走动。结果,48 名大学生同意背牌子在校园内走动,并且认为大部分学生都会乐意背,而拒绝背牌的学生则普遍认为,只有少数学生愿意背。可见,这些学生将自己的态度投射到其他学生身上。

投射效应的表现形式是多种多样的,主要有两种:

一是感情投射,即认为别人的好恶与自己相同,把他人的特性硬纳入自己既定的框框中,按照自己的思维方式加以理解。比如,自己喜欢某一事物,跟他人谈论的话题总是离不开这件事,不管别人是不是感兴趣、能不能听进去。引不起别人共鸣,就认为是别人不给面子,或不理解自己。

二是认知缺乏客观性,比如,有的人对自己喜欢的人或事越来越喜欢,越看优点越多;对自己不喜欢的人或事越来越讨厌,越看缺点越多。因而表现出过分地赞扬和吹捧自己喜欢的人或事,过分地指责甚至中伤自己所厌恶的人或事。这种认为自己喜欢的人或事是美好的,自己讨厌的人或事是丑恶的,并且把自己的感情投射到这些人或事上进行美化或丑化的心理倾向,失去了人际沟通中认知的客观性,从而导致主观臆断并陷入偏见的泥潭。

投射效应是一种严重的认知心理偏差,辩证地、一分为二地去对待别人和对待自己是克服投射效应的良方。

投射作用的直接效果,是个体的主观意向对于社会认知形成的影响作用比认知对象本身的特征还要大,即个体的主观心理状态在社会认知中的作用大于认知对象客观特征在社会认知中所起的作用,即存在“喧宾夺主”的现象。社会认知中的这种“喧宾夺主”的投射作用，使得个体在进行社会认知时，会不自觉地将自己身上所具有的一些人格特点投射到客体身上，从而将一些本不属于对象的心理行为特征强加到对方身上，掩蔽了客体的真正的人格心理特点，扭曲了客体的真实面貌，形成对客体错误的认知图式，使得认知中的客体不是像客观中的客体，而是越来越趋向像个体本身自己。如个体在社会认知中的心情是愉快的，则对他人表情的认知判断将趋向是肯定性质的，若个体的心情是不愉快的，则对他人表情的认知判断将趋向否定性质的。这是投射作用消极的一面。

投射作用在社会认知中也存在积极作用的一面。由于投射作用使得个体总是趋向把对认知对象评价判断成与自己相类似，总是将自己的主观感受、主观经验“先入为主”地来认知评价他人。因此，投射作用会使个体在对确实与自己相类似的人进行社会认知时，对客体的评价判断会更加精确、到位。

个体在社会认知中存在投射作用的特性，后来被利用发展成了一种心理测量法，即心理实验研究中常采用的“心理投射测量法”，即通过对他人个性测量中的评价而可测量检测出评估者本身的个性特征。因为个体在对他人个性测量时，将自己的许多心理人格特点投射到了对他人个性测量的评价上。这种方法比直接对评价者进行个性测量的效果还要好，这种通过个体测量他人而对个体进行测量的间接方法，避免了个体在直接进行自我测量鉴定时所可能存在的自我赞许倾向的影响。因此，心理投射测量法是利用投射作用原理而设计出的对个性心理进行测量鉴定的一种比较客观、准确、有效的测量方法。

## 四、组织中的印象管理

### (一) 什么是印象管理

印象管理，又称印象整饰，是心理学家库利、戈夫曼等人提出的，是指人们试图管理和控制他人对自己所形成的印象的过程。通常，人们总是倾向于以一种与当前的社会情境或人际背景相吻合的形象来展示自己，以确保他人对自己做出愉快的评价。

印象管理是社会互动的一个根本方面。每种社会情境或人际背景都有一种合适的社会行为模式，这种行为模式表达了一种特别适合该情境的同一性，人们在交往中总是力求创造最适合自己的情境的同一性。

理解他人对自己的知觉与认知，并以此为依据创造出积极的有利于我们的形象，将有助于我们成功地与人交往。

## (二) 印象管理过程

印象管理的过程通常包括两个阶段,一是形成印象管理的动机,二是进行印象建构。

**1. 印象管理的动机**

印象管理的动机是指人们想操纵和控制自己在他人心目中的印象的意愿程度。个体印象管理的动机水平将取决于以下三方面的因素:

(1) 印象与个人目标的相关性。越是与个人目标相关密切的印象,个体进行印象管理的动机就越强烈。在组织中,个体的工作能力与工作方式形象与个体的目标关系密切。

(2) 这些目标的价值。越是有价值的目标,个体进行印象管理的动机就越强烈。例如,提升对个体来说是非常有价值的目标,而上级和同事对自己工作能力与工作方式的印象则直接影响个体的提升,因此,个体会非常在意使上级和同事形成有关自己工作能力与工作方式的好印象。

(3) 一个人期望留给他人的印象与他认为自己已经留给他人的印象之间的差异。这种差异越大,个体的印象管理的动机就越强。例如,某人希望上级赏识自己的能力,下级认可自己的工作方式,当认为上级过去已形成有关自己能力的不良印象,或者下级已形成有关自己工作方式的不良印象时,个体改变这种印象,对自我印象进行管理的愿望就会更强烈。

**2. 印象建构**

印象建构是指个体有意识地选择要传达的印象类型并决定如何去做的过程。印象建构又包含两个过程,即选择要传达的印象类型和决定如何去做。

要传达的印象类型不仅包括个人的人格特征,也包括态度、兴趣、价值观或物理特征等。研究发现,有五个因素影响到我们选择试图要传达的印象类型,这五个因素是:

(1) 自我概念。

(2) 期望或不期望的同一性形象。

(3) 角色限制。

(4) 目标价值。

(5) 现有社会形象。

当人们选择了要传达的印象类型后,接下来要做的就是决定如何去传达这一印象。但很少有研究探讨人们是如何选择合适的方式来影响他人形成对自己的印象的。例如:是以直接的方式来表达自己有能力,还是通过间接的方式来传达自己有能力,哪种方式更好?

不同的人进行印象建构的能力是不一样的，有些人可能比别人更善于建构自我形象。例如，研究发现：高度自我监控的管理者对协调其自我表现或印象更加敏感，反应更强。而这些高度自我监控的人也被认为更有可能获得提升，也更有可能流动。

## （三）印象管理策略

印象管理策略就是人们如何在他人心目中塑造一个自己所希望的形象的策略。或者说，当人们观察某个人时，他应该如何表现自己。目前，我们生活在信息时代，与人的交往离不开信息的互动，因此，使用和控制信息在生活中不言而喻具有相当重要的作用。而印象管理是控制或管理信息以影响他人对我们的印象的有目标指向的行为，是影响他人如何看待自己的手段，每个个体都试图控制他人对自己的印象。然而，这并不是说印象管理是一种欺骗性行为，也可能是个体已经形成的一种处事风格，并且，在个体进行印象管理活动时可能他自己并没有意识到，所以说印象管理并不完全是欺骗性的。从 20 世纪 50 年代开始，印象管理现象开始受到社会心理学家的关注，在短短半个世纪中，有关印象管理的研究在社会学、组织学、管理学、沟通学和心理学领域中得到迅速的发展，尤其是 20 世纪 90 年代以来，实证的社会心理学家以人与情境之间的联结为切入点，试图揭示人类互动的本质，并把这一概念应用到广泛的社会现象领域。

戈夫曼提出的印象管理策略主要有：

一是理想化表演。也就是说，表演者要掩饰那些与社会公认的价值、规范、标准不一致的行动，而努力表现出与社会公认的价值、规范、标准相一致的行动。因此，理想化表演本身就意味着一定程度的掩饰。表演者会掩饰或部分掩饰与他自己理想的形象不一致的活动、事实和动机。所有的社会事件和社会行动都有这种故意演戏、显示理想化形象的成分。为了在他人心目中塑造一个理想化的形象，人们在扮演某种角色时还应该重视对环境和位置的选择，选择一种有利于角色表演的背景，比如大公司的总经理应该选择在大办公室的大办公桌上办公，应该有专门的地方接待自己的主顾等。

二是误解表演。也就是使别人产生错觉，得到假印象的表演。例如，一个人实际上比较富有却装穷，旧时中国农村的土财主就往往装穷，这是一种典型的误解表演。一些人所以会做出误解表演，无非是两个目的：一个是为了获得利益，比如为了获得社会尊重或社会地位，一个本来没有学问的人装得很有学问，就像中国历史上的“滥竽充数”；另一个是为了满足某种虚荣心，比如一个有生理缺陷的人努力掩饰自己的缺陷。在日常生活中，人们经常会努力地使别人对某一项具体活动产生误解，这种欺骗有时是善意的,有时则是恶意的。

三是神秘化表演。也就是与别人保持一定的距离,从而使别人产生一种崇敬心理。戈夫曼发现,对一个人越熟悉,就越容易轻视他。西方一些国家的军队中,军官同士兵不在同一个餐厅就餐,就是为了防止相互之间过于熟悉,以至于作战时士兵可能不服从军官的命令。

四是补救表演。表演过程中的无意动作、失礼、当众吵闹等意外情况的发生,会导致表演的不协调,出现这种情况就需要补救表演。补救措施包括表演者所使用的补救自己的表演的预防性措施,比如剧组忠诚、剧组素养和戏剧规则等,也包括观众或局外人用以帮助表演者补救其表演的保护性措施,如避免进入后台、对表演者的疏忽视而不见、对新手的宽容等。

除此之外,研究者还提出了如下一些印象管理策略。

**1. 登门槛效应**

登门槛效应是指当个体接受了一个小的要求后,为保持形象的一致,他更可能接受一项重大、更不合意的要求,这叫做登门槛效应,又称得寸进尺效应。

心理学家认为,在一般情况下,人们都不愿接受较高较难的要求,因为它费时费力又难以成功,相反,人们却乐于接受较小的、较易完成的要求,在实现了较小的要求后,人们才慢慢地接受较大的要求,这就是登门槛效应对人的影响。

社会心理学家弗里德曼在 20 世纪 60 年代做了一个非常经典的实验。研究的第一步,是先到各家各户向家庭主妇们提出一个小的要求,请她们支持安全委员会的工作,在一份呼吁安全驾驶的请愿书上签名。研究的第二步,在两周以后,由原来的两个大学生实验者重新找到这些主妇,问能否在她们的前院立一块不太美观的大告示牌,上面写着“谨慎驾驶”。实验的结果表明,先前在请愿书上签过名的大部分人(55%以上)都会同意立告示牌,而没有签过名的主妇,只有不足 17%的人接受了这一要求。这个实验验证了社会心理学登门槛效应的存在。

登门槛效应在员工管理方面的应用表现为:在要求别人或者员工做某件较难的事情而又担心他不愿意做时,可以先向他提出做一件类似的较小的事情。同样,对于一个新人,上级不要一下子对他们提出过高的要求,建议先提出一个只要比过去稍有进步的小要求,当他们达到这个要求后,再通过鼓励,逐步向其提出更高的要求,这样员工容易接受,预期目标也容易实现。

**2. 门面效应**

如果对某人提出一个很大而又被拒绝接受的要求,接着向他提出一个小一点的要求,那么他接受这个小要求的可能性比直接向他提出这个小要求而被接受的可能性大得多,这种现象被称为门面效应。

门面效应就是利用人们的补偿心理,正如“登门槛效应”里所说的那样,人们往往都希望扮演慷慨大方的角色,所以拒绝别人也是一件难事。拒绝,一般会让人们无法扮演慷慨大方的角色,也会让人们产生负疚的心理,人们通常希望再做一件小的、容易的事来平衡心里的内疚,使其能够继续扮演慷慨大方的角色。女人的同情心强,容易产生负疚的心理,门面效应对女士通常更有效。

当然,登门槛效应与门面效应的具体实施效果,还会因具体实施人员的素质、能力等方面因素而有所不同、或者差异很大,甚至会截然相反。再好的理论或方法,如果没有高素质的主体去实施的话,也难成其妙。

# 第2节　归因与管理

所谓归因是指人们对他人或自己行为原因的推论过程。具体来说,就是观察者对他人的行动过程或自己的行为过程所进行的因果解释和推论。人们这样做的目的在于能预测、评价人们的行为,以便对环境和行为加以控制。

什么情况下,人们容易去归因?

(1) 当出乎意料或不寻常的事情发生时;

(2) 负性的事件;

(3) 对个体很重要,但又不太了解、肯定的事情。

归因使人们对事物有预见性,并形成一系列从经验中总结出来的有关人的行为与其相联系的观念与理论。它使我们对周围世界和自己有一个相对固定、前后一致的看法,使得我们更好地适应世界。

## 一、归因理论简介

归因理论是关于人们如何进行因果关系解释的理论,借助归因理论可以用来评估人们如何感知他们自己和别人行为的方法。归因理论认为,我们对个体的不同判断取决于我们对给定行为归因于何种意义的解释。也就是说,当我们观察某一个体的行为时,我们总是试图判断它是由内部原因还是外部原因造成的,然后通过解释、控制和预测与内外原因相关的环境,来达到解释、控制和预测随这种环境而出现的行为的目的。

美国心理学家海德在1958年最早提出了归因问题,他认为每个人都会致力于寻找人们行为的因果性解释,他将自己的研究称为“朴素心理学”。海德认为,行为的原因有两个方面:一是个人的因素,如个人的性格、能力、动机等;二是环境的因素,如奖惩、工作的性质、运气等。

琼斯和戴维斯的相应推断理论扩充和发展了海德的归因理论。他们系统地探索了人的行为究竟是由情境决定的,还是由人的内在属性决定的。作为一种"理性的基本模型"有利于说明人们实际的归因过程。

人们由外显行为推断内在倾向的过程可以分为两个阶段:

(1) 意图归因:确定观察到的行为结果中哪些是活动者有意图做出来的。

(2) 倾向和特质归因:琼斯和戴维斯着重分析了在什么条件下知觉者会认为一个人的行为反映了其特有的、稳定的内在属性,或者说在什么条件下才能推知某人的行为与其真实素质相对应。

1967 年,美国社会心理学家凯利发表《社会心理学的归因理论》,对海德的归因理论进行又一次扩充和发展。与前两种理论不同,凯利主要关心的是人们究竟是利用哪些因素做出归因的,认为归因过程就是一种从多种可能的候选原因中筛选出真实原因的过程。

凯利认为,人们对行为归因总是涉及三个方面的因素:客观刺激物、行动者、所处关系或情境。他认为,这三个因素的任何一个因素的归因都取决于下列三种行为信息。

(1) 区别性,指行动者是否对同类其他刺激做出相同的反应,行动者是在众多场合下都表现出这种行为还是仅在某一特定情境下表现这一行为。例如,一位员工称赞他的经理。这是说明经理好(外部原因)还是说明这位员工喜欢阿谀奉承(内部原因)呢?如果这位员工见谁称赞谁,所有的领导他都称赞,这说明其称赞行为区别性差,应归因于内部;反之,则应归因于外部。

(2) 一贯性,指行动者是否在任何情境和任何时候对同一刺激物做相同的反应,即行动者的行为是否稳定持久。某人的行为是否稳定而持久?是否无论何时他都有同样行为?一名员工今天迟到了,那么他为什么迟到?是因为游手好闲(内部原因),还是因为交通阻塞(外部原因)?这就要看他这种行为是否具有独特性或一贯性。如果具有独特性则趋向于外部归因;如果具有一贯性则可能归因于内部。

(3) 一致性,指其他人对同一刺激物是否也做出与行为者相同的反应方式。如果每个人面对相似的情景都有相同的行为反应,我们说该行为表现为一致性。比如,所有走相同路线的员工都迟到了,那么,这一迟到行为就表现出高度的一致性,其迟到行为应该归因于外部原因;如果一致性差,即走相同路线的其他员工都准时上班,只有他一人迟到,则他的迟到行为应归因于内部原因。

凯利的这一模型是在海德的"协变原则"基础上提出来的,它是海德归因思想的进一步深入,将其具体化为一种可以操作和分解的模型,由此推进了对归因认知过程的探讨。凯利对归因理论的贡献在于,他提出了一个归因过程的严密的逻辑分析模式,对人们的归因过程做了比较细致、合理的分析和解释。但是三度理论过分强调归因的逻辑性,而使之成为一个理想化的模式,脱离了普通人归因活动的实际。

美国心理学家伯纳德·韦纳在1974年以成败行为的认知成分为中心,提出了一个归因模型。他认为,个人对成败的解释不外乎以下四种因素:(1)自身的能力;(2)所付出的努力程度;(3)任务的难度;(4)运气的好坏。其中,能力和努力是描述个人特征的"内在原因";难度和运气则是表示环境因素的"外在原因"。韦纳又按"稳定性"维度对四种原因进行了划分:能力和任务难度属于稳定的因素;努力程度和运气好坏则是不稳定的,在各种情境中变化很大。他认为"内外控制点"(即内外因素)和"稳定性"这两个维度是相互独立的,对一个人成就动机的产生和质量分别起着不同的作用。"稳定性"维度对以后类似情境中是否成功的期望或预测产生重大影响。如果某人将在某项任务上的成功归因于稳定的原因,如他的能力很强或这项任务对他很容易,他自然会期望自己在以后类似情境中继续成功。如果成功被归因于随情境变化而变化的不稳定原因,如运气不错,显然对下一次成功就不那么有把握了。相反,对某项任务上的失败,如果归因于个人难以改变的稳定原因,如能力太差或任务太难,对以后类似的任务显然也会作失败的打算;如果把失败归因于不稳定的原因,如运气不好或还没做出充分的努力,则会对以后的成功抱有更高的期望。

控制点起什么作用呢?韦纳认为,对成就行为的内控或外控判断影响到这一行为对个人的"价值",并进而影响着其成就动机。人们更看重由内部原因所致的成功,并为此而奖励自己。考试中获得好成绩,若被归因于自己的能力或努力这些内部原因,而不是运气好或题目太容易这些外部原因,那么,个人会感到愉快并会继续争取成功。而归因于内部原因的失败则会对个人的自尊产生消极影响,并会削弱以后对成功的追求;如将失败归因于外在原因则不会如此。

从以上介绍可看出,韦纳的归因效果论实际上也是一种关于成就的期望和价值的理论。即控制点影响着人对成败赋予的价值,归因的稳定性则影响着成就期望。价值和期望共同决定人在以后的成就行为中所付出的追求。他的这一理论比以往又进了一大步。韦纳从稳定性和控制点两个维度来解释人的成就动机和行为,是全面客观的,是对成就归因理论的发展,而且许多实际研究资料也证明了这点。

## 二、归因偏差

所谓归因偏差是由于主观上的原因而造成的归因偏向和差别,是不当归因的主要形成原因。为防止因错误归因而给自己和他人造成不利影响,了解导致归因偏差的因素与形成归因偏差的原因是非常必要的。

## (一) 基本归因偏差

基本归因偏向是指当对人的行为进行归因时,高估内在倾向作用而忽视情境因素作用的一般倾向。简言之,是指个人归因多于或强于情境归因的现象。基本归因错误在社会生活中的影响是很大的。由于它的影响,处境困难的人常常被认为是咎由自取,他们的困难是他们自己造成的。比如,那些乞讨者常常被认为是自己懒惰的牺牲品,而造成他们乞讨的客观原因,如天灾人祸则被人们所忽视。

对于人们产生基本归因偏差的原因有两种解释:一是由于个人的内在因素比情境因素更突出、更显眼、更易引起人们的注意。将活动结果归因于活动者个人的特质反映了人们的一种自然的、习惯性的认识倾向;二是由于社会对人们倾向于作出个人归因的鼓励和赞许的态度。人们成长和生活于其中的社会是一个鼓励个人奋斗和成功的社会,它在给予个人充分自由或机会的同时,也要求个人对自己的行为负责。正是这种强调个人权利和义务、鼓励个人奋斗的社会标准或规范,使得人们倾向于做出个人归因而不是环境归因。

## (二) 行为者与观察者的归因偏差

行为者对自身原因的分析与观察者对同一行为的归因分析是不相同的。行为者倾向于强调情境的作用,做出情境归因;而观察者倾向于强调行为者特质的作用,做出内部归因。这种差异是导致归因偏差的最重要因素。例如,某学生考试成绩不好,就学生本人(行动者)来说,他可能以试题太难、范围太广等外在因素来解释考试失败的行为;但就教师(观察者)来说,他往往以学生不用功、没有做充分的准备,或者素质太差等内在因素来解释这种考试失败的行为。换句话说,对于考试失败,行为者本人所做的归因分析大都是外在的、情境的因素,而一般人对于别人的行为所做的归因分析大都是内在的、个人的因素。

行为者与观察者归因偏差的原因主要有两种解释。第一种解释认为,行为者与观察者的着眼点不同。行为者对于自身的行为很难做直接深入的观察,于是,他们的注意力偏重于外在的情境因素,而观察者把注意力集中于行动者及其内在因素。第二种解释认为,行为者与观察者的信息来源不同。行为者对自己过去的行为比较了解,他们的反应会因不同的情境而有所差别,这种信息是观察者难以获得的。观察者由于对行为者过去的行为方式了解较少,他们往往假定行为者当前的行为方式与过去的行为方式是一致的,于是归因于行为者的内在因素。

### (三)利己主义归因偏差

将成功归结为自己内在的原因,如能力、努力工作或良好品质,把失败归结于外部因素的作用,如坏运气、恶劣的环境、无法克服的障碍等,这是一类利己的归因偏差。产生这种归因偏差主要原因:一是人们情感的需要。因为成功和良好的行为总是与愉快、自豪的情绪相联系的,而失败和不良行为总是与痛苦、悲哀相联系的。处于情感上的需要,人们倾向于把成功留给自己,让情境或他人把失败带走。二是维护自尊心的动机需要。当成功时,归因于自己的能力、努力等内在因素,可增强人的自信和提高对自己的评价,心理上得到极大的满足。把失败归结于外在环境,可减少挫折感、保护自尊心。因此归因很可能因自尊心的需要带上偏见。

### (四)低估一致性信息偏向

在凯利的方差分析模型中,将一致性、区别性和一贯性信息作为进行归因推断的重要信息依据,而且特别强调一致性信息作为进行归因推断的重要信息依据,同时强调一致性住处对于做出归因判断的重要性。从理论上看,这种推断是十分合理的,但在某些情况下,个体往往会忽视一致性信息,因而人们的判断就会偏离归因理论的预测。这种对一致性信息的忽视实际上就是忽视行为基线水平的典型情况。因为在给定情境的前提下,一致性信息就等同于行为的基线水平。例如,在对员工的评估过程中,如果某一员工未能达到工作目标,管理者很可能首先考虑的是这个员工本身的问题,怀疑其工作能力差或者工作积极性不高等。然而,这一结果很可能是由多种原因引起的,管理者应该考虑的是:其他同等水平的员工是否能达到这一工作目标?如果大多数员工都不能按时完成这一工作任务,就说明工作目标的制定存在问题,而不应该一味指责未达到目标的员工;如果大多数员工都能按时完成这一工作任务,此时再进行个人归因也为时不晚。

### (五)群体归因误差和利组归因偏向

群体的归因在很多方面类似于个体的归因,很多应用于个体的归因理论同样适用于群体。群体往往也会做出利己主义的归因,这种现象称之为"利组归因偏向"或"群体中心偏向"。

群体归因误差是一种利组归因偏向,它类似于基本归因误差,只是前者发生在不同的群体成员间,后者发生在不同的个体间。群体成员更可能将同一群体成员的行为归因于他们所处的环境,而将非群体成员的行为归因于他或她所属群体的内在特质。

利组归因偏向类似于利己主义归因偏向,对于所属群体的成功,群体成员倾向于从群体内找原因(如群体成员有合作精神等),而对于群体的失败,群体成员倾向于从群体外找原因(如领导不支持)。对于其他群体则刚好相反,他们的成功归因于外部原因(如运气好、领导支持),而他们的失败则归于内部原因(如不团结等)。

管理者或员工在对自己所属群体的行为和其他群体的行为进行归因时,往往会表现出群体归因偏向。例如,将自己公司的成功归因于所有组织成员的思维方式、智力水平、决策能力等组织内部因素,将失败归因于经济衰退、通货膨胀等一些外部因素;而作为旁观者对其他公司的成败进行归因或解释时,往往会表现出与之相反的倾向。适当的利组归因倾向有助于增强组织的凝聚力,但如果超过一定限度,就可能使组织成员养成推卸责任的毛病,当组织发展遇到障碍时不能够积极主动地提出一些应对措施,而采取一些消极被动的应对措施。

## 三、归因训练

归因训练是指通过一定的训练程序,使个体掌握某种归因技能,形成比较积极的归因风格。归因训练的基本思想是,个体在对自己行为的因果知觉中,存在各种归因偏差,通过归因训练,个体可以获得各种形式的归因反馈信息,从而消除归因偏差,形成积极的情感和期望,是增强成就动机、矫正自卑心理、增进身心健康的重要途径和方法。

根据福斯特林的观点,归因训练可分为两条途径进行。

### (一)错误归因训练

错误归因训练的理论基础是沙赫特和辛格的情绪二因素论。他们认为,个体在生理唤醒和认知过程相互作用下经历着特定的情绪体验,生理唤醒处于积极状态时能够增强愉快的情感,生理唤醒处于消极状态时能够增强愤怒的情感。这一设想应用于临床工作,通过干预不同生理唤醒状态下的认知解释,引起期望的归因,从而改变患者的消极情绪,达到治疗的目的。

### (二)再归因训练

再归因训练以韦纳、塞里格曼和班杜拉的理论观点为指导。具体的训练方法很多,有三种常用的模式。

**1. 团体发展模式**

这一模式以韦纳的成就归因模型为代表,归因训练是以团体讨论的方式进行的,即在心理学专家或受过一定训练的教师指导下，小组成员一起讨论，分析行为的原因，最终做出正确的归因。

**2. 强化矫正模式**

强化矫正模式主要是基于塞里格曼有关习得性无助的研究，运用学习和强化原理，在归因训练时，对于个体做出的积极归因及时给予强化，促使他们形成积极的归因风格。

**3. 观察学习法**

社会学习论创始人班杜拉认为，自我效能是个体根据以往成败的经验，确认自己完成某项工作或任务的能力。如果将成功归因于自己的能力，更能强化自我效能；反之，如果把成功归因于外在的因素，则不会强化自我效能。训练中可以选择与受训者个体具有相似个体特征（如年龄、性别等）的榜样，让受训者观察榜样在完成某一具体的工作任务时如何将成功归因于自己的能力，从而提高受训者的自我效能水平。

## 四、归因理论在人力资源管理中的应用

归因理论提出了人们在对他人的行为进行判断和解释过程中所遵循的一些规律。管理者要认识到员工是根据他们对事物的主观知觉而不仅仅是客观现实作出反应的。员工对于薪资、上级的评价、工作满意度、自己在组织中的位置和成就等方面的知觉与归因正确与否，对于其潜力的发挥和组织的良好运作是有重要影响的；同时，管理者在对员工的行为进行判断和解释时也应该尽量避免归因中的偏见和误差。

### （一）归因训练

在职位分析中加强归因理论的应用，在绩效考核中重点考察不同的岗位类型上员工的归因有没有偏差，以及什么样的岗位需要什么样的员工进行考察评价。从而在组织中建立一个有关员工正确归因与纠正员工归因偏差的系统，为员工培训中归因训练提供正确的信息，以促进归因训练的效果。例如，培养员工的“团队精神”，在员工之间建立信任关系等。

### （二）多角度考虑问题

无论是招聘员工还是对员工工作成效进行评价，都不要进行片面的归因，进入归因偏差的死胡同。可从不同的角度对员工进行归因，既要考虑内因，也要兼顾外因；既要考虑到个体的差异性，又要考虑到一致性在归因中的应用。可以与员工进行深入的沟通，弄清事情的来龙去脉，根据主客观的因素进行归因，使企业的管理更趋人性化。

### (三) 换位思考

用换位思考的方法去理解对方,从而促进人际关系。同样在人力资源管理中对员工的行为结果的归因,也要换位思考,避免产生行为者与观察者的归因偏差,应该走"两步归因过程",即在自动归因之后,采用换位思考的方式思考别人行为原因中可能的情景因素,以调整当初内在归因中可能存在的不适当因素,从而克服归因偏差。

# 第3节　知觉与个体决策

作为人类思维最复杂的形式之一,自20世纪下半叶,决策受到数学、经济、管理、心理、计算机等学科研究者们的广泛关注。尤其是赫伯特·西蒙(Herbert Simon)、莫里斯·阿莱斯(Maurice Allais)和丹尼尔·卡尼曼(Daniel Kahneman)先后于1978年、1988年和2002年因行为决策研究获得了诺贝尔奖,更说明决策研究的理论和应用价值已为学界广泛承认。

## 一、个体决策及其影响因素

所谓个人决策,就是指在面临某种问题情况下,个人为了实现某种目标,在两个以上的备选方案中,选择一个方案的分析判断过程。影响个人决策的因素有知觉、思维方式、气质与性格、情绪和情感等。

## 二、决策模型——理性决策模型

该模型有一个基本假设,即个体的人都是纯"理性人":

(1) 决策者是追求最大限度的组织目标的完美有理性的人。

(2) 决策者拥有为做出最好决策所必需的正确和全部信息。

(3) 决策者只找出那些能写成线性形式的、具有一个或一组目标的问题的最佳值。

(4) 所有决策者在做出抉择时,能以相同的态度来运用信息。

长期以来,正统经济学一直以"理性人"为理论基础,通过一个个精密的数学模型构筑起完美的理论体系。而行为经济学研究则从实证出发,从人自身的心理特质、行为特征出发,去揭示影响选择行为的非理性心理因素,其矛头直指正统经济学的逻辑基础——理性人假定。

## 三、决策模型——有限理性决策模型

2002 年 10 月 9 日，瑞典皇家科学院宣布，美国普林斯顿大学心理学教授丹尼尔·卡尼曼与经济学教授弗农·史密斯分享当年诺贝尔经济学奖。2002 年诺贝尔经济学奖授予卡尼曼的理由是："把心理研究的成果与经济学融合到了一起，特别是在有关不确定状态下人们如何做出判断和决策方面的研究"。

卡尼曼教授荣获 2002 年诺贝尔经济学奖主要归功于他对不确定条件下的人类决策行为的研究。他与阿莫斯·特沃斯基(Amos Tversky)合著的《不确定条件下的判断：直接推断与偏差》早已被公认为不确定条件下人类进行决策判断描述性理论方面的经典著作。

卡尼曼认为，人们在做判断决策时加工和处理信息的认知系统有两种，分别为直觉和理性。认为人在决策时往往首先倾向于依赖自己的直觉，这样可以做出较快的判断解决问题并节省认知资源，但也容易做出错误的判断，因此，在不确定性情境下人们的判断和决策往往是非理性的。

在卡尼曼之前，赫伯特·西蒙就对人在非理性行为做了研究，提出了"有限理性"理论。他认为，在当今的复杂社会里，一个人不可能获得所有必要的信息来做出合理的决定。相反，人只能具有有限的理性。因而，人不可能全面考虑问题做出合理的决策。在现实社会里，人们解决问题的有效方法是靠以往的经验，即采取经验法(亦称启发式)。自此，赫伯特·西蒙开创了"行为经济学"的新领域。

行为经济学强调，人们的行为不仅受到利益的驱使，而且还受到多种心理因素的影响。前景理论把心理学研究和经济学研究有效地结合起来，揭示了在不确定性条件下的决策机制，开拓了一个全新的研究领域。从这个意义上说，卡尼曼的获奖有可能改变未来经济学的发展方向。

### (一) 启发式偏差

根据赫伯特·西蒙的有限理性学说，卡尼曼和特沃斯基认为人们在不确定的世界中做判断往往忽视事件的基准率信息，不顾事件的先验概率而依赖于有限的启发式进行判断，即人们往往会走一些思维的捷径。比如，当人们做判断时常依赖过去的经验，通过对过去的经验进行分析处理，得到启示，然后利用得到的启示做出判断。这些思维的捷径，有时帮助人们快速做出准确的判断，但有时会导致判断的偏差。这些因走捷径而导致的判断偏差，就称为"启发式偏差"。

启发式偏差主要有代表性启发式、可得性启发式、锚定和调整启发式等。

### 1. 代表性启发式

在使用启发法时,首先会考虑到借鉴要判断事件本身或该事件的同类事件的以往经验,即以往出现的结果,这种推理过程称之为代表性启发法。

一般情况下,代表性是一个有用的启发法,但在分析以往经验、寻找规律或结果的概率分布过程中,可能会产生严重的偏差,从而得到错误的启示,导致判断的错误。

使用"代表性"进行判断可能产生的偏差有:

(1) 代表性会导致忽略样本大小。在分析事件特征或规律时,人们往往不能正确理解统计样本大小的意义,对总体进行统计的结果才是真正的结果,样本的数量愈接近真实的数量,统计的结果也就愈可信。样本愈小,与真实数量相差愈大,统计的结果愈不能反映真实的结果情况。代表性启发法是通过对同类事件以往所出现的各种结果进行统计分析,得到结果的概率分布从而找出发生概率最大的结果,即最可能发生的结果。因此,必须考察所有同类事件这个总体或者考察尽量多的同类事件(大样本)。但人们往往趋向于在很少的数据基础上很快得出结论。

(2) 代表性会忽略判断的难易程度。即使面对的是一个复杂的、难以判断的问题,也简单地去做出判断,或经常根据不规范的和与判断无关的描述轻易地做出判断;或经常会忽略掉不熟悉或是看不懂的信息,只凭自己能够理解和熟悉的信息去做出判断,这些忽略掉的信息可能对判断是关键的。

### 2. 可得性启发式

可得性启发式是人们倾向于根据事物在知觉中的可得性程度来判断其相对概率,即人们依靠容易得到的信息而非全部信息进行判断。

例如:你认为以 r(如 ride)开头的单词,还是第三个字母是 r(如 circle)的单词多?这时你也许会马上很容易地从记忆中提取一些单词,如 red、roof 等一系列以 r 开头的单词,却很难短时间内提取第三个字母是 r 的单词。于是你就做出判断,以 r 开头的单词多。但实际上,仅仅是因为我们对第二种情况不够熟悉,认为第三个字母这一提取线索是无效的。真正的情况恰好与我们的选择相反。

再举一个生活中的例子,温州购房团常常被人们认为是房价上涨的罪魁祸首之一。但实际上,购房团的购房数量对于整个房产市场来说影响是微乎其微的,由于媒体的经常报道、这一事件的独特性、购房与我们自身的息息相关等,使得我们夸大了购房团的影响。事件的新近性、生动性、我们在其中投入的情感等,都会让我们高估某事件的概率,从而对其赋予过高的权重。这样做出的决策,自然会有程度不等的偏差。

★小资料

## 可得性启发:《魔鬼经济学》中的例子

《魔鬼经济学》这本书里讲了这样一个例子:有一个 8 岁大叫莫莉的孩子,她有两个最好的朋友,一个叫艾米,一个叫伊玛尼,两个朋友都住在附近。莫莉的父母知道艾米的家里放着一把枪,于是他们不许莫莉到艾米家玩。所以莫莉就经常跑到伊玛尼家玩,然而伊玛尼家的后院有个游泳池。莫莉的父母觉得自己的做法上是在保护莫莉,这样做是对的。

可根据统计资料显示,这种做法一点都不明智。平均来说,美国每 1.1 万个家庭游泳池就能溺死一个孩子。美国一共有 600 万个这样的游泳池,这也就是说,每年将近有 550 个不到 10 岁的孩子是溺死在游泳池里。相比之下,在美国,每 100 多万支枪才会杀死一个孩子。据估计,美国一共有 2 亿支枪,这就是说美国平均每年死于枪口下的孩子数量大约为 175 名。所以对于美国孩子来说,他们死于游泳池里的概率(1∶11 000)要远远大于死于枪口的概率(1∶1 000 000):也就是说莫莉在伊玛尼家的危险程度是在艾米家的 100 倍。

问题就在于为什么莫莉的父母会觉得枪会比游泳池更危险?因为媒体更愿意报道一名丧心病狂的家伙开枪打死一名孩子而不是一名孩子在游泳池里淹死。各种奇闻异事更容易在人们的脑海中留下深刻的印象。可得性启发影响了莫莉父母的判断。

### 3. 锚定和调整启发式

锚定和调整启发式是指在判断过程中,人们最初得到的信息会产生"锚定效应",人们会以最初的信息为参照来调整对事件的估计。

例如,对 2 组被试分别提出下列 2 个问题:(1)8×7×6×5×4×3×2×1=?(2)1×2×3×4×5×6×7×8=? 要求被试在 5 秒内估计出其乘积。结果发现,被试对第一道题的估计的中数是 2 250,对第二道题的估计的中数是 512。两者的差别很大,并都远远小于正确答案 40 320。可以设想,被试在对问题做了最初的几步运算以后,产生"锚定效应",就以获得的初步结果为参照来调整对整个乘积的估计。由于 2 道题的乘数数字排列不同,第一道题的最初几步的运算结果大于第二道的,因而其整个乘积估计也较大。

★小资料

## 生活中的锚定效应:加几个鸡蛋?

有两家卖粥的小店。左边的小店和右边的小店每天的顾客相差不多,都是川流不息,人进人出的。然而晚上结账的时候,左边的小店总是比右边的小店多卖出百十元来。天天如此。

某顾客欲知详情,于是打算亲自到两个小店探个究竟。他先走进了右边的粥店。服务员小姐微笑地把他迎进去,给他盛好一碗粥。问他:"加不加鸡蛋?"顾客说加。于是她给这位顾客加了一个鸡蛋。这位顾客注意到,每进来一个新顾客,服务员都要问一句:"加不加鸡蛋?"也有说加的,也有说不加的,大概各占一半。他又走进左边的小店。服务小姐同样微笑着把他迎进去,给他盛好一碗粥。问他:"加一个鸡蛋还是加两个鸡蛋?"这位顾客笑着说:"加一个。"

再进来一个顾客,服务员又问一句:"加一个鸡蛋还是加两个鸡蛋?"爱吃鸡蛋的就要求加两个,不爱吃的就要求加一个。也有要求不加的,但是很少。一天下来,左边小店就要比右边小店多卖出很多鸡蛋。如果你走进左边小店,你也会不知不觉就掉进人家给你设置好的"温柔陷阱",多买她几个鸡蛋。

## (二)前景理论

### 1. 参照依赖

参照依赖指人们对决策后果的估价是依赖于一个相对的参照点,卡尼曼将其应用到经济学中,他认为人们对资产的变化比对净资产更敏感,因此,人们根据参照点来定义价值,而不是根据净资产本身。例如,假设你已经有 1 000 元,除了你所拥有的,你可以在两项中选一项:

方案 A:必定获得 500 元;

方案 B:50%的可能获得 1 000 元,50%无所得。

假设你已经有 2 000 元,除了你所拥有的之外,你可以在两项中选一项:

方案 A:必定获得 500 元;

方案 B:50%的可能获得 1 000 元,50%无所得。

第一组 84%选方案 A,第二组 69%选方案 B。

由此可见,可以通过改变人们的参照点来改变其行为。

**2. 框架效应**

所谓框架效应，即一个问题两种在逻辑意义上相似的说法却导致了不同的决策判断。其中卡尼曼经典的研究之一即为：生存框架和死亡框架。其主要内容是：人们在面临收益时，是风险规避的，正是“一鸟在手，胜似二鸟在林”；而在面临损失时，却是风险趋向的，宁愿“放手一搏”。

关于框架效应，有一个著名的“致命疾病”的例子：

假设某地区出现了罕见的疾病，估计会造成 600 人丧生。有人提出两种方案，并且对采取这些方案的后果进行了评估：

方案 A：肯定可以拯救 200 人；

方案 B：600 人全部获救的可能性有 1/3，一个也不能获救的可能性有 2/3；

方案 C：有 400 个会丧生；

方案 D：一个都没死的可能性有 1/3，全部死亡的可能性有 2/3。

如果让你决定，你会选择哪一方案？

实验结果：72％的人选择 A；78％的人选择方案 D，而实际上，这四个方案的结果是一致的，即等值的。

由此，卡尼曼认为，人们所站的得失角度不同造成判断扭曲。当我们考虑能得到什么时，我们倾向于选择肯定得到的，当我们考虑的会失去什么时我们可能冒一定的风险。为什么？

人们对损失和收益的感受性程度是不同的，即对损失的感受性要大于对收益的感受性，我们把损失和收益对人心理的不对称性影响称作“损失规避”(loss aversion)。也就是人们对损失的痛恨程度往往大于收益所能带来的喜悦程度。一笔损失给人带来的痛苦大于等值的收益带来的快乐。丢掉 100 元带来的痛苦要比捡到 100 元的愉悦感强烈得多。卡尼曼在 1992 年的研究中发现，人们通常需要两倍于损失的收益才能弥补损失带来的痛苦。

框架效应告诉我们，人在面临获得时往往小心翼翼，不愿冒风险；而在面对损失时，人人都成了冒险家了。人们在面临获得的时候规避风险，而在面临损失的时候偏爱风险，而损失和获得又是相对于参照点而言的，改变人们在评价事物时所使用的参照点，可以改变人们对风险的态度。

**3. 捐赠效应**

捐赠效应是指人们对于获得的自己财产之外的东西，人们倾向于给予更高的评价。例如，许多商家都提供产品的“试用期”。比如顾客可以先免费试用该产品 90 天，试用期满后如果顾客愿意可以选择退回该产品。然而，到那时该产品已经像是家中财产的一部分了，捐赠效应使得人们不愿意归还而更愿意购买该产品。

在卡尼曼等的一个研究中,给第一组被试每人一个杯子,第二组被试则什么都不给,第三组被试可以选择要杯子还是要等量的钱。结果发现,第一组拥有杯子的被试期望以不低于7.12美元的价格卖出杯子,而第二组被试则期望以不高于2.87美元的价格得到杯子,第三组被试对杯子的估价是3.12美元。卡尼曼对此结果的解释是,拥有杯子的被试,因为对于获得的本来非自己财产的杯子的评价更高,不想放弃,所以对杯子的估价更高。

## (三) 心理账户

除了卡尼曼和特沃斯基之外,许多行为经济学家都在这一领域做出了贡献。例如,芝加哥大学萨勒教授(Thaler)提出的"心理账户"理论。

同样是100元,是工资挣来的,还是彩票赢来的,或者路上拣来的,对于消费者来说,应该是一样的。可是事实却不然。一般来说,你会把辛辛苦苦挣来的钱存起来舍不得花,而如果是一笔意外之财,可能很快就花掉了。

这证明了人是有限理性的另一个方面:钱并不具备完全的替代性,虽说同样是100元,但在消费者的脑袋里,分别为不同来路的钱建立了两个不同的账户,挣来的钱和意外之财是不一样的。这就是芝加哥大学萨勒教授所提出的"心理账户"的概念。

下面是一个关于心理账户的例子:

今晚音乐厅将上演一场你期盼已久的音乐会,票价很高,需要400元,不过你早已决定去看,并且在几天前就已买了票。吃过晚饭,你正兴冲冲地准备出门,却发现入场券没了踪影,一定是在路上弄丢了。焦急的你要想听这场音乐会只能再重新掏一次腰包了,你正进行思想斗争,该不该去音乐厅再花400元买一张票听音乐会呢?

同样是一场你梦寐以求的音乐会,你打算去听,票价是400元。但是这次你没有提前买票,打算到了音乐厅再买。刚要从家里出发的时候,你发现你把刚刚买的一张价值400元的电话卡给弄丢了。这个时候,你还会不会花400元去买这场音乐会的入场券呢?

这个实验做过很多次,结果是在第一个情境中,大多数人都选择不再买票,但在第二个情境中,人们又选择了买票。但如果仔细分析,我们就会发现,这两个情境其结果应该是等价的,首先我们损失了价值400元的物品,然后我们需要选择是否要花费400元到另外一个用途。如果按照经济学的思路,我们应该有同样的选择,但事实并非如此,这就是心理账户造成的影响。

在我们的潜意识里,我们会暗暗地把财富按照来源和去处分到不同的户头上去,就像上面这个故事中的"娱乐账户"和"通讯账户",不同账户各自为政。实际上,理性的决策应该是把各个账户的余额一视同仁,才能更好地使用和调度。心理账户揭示了人们在进行决策时微妙然而影响重大的心理活动。

心理账户的概念在实践中有很多运用。比方说，一个政府现在想通过减少税收的方法刺激消费。它可以有两种做法，一个是减税，直接降低税收水平；另外一种是退税，就是在一段时间后返还纳税人一部分税金。从金钱数额来看，减收5%的税和返还5%的税是一样的，但是在刺激消费上的作用却大不一样。人们觉得减收的那部分税金是自己本来该得的，是自己挣来的，所以增加消费的动力并不大；但是退还的税金对人们来说就可能如同一笔意外之财，刺激人们增加更多的消费。显然，对政府来说，退税政策比减税政策达到的效果要好得多。

在生活中，萨勒教授也提出一些很有意思的原则：

(1) 如果你有几个好的消息要发布，应该把它们分开发布。比如假定今天你老板奖励了你1 000块钱，而且你今天在一家百货商店抽奖的时候还抽中了1 000块钱，那么你应该把这两个好消息分两天告诉你妻子，这样的话她会开心两次。根据前景理论，分别经历两次获得所带来的高兴程度之和要大于把两个获得加起来一次经历所带来的总的高兴程度。

(2) 如果你有几个坏消息要公布，应该把它们一起发布。比方说如果你今天钱包里的1 000块钱丢了，还不小心把你妻子的1 000块钱的手机弄坏了，那么你应该把这两个坏消息一起告诉她。因为根据前景理论，两个损失结合起来所带来的痛苦要小于分别经历这两次损失所带来的痛苦之和。

(3) 如果你有一个大大的好消息和一个小小的坏消息，应该把这两个消息一起告诉别人。这样的话，坏消息带来的痛苦会被好消息带来的快乐所冲淡，负面效应也就少得多。

(4) 如果你有一个大大的坏消息和一个小小的好消息，应该分别公布这两个消息。这样的话，好消息带来的快乐不至于被坏消息带来的痛苦所淹没，人们还是可以享受好消息带来的快乐。

萨勒教授认为，不仅是个人可以应用这些原则来影响他们所关注的人的高兴程度，公司也同样可以用这些原则影响股票持有者的投资行为。

### (四) 如何看待行为经济学与传统经济学的关系

行为经济学"剥去了理性人假设光鲜的外衣"，向我们揭示了许多现象的真实面目。有人甚至预言，心理学将对传统经济学形成颠覆。

当然，这是夸张的说法。传统经济学对变量进行简化，利用模型对经济现象和经济行为进行预测。这本身是一种规范性的研究范式，让我们可以更清楚地了解重要的变量及其作用方式。而心理学采用描述性的研究范式，强调知觉、情感和态度的影响，使用调查和实验的方法,有利于我们了解真实的决策行为。可以说,行为经济学的出现充实了经济学的研究方法,并使得经济学的研究范畴从商品现象扩大到了人类的行为。

总之,卡尼曼的"非理性决策者"的结论与传统经济学的"理性经济人"的假设并不矛盾。如果说传统经济学更多的是思考"人们应该怎样决策",而以卡尼曼等人为代表的行为经济学则更多地通过实证研究,考察了"人们实际上是怎样做决策的"。无论如何,卡尼曼对传统经济学研究领域的拓展,将认知心理学的研究拓展,并且使其能够更有效地在实践活动中发挥作用,做出了不可磨灭的贡献。

## 四、决策模型——直觉决策模型

管理者通常还运用直觉来帮助他们改进决策的制定。直觉决策是什么？它是一种潜意识的决策过程,基于决策者的经验、能力以及积累的判断。根据直觉制定决策或者根据感觉制定决策并非与理性决策毫无联系,相反,二者是相互补充的。一个对特定情况或熟悉的事件有经验的管理者,当遇到某种类型的问题或情况时,通常会迅速地做出决策,可能看上去他所获得的信息有限。这样的管理者并不依靠系统性的和详尽的问题分析或识别和评估多种备择方案,而是运用他自己的经验和判断来制定决策。

直觉决策法是一种定性决策方法。直觉是客观事物在人们头脑中迅速留下的第一印象,是在极短的时间内,对情况突如其来的、超越逻辑的顿悟和理解。在管理过程中,绝大多数决策是用直觉决策法作出的,但直觉决策法往往得不到管理者的重视。在人类的行为方式中,最复杂的是直觉,最简单的也是直觉。直觉过程是人脑高速分析、反馈、判别、决断的过程,体现为敏锐的洞察力。

直觉思维可以分成几个既相互独立又相互联系的程序。美国耶鲁大学心理学教授罗伯特·斯登伯格认为,它们是:

(1) 选择性编码:从众多杂乱的原始信息中提炼、浓缩有效信息。

(2) 选择性组合:将选出的信息组合成有机整体。

(3) 选择性比较:将经过组合的新信息与已掌握的旧信息进行比较。在实际过程中,这三步是一下完成的。

产生直觉的能力并不完全是天赋的,它可以通过后天的努力和锻炼逐渐得到增强。直觉决策的次数越多,管理决策者的经验越丰富,直觉决策的效果越好,管理决策者的水平越高。那么,管理者何时最有可能使用直觉决策的方法呢？

在运用直觉时,一个管理者似乎遵从两种方法之一,或是在决策过程之初使用直觉;或是在决策过程结尾使用直觉。在决策开始时使用直觉,决策者努力避免系统分析问题。他让直觉自由发挥,努力产生不寻常的可能性事件,以及形成从过去资料分析和传统行事方式中一般产生不出的新方案。而决策制定结尾的直觉运用,有赖于确定决策标准及其权重的理论分析,以及制定和评价方案的理性分析。但这一切做完后,决策者便停止了这一过程,目的是为了筛选和消化信息。这种方法被形象地描述为"睡眠决策",一二天后再做出最后的选择。

感觉可以分为心理感觉、身体感觉及大脑感觉三方面。碰到新情况所产生的情绪称为心理感觉,所产生的身体反应称为身体感觉,所产生的想法称为大脑感觉。考虑大事要注意这三种感觉,以求找出新情况中对自己有利的和不利的方面,作为决策的依据。凭感觉可以提出初步的决策方向,可作为决策的依据。感觉可分为第一感觉、第二感觉、第三感觉等。一般以第一感觉为主,其他感觉作为补充。

感觉持续的时间并不长,接下来还要继续思考。比如,当有新情况发生时,大脑自然会有短时的反应,虽然只是一点念头,但可做为决策的重要依据。

当问题较为复杂时,不能只凭感觉办事。因为事情复杂,就需要提出较多的措施,这是感觉所不能完成的。

不良的感觉会引发不良的情绪,因此,当有不良的感觉时,应注意防止产生不良的情绪。当情绪不稳定时,所产生的感觉往往带有感情成分,准确性不高,不可靠。例如,失恋后的青年朋友往往突然间喜欢上原来讨厌的异性朋友,这是由心情不好及需要安慰等原因形成的错觉。总之,高手们重视感觉,但并不依赖感觉,他们办事讲究方法,以事实为依据进行认真分析。

直觉思维有以下几方面的作用:

(1) 用于启发思路。直觉往往能给人带来新思路,根据它很可能找到解决问题的好办法。

(2) 用于解决急事。关键时刻,没有多少时间思考,只能靠平常的功力生成的直觉来办事。

(3) 用于快速解决问题。有些事情虽然不是急事,但还是要尽量提高效率,这时候就可多用直觉思维。

(4) 用于无关紧要的事情。这些事情办坏了,也没有多大的影响,基本上凭直觉解决就可以了。

(5) 用于解决难题。许多难题一下子是难以解决的,可暂时放开,有空就想一想,一段时间后,往往可以获得灵感而解决问题。因为大脑经过长期的思考某一问题之后,智力灶处于高度亢奋的状态,脑海里储存的许多相应的信息在自然的反应,当反应达到一定的程度时,就产生了灵感。这里的有空想一想,就是把脑海里解决某个问题的信息活跃起来,以利于产生灵感。

(6) 用于解决长远上的大问题。对许多长远上的大问题,既有必要做些计划,又不可为之花费过多的时间和精力，这种情况下，可在有空时想一想，让大脑自然运作，以求得到较多的、较好的灵感。将这些灵感收集、整理，为以后解决问题提供依据。

## 【复习思考题】

1. 什么是知觉？知觉有哪些特性？
2. 知觉与感觉的关系是怎样的？
3. 影响知觉选择的因素有哪些？
4. 什么是社会知觉？社会知觉有哪些独特性？
5. 什么是晕轮效应？晕轮效应带给我们什么样的启示？
6. 什么是投射效应？投射效应带给我们什么样的启示？
7. 什么是印象管理？进行印象管理的策略有哪些？
8. 什么是归因理论？
9. 应如何看待行为经济学与传统经济学的关系？

## 【本章案例分析】

### 心理实验的启示

心理学家曾做过这么一个实验：给两组大学生看同一个人的同一张照片。在看这张照片之前，对一组大学生说，照片上的人是一位屡教不改的罪犯；对另一组大学生说，照片上的人是一位著名的学者。然后，让这两组大学生分别从这个人的外貌中说明他的性格特征。结果两组学生的解释截然不同：第一组大学生说，深沉的目光里隐藏着险恶，突出的下巴表现他死不悔改的决心；第二组大学生说，深沉的目光表明他思想的深刻性，突出的下巴表明了他在科学道路上勇于攀登的坚强意志。

**思考题：**

1. 这个心理实验反映了人际知觉中的什么问题？
2. 实验所揭示的现象对管理活动有何启示？

# 第三篇　激励理论与应用

# 第6章
# 激励与内容型激励理论

## 【本章学习目标】

通过本章学习，你应该了解：

1. 激励的概念、功能和类型。

2. 马斯洛的需求层次理论的内容及其在管理中的运用。

3. 赫茨伯格的双因素理论的内容及其在管理中的运用。

4. 麦克利兰的成就需要论的内容及其在管理中的运用。

5. 奥尔德弗的ERG理论的内容及其在管理中的运用。

## 引导案例

### 宝洁的员工激励

早在19世纪80年代，宝洁就首创了一周五天工作日及利润分享制；宝洁的工资水平通常由专业咨询公司在市场调查的基础上确定，以确保具有足够的竞争力吸引和留住员工，并使20%的优秀员工保持更高的工资水平。除工资外，宝洁的福利包括退休养老、医疗、住房、人身安全意外保险等。当然，宝洁的激励手段也不仅仅限于物质层面。

（一）自我实现

在宝洁，内部选拔的职位晋升比率只有5%左右，为什么大部分员工仍心甘情愿一辈子为宝洁服务？这有两个方面的原因，首先，宝洁的员工有着很强的归属感和认同感，更重要的是宝洁对个人有明确的期望和目标，并总是能够提供足够多的资源来帮助他们实现，这使员工的才能得到发展和发挥，成就感得到了极大的满足。

宝洁在与员工签订的劳动合同中，一般不含有关最低服务年限之类的条款。宝洁自信能够通过自身的魅力吸引和留住人才，并提供合适的待遇和发展机遇，使员工在自我实现中得到满意。

（二）批评与褒奖不冲突

一位员工经常地被他的顶头上司批驳得体无完肤，几乎所有的方案都受到了驳斥。到了年底,他认为需要卷铺盖走人的时候,上司却意外地在绩效考核中给他打了高分。理由是,批评是因为他提出的方案的前瞻性不足,但他认真思考的程度和出色的工作业绩理应得到肯定。高标准、严要求和认可员工的努力和成绩在宝洁得到了完美的统一。后来,这位员工成长为一位出色的品牌经理。

(三) 多样的个性化激励

宝洁的激励措施既有荣誉激励,如荣誉称号,口头、书面和大会表扬,邀请员工参加各种决策等,还有物质激励,如提升工资,给予住房、股票等。此外,还有一个25%的员工都会拿到的特殊奖励。员工在获得该奖项后,他的上级经理会根据他的喜好奖励他,比如对喜欢看戏的员工,可以给他戏票;对喜欢美食的员工,公司会准许他出去大吃一顿回来报销等,这项富有个性化和人性化的奖励,使员工直接感受到了公司和上级对自己的贴身关注,拉近了员工和公司的距离。

宝洁也十分重视员工的业余生活。员工拨打免费电话即可获得心理健康、理财、婚育、购房、交友等方面的服务;另外公司还支持组织各类业余俱乐部,开展多种文体活动,丰富员工的业余生活。

**【点评】**

宝洁公司不仅重视对员工的物质激励,而且重视对员工的精神激励,同时还重视多样的个性化激励,其对员工的激励无疑是非常成功的。有一位管理者曾经这样说:“你可以买到一个人的时间,你可以雇一个人到固定的工作岗位,你可以买到按时或按日计算的技术操作,但你买不到热情,你买不到创造性,你买不到全身心的投入,而你不得不设法争取这些。”在管理实践中,如何调动员工的积极性、主动性和创造性,如何将被动地“要员工做”变为主动的“员工要做”,这就涉及激励的问题。提高企业的经济效益和社会效益关键在于对人的激励和管理,激励问题的研究对组织管理具有十分重要的作用。

# 第1节　激励和激励理论概述

## 一、激励及其功能

激励一般是指有机体在追求某些既定目标时的意愿程度,它含有激发动机、鼓励行为、形成动力的意思。国外的心理学家们认为,一个人要是没有受到激励,工作中仅能发挥其自身能力的20%—30%;若受到了正确而充分的激励,则能发挥其自身能力

的80%—90%。具体说,激励的作用主要表现在以下几个方面:

首先,激励可以培养员工,提高员工的自信心。任何一个人在从事任何一项工作时,都需要一个从不熟练到熟练的过程。在这个过程中难免会出现错误,这时最需要领导的指导和帮助。领导者一个温暖的言行,一束期待的目光,一句激励的评语都能激发员工的上进心,迅速帮助员工克服困难,唤起员工乐于工作的激情,这可能会改变员工对工作和人生的态度。相反,如果领导只会训斥,将会造成员工心理反感,情绪消沉,对组织、对个人都会产生不利影响。因此在领导日常对员工管理中,应不断激发员工的潜力,不断让员工成熟,走向成功。

其次,激励可以促进员工工作的顺利完成,保证工作质量。作为领导,合适的言语激励就像一支强心剂,可以从内心中激发员工斗志,缩短领导与员工的距离,增强员工与领导的关系,能使员工心情舒畅,精神焕发,有效促进员工积极完成工作。相反,如果领导经常用刻薄的言语奚落、讽刺、挖苦、训斥员工,表面上看起来员工是在听你的,按你说的去做,但实际上员工心情是极不愉快的。久而久之,员工不仅对领导产生厌烦,对工作也会没有兴趣。精神上的打击可直接破坏员工的创造力,长此以往,员工的自尊被摧毁,自信被打击,智慧被扼杀,压抑的情绪只能使工作更加糟糕。

再次,激励可以体现领导者的个人修养。领导不能仅凭个人的法定权利,强行让员工服从你的命令,而要利用其影响力去感染和激励员工为团队努力工作。一个优秀的领导者是要在团队中对自己极度严格要求,在制度面前处处以身作则,而对下属宽容和蔼,善用个人影响力,激励诱导员工为组织积极工作。

第四,激励可以树立领导者的个人威信。在鼓励员工时,无疑会树立领导在员工心目中的威信,认为领导者是值得信赖的人,这对促进员工与领导者之间的沟通,提升员工对组织的凝聚力大有好处。员工会自愿自发地服从领导的指挥,积极的为组织工作。

第五,激励员工可以创造良好的企业文化。领导激励员工,可以在组织中形成激励积极行为的和谐氛围,可以最大限度地体现现代管理"以人为本"的管理理念,构建和谐团队,最大化发挥员工的积极性。

因此,要构建和谐环境,激发人的聪明才智,就必须认真研究能够激励人的各种内外因素。

## 二、激励的类型

不同的激励类型对行为过程会产生程度不同的影响,所以激励类型的选择是做好激励工作的一项先决条件。

## (一) 物质激励与精神激励

物质利益是决定人们活动非常重要的因素，劳动者的劳动积极性取决于其利益的实现程度。所谓物质激励就是从满足人的物质需要出发，对物质利益关系进行调节，从而激发人们的积极性并控制其行为的趋向。在目前的社会经济条件下，物质激励是激励机制中不可或缺的重要手段。企业更应该根据员工的工作成效给予员工合理的报酬，激发员工的工作热情。在企业中，把劳动者的物质利益通过劳动收入体现出来，是劳动者劳动积极性产生和不断增长的源泉，也是企业发展的客观要求。由于物质利益对于企业职工的活动具有巨大的刺激力量，因而能够把它作为管理的手段，用来引导、推动、控制和协调职工的活动。

精神激励就是从满足人的精神需要出发，对人的心理施加必要的影响，从而产生激发力，影响人的行为。它也是一个社会健康发展的动力源泉之一，而且，它会随着经济的发展和人们生活水平的日益提高显得更为重要。

物质激励与精神激励作为激励的两种类型，是相辅相成、缺一不可的。在实际工作中，一些人总以为有钱才会有干劲，有实惠才能有热情；而另外一些人总爱把大道理挂在嘴边，只讲贡献不讲需要，只讲觉悟不讲利益，只强调物质激励而忽视精神激励或只强调精神激励而忽视物质激励都是片面和错误的。这种为了避免以上两种片面性的发生，在激励中一定要坚持物质激励与精神激励相结合的方针。

## (二) 正激励与负激励

正激励就是对个体符合组织目标的期望行为进行奖励，以使这种行为重复发生，提高个体的积极性。一般地，正激励主要表现为对员工的物质奖励、表扬、升职等。人都有需求，当目前尚未得到满足的需求得到满足以后，马上又会产生新的需求。因而，只要满足员工尚未得到满足的需求，他就会做出反应，积极地去工作。如此一来，员工的积极性提高了。比如，企业在制度中规定在一个月内，上班从未迟到，奖励 100 元。所有的员工都知道，不迟到就能多拿 100 元，那么很多员工就会积极的按时上班，久而久之养成了按时上班的习惯。管理者其实只应用了一条正激励的机制，就提高了整个企业的士气。可见，只要正确的运用正激励制度满足员工们尚未满足的需求就可以调动员工的积极性，让他们变被动为主动。

企业一般都设有日常的行为准则、管理制度等，超出了这个准则、制度必然受到一定的惩罚。负激励的措施和手段大部分存在于企业的相应管理制度中。负激励作为一条"止步线"，起到了控制员工行为不可或缺的作用。在日常的潜移默化中，员工自觉或不自觉地已经接受了这种负激励制度的约束，无形之中给企业的管理行为带来了一种持续的良性循环效应。比如，在制度中规定“上班迟到一次扣薪100元”，所有的员工都知道不能迟到，否则会被处罚。在正常情况下，员工自然而然地养成了按时上班的习惯，管理者其实只应用了一条负激励的约束机制，就约束了整个企业的劳动纪律，可见，这条隐性“止步线”多么重要。

正激励和负激励作为两种相辅相成的激励类型，是从不同的侧面对人的行为起强化作用。正激励是主动性的激励，它通过满足人们尚未满足的需求调动其积极性，使其变被动为主动。负激励是被动性的激励，它是通过对人的错误动机和行为进行压抑和制止，促使其幡然悔悟，改弦易辙。正激励与负激励都是必要而有效的，因为这两种方式的激励效果不仅会直接作用于个体，而且会间接地影响周围的群体。通过树立正面的榜样和反面的典型，形成一种良好的风气，使整个群体的行为导向更积极，更富有生气，最终使企业管理尽善尽美。

### (三) 内激励与外激励

内激励是指由内酬引发的、源自工作人员内心的激励。外激励是指由外酬引发的、与工作任务本身无直接关系的激励。内酬是指工作任务本身的刺激，即在工作进行过程中所获得的满足感，它与工作任务是同步的。俗话说：“乐在其中”即指此。一个学生，当他解出了一道难题时，他的欢欣鼓舞之情并不源于他的优良成绩，而是攻克难关、掌握知识的欢乐。内酬所引发的内激励，会产生一种持久性的作用。外酬是指工作任务完成之后或在工作场所以外所获得的满足感，它与工作任务不是同步的。如果一个人欣然从事一项又脏又累、枯燥无味、别人都不愿干的工作时，或当别人都已下班回家，而他甘愿留下来加班时，他所得到的激励可能多源于外酬的刺激，即他留下来纯粹是为了完成这些任务后，并且得到一定的外酬——加班费、奖金及其他额外补贴。他对完成任务的态度只是例行公事，一旦外酬消失，积极性也就荡然无存。所以说，由外酬引发的外激励是难以持久的。

## 三、激励理论概述

关于激励理论的研究，大致可以划分为四种类型。

### (一) 内容型激励理论

它着重研究激发动机的因素，研究内容都围绕着如何满足人的需要进行，故又称需要理论。该种激励理论认为人的需要和激励之间存在着内在的联系，需要激励行为，行为满足目标并产生新的需要，以此循环往复。内容型激励理论强调应针对个体的需要采取激励措施，达到激励个体行为的目的。内容型激励理论主要包括马斯洛的“需要层次论”、阿德福的“ERG理论”、赫茨伯格的“双因素理论”和麦克利兰的“成就需要激励理论”等。

### (二) 过程型激励理论

该理论着重研究从动机的产生到采取具体行为的心理过程。这个过程一般包括三个环节：付出劳动以取得成绩；取得成绩以获得奖赏；获得奖赏以满足需要或达到目的。强调领导者要根据这三个环节来采取具体的激励措施，以使激励过程保持下去，其中哪个环节出了问题，激励过程就将中断，激励的作用也就随之消失。过程型激励理论主要有弗洛姆的期望理论和亚当斯的公平理论。

### (三) 行为改造型激励理论

它以操作性条件反射论为基础，着重研究个体外在行为的表现，强调人的行为结果对其行为的反作用。即当行为的结果有利于个体时，这种行为就可能重复出现；反之，则会消退和终止。这种现象心理学中称为“强化”。强化激励在管理中的运用强调以奖惩的手段来激发人的行为，并使之符合组织的要求。行为改造型激励理论主要有强化理论和挫折理论。

### (四) 综合型激励理论

它是上述三种理论的概括与改进，较全面地反映了人在激励过程中的心理活动，强调在领导活动过程中要灵活使用各种激励方法。这对于我们理解和使用上述三种理论具有启发意义。综合型激励理论主要包括波特、劳勒的综合激励模式和迪尔的综合激励公式。这两种理论是综合运用多种激励理论来探讨复杂的激励问题的尝试，在本书中不作详细介绍。

# 第2节　内容型的激励理论

## 一、马斯洛的需求层次理论

亚伯拉罕·马斯洛(Abraham Harold Maslow，1908—1970)，美国社会心理学家、人格理论家和比较心理学家，人本主义心理学的主要发起者和理论家，心理学第三势力的领导人。马斯洛最伟大的贡献是于20世纪50年代创建了人本主义心理学派，被誉为“人本主义心理学之父”，并第一次把“自我实现的人”和“人类潜力”的概念引入了心理学的范畴。他开创了人本主义心理学研究的新取向，构建了需要层次论和自我实现论，促进了以人为中心管理理论的发展。

马斯洛的理论的主要观点是，人人都是有需要的，只有没有满足的需要才能产生动机，满足的需要是不能形成动机的；人的需要是有层次的，把人的需要划分为五个层次，见图 6.1。

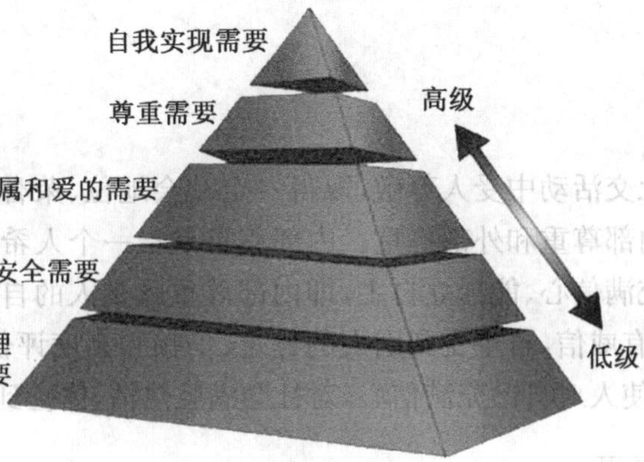


图 6.1　人的需要层次

## (一) 生理需要

这是人类维持自身生存的最基本要求，即由于饥渴冷暖而对吃、穿、住产生需要，它保证一个人作为生物体而存活下来。如果这些需要得不到满足，人类的生存就成了问题。在这个意义上说，生理需要是推动人们行动最强大的动力。马斯洛认为，只有最基本的需要满足到维持生存所必需的程度后，其他的需要才能成为新的激励因素，而到了此时，这些已相对满足的需要也就不再成为激励因素了。

## (二) 安全需要

这是人类要求保障自身安全、摆脱失业和丧失财产威胁、避免职业病的侵袭等方面的需要。例如，为了人身安全和财产安全而对防盗设备、保安用品、人寿保险和财产保险产生需要；为了维护健康而对医药和保健用品产生需要等。马斯洛认为，整个有机体是一个追求安全的机制，人的感受器官、效应器官、智能和其他能量主要是寻求安全的工具，甚至可以把科学和人生观都看成是满足安全需要的一部分。当然，当这种需要一旦相对满足后，也不再成为激励因素了。

## (三) 归属和爱的需要

这是人类参与社会交往,取得社会承认和归属感的需要。这一层次的需要包括两个方面的内容:一是友爱的需要,即人人都需要伙伴之间、同事之间的关系融洽或保持友谊和忠诚;人人都希望得到爱情,希望爱别人,也渴望接受别人的爱。二是归属的需要,即人都有一种归属于一个群体的感情,希望成为群体中的一员,并相互关系和照顾。感情上的需要比生理上的需要更细致,它和一个人的生理特性、经历、教育、宗教信仰都有关系。

## (四) 尊重需要

这是人类在社交活动中受人尊敬,取得一定社会地位、荣誉和权力的需要。尊重的需要又可分为内部尊重和外部尊重。内部尊重是指一个人希望在各种不同情境中有实力、能胜任、充满信心、能独立自主,即内部尊重就是人的自尊。外部尊重是指一个人希望有地位、有威信,希望受到别人的尊重、信赖和高度评价。马斯洛认为,尊重需要得到满足,能使人对自己充满信心,对社会满腔热情,体验到自己的用处和价值。

## (五) 自我实现需要

这是人类最高层次的需要,指发挥个人的最大能力,实现理想与抱负的需要。也就是说,人只有从事称职的工作,这样才会使他们感到最大的快乐。马斯洛提出,为满足自我实现需要所采取的途径是因人而异的。自我实现的需要是努力实现自己的潜力,使自己越来越成为自己所期望的人物。满足这种需要的产品主要是思想产品,如教育与知识等。

马斯洛认为,人的需要存在三个特性,一是需要的普遍性,即人的需要普遍存在,在这个世界上没有一个人是没有任何需要的。二是需要的层次性。一般而言,人类的需要由低层次向高层次发展,低层次需要满足以后才追求高层次的满足。例如,一个食不果腹、衣不蔽体的人可能会铤而走险而不考虑安全需要,可能会向人乞讨而不考虑社会需要和尊重需要。三是需要的主导性。高层次需要不仅内容比低层次需要广泛,而且实现的难度愈益增大,激励力量增强。

马斯洛强调人的低一层次没有满足之前是不会向高一层次迈进的,必须是一层一层地走。这个观点遭到质疑。有的学者认为马斯洛的需要层次理论的局限性就在于过分强调了人的需要层次应该是一个台阶一个台阶的,由低到高向前迈进的,不免有些机械性。还有的质疑者认为,这个观点不能解释生活当中的一些现象。例如,人类的历史上出现了许多著名的思想家、科学家、大文豪,他们中间有些人一生当中大多数时候是穷困潦倒的，基本的温饱问题都没有很好地解决，但最后还是成名成家，达到了自我实现。这用马斯洛的观点是很难解释的。

当然，任何一个理论都不可能是完美的。马斯洛的需要层次理论虽然遭到一些批评和质疑，但不影响其在管理理论发展的历史进程中的里程碑式的作用。我们今天丰富的管理学理论很多都是在马斯洛需要层次理论的基础上发展而来的。

当需要被作为一种激励力量来加以运用时，管理者无疑应该创造一种能够让员工满足自己需要的工作氛围和工作设计，这样才能让他们充分认识到自己的潜能，也才能充分发挥积极性、主动性和创造性；否则，往往会导致员工的挫败感，甚至出现离职现象。马斯洛需要层次理论在管理实践中的意义就在于，我们要调动员工的积极性，关键要了解他们的需要，只有真正地了解了员工的需要，我们才能有针对性地采取管理的措施和对策。以下是管理者对员工不同层次需求所采取的激励措施：

第一级：生理需求，如提高工资、奖金、改善工作条件、定期医疗检查、娱乐等。

第二级：安全需求，如享有优先股权、保险、职业稳定、口头承诺和书面承诺与晋升等。

第三级：社会（归属）需求，如被邀请到特殊场合、有机会加入特殊任务小组、有机会成为委员会委员、成为俱乐部组织成员、工作轮换等。

第四级：尊重（自尊）需求，如奖励表扬、授予称号、公开场合露面、为管理委员会服务等。

第五级：自我实现的需求，如带薪休假、领导项目任务小组、受教育的机会、承担教学任务、承担指导任务等。

马斯洛的需求层次理论，在一定程度上反映了人类行为和心理活动的共同规律。马斯洛从人的需要出发探索人的激励和研究人的行为，抓住了问题的关键；马斯洛指出了人的需要是由低级向高级不断发展的，这一趋势基本上符合需要发展规律的。因此，需要层次理论对企业管理者如何有效地调动人的积极性有启发作用。

但是，马斯洛是离开社会条件、离开人的历史发展以及人的社会实践来考察人的需要及其结构的。其理论基础是存在主义的人本主义学说，即人的本质是超越社会历史的、抽象的“自然人”，由此得出的一些观点就难以适合其他国家的情况。

## 二、赫茨伯格的双因素理论

双因素理论是美国心理学家赫茨伯格最主要的成就，在工作丰富化方面，他也进行了开创性的研究。

赫茨伯格的双因素理论来自于他在匹兹堡地区对 9 个工业企业中 203 名工程师

和会计师的调查。最初,赫茨伯格设计了许多问卷,如“什么时候你对工作特别满意”“什么时候你对工作特别不满意”“原因何在”等。访问主要围绕两个问题:在工作中,哪些事项是让他们感到满意的,并估计这种积极情绪持续多长时间;哪些事项是让他们感到不满意的,并估计这种消极情绪持续多长时间。

所得资料分析表明:使员工不满意的因素与使员工感到非常满意的因素是不同的。前者往往由误解工作环境引起,后者则通常由工作本身所产生。

经整理资料后,赫茨伯格断言:工作的满意因素与工作内容有关,称为激励因素;工作的不满意因素与工作的周围事物有关,称为保健因素。

从 1 844 个案例中赫茨伯格发现,造成员工非常不满的因素有以下 10 种:

(1) 公司的政策和制度。

(2) 技术监督。

(3) 与上级之间的人事关系。

(4) 与同事之间的人事关系。

(5) 与下级之间的人事关系。

(6) 工资。

(7) 职务保障。

(8) 个人生活。

(9) 工作条件。

(10) 职位。

这些因素改善了,虽不能使员工变得非常满意,从而真正激发员工的积极性,却能解除员工的不满意,故称为保健因素。

保健因素的满足对员工产生的效果类似于卫生保健对身体健康所起的作用。保健从人的环境中消除有害于健康的事物,它不能直接提高健康水平,但有预防疾病的效果;它不是治疗性的,而是预防性的。保健因素包括公司政策、管理措施、监督、人际关系、物质工作条件、工资、福利等。当这些因素恶化到人们认为可以接受的水平以下时,就会产生对工作的不满意。但是,当人们认为这些因素很好时,它只是消除了不满意,并不会导致积极的态度,这就形成了某种既不是满意、又不是不满意的中性状态。

从另外 1 753 个案例中赫茨伯格发现,使员工感到满意的因素有以下 6 种:

(1) 成就。

(2) 认可。

(3) 提升。

(4) 工作本身。

(5) 发展前途。

(6) 责任。

这些因素的满足能极大地激发员工的热情，对于员工的行为动机具有积极作用，它常常是管理者调动员工积极性、提供劳动生产率的好办法。如果这类因素解决不好，也会引起员工的不满，虽无关大局，却能验证影响工作效率，因此，赫茨伯格把这些因素称为激励因素。

赫茨伯格及其同事后来又对各种专业性和非专业性的工业组织进行了多次调查，他们发现，由于调查对象和条件的不同，各种因素的归属有些差别，但总的来看，激励因素基本上都是属于工作本身或工作内容的，保健因素基本都是属于工作环境和工作关系的。但是，赫茨伯格注意到，激励因素和保健因素都有若干重叠现象，如赏识属于激励因素，基本上起积极作用；但当没有受到赏识时，又可能起消极作用，这时又表现为保健因素。工资是保健因素，但有时也能产生使员工满意的结果。

此外，赫茨伯格还修正了传统的关于满意与不满意的观点。传统的观点认为，满意的对立面是不满意。赫茨伯格认为这是不正确的，满意的对立面是没有满意，而不是“不满意”；不满意的对立面是没有不满意（而不是“满意”）；满意与不满意是质的差别，而不是量的差别。

不是所有的需要得到满足都能激励起人们的积极性，只有那些被称为激励因素的需要得到满足才能调动人们的积极性。

不具备保健因素时将引起许多不满意，但是具备时并不一定调动强烈的积极性。另一方面，具备激励因素时会引起强烈的积极性和满足，但缺乏时却并不引起很大的不满意。

激励因素是以工作为核心的。也就是说，激励因素是在进行工作时发生的。由于工作本身就有报酬，所以指向工作时也就有可能调动内在的积极因素。倘若报酬是在指向工作之后或是在离开工作场所之后有意义或有价值，则在进行工作时即使有积极性，也只能提供极少的满足。

保健因素和激励因素不是一成不变的，而是可以转化的。例如，员工的工资、奖金，如果同其个人的工作绩效挂钩，就会产生激励作用，变为激励因素。如果两者没有联系，奖金发得再多，也构不成激励。一旦减少或停发，还会造成员工的不满意。因此，有效的管理者，既要注意保健因素，以消除员工的不满意，又要善于把保健因素转变为激励因素。

## 三、麦克利兰的成就需要论

成就需要理论，又称“三种需要理论”，是由美国哈佛大学教授戴维·麦克利兰(David McClelland)通过对人的需求和动机进行研究，于 20 世纪 50 年代在一系列文章中提出的。麦克利兰经过20多年的研究得出结论说，人类的许多需要都不是生理性的，而是社会性的，而且人的社会性需求不是先天的，而是后天的，来自于环境、经历和培养教育等。很难从单个人的角度归纳出共同的、与生俱来的心理需要。时代不同、社会不同、文化背景不同，人的需求当然就不同，所谓"自我实现"的标准也不同。他认为在生存需要基本得到满足的前提下，人的最主要的需要有成就需要、亲和需要、权力需要三种平行的需要，这三种需要在人们需要结构中有主次之分，作为人们的主需求在满足了以后往往会要求更多更大的满足，也就是说拥有权力者更追求权力、拥有亲情者更追求亲情、而拥有成就者更追求成就。同时，由于他认为其中成就需要的高低对人的成长和发展起到特别重要的作用，所以很多人就称其理论为成就需要理论。

麦克利兰认为，高成就需要者具有以下三个特点：

第一，自己设定挑战性的目标。具有高成就动机的人在可以自主确定工作目标时，总会挑选难度适中的任务，偏于自己的能力所能达到的上限，而不会避难就易，但也不会不自量力。

第二，喜欢通过自己的努力解决问题，不依赖偶然的机遇坐享成功。高成就型动机的人注重自己努力的结果，而不喜欢靠碰运气或者指望天上掉馅饼。

第三，要求立即得到反馈信息，弄清工作结果。高成就型动机的人不喜欢那种需要长时间才能看出效果的工作，他们需要努力和效果的直接衔接，缺乏"积跬步以至千里"的耐心。

麦克利兰认为，成就需要并非与生俱来，而是源于后天的培养。麦克利兰认为，个人对自己认为重要或有价值的工作，不但愿意去做，而且急于获得成功，力求达到完美地步。这种人竭力追求的是个人成就所带来的心理满足，而不是去追求由于成就本身所带来的报酬，他们谋求把事情做得比以前更好、更有效果。麦克利兰认为这种人是达到高度自我实现的人，成就需要或成就动机是人类独有的，既非由于先天的遗传，也非由于生理需要，而是在与他人的社会交往中学习而来的。因此，在不同的个人和不同的团体之间成就动机就会具有一定的差异。这种差异的形成从个体来说，与个体的年龄、性别、能力、性格、经验等主观因素以及工作性质等客观因素有关；从群体来说，与社会文化、社会经济发展水平、家庭教育等因素有关。具体说来，影响成就动机的因素有以下几条：(1)个人受教育程度。个人受教育程度越高，成就动机就越强。(2)性别、年龄因素。一般说来，男性的成就动机高于女性。(3)个人的兴趣和专长。个人对于自己的兴趣和专长的领域成就动机较强。(4)亲属朋友的期望。生活在一个对成就有较高评价的环境中的个体，一般说来成就动机较强。(5)面临工作的难度。工作难度适中，个人经过努力能够实现时，成就动机最强。(6)身体条件与社会环境。如社会比较稳定繁荣时，人们的成就动机高。麦克利兰认为可通过心理测验来鉴定具有高度成就动机的人，并可以通过训练和教育来培养这种高成就需要。通过培养个人的成就动机，为个人的成就动机的发挥创造条件，可以取得较好的组织绩效，发挥个人的潜能，为社会作出更大贡献。常用测量成就动机的方法有自陈法、投射法、情境法等。其中，以美国心理学家 L.爱德华兹编制的“爱德华兹个人与兴趣量表”(简称 EPPs)最为著名。

按照麦克利兰的观点，一个社会的发展，其政治制度、经济制度和地理资源因素都是次要的，关键在于人们是否具有成就动机。成就感的培养从总体上看与国家的经济发展同步，但据麦克利兰分析，文化作品中的成就导向要领先于经济发展。麦克利兰还指出，成就感虽然是后天培养的，但童年经历特别重要，父母在儿童早期的训练和教育方式，对成就感的形成具有决定性作用。其中最重要的莫过于培养孩子的自主意识和独立意识。根据他的研究，对孩子的管束越多，孩子的成就感越弱；对孩子保护越多，孩子的依赖性越强，将来的竞争力也就越差。

关于高成就型人员培养的方式研究，从 1960 年开始，以麦克利兰为首的一批心理学家在哈佛大学进行了大量的实验，他们选择企业经理为研究对象，为了提高研究对象的成就需要，设计出一种“全压”训练班的方法。麦克利兰为训练班设定了四个目标：(1)教育参加者怎样像具有较高成就感的人那样思考、谈吐以及行事。(2)鼓励参加者为自己的今后两年设置出更高的、计划周密的现实工作目标，然后每六个月核查一次，检验他对自己预定目标的实现程度。(3)使用各种技巧使参加者了解自己，譬如向集体解释自己的行为，进而共同分析这一行为的动机，从而打破旧有的习惯和思维，重新审视自己的成就目标。(4)通过了解彼此之间的期望与担忧、成功与失败，在远离日常生活的全新环境中，经过共享一段经历，创造群体的团结精神和集体意识。最终，实验是成功的，参加实验的人员，不同程度地提高了其成就动机。

培养高成就动机强调儿童时期的培养并不是放弃成人阶段的后续努力。起初，迫于当时美国心理学界关于“人的基本动机是儿童时代形成的，以后很难改变”这一共识的影响，研究者们对于实验能否成功并无信心，包括麦克利兰自己也承认儿童时期训练的地位和作用。但是，他们又不甘心任由儿童时期的缺失和遗憾一直保存下去。怎样在成人阶段能够对成就追求有所改进，他们受到类似戴尔·卡耐基这种榜样的影响，坚持自己的实验。后来，这种训练班为美国企业、墨西哥企业和印度企业的经理人员举行过多次。例如，他们在印度实施了这一培训计划，对管理者和企业主进行为期 10 天的培训，这些受训人员的训练效果在 6—10 个月内就能显示出来。经过训练的人员，在市场上变得比以前活跃，创业精神和主动性普遍有所提高，经营活动的范围会相应扩大，公司利润也有程度不同的增加。这一研究结果表明，针对成人的成就训练，对于童年这种训练不足的人员,不失为一种亡羊补牢的措施,尤其对发展中国家和低收入人群(因为这种群体往往呈现出成就欲望不强的倾向)具有重要意义。

## 四、奥尔德弗的ERG理论

美国耶鲁大学的克雷顿·奥尔德弗(Clayton Alderfer)在马斯洛提出的需要层次理论的基础上,进行了更接近实际经验的研究,提出了一种新的人本主义需要理论。奥尔德弗认为,人们共存在三种核心的需要,即生存(Existence)的需要、相互关系(Relatedness)的需要和成长发展(Growth)的需要,因而这一理论被称为ERG理论。生存的需要与人们基本的物质生存需要有关,它包括马斯洛提出的生理和安全需要。第二种需要是相互关系的需要,即指人们对于保持重要的人际关系的要求。这种社会和地位的需要的满足是在与其他需要相互作用中达成的,它们与马斯洛的社会需要和自尊需要分类中的外在部分是相对应的。最后,奥尔德弗把成长发展的需要独立出来,它表示个人谋求发展的内在愿望,包括马斯洛的自尊需要分类中的内在部分和自我实现层次中所包含的特征。

除了用三种需要替代了五种需要以外,与马斯洛的需要层次理论不同的是奥尔德弗的"ERG"理论还表明:人在同一时间可能有不止一种需要起作用;如果较高层次需要的满足受到抑制的话,那么人们对较低层次的需要的渴望会变得更加强烈。

马斯洛的需要层次是一种刚性的阶梯式上升结构,即认为较低层次的需要必须在较高层次的需要满足之前得到充分的满足,二者具有不可逆性。而相反的是,ERG理论并不认为各类需要层次是刚性结构,比如说,即使一个人的生存和相互关系需要尚未得到完全满足,他仍然可以为成长发展的需要工作,而且这3种需要可以同时起作用。

此外,ERG理论还提出了一种叫做"受挫—回归"的思想。马斯洛认为,当一个人的某一层次需要尚未得到满足时,他可能会停留在这一需要层次上,直到获得满足为止。相反地,ERG理论则认为,当一个人在某一更高等级的需要层次受挫时,那么作为替代,他的某一较低层次的需要可能会有所增加。例如,如果一个人社会交往需要得不到满足,可能会增强他对得到更多金钱或更好的工作条件的愿望。与马斯洛需要层次理论相类似的,ERG理论认为较低层次的需要满足之后,会引发出对更高层次需要的愿望。不同于需要层次理论,ERG理论认为多种需要可以同时作激励因素而起作用,并且当满足较高层次需要的企图受挫时,会导致人们向较低层次需要的回归。因此,管理措施应该随着人的需要结构的变化而做出相应的改变,并根据每个人不同的需要制定出相应的管理策略。

奥尔德弗的 ERG 理论在需要的分类上并不比马斯洛的理论更完善，对需要的解释也并未超出马斯洛需要理论的范围。如果认为马斯洛的需要层次理论是带有普遍意义的一般规律，那么，ERG 理论则偏重于带有特殊性的个体差异，这表现在 ERG 理论对不同需要之间联系的限制较少。

总的来说，ERG 理论的特点有：

(1) ERG 理论并不强调需要层次的顺序，认为某种需要在一定时间内对行为起作用，而当这种需要得到满足后，可能去追求更高层次的需要，也可能没有这种上升趋势。

(2) ERG 理论认为，当较高级需要受到挫折时，可能会降而求其次。

(3) ERG 理论还认为，某种需要在得到基本满足后，其强烈程度不仅不会减弱，还可能会增强，这就与马斯洛的观点不一致了。

## 第 3 节　内容型激励理论在管理中的应用

要从根本上调动被管理者的积极性、主动性，就要搞清楚和把握准积极性产生的根源，把握住影响积极性的最重要、最本质的因素，以充分有效、持久地激发、维持被管理者的生产和工作积极性。如何才能从根本上调动被管理者的生产和工作积极性呢？内容型激励理论在某种程度上为我们指明了途径并提供了理论根据。

### 一、满足不同层次的需要

要消除盲目激励的现象，必须对员工的需要做科学的调查分析，有针对性地制定本企业的激励措施。依据员工的不同需要制定出的激励措施，才能够更多地满足员工的需要，调动员工的积极性，才能取得更好的激励效果。例如，对于以生理需要为主的员工群体，如普通制造业的工人，关心的重点是生活中的衣、食、住、行等，激励时应注重物质利益，将个人所得与贡献实行定量化的直接挂钩。而对于关心自我实现的员工群体，如知识型员工，除了物质激励外，社会心理激励与工作激励的效果应更为明显。知识型员工更多地愿意从事思维性工作，更喜欢工作富有自主性和挑战性，更喜欢具有张力的工作安排，僵硬的工作规则对他们没有多大的意义。因此，组织中的工作设计应注意考虑如何体现员工的个人意愿及价值，如何尽可能地为员工创造一个既安全、舒畅又相互尊重、和谐有序的工作环境。要在不断扩大工作范围，丰富工作内容的同时，逐步实行弹性工作制；要建立以团队友谊为重的企业风格和企业文化，使员工觉得工作本身就是一种享受,并能在工作中充分实现自我价值,最大限度地发挥积极性和创造性。

## 二、引导员工的需要向高层次发展

由于高层次需要的满足所带来的激发力量远远大于低层次需要满足之后所产生的激发力量,因此管理者应引导员工的需要向高层次发展。同时,在管理工作中,必须对两类因素区别对待:对保健因素,要使之维持在一个良好的水平上,即创造一个良好的工作环境,不至于使员工产生不满情绪;对激励因素,则要不断给予强化,使员工增强事业心、责任感,始终保持高昂的工作热情,干劲十足。此外,要善于将保健因素转化为激励因素。如果资金平均发放,至多只是起到保健因素的作用,激励作用有限。但如果把资金同员工的工作绩效挂钩,多劳多得,这样不仅仅是满足员工的经济需要,而且还体现了对个体成就的认可。因此,资金就转化为激励因素,从而发挥了更大的激励作用。

## 三、完善培训和晋升机制

随着信息化时代的到来,知识的更新频率越来越快。如何能在职业生涯中保持上升趋势,是每一个员工面临的问题。为员工提供良好的培训机会和完善的晋升机制,挖掘员工的发展潜力,是管理中应该注意的问题。首先,应该建立健全人才培养机制,为员工提供提升自身能力的学习机会,开阔他们的视野,提高他们的创新能力。员工的培训和培养方案不能只注重形式,一定要和员工自身的条件有机地结合,做到有的放矢。其次,要完善晋升机制。晋升是对员工能力的肯定,也是工作成就感的外在表现。打破论资排辈的老套做法,以员工的能力和对企业的贡献作为员工晋升的依据和标准,满足他们发展事业的愿望,使工作成为有效的激励因素。

此外,由于工作本身能给员工带来持久有效的激励,所以通过职务扩大化来增加员工工作的多样性和工作难度,不仅可以提高工作效率,还会增加工作的挑战性,增加员工的成就感;通过改进员工的工作内容,进行工作任务再设计,允许员工对自已的工作有更大的控制力,这样能使员工从工作中感到自由、成就、责任和成长。

## 四、满足员工的成就需要

人的成就需要一旦被激发之后,就会产生为实现目标而克服困难、执着追求的高度工作热情和工作积极性。因此，管理者应不失时机地为员工提供各种有利机会和条件以满足其成就需要，从而使员工能施展才能，表现才能，不断发展和提高才能。因此，管理者应该做好三个方面的工作：一是善于发现员工才能。每个员工都有自己的特长和闪光点，管理者用人之道就在于"用其所长，尽其所能"，并善于发现各类人才的不同才能，将其安排在合适的岗位上，最大限度地调动员工的积极性。这样，不仅可以激发员工的成就需要，还可以让他们在适合自己的岗位上，全方位地展现自己的才华，满足自己的成就需要，为企业多做贡献。二是要鼓励员工表现才能。现代管理工作的核心就是确立以人为中心的管理思想，变传统的"管人"为科学的"用人"，变员工的静态管理为"竞先争优，能者为上"的动态管理。在满足员工成就需要的过程中，鼓励每个员工去发挥自己的优势，让员工在工作中树立自信，增强进取心，让企业真正成为其施展才华的舞台。三是要支持员工发展才能。满足员工的成就需要不仅要发现与鼓励她们表现才能，更重要的是要用发展的眼光和前瞻的观点支持员工去发展自己的优势，保持自己的优势。这样，才可能让他们长久建立自信，时刻保持成就的需要。

## 五、创造良好的工作环境

良好的工作环境应该包括工作物理环境和工作心理环境。工作的物理环境包括灯光、温度、湿度、噪音、工作场所的大小、颜色的变化、工作工具和机器的适用性、办公设备的空间位置等因素。舒适的工作物理环境对员工的正面情绪有积极的刺激作用，无论是在工作满意度上还是生产率上都会有很积极的反应。工作工具和机器的适用性、工作场所以及办公设备布局的合理性会对作业层员工的情绪有重要的影响。如果工具设计合理，会大大提高工作效率，员工就会轻松完成工作，出现异常情绪的概率就会减小。如果各种设备布局不合理，员工负荷增加，则抱怨、不满的情绪就会随之而来，相应的产出和管理水平就会下降。

工作心理环境是指员工在工作中产生关系需求时需要的一种人际环境，这种工作软环境主要包括企业或者团队文化氛围、同事间关系、与上、下级的关系、组织赋予的权利地位等因素。员工会时时刻刻受到这种心理环境的影响。当员工产生需求和动机时会做出一些行为，同时，行为的发生也会影响到员工的动机改变。在这种需求动机和行为的交互作用中，无疑工作的心理环境发挥着十分重要的作用。当员工的行为因工作的心理环境而受到强化时，产生的是正面情绪；反之，当行为与工作心理环境发生冲突时，反面情绪就表现得更为强烈。因此，良好的工作心理环境的建设尤为重要。

## 【复习思考题】

1. 什么是激励？激励有什么功能？
2. 激励理论分为哪几种类型？
3. 马斯洛的需要层次理论的主要内容是什么？该理论对管理实践有何指导意义？
4. 什么是双因素理论？在管理实践中该理论带给我们什么启示？
5. 根据麦克利兰的观点，高成就需要者具有哪些特点？
6. 与马斯洛的需要层次理论相比，奥尔德弗的ERG理论有什么特点？

## 【本章案例分析】

### 案例1 大明服装厂

大明服装厂因市场疲软，经济效益有所下降，厂长赵茹面对这一困境，认真分析各种原因，积极寻找出路。她发现去年3月份开始发给每人每月50元的平均奖并没有提高工人的积极性，她便决定取消这笔奖金，以减少生产成本。可是消息刚一传出，员工们就怨声载道，生产效率也明显降低。赵厂长得知这个情况，一方面撤销了这一决定，另一方面派人贴出了招贤榜，分级奖赏各方给工厂的良方贤策。这样一来，全厂员工活跃起来，生产效率也大幅度提高，销售量也大增，从而使全厂经济效益回升，使工厂走出困境。

**思考题：**

1. 请用相关的激励理论进行评述。
2. 企业在设计奖励制度的时候应该考虑哪些问题？

### 案例2 让员工敲锣

中国台湾有一家公司，在公司的大厅里，装置了一个大铜锣，只要业绩突破新台币100万的人，就可以去敲它一响，突破200万则敲它两响，依次类推。

该公司的办公室就紧临着大厅，所以，只要这个铜锣被敲，它的声音马上会传入办公室内，也等于是告知全办公室内的人，有人的业绩突破了百万大关了，当这位敲锣的同仁步入办公室的同时，所有的人又都会起立鼓掌，给予他英雄式的欢呼。

据该公司管理部门有关人员表示，这种被大家鼓掌欢呼的场面是多么有面子的一件事，当然，谁都希望自己是下一个敲锣者，也接受大家的欢呼，不过，想要敲响它，首先是把业绩给做到，这正是该公司装置这个大铜锣的目的。

**思考题：**

1. 试用有关激励理论分析该案例。
2. 你如何看待激励方法多样化的问题？

## 案例 3　白泰铭跳槽

白泰铭大学专业是日语，毕业后便被一家中日合资公司招为推销员。他很满意这份工作，因为工资高，还是固定的，不用担心未受过专门训练的自己比不过别人。若拿佣金，比人少得太多就会丢面子。

刚上班的头两年，小白的工作虽然兢兢业业，但销售成绩一般。可是随着他对业务和他与对方们的关系越来越熟悉，他的销售额也渐渐上升了。到了第三年年底他已列入全公司几十名销售员中头 20 名了。下一年他很有信心估计自己当属推销员中的冠军了。不过这个公司的政策是不公布每人的销售额，也不鼓励互相比较，所以他还不能很有把握说自己一定会坐上第一把交椅。去年，小白干得特别出色。尽管定额比前年提高了 25%，到了 9 月初他就完成了这个销售额。根据他的观察，同事中间还没有人完成定额。

10 月中旬，日方销售经理召他去汇报工作。听完他用日语做的汇报后，日本人对他格外客气，祝贺他已取得的成绩。在他要走时，那经理对他说："咱公司要再有几个像你一样的推销明星就好了。"小白只微微一笑，没说什么，不过他心中思忖，这不就意味着承认他在销售员队伍中出类拔萃，独占鳌头么。今年，公司又把他的定额提高了 25%，尽管一开始不如去年顺利，他仍是一马当先，比预计干得要好。他根据经验估计，10 月中旬前他准能完成自己的定额。

可是他觉得自己的心情并不舒畅。最令他烦恼的事，也许莫过于公司不告诉大家干得好坏，没个反应。他听说本市另两家也是中外合资的化妆品制造企业都搞销售竞赛和有奖活动。其中一家是总经理亲自请最佳推销员到大酒店吃一顿饭；而且人家还有内部发行的公司通讯之类小报,让人人知道每人销售情况,还表扬每季和年度最佳销售员。想到自己公司这套做法,他就特别恼火。其实一开始他并不关心排名第几的问题,如今却重视起来了。不仅如此,他开始觉得公司对推销员实行固定工资制是不公平的,一家合资企业怎么也搞大锅饭?应该按劳付酬。

上星期,他主动去找了那位外国经理,谈了他的想法,建议改革佣金制,至少按成绩给奖金。不料那日本上司说这是既定政策,而拒绝了他的建议,母公司一贯就是如此,正是本公司文化特色。日本老板拒绝了他的建议。

昨天,令公司领导吃惊的是小白辞职而去,到另一家公司了。

## 思考题:

1. 小白为什么辞职?请用激励理论分析其原因。
2. 如果你是小白的上司,你会怎样做?

# 第7章

# 过程型激励理论

## 【本章学习目标】

**通过本章学习，你应该了解：**

**1. 弗鲁姆的期望理论的内容及其在管理中的运用。**

**2. 亚当斯公平理论的内容及其在管理中的运用。**

**3. 目标管理理论与目标设置理论的内容及其在管理中的运用。**

### 引导案例

#### 小刘的烦恼

小刘去年进入一家小有名气的外资企业。这家公司实行工资保密制度，一般情况下，员工之间都不知道彼此的收入。但小刘对这份工作还是很满意的，一方面公司人际关系和谐，气氛轻松，工作虽累却挺舒心；另一方面就是薪水也不错，底薪每月3 000元，还有不固定的奖金。

小刘一门心思扑到了工作上，经常加班加点，有时还把工作带回家做，而且也确实取得了显著的成效。比如说，上次湖北的一个设备安装项目，在小刘的努力下只用了1/3的时间就完成了，为公司节约了大量成本。项目负责人为此还专门写了一份报告表扬小刘。同事们都很佩服他，主管也很赏识他。

年终考核，人力资源主管对小刘的工作予以了高度评价，并告诉小刘公司将给他加薪15%。听到这个消息，小刘高兴极了。这不仅是钱的问题，也是公司对他的业绩的肯定。

同年进入公司的小张却开心不起来，因为他今年的业绩并不好。午饭时两人聊了起来，小张唉声叹气地说："你今年可真不错，不像我这倒霉，薪水都加不了，干来干去还是3 900元，什么时候才有希望啊？"猛然间小刘才意识到，原来小张的底薪比他高900元。他对小张并没有意见，可是他想不通，即使不考虑业绩，他们俩同样的职务，小张的学历、能力都不比他强，为什么工资却比他高这么多呢？小刘不仅感到不公平，而且有一种上当的感觉:我一直还以为自己的工资不低了,应该好好干,原来别人的工资都比我高。他马上就往人力资源部跑去……

**【点评】**

内容型激励理论虽然对人的需要的层次和种类以及激励因素的内容进行了系统研究,但缺乏对激励过程所达到的预期目标能否使激励对象得到满足方面的研究。与内容型激励理论不同,过程型激励理论主要研究从动机的产生到采取具体行动的心理过程,试图弄清人们对付出劳动、功效要求和奖酬价值的认识,即从外在的诱因入手研究激励问题。

过程型激励理论主要包括弗鲁姆的期望理论、洛克的目标设置理论、亚当斯的公平理论等。公平理论能够很好地解释案例中的问题:在薪酬激励中员工并不只是看重绝对报酬,他们更会注重相对报酬,即在与他人及自己的过去进行比较的过程中来看待自己现有的报酬。即使绝对报酬数额可观,但如果在薪酬激励的过程中存在不公平,那么员工的不公平感会油然而生,严重影响其积极性的发挥。

## 第1节　期望理论与公平理论

### 一、弗鲁姆的期望理论

期望理论是美国心理学家维克托·弗鲁姆(Victor H. Vroom)于1964年在《工作与激励》一书中提出来的。它是一种通过考察人们的努力行为与其所获得的最终奖酬之间的因果关系来说明激励过程,并以选择合适的行为达到最终的奖酬目标的理论。这种理论认为,当人们有需要,又有达到目标的可能时,积极性才能高。激励水平取决于期望值和效价的乘积:

激励水平高低(M)=期望值(E)×效价(V)

激励是指激励水平的高低。它表明动机的强烈程度和被激发的工作动机的大小,即为达到高绩效而作的努力程度。这种激励又被分为外加性激励和内在性激励两类。期望值是指人们对自己的行为能否导致所想得到的工作绩效和目标(奖酬)的主观概率,即主观上估计达到目标、得到奖酬的可能性。目标价值大小直接反映人的需要动机强弱,期望概率反映人实现需要和动机的信心强弱。弗鲁姆认为,人总是渴求满足一定的需要并设法达到一定的目标。这个目标在尚未实现时,表现为一种期望,期望的概念就是指一个人根据以往的能力和经验,在一定的时间里希望达到目标或满足需要的一种心理活动。

★小资料

## 贝尔效应的启示:成功来自于必胜的信念

贝尔效应是由美国布道家、学者贝尔提出:想着成功,成功的景象就会在内心形成;有了成功的信心,成功就有了一半把握。他天赋极高,曾经不止一个人预计说,如果他毕业后进行晶体和生物化学的研究,一定会赢得多次诺贝尔奖。但他却心甘情愿地走了另一条道路——把一个个开拓性的课题提出来,指引别人登上了科学高峰。

不论环境如何,在我们的生命里,均潜伏着改变现时环境的力量。如果你满怀信心,积极地想着成功的景象,那么世界就会变成你想要的模样。你可以达到成功的最高峰,也可以在庸庸碌碌中悲叹。而这一切的不同,仅仅在于你是否有成功的信念!很多事情我们不敢做,并不在于它们难,而在于我们不敢做。其实,人世中的许多事,只要想做,并相信自己能成功,那么你就能做成。想着成功,你的内心就会形成为成功而奋斗的无穷动力。不管遇到什么困难,都要坚信自己一定能成功,那么,最终你也一定会成功。期望理论的观点也再次说明,要保持人们完成某项工作、达成某个目标的热情,较高的期望值是必不可少的。

对于目标的期望值怎样才算适合?有人把它形容为摘苹果。只有跳起来能摘到苹果时,人才最用力去摘。倘若跳起来也摘不到,人就不跳了。如果坐着能摘到,无需去跳,便不会使人努力去做。由此可见,领导者给员工制订工作定额时,要让员工经过努力就能完成,再努力就能超额,这才有利于调动员工的积极性。定额太高使员工失去完成的信心,他就不努力去做;太低,唾手可得,员工也不会努力去做。因为期望概率太高、太容易的工作会影响员工的成就感,失去目标的内在价值。所以领导者制订工作、生产定额,以及使员工获得奖励的可能性都有个适度问题,只有适度才能保持员工恰当的期望值。

弗鲁姆认为,期望的东西不等于现实,期望与现实之间一般有三种可能性,即:期望小于现实,期望大于现实,期望等于现实。这三种情况对人的积极性的影响是不同的。

(1) 期望小于现实。即实际结果大于期望值。一般地说,在正强化的情况下,如奖励、提职、提薪、分房子等,当现实大于期望值的时候,有助于提高人们的积极性,在这种情况下,能够增强信心,增加激发力量。而在负强化的情况下,如惩罚、灾害、祸患等,期望值小于现实,就会使人感到失望,因而产生消极情绪。

(2) 期望大于现实。即实际结果小于期望值。一般地说,在正强化的情况下,便会产生挫折感,对激发力量产生削弱作用。如果在负强化的情况下,期望值大于现实,则会有利于调动人们的积极性,因为这时人们作了最坏的打算和准备,而结果却比预想的好得多,这自然对人的积极性是一个很大的激发。

(3) 期望等于现实。即人们的期望变为现实,所谓期望的结果是人们预料之中的事。在这种情况下,一般地说,也有助于提高人的积极性。如果从此以后,没有继续给予激励,积极性则只能维持在期望值的水平上。

效价是指人们对某一目标(奖酬)的重视程度与评价高低,即人们在主观上认为这奖酬的价值大小,即达到目标对于满足人们需要的价值。同一目标,由于各个人所处的环境不同,需求不同,其需要的目标价值也就不同。同一个目标对每一个人可能有三种效价:正、零、负。如果个人喜欢其可得的结果,则为正效价;如果个人漠视其结果,则为零值;如果不喜欢其可得的结果,则为负效价。效价越高,激励力量就越大。

★小资料

## 不值得定律:选择你所爱的工作,爱你所选择的工作

不值得定律最直观的表述是:不值得做的事情,就不值得做好,这个定律似乎再简单不过了,但它的重要性却时时被人们疏忘。不值得定律反映出人们的一种心理,一个人如果从事的是一份自认为不值得做的事情,往往会保持冷嘲热讽,敷衍了事的态度。不仅成功率小,而且即使成功,也不会觉得有多大的成就感。若用期望理论来解释,即如果人们认为工作目标的效价很低,则人们在工作中就不会有积极性。

值得做的工作是:符合我们的价值观,适合我们的个性与气质,并能让我们看到期望。如果你的工作不具备这三个因素,你就要考虑换一个更合适的工作,并努力做好它。

因此,对个人来说,应在多种可供选择的奋斗目标及价值观中挑选一种,然后为之而奋斗。"选择你所爱的,爱你所选择的",才可能激发我们的奋斗毅力,也才可以心安理得。而对一个企业或组织来说,则要很好地分析员工的性格特性,合理分配工作,如让成就欲较强的员工单独或牵头来完成具有一定风险和难度的工作,并在其完成时给予定时的肯定和赞扬;让依附欲较强的员工更多地参加到某个团体中共同工作;让权力欲较强的员工担任一个与之能力相适应的主管。同时要加强员工对企业目标的认

同感，让员工感觉到自己所做的工作是值得的，这样才能激发员工的热情。

该理论指出，效价受个人价值取向、主观态度、优势需要及个性特征的影响。可以根据行为的选择方向进行推测，假如个人可以自由地选择X结果和Y结果的任一个，在相等的条件下：如果选择X，即表示X比Y具有正效价；如果选择Y，则表示Y比X具有正效价。也可以根据观察到的需求完成行为来推测。例如，有人认为有价值的事物，另外的人可能认为全无价值。如1 000元奖金对生活困难者可能很有价值，而对百万富翁来说意义不大。一个希望通过努力工作得到升迁机会的人，在他心中，“升迁”的效价就很高；如果他对升迁漠不关心，毫无要求，那么升迁对他来说效价就等于零；如果这个人对升迁不仅毫无要求，而且害怕升迁，那么，升迁对他来说效价就是负值。再例如，吃喝的数量和质量可以表明需求完成的情况，如果吃得多、吃得快，说明食品具有正效价。

期望值与效价结合的情况有以下七种：

(1) E(高) × V(高) = M(高)，强激励。

(2) E(中) × V(中) = M(中)，中激励。

(3) E(低) × V(低) = M(低)，弱激励。

(4) E(高) × V(低) = M(低)，弱激励。

(5) E(低) × V(高) = M(低)，极弱激励或无激励。

(6) E(零) × V(高) = M(零)，无激励。

(7) E(高) × V(零) = M(零)，无激励。

以上我们只是从影响激励的期望值和效价这两个因素分析的，其实影响激励水平的因素还有关联性、结果绩效和报酬、能力和选择，如图7.1所示。

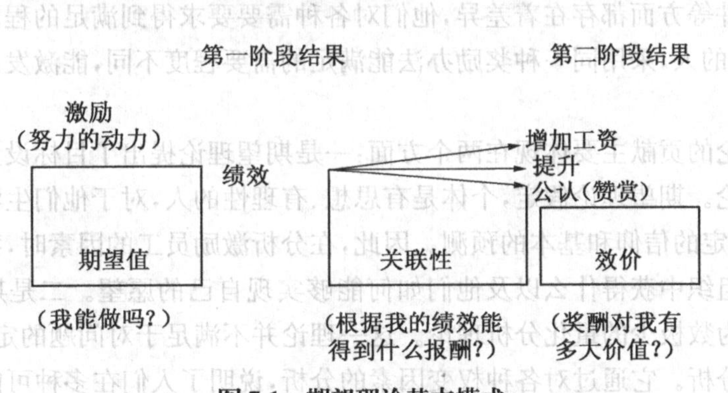


**图7.1 期望理论基本模式**

在期望模式中，“个人努力”指始发行为的强度；“个人成绩”指个人预期达到的成绩或外界确定的成绩标准，它作为一级目标，是个体获取组织奖励的工具；“组织奖励”

包括内在奖励(如赋予重任、提供发展机会等)和外在奖励(如提薪、晋级等)两种,它作为二级目标,是个体满足个人需要的工具;"个人需要"指个体尚未得到满足的优势需要,它是外在目标发挥激励作用的内在基础。该模型说明,运用目标进行激励时,个体经历了两个层次的期望和效价的评估。期望Ⅰ指个体根据目标难度与自我力量分析,判断行为成功的概率。假如这个概率恰当,个体就有信心和动力去实现一级目标。期望Ⅱ指个体根据以往经验及情境条件分析,判断个人成绩导致组织奖励的概率。假如这个概率恰当,个体就会进一步评价组织奖励对满足个人需要的价值。因为人与人之间存在着个别差异,所以同一个目标对不同的人会产生不同的效价和期望。弗洛姆的动机作用模式图在这个期望模式中的四个因素,需要兼顾三个方面的关系:

(1) 努力——绩效关系(我能做到吗?)。人们总是希望通过一定的努力达到预期的目标,如果个人主观认为达到目标的概率很高,就会有信心,并激发出很强的工作力量,反之如果他认为目标太高,通过努力也不会有很好绩效时,就失去了内在的动力,导致工作消极。

(2) 绩效——奖励关系(根据我的绩效能得到什么报酬?)。即指个体经过努力取得良好工作绩效所带来的对绩效的奖赏性回报的期望。人总是希望取得成绩后能够得到奖励,当然这个奖励也是综合的,既包括物质上的,也包括精神上的。如果他认为取得绩效后能得到合理的奖励,就可能产生工作热情,否则就可能没有积极性。由此个体会思考:

(3) 奖励——个人需要关系(奖酬对我有多大价值?)。任何结果对个体的激励影响的程度,取决于个体对结果的评价,即奖励与满足个人需要的关系。人总是希望自己所获得的奖励能满足自己某方面的需要。然而由于人们在年龄、性别、资历、社会地位和经济条件等方面都存在着差异,他们对各种需要要求得到满足的程度就不同。因此,对于不同的人,采用同一种奖励办法能满足的需要程度不同,能激发出的工作动力也就不同。

期望理论的贡献主要体现在两个方面:一是期望理论提出了目标设置与个人需求相统一的理论。期望理论假定,个体是有思想、有理性的人,对于他们生活和事业的发展,他们有既定的信仰和基本的预测。因此,在分析激励员工的因素时,我们必须考察人们希望从组织中获得什么以及他们如何能够实现自己的愿望。二是期望理论也是激励理论中为数极少的量化分析理论。这一理论并不满足于对问题的定性说明,还非常重视定量分析。它通过对各种权变因素的分析,说明了人们在多种可能性中所做出的选择。也就是说,人们的行为选择通常是效用最大化的,或者说人们的现实行为是其激励力量最大的行为选择。这不仅是激励理论的重要发展,同时在实践中也更具操作性。

## 二、亚当斯的公平理论

公平理论又称社会比较理论，它是美国行为科学家约翰·斯塔希·亚当斯(John Stacey Adams)提出来的一种激励理论。该理论侧重于研究工资报酬分配的合理性、公平性及其对员工生产积极性的影响。

该理论的基本要点是：人的工作积极性不仅与个人实际报酬多少有关，而且与人们对报酬的分配是否感到公平更为密切。人们总会自觉或不自觉地将自己付出的劳动代价及其所得到的报酬与他人进行比较，并对公平与否做出判断。公平感直接影响员工的工作动机和行为。因此，从某种意义来讲，动机的激发过程实际上是人与人进行比较，做出公平与否的判断，并据以指导行为的过程。

公平理论可以用公平关系式来表示。设当事人 a 和被比较对象 b，则当 a 感觉到公平时有下式成立：

$$op/ip = oc/ic$$

式中：$op$——自己对所获报酬的感觉；

$oc$——自己对他人所获报酬的感觉；

$ip$——自己对个人所作投入的感觉；

$ic$——自己对他人所作投入的感觉。

当上式为不等式时，可能出现以下两种情况：

$$op/ip < oc/ic$$

在这种情况下，他可能要求增加自己的收入或减小自己今后的努力程度，以便使左方增大，趋于相等；第二种办法是他可能要求组织减少比较对象的收入或者让其今后增大努力程度以便使右方减小，趋于相等。此外，他还可能另外找人作为比较对象，以便达到心理上的平衡。

$$op/ip > oc/ic$$

在这种情况下，他可能要求减少自己的报酬或在开始时自动多做些工作，但久而久之，他会重新估计自己的技术和工作情况，终于觉得他确实应当得到那么高的待遇，于是产量便又会回到过去的水平了。

除了横向比较之外，人们也经常做纵向比较，即把自己目前投入的努力与目前所获得报偿的比值同自己过去投入的努力与过去所获报偿的比值进行比较。只有相等时才认为公平，如下式所示：

$$op/ip = oh/ih$$

式中:$op$——自己对现在所获报酬的感觉;

$oh$——自己对过去所获报酬的感觉;

$ip$——自己对个人现在投入的感觉;

$ih$——自己对个人过去投入的感觉。

当上式为不等式时,也可能出现以下两种情况:

$$op/ip < oh/ih$$

当出现这种情况时,人也会有不公平的感觉,这可能导致工作积极性下降。

$$op/ip > oh/ih$$

当出现这种情况时,人不会因此产生不公平的感觉,但也不会觉得自己多拿了报偿,从而主动多做些工作。

调查和试验的结果表明,不公平感的产生,绝大多数是由于经过比较认为自己目前的报酬过低而产生的,但在少数情况下,也会由于经过比较认为自己的报酬过高而产生。

总的来说,组织中员工的公平感与下列几方面的因素有关:

第一,它与员工的个人因素有关。由于个体的人生观、价值观、传统文化心理、个人经历差异、文化教育、认知水平等方面存在着差异,因此,在一定程度上影响着人们的公平偏好。企业中,员工是信息的接受者,信息的不对称很容易造成员工对自己和其他人的比较结果失真,从而表现出一种心理倾向——对别人的绩效估价过低而对自己的贡献估价过高。市场经济下,个体对其利益最大化追求的行为使其过于关注经济效益和个人利益,从而影响了对公平的判断。

第二,它与评定者因素有关。不同的评定者会得出不同的结果。由于同一组织内往往不是由同一个人评定,因此会出现评定条件不同,评定方法不同,评定结果不同等现象。评定者的自身素质也十分重要,其经验水平、工作作风、处理问题的方式以及对员工的态度在很大程度上会影响员工的心理。如果由于评定者自身的素质因素做出了不合理的评定,这会极大地挫伤员工的感情,产生强烈的不公平感。

第三,它与评价方法和公平标准有关。如何评定绩效?是根据工作成果的数量和质量,还是根据工作中的努力程度和付出的劳动量?是根据工作的复杂、困难程度,还是根据工作能力、技能、资历和学历?不同的评定方法会得到不同的结果。同时,公平标准怎样制定也很重要。在评价员工工作绩效的时候,是采取贡献率还是采取需要率或是平均率?不同的标准也会得出不同的结果。

第四，它与企业管理制度是否完善有关。如果企业的管理制度不完善，缺乏有效科学的绩效考核制度、薪酬制度和人才选拔制度等，在一定程度上会引发员工的不公平感。还有部分企业的民主参与管理制度、企业文化制度建设等，大多流于形式，未能将企业管理制度的建设真正地落到实处，这在一定程度上也挫伤了员工的积极性。

第五，它与社会不公平现象的存在有关。社会上存在的一些贪污腐败、贫富差距拉大、拜金主义盛行等诸多不公平现象的出现，是企业员工产生不公平感的社会原因和间接原因。

公平理论认为，当员工感到不公平时，可以预计他们会采取以下六种选择中的一种：(1)改变自己的投入；(2)改变自己的产出；(3)歪曲对自我的认知；(4)歪曲对他人的认知；(5)选择其他参照对象；(6)离开该领域。

公平理论还指出，以下四种做法与报酬的不公平性有关：

(1) 如果根据时间计酬，感到报酬过高的员工会比感到报酬公平的员工有更高的生产率。

(2) 如果根据产量计酬，感到报酬过高的员工会比感到报酬公平的员工产量低但质量高。

(3) 如果根据时间计酬，感到报酬过低的员工的产量更低，质量也更差。

(4) 如果根据产量计酬，感到报酬过低的员工会比感到报酬公平的员工产量高而质量低。

# 第2节 目标管理理论与目标设置理论

## 一、目标设置理论

美国马里兰大学管理学兼心理学教授洛克和休斯在研究中发现，外来的刺激(如奖励、工作反馈、监督的压力)都是通过目标来影响动机的。目标能引导活动指向与目标有关的行为，使人们根据难度的大小来调整努力的程度并影响行为的持久性。于是，在一系列科学研究的基础上于1967年最先提出"目标设定理论"，认为目标本身就具有激励作用，目标能把人的需要转变为动机，使人们的行为朝着一定的方向努力，并将自己的行为结果与既定的目标相对照，及时进行调整和修正，从而能实现目标。这种使需要转化为动机，再由动机支配行动以达成目标的过程就是目标激励。目标激励的效果受目标本身的性质和周围变量的影响。许多学者作了进一步的理论和实证研究，如尤克尔和莱瑟姆认为，目标设置应与组织成员参与、注意个别差异和解决目标艰巨性等因素结合运用,并提出了目标设置的综合模式;班杜拉和洛克等人则认识到目标对动机的影响受自我效能感等中介变量的影响;德韦克及其同事在能力理论基础上,区分了目标的性质,并结合社会认知研究的最新成果,提出了动机的目标取向理论等。

洛克和莱瑟姆设计了一种个体目标设置与绩效的复杂模型。图 7.2 给出了这一模型的简化版本。从该模型可以看出导致个体高绩效水平的变量及其关系。该模型的基本观点是把目标看作一种激励因素,因为它可以让人们对目前的绩效与期望达到的目标进行比较。从某种程度上说,人们一般会认为,如果他们目前的水平还达不到目标的要求,他们就不会感到满足。但只要他们相信,通过努力是可以达到目标的,他们就会努力工作并实现目标。制定目标能够提高自己的绩效水平,因为目标可以使所期望的绩效类型和水平变得更加明确。

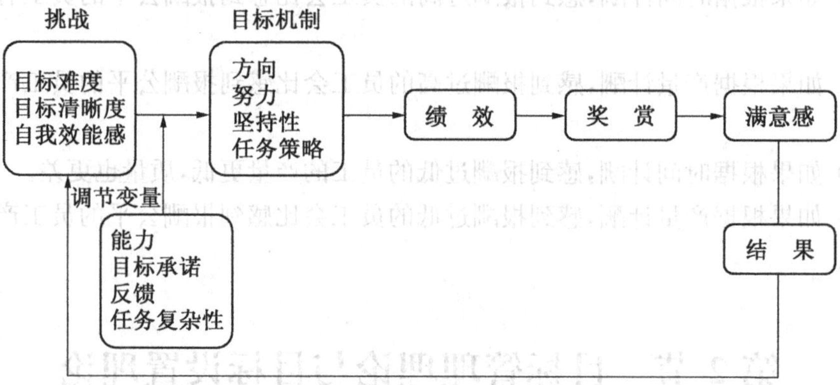


图 7.2 目标设置模型

## 二、目标管理理论

目标管理理论是由现代管理大师彼得·德鲁克根据目标设置理论提出的目标激励方案。其基础是目标理论中的目标设置理论。目标管理强调组织群体共同参与制定具体的可行的能够客观衡量的目标。

目标管理又称为成果管理,它是在泰勒的科学管理和行为科学管理理论的基础上形成的一套管理制度。它强调,"凡是工作状况和成果直接地、严重地影响着公司的生存和繁荣发展的地方,目标管理是必要的,而且希望经理所能取得的成就必须来自企业目标的完成,他的成果必须用他对企业的成就有多大贡献来衡量。"

德鲁克认为,企业的目的和任务必须转化为目标,目标的实现者同时也是目标的制定者。首先，他们必须一起确定企业的航标，即总目标，然后对总目标进行分解，使目标流程分明。其次，在总目标的指导下，各级职能部门制定自己的目标。再次，为了实现各层目标必须权力下放，培养一线职员主人翁的意识，唤起他们的创造性、积极性、主动性。除此之外，绝对的自由必须有一个绳索——强调成果第一，否则总目标只是一种形式而没有实质内容。企业管理人员必须通过目标对下级进行领导并以此来保证企业总目标，如果没有方向一致的分目标来指导每个人的工作，则企业的规模越大，人员越多时，发生冲突和浪费的可能性就越大。只有每个管理人员和工人都完成了自己的分目标，整个企业的总目标才有完成的希望。企业管理人员对下级进行考核和奖励也是依据这些分目标。他还主张，在目标实施阶段，应充分信任下级人员，实行权力下放和民主协商，使下级人员进行自我控制，独立自主地完成各自的任务。成果评价和奖励也必须严格按照每个管理人员和工人的目标任务完成情况和实际成果大小来进行，以激励其工作热情，发挥其主动性和创造性。

目标管理理论的意义在于：

第一，以企业整体目标为导向，消除部门间摩擦及资源浪费。德鲁克认为，传统的专业化分工所带来的最大危险在于每个部门都致力于提高本部门的专业水准，这可能导致员工的愿景的努力偏离了组织的整体目标，而把职能性工作本身当成目的。这种状况下每个部门各自为政，只关心自己的专业领域，互相猜忌提防，致力于扩张各自的势力范围，而不是建立整个公司的事业，于是各部门的努力难以形成合力，造成巨大的资源浪费，甚至成为组织分崩离析的离心力。目标管理通过员工参与制定企业的目标，使员工清楚地知道企业的整体目标以及自己对于企业总目标的贡献，能够克服因对于企业总目标的无知而造成的只关注自己的专业领域、各部门各自为政、错把手段当目的的局面。另一方面，目标管理以企业整体目标为导向，必然将资源集中使用在对组织目标有贡献的领域，更合理地配置和利用人力、物力和财力，做到人尽其才、物尽其用，有效避免资源浪费。

第二，目标层层分解，明确责、权、利。目标管理从本质上来讲是可以使组织中的每个成员都能根据自己的目标确立自己的责任和贡献。目标分解到哪里，权力和责任就下放到哪里。企业的组织结构是根据目标体系来构建的。这样，每个部门都有明确的目标，每个目标都有人明确负责，事事有人做，人人有其责，办事有标准，检查有根据，从而把每个人的工作目标与总体目标紧密联系起来，形成一个责、权、利分明的目标体系，杜绝遇事无人负责，互相扯皮的现象。

第三，客观绩效确定贡献大小，彰显公平。“评估必须基于绩效。评估是一种判断，总是需要有清楚的标准，才能下判断；缺乏清晰明确的公开标准而做的价值判断是非理性而武断的，会腐化判断者和被判断者”。德鲁克如是说。关乎组织成员切身利益,同时又极易引发冲突与争议的奖惩制度必须取决于其对组织贡献的大小。目标管理的核心理念之一就是以实现"目标"的成果来评价其贡献大小,这种基于客观绩效的评估结果能让员工心服口服,与传统的领导根据个人好恶来对员工进行评判相比,更能彰显公平,对于员工也有更好的激励作用。

第四,自我控制取代压力管理,激发员工积极性和创造性。目标管理从制定目标再到检验与评价整个过程中,都强调上下共同参与、个人目标与组织目标的有机结合。因此,从根本上讲,目标管理是一种参与管理,是一种自我控制的管理方法。自我控制的管理方法让管理者的工作动机不再是因为别人命令他或说服他去做某件事情,而是因为管理者的任务本身必须达到这样的目标。他不再只是听命行事,而是决定必须这么做。换句话说,他以自由人的身份采取行动,在自我控制的管理方法下,组织成员摆脱了上级的控制,摆脱了压力和恐惧,员工潜能得到最大限度发挥,员工积极性得到最大限度激发。

另一方面,目标管理是一种结果导向的管理,从结果反推出能达到结果的过程。也就是目标管理赋予了达到结果的手段的多样性。结果是第一位的,为了达到目标,员工可以有更灵活和自由的选择,这样无形中激发员工处理问题的创造性。德鲁克目标管理理论问世以后,在管理学界产生了巨大影响,然而在实践过程中却遇到很多难题,诸如合理而可行的目标难以确立,目标在执行过程中容易被置换,偏离原来的方向,用以衡量员工绩效的标准难以量化等。因而目标管理理论也受到了一些学者的质疑。

★小资料

### 分解目标,逐段实现:国际马拉松冠军成功的秘诀

1984年,在东京国际马拉松邀请赛中,名不见经传的日本选手山田本一出人意外地夺得了世界冠军。当记者问他凭什么取得如此惊人的成绩时,他说了这么一句话:凭智慧战胜对手。当时许多人都认为这个偶然跑到前面的矮个子选手是在故弄玄虚。马拉松赛是体力和耐力的运动,只要身体素质好又有耐性就有望夺冠,爆发力和速度都还在其次,说用智慧取胜确实有点勉强。

两年后,意大利国际马拉松邀请赛在意大利北部城市米兰举行,山田本一代表日本参加比赛。这一次,他又获得了世界冠军。记者又请他谈经验。山田本一性情木讷,不善言谈,回答的仍是上次那句话:用智慧战胜对手。这回记者在报纸上没再挖苦他,但对他所谓的智慧迷惑不解。

十年后，这个谜终于被解开了，他在他的自传中是这么说的：每次比赛之前，我都要乘车把比赛的线路仔细地看一遍，并把沿途比较醒目的标志画下来，比如第一个标志是银行；第二个标志是一棵大树；第三个标志是一座红房子……这样一直画到赛程的终点。

比赛开始后，我就以百米的速度奋力地向第一个目标冲去，等到达第一个目标后，我又以同样的速度向第二个目标冲去。40 多公里的赛程，就被我分解成这么几个小目标轻松地跑完了。起初，我并不懂这样的道理，我把我的目标定在 40 多公里外终点线上的那面旗帜上，结果我跑到十几公里时就疲惫不堪了，我被前面那段遥远的路程给吓倒了。

这个故事说明，成功正是一个化整为零、循序渐进的过程，并非一蹴而就的坦途，如果人们的行动有明确的目标并能够不断将行动与目标加以对照的话，那么他们就清楚地知道自己与目标之间的距离，这样人们行动的动机就会得到维持和加强，就会自觉地克服一切困难，努力实现目标。

# 第 3 节 过程型管理理论在管理中的应用

## 一、运用期望理论增强管理工作的激励力量

管理者要正确有效地运用期望理论以提高管理绩效，就必须做好以下几个方面的工作。

### (一) 设置目标，增加目标吸引力

管理者不仅要为员工设置目标，也要考虑到目标是否是员工所偏爱的，只有员工愿意实现目标才对员工有吸引力，效价才是高的。具体来说，管理者应坚持如下原则。

**1. 设置科学、合理的激励目标**

员工激励的最终目的是为了实现组织的共同目标，充分发挥目标的激励作用是员工激励的重要问题。而只有科学、合理的激励目标才能真正成为实现组织目标的诱因。科学的激励目标不是越高越好，而是应符合组织与员工的实际，使其具有一定的挑战性和可行性，目标要有一定的难度、创意才能引起员工的工作兴趣，产生一种强烈吸引力。

**2. 充分了解员工的内心需要**

激励的中心问题是在条件允许的情况下满足员工的各种合理需要。因此，激励员

工的前提是了解他们的内心需要,只有这样,才能找准激励方向与激励因素。根据马斯洛的需求层次理论,不同的人在不同的阶段的需求是不同的,有些人可能需要金钱等物质奖励以满足基本的生活需要,有些人可能需要满足其持续成长和发展的需要。因此,管理者应根据员工不同的内心需要选择有效的激励形式。例如,除物质奖励外,还需要制定诸如提供培训机会、晋升机会等以满足员工不同层次的需要。

**3. 调整员工对目标的认知**

对于管理者来说,要根据管理目标和员工的发展状况不断调整员工的目标认知。因为同一个目标,不同员工由于需要不同或认识问题的方法、能力不同,对目标效价可能会有不同的认识与理解。因而在确定激励目标的前期和实施过程中,管理者要通过教育、培训和宣传解释提高员工对目标效价的认知能力和水平,从帮助员工确立目标、认识目标、重视目标与渴望目标等几方面来调整员工的目标认知,使组织目标与员工目标协调一致。

**4. 进行目标管理**

管理人员在设置目标时应该采用目标管理的方法使目标具有可度量性、可比较性和可分解性,从而达到对员工激励的效果。目标管理可以从两个方面起到激励作用:第一,从目标管理的基本含义来看,它指的是上下级一起协商,把管理系统的总任务转化为组织的共同目标,层层分解直至每位员工。把员工的个人目标与组织的共同目标结合起来,使员工在完成个人目标的同时也完成组织的共同目标。第二,目标管理倡导的是员工参与设置目标,这既有利于保证所设置目标的合理性,又能使下属从参与目标制定的过程中充分理解目标,产生工作意愿与责任感,在目标达到时还会产生成就感。

### (二) 提高员工的期望值

根据期望理论,人们对自己的行动能否导致工作绩效和最终实现目标的期望值越大,他们所受激励水平越高。对管理人员来讲提高员工的期望值应注意三个方面内容。

**1. 明确实现目标的途径**

管理者不仅要为员工设置具有吸引力的目标,同时也要明确实现目标的途径是什么,让员工相信通过自己的努力可以完成目标,谨防"目标陷阱"(员工无论怎样努力工作也完成不了的目标)。因此,只有让员工预知到通过努力可以完成目标,才能够确实调动员工的工作积极性。而管理者可以通过指点、指导和培训的方法,明确提高下级员工对通过努力实现预期目标的期望,以充分调动他们的积极性。需要注意的是,管理者在给员工提供实现目标途径时,应该考虑到员工的能力和性格特征并以不同的领导方式加以运用。例如对于能力强、个性独立的员工，管理者应充分授权；而对于缺乏工作经验的员工，管理者应予以具体指导。

**2. 提高员工的工作能力**

员工对激励目标实现可能性即期望值的认可程度是同员工实现目标的工作能力相关的。在工作难度一定时，员工的工作能力越强，目标也就越容易实现。所以提高员工的工作能力是提高员工激励力量的重要因素。但离开工作岗位单纯看工作能力并不具有实际意义，只有把工作能力用在工作岗位上，才能成为影响激励力量的因素。因此，管理者要相信人人都有工作的能力，帮助员工实现最佳岗位定位，并通过一套完善的竞争和培训机制促使员工积极参与岗位竞争，从而不断提高员工的工作能力。员工工作能力和素质的不断提高会带来目标效价与期望值的不断提高与更新。

**3. 管理者要给予员工工作的支持**

在员工完成工作目标的过程中，管理者应该给员工充分发挥的空间，尤其是对于成就感比较强的员工应该充分授权，给予员工充分的信任与支持，才能够更好发挥员工的工作积极性。

### （三）建立合理的报酬制度，增强工作绩效与所得报酬之间的关联性

报酬可分为物质方面报酬和精神方面报酬。物质方面报酬包括经济报酬和非经济报酬两类。经济报酬指员工获得的各种工资、奖金和福利等。非经济报酬包括工作内容（如工作是否有兴趣、具有挑战性等）和工作环境（单独办公室、专用公车等）两个方面。精神方面报酬包括表扬、自我成就感、得到上级或同事的认可、提高个人威望等。一般来讲，员工总是希望取得成绩后能够得到相应的报酬或奖酬。适当、及时并合理的报酬或奖酬能使员工更加热情、积极地投入到工作中去；反之，如果员工为组织做出了贡献而没有获得有效及时的物质或精神奖励来强化，久而久之，那些被激发出的工作积极性就会消除。作为组织中的管理者，要激励员工更好工作，在报酬方面应注意以下几个方面的内容。

（1）报酬要及时。员工的工作绩效和经济报酬之间会由于一些客观因素存在出现时间上的延迟。例如，组织通常都是按年度或按季度加薪的。报酬的滞后性可能会降低人们的激励效果。管理者对于那些不能马上予以兑现的报酬应采取公开的方式给予承诺。

（2）报酬制度要合理、透明。员工取得什么绩效获得什么奖励应该制度化、规范化。防止出现员工完成某一绩效奖励过高（低）或与之前的奖励不一致的情况。

（3）报酬制度要公平。让员工认识到制度面前人人平等，无论什么岗位只要取得某一绩效，就可获得相应的报酬。

(4)增加报酬的吸引力。同一种报酬对不同的员工效价不同、吸引力不同,所起到的激励效果自然也会不同,所以为了增加报酬吸引力,满足不同员工的不同需要,管理者可以列出报酬内容的菜单让员工自己选择,不过员工所获得的报酬必须与其工作绩效相联系。也就是说,一定的工作绩效只能在相应档次的奖酬范围内进行选择。

### (四)建立有效的沟通机制

在员工实现激励目标的过程中,员工的内心需要、目标期待、对管理者激励目标的信息反馈及工作能力等方面都会发生变化,管理者只有及时了解这些变化,才能为长期有效地激励员工提供帮助。因此,有效的沟通机制是保证员工激励措施有效运行的关键。它能使管理者更加全面地获取信息,整合情感要素,充分尊重员工在发展中合理的内心需求,使员工把心里话和内心情感尽量表达出来,同时也能把管理者对员工的关爱、尊重、赞美、信任等信息传达给员工,从而在员工内心深处激发起对组织的归属感和凝聚力,不断增强工作自信心。而这些必然为长期的员工激励带来目标效价、期望值和激励力量的提高,以增强员工激励的有效性。

## 二、运用公平理论维护被管理者的生产与工作积极性

在各种组织管理中,被管理者心理上的不公平感是影响其生产、工作积极性的一个不可忽视的因素。不公平感是对自己的付出和所得比值与他人付出和所得比值比较后所产生的主观感受。不公平感的产生主要是由社会利益分配方面的问题所引起的。社会利益不仅包括工资、奖金、福利等,而且还包括社会地位、权力、荣誉、职业、居住条件、机会等。当人们在比较中发现自己同别人付出同样的劳动而在上述方面的所得比别人低时,就会产生一种不公平感。不公平感往往损伤人的生产、工作积极性,降低生产、工作效率。因而,分析不公平感产生的主观和客观原因,在管理工作中尽可能地消除不公平感和预防不公平感的产生对维护被管理者的生产、工作积极性具有积极意义。下面从三个方面阐述不公平感产生的原因及其相应的解决方法。

### (一)由主观的判断错误引起的不公平感及其消除

不公平感是一种主观感受,这种主观反应受人的知识经验、意识倾向、世界观等的影响。因而,对于比较公平的客观现实,主观也有可能反映为不公平。人们一般都有一种“看人挑担轻松”的知觉心理,尤其是个人主义较为严重的人,更容易过高地估价自己的成绩,过低地评价他人的成绩,容易把实际合理的分配也看成不合理的,把公平的差别看作不公平的。甚至,有些人只比拿钱多少,不比贡献大小。要纠正上述现象,

一是要加强思想教育，提高人们的思想水平，使他们对自己、对他人都有一种正确的知觉；二是让这些人亲自体验，自挑“轻”担，使他们重新衡量公平与否。

### （二）由分配制度不善引起的不公平感及其消除

组织的工资制度、奖金制度、晋级提升制度等往往存在着不完善的地方。这是一些被管理者产生不公平感的客观原因。例如在企业奖金的分配上还存在着以下现象：定额不完善导致完成工作任务的难易程度不一样；生产计划不平衡导致有的班组有活干不完，有的班组无活找活干；责权利不统一造成干得多受罚也多，整日无所事事的一些职员却从不受罚，等等。解决此类问题主要靠不断完善各种利益分配制度，不断提高测评工作成效的水平等。

### （三）由领导的管理素质和不正作风引起的不公平感及其消除

领导的管理素质不高，在利益分配的具体问题上处理不当，都会导致被管理者不公平感的产生并进而影响其生产、工作积极性。如一些领导缺乏对工作成效的考评知识，只看辛苦程度，不管成效如何，致使被管理者成绩大小无从区别等；领导管理干部作风不正，从自己私利和个人恩怨出发，造成利益分配不公、奖罚不公等，更是引起不公平感，挫伤生产和工作积极性的不良因素。解决这些问题，主要靠对干部的思想教育和业务培训以端正干部作风提高干部的思想素质和业务素质。

## 三、设置适当的工作目标来激发被管理者的生产工作积极性

### （一）目标设置

合适的工作目标是提高被管理者工作积极性的关键，在设置目标时应该考虑以下的问题：

（1）目标是否与工作特征相关？

（2）目标的数目是否太多？

（3）目标是否能够考核？

（4）目标是否包含了数量、质量、时间和成本四要素？

（5）目标是否具有挑战性？

（6）目标是否和个人发展相联系？

（7）目标是否和组织及其他人的目标相协调？

（8）目标依据的假设是否清楚和确定？

（9）目标是否能够获得反馈？是否能够采取纠正措施？

(10) 目标的实现是否有足够的资源和权力?

(11) 目标的制定是否吸收了下级人员参与?

(12) 分派给下级人员的责任是否能够控制?

为了解决上述问题,在设置目标时应考虑 SMART 原则。

**1. SMART 原则一——明确性(specific)**

所谓明确性是要用具体的语言清楚地说明要达成的行为标准。明确的目标几乎是所有成功团队的一致特点。很多团队不成功的重要原因之一就是目标定的模棱两可,或没有将目标有效地传达给相关成员。

因此,目标设置要有项目、衡量标准、达成措施、完成期限以及资源要求,使考核人能够很清晰地看到部门或科室月计划要做哪些事情,计划完成到什么样的程度。

**2. SMART 原则二——衡量性(measurable)**

衡量性是指目标应该是明确的,而不是模糊的,应该有一组明确的数据作为衡量是否达成目标的依据。

目标的衡量标准遵循"能量化的量化,不能量化的质化"。使制定人与考核人有一个统一的、标准的、清晰的可度量的标尺,杜绝在目标设置中使用形容词等概念去模糊、无法衡量地描述。对于目标的可衡量性应该首先从数量、质量、成本、时间、上级或对方的满意程度五个方面来进行,如果仍不能进行衡量,可考虑将目标细化,细化成分目标后再从以上五个方面衡量,如果仍不能衡量,还可以将实现目标的工作进行流程化,通过流程化使目标可衡量。

**3. SMART 原则三——可实现性(attainable)**

目标是要可以让执行人实现、达到的,如果上司利用一些行政手段,利用权利性的影响力一厢情愿地把自己所制定的目标强压给下属,下属典型的反应是一种心理和行为上的抗拒:我可以接受,但是否完成这个目标,有没有最终的把握,这个可不好说。一旦有一天这个目标真完成不了的时候,下属有一百个理由可以推卸责任:你看我早就说了,这个目标肯定完成不了,但你坚持要压给我。

目标设置要坚持员工参与、上下左右沟通,使拟定的工作目标在组织及个人之间达成一致。既要使工作内容饱满,也要具有可达性。

**4. SMART 原则四——相关性(relevant)**

目标的相关性是指实现此目标与其他目标的关联情况。如果实现了这个目标,但对其他的目标完全不相关,或者相关度很低,则这个目标即使被达到了,意义也不是很大。因为毕竟工作目标的设定是要和岗位职责相关联的。

**5. SMART 原则五——时限性(time-based)**

目标特性的时限性是指目标是有时间限制的,没有时间限制的目标没有办法考核。根据工作任务的权重、事情的轻重缓急，拟定出完成目标项目的时间要求，定期检查项目的完成进度，及时掌握项目进展的变化情况，以方便对下属进行及时的工作指导，以及根据工作计划的异常情况变化及时地调整工作计划。

总之，无论是制定团队的工作目标，还是员工的绩效目标，都必须符合上述原则，五个原则缺一不可。只有遵循了这些原则，才能保证目标的设置科学、合理。

## (二) 效价的作用

同样的目标在不同人的心目中，往往会有不同的效价，这主要是由个人的理想、信念、价值观不同造成的，同时也与个人的文化水平、道德观念、知识能力、兴趣爱好以及个性特点有关。要全面地理解效价的作用和意义，企业和员工不能单纯地只看目标的价值"对自己有没有好处"或"对企业有没有好处"，还应该看到目标的价值对社会有多少贡献。如果对效价的理解仅仅局限于"对自己有没有好处"，很容易使人走上追逐个人名利的邪路，如果对效价的理解只是"对企业本身有没有好处"，就会把企业引向歧途。

即使是在资本主义世界，企业的目标效价也不能单纯地从企业的利益出发而不考虑国家的利益。例如，日本的住友银行在一次招收新职员的考试中，总裁堀团出了一道试题："当住友银行与国家双方利益发生冲突时，你以为如何去办才合适?"许多人答道："应从住友的利益着想。"堀团对这些人的评语是"不能录取。"另有许多人答道："应以国家的利益为重。"堀团认为这个答案及格，但不足以录用。只有少数几个人的回答是："对于国家利益和住友利益不能双方兼顾的事，住友绝不染指。"堀团认为这几个人有卓有见识，把他们录用了。一个资本主义国家的财团在考虑效价的时候，尚且能首先考虑到国家的利益，在社会主义国家的企业，就更应该以国家利益为重了。

## (三) 期望值的估计

期望值的估计，即对实现目标可能性大小的估计。对期望值的估计应该恰如其分。估计过高会盲目乐观，实现不了，容易受到心理挫折；估计过低容易悲观泄气，会影响信心，放松努力。

对期望值的估计人与人之间也存在着很大的差异，这主要与一个人的兴趣、愿望、知识、能力和生活经验等因素有关。一般来说，如果目标符合社会发展规律，又不脱离当前的实际，达到的可能性就大，在这种情况下，就要设法提高员工的期望值，鼓舞士气，增强信心。相反，如果目标违背社会发展规律，就要劝说和引导员工降低期望值，直至最终放弃这个目标。

为了实现组织目标，作为管理者或领导者，既要设法提高目标在员工心目中的效价,又要设法提高员工对目标的期望值,除此之外,还应该采取切实可行的措施,建立有效的保证体系,只有这样,才能从总体上提高实现目标的最大可能性。

## 【复习思考题】

1. 弗鲁姆期望理论的主要观点是什么?它在管理上的应用主要体现在哪些方面?

2. 亚当斯的公平理论的主要内容是什么?如何避免员工产生不公平感?

## 【本章案例分析】

### 案例1 MTW公司和员工制定"期望协议"

MTW公司的销售额从1996年的700万美元跃升到2000年的近4 000万美元,并建立了以人为本的文化,使公司从当初的50人发展到215人,人员流动率约为行业标准的20%。作为公司总裁兼首席执行官的爱德·奥西认为,MTW成功的基石在于公司和每位员工签订的"期望协议"。

奥西解释,"期望协议"的价值在于"换位思考"。在此过程中,每一方都说出他的目标,然后由他人再次重复目标。加入MTW公司的每一位员工都要签订一份"期望协议",MTW公司鼓励新员工提出所有的期望。奥西认为,这个过程让员工说出他们心目中最重要的东西。有时,人们想灵活地处理家庭事务,照顾上了年纪的父母或者需要特殊照顾孩子。

在MTW公司,"期望协议"是一个双向的、随员工的职业发展不断改进的文案,大约每6个月就要对它进行一次回顾并进行修改。人们有较清晰的使命感,"公司知道你想去的地方,你也知道公司发展的方向"。

在市场部工作的约翰说,与大多数MTW公司的员工一样,他的"期望协议"既包括共同的目标也包括个人的目标。他想获得公司支持,丰富软件市场的经历;他想找到一位导师帮助他变得更加专业;他想参加许多专业贸易协会,丰富行业知识;他想接触更多的经营活动,学习更多的业务知识,而不仅仅是营销。

MTW公司赞同这些想法并在"期望协议"中以同样具体的条件要求他。公司让他及其团队在限定时间内重新设计和部署公司的网站。让他写 3 篇关于 MTW 公司的文章，然后在 6 个月的期限内发表。公司同时想让他参加某些行业会议开拓新的市场。把协议写得如此详细，可以提醒约翰。他说："他有助于我制订计划，并在未来的 1 年内专注于这一计划。他可以让你反思你正在做的事情，同时也预期你应该做的事情。"

**思考题：**

试用期望理论对此案例进行分析。

## 案例 2　A 公司和 B 公司的目标激励

A 公司是一家处于西部地区的中外合资网站，成立于 20 世纪 90 年代末期，其时正值网络行业高速发展时期。在当时，这家网站的规模属于中下水平，资金实力较其他网站明显偏弱，不可能为所需人才付出发达地区同等高水平的薪酬；同时，由于处于内陆地区，地域较为偏僻和闭塞，工作与生活条件远不及沿海发达地区。以上两方面原因导致该网站在人才竞争领域明显处于劣势，本地人才严重不足，又难以吸引外地高手加盟，尤其在优秀内容编辑这一项上，该网站与竞争对手有很大差距。在网站投资建成几年内，网站内容的深刻度、创新度、吸引力方面都差强人意。2000 年，网站引入了一名新的部门负责人 Z 先生，他为激励员工独创了"明星激励法"，情况发生了改变。一方面，Z 先生为每位编辑"量身定做"地选择了一位或几位业界有名的"明星"，先通过各种方式向编辑们传达有关"明星"的名气、声誉、身价、收入、生活方式等信息，使编辑对他们产生向往心理，然后 Z 先生本人和编辑一起，研究"明星"的成长历程，分析、讨论该"明星"在写作、编辑和其他工作方面的风格、长处、短处，并且用心理暗示、创造条件让编辑与这些"明星"认识、对话和商榷问题，让员工明白，这些"明星"不是天生的，也是由普通的编辑、记者锻炼成长起来的，只要自己努力，也一定能够成为业界"名人"。另一方面，在公司的制度上、工作安排上，为编辑创造成名的条件，例如设立以编辑个人名字命名的栏目，尽可能安排他们在各种"出头露面"的活动上亮相等等。这种"明星激励法"并未增加企业任何成本，只是给员工制定了具体的、具有美好前景和诱惑力，同时又现实可行的奋斗目标。这样的激励作用迅速收到了成效，短短的半年时间，该网站众编辑在敬业精神、工作态度、工作能力等方面明显提高，内容质量大大提升，访问量快速增加，权威性和影响力也获得长足进步。到 2001 年，该网站以超过竞争对手总和的市场占有率成为业界惟一的领袖。

B公司是一家从事计算机硬件、软件销售和二次开发的电脑公司，公司规模不大，五十人左右。公司经过多年的打拼，在本地区小有名气，并占有一定的市场规模。该公司的目标管理是这样的：公司根据第二年销售额的预测(公司希望达到第二年实现销售额翻番的目标，因此，将其营业额的预测定为上一年度的两倍)，并将这一销售额自上而下，分配到每一部门，再由各部门分配到每位员工头上，取消了原执行的按销售比例提成制度，改为未完成任务时只有极低提成，超额完成任务则有巨额提成。表面上看来，如果业绩真的如公司所愿，能够继续快速增长，优秀员工在超额完成任务后，收入将大幅度提高，而对于不能完成任务的“不合格”员工，公司又降低了花在他们身上的成本，似乎是一举两得的好事。但员工在仔细分析后发现，由于该公司所处市场环境竞争加剧，公司产品优势逐渐丧失，公司规模扩大、销售人员增加导致每位销售人员所拥有的潜在“蛋糕”变小，并且公司在资金实力、内部管理、配套服务方面跟不上快速增长的需要，几乎无人有信心完成二倍于前一年的销售额。多数员工产生了“被愚弄”的情绪。一年之后进行核算，全公司没有一个人能得到高额提成，核心销售人员流失殆尽。两年后，该公司已濒于倒闭。

**思考题：**

试用目标设置和目标管理理论对A公司和B公司的成败进行分析。

## 案例3 惠达公司的保密工资制

2003年10月，惠达公司15名技术人员集体“造反”。据双方沟通：原来这些技术人员普遍对现有的报酬体系不满意。高层分析发现：员工之所以能够联盟，就在于他们对各自的薪酬了如指掌。公司决定实行保密工资制，由总经理和员工直接商定员工的工资。工资确定后，员工之间不得相互打听，不得泄露各自的工资收入额。基本可以说，整个工资管理完全由总经理控制，除财务部门外，其他人无从了解工资确定的标准和发放依据。

**思考题：**

你赞成保密工资制吗？为什么？

# 第8章
# 行为改造型激励理论

## 【本章学习目标】

通过本章学习，你应该了解：

1. 强化理论的内容及其在管理中的运用。

2. 挫折理论的内容及其在管理中的运用。

## 引导案例

### 海尔集团的正负激励

海尔的激励是通过满足员工的需求来达到的。员工为企业拼命，企业就得主动考虑员工的需要，甚至个人的特殊需要。如张瑞敏常提到的人之四大特性：具有个体差异、生理与情趣完整、需要即时激励、追求个人价值的实现。

从研究和满足人的需要来调动员工的积极性是海尔文化的一大特色。海尔考虑得很细，认为研究人们的需求，目的就是在完成组织目标的前提下，尽可能满足个人需求。只有这样，才能调动员工积极性，这是因为组织把人们的利益联系在一起了，离开组织就无法满足个人的需求。

海尔允许员工竞争领导岗位，甚至在员工这一层面海尔也制定了"三工并存，动态转换"等奖罚措施，既通过设置切实可行的目标给人以期望，又通过制度办法刺激动机，如成为"优秀员工"的升级，算是正刺激，而成为"不合格员工"的降级就算是负刺激。通过这样反复不断地刺激，促使每个人认同新的、更高的目标。张瑞敏说："我们靠的是建立一个让每个人在实现集体大目标的过程中充分实现个人价值的机制。这种机制使每位员工都能够找到一个发挥自己才能的位置。我们创造的是这样一种文化氛围，你干好了，就会得到正激励与尊重；同样，干得不好，会受到负激励。"他解释说，为什么不叫惩罚而叫负激励，其目的在于教育你不再犯同样的错误，而不仅仅是简单地让你付出点代价。

好的公司内部存在一种表扬文化，海尔也不例外。《海尔企业文化手册》中明确规

定了海尔的奖励制度:

海尔奖:用于奖励本集团内各个岗位上的员工对企业所作的突出贡献;

海尔希望奖:用于奖励企业员工的小发明、小改革及合理化建议;

命名工具:凡本集团内员工发明、改革的工具,如果明显地提高了劳动生产率,可由所在工厂逐级上报厂职代会研究通过,以发明者或改革者的名字命名,公开表彰宣传。

这些奖项无疑是一种激励的源泉。当获奖者的新闻通过分发到每位员工手中的《海尔人》、领导讲话和闲聊传开之后,这样的竞争就成为联合成千上万员工的强大力量。

**【点评】**

人的行为只是对外部环境刺激所作出的反应,当行为结果对自己有利时,这种行为就会加强或反复出现;当行为的结果对自己不利时,这种行为就会减弱或停止。海尔集团对员工实施正负激励,其根本目的都在于使员工在生产、工作中积极的建设性行为增加,消极的破坏性行为减少以至消失。

海尔集团的正负激励法符合行为改造型激励理论的观点和思路。行为改造型激励理论正是研究如何巩固和发展人的积极行为,如何改造和转变人的消极行为,变消极行为为积极行为的系统理论,为管理工作培养和发展被管理者的积极行为,削弱以至消除被管理者的消极行为提供了多种思路和多种方法。行为改造型激励理论主要有强化理论和挫折理论。

## 第1节 强 化 理 论

强化理论是美国的心理学家和行为科学家斯金纳(Burrhus Frederic Skinner)、赫西、布兰查德等人提出的一种理论,也称为行为修正理论或行为矫正理论。斯金纳认为,人们做出某种行为,不做出某种行为,只取决于一个影响因素,那就是行为的后果。他提出了一种“操作条件反射”理论,认为人或动物为了达到某种目的,会采取一定的行为作用于环境。当这种行为的后果对他有利时,这种行为就会在以后重复出现;不利时,这种行为就减弱或消失。人们可以用这种办法来影响行为的后果,从而修正其行为。

最早提出强化概念的是俄国著名的生理学家巴甫洛夫,在巴甫洛夫经典条件反射中,强化指伴随于条件刺激物之后的无条件刺激的呈现,是一个行为前的、自然的、被动的、特定的过程。而在斯金纳的操作条件反射中，强化是一种人为操纵，是指伴随于行为之后以有助于该行为重复出现而进行的奖罚过程。巴甫洛夫等的实验对象的行为是刺激引起的反应，称为"应答性反应"，而斯金纳的实验对象的行为是有机体自主发出的，称为"操作性反应"。经典条件作用只能用来解释基于应答性行为的学习，斯金纳把这类学习称为"S(刺激)类条件作用"；另一种学习模式，即操作性或工具性条件作用的模式，则可用来解释基于操作性行为的学习，他称为"R(强化)类条件作用"，并称为"S-R"心理学理论。

"早期的斯金纳箱"斯金纳区分了两种强化类型：正强化和负强化，如图8.1所示。当在环境中增加某种刺激，有机体反应概率增加，这种刺激就是正强化。例如，当饥饿的白鼠按动开关时被给予食物，食物便是正强化物。当某种刺激在有机体环境中消失时，反应概率增加，这种刺激便是负强化，是有机体力图避开的那种刺激。例如，当处于电击状态下的白鼠按动开关时停止电击，停止电击就是负强化。

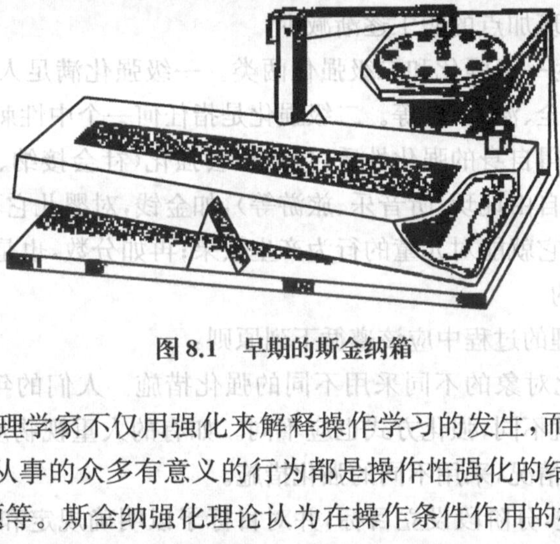

图8.1　早期的斯金纳箱

现代的S-R心理学家不仅用强化来解释操作学习的发生，而且也用强化来解释动机的引起。人类从事的众多有意义的行为都是操作性强化的结果，例如步行上学、读书写字、回答问题等。斯金纳强化理论认为在操作条件作用的模式下，如果一种反应之后伴随一种强化，那么在类似环境里发生这种反应的概率就增加。而且，强化与实施强化的环境一起，都是一种刺激，人们可以以此来控制反应。因此，管理人员就可以通过强化的手段，营造一种有利于组织目标实现的环境和氛围，以使组织成员的行为符合组织的目标。

强化的具体方式有三种：

(1) 正强化。正强化，又称积极强化，是指当人们采取某种行为时，能从他人那里得到某种令其感到愉快的结果，这种结果反过来又成为推进人们趋向或重复此种行为的力量。例如，企业用某种具有吸引力的结果，如奖金、休假、晋级、认可、表扬等，以表示对职工努力进行安全生产的行为的肯定,从而增强职工进一步遵守安全规程,进行安全生产的行为。

(2) 负强化。负强化,又称消极强化,是指通过某种不符合要求的行为所引起的不愉快的后果,对该行为予以否定。若职工能按所要求的方式行动,就可减少或消除令人不愉快的处境,从而也增大了职工符合要求的行为重复出现的可能性。例如,管理人员告知工人如果不遵守安全规程,就要受到批评,甚至得不到安全奖励。于是工人为了避免此种不期望的结果,而认真按操作规程进行安全作业。惩罚是负强化的一种典型方式,在消极行为发生后,以某种带有强制性、威慑性的手段,如批评、行政处分、经济处罚等,给人带来不愉快的结果,或者取消现有的令人愉快和满意的条件,以表示对某种不符合要求的行为的否定。

(3) 自然消退。自然消退是指对原先可接受的某种行为强化的撤销。由于在一定时间内不予强化,行为将自然下降并逐渐消退。例如,企业对职工加班加点完成生产定额给予奖酬,经研究认为这样不利于职工的身体健康和企业的长远利益,因此不再发给奖酬,而使加班加点的职工逐渐减少。

强化还可划分为一级强化和二级强化两类。一级强化满足人和动物的基本生理需要,如食物、水、安全、温暖、性等。二级强化是指任何一个中性刺激如果与一级强化反复联合,它就能获得自身的强化性质,包括社会强化(社会接纳、微笑)、信物(钱、级别、奖品等)和活动(自由地玩、听音乐、旅游等),如金钱,对婴儿它不是强化物,但当小孩知道钱能换糖时,它就能对儿童的行为产生效果;再如分数,也是在受到教师的注意后才具有强化性质的。

在实施强化管理的过程中应该遵循下列原则:

(1) 要依照强化对象的不同采用不同的强化措施。人们的年龄、性别、职业、学历、经历不同,需要就不同,强化方式也应不同。如有的人重视物质奖励,有的人重视精神奖励,就应区分情况,采用不同的强化措施。

(2) 小步子前进,分阶段设立目标,并对目标予以明确规定和表述。对于人的激励,首先要设立一个明确的、鼓舞人心而又切实可行的目标,只有目标明确而具体时,才能进行衡量和采取适当的强化措施。同时,还要将目标进行分解,分成许多小目标,完成每个小目标后都及时给予强化,这样不仅有利于目标的实现,而且通过不断地激励可以增强信心。如果目标定得太高,会使人感到不易达到或者说能够达到的希望很小,这就很难充分调动人们为达到目标而作出努力的积极性。

(3) 及时反馈。所谓及时反馈就是通过某种形式和途径及时将工作结果告诉行动者。要取得最好的激励效果,就应该在行为发生以后尽快采取适当的强化方法。一个人在实施了某种行为以后,即使是领导者表示"已注意到这种行为"这样简单的反馈，也能起到正强化的作用。如果领导者对这种行为不予注意，这种行为重复发生的可能性就会减小以至消失。所以，必须利用及时反馈作为一种强化手段。

(4) 不固定时间和频率间隔的强化效果更好。因为有机体在强化到来之前的反应率有所提高。在这样的强化程序下，个体不知道什么时候会出现强化，但总有一种强化即将出现的期待。长此以往自然会形成习惯。也就是说，全部强化的结果，如果不继续强化，反应就消失了。反过来，部分强化的，即使后来不强化时，反应仍不会减弱。显然不强化会起积极作用。用拟人的语言来表达，不强化会起着警戒作用，即遇到没有强化的条件时，不强化会使人学习到一时没有结果以后还是会有结果的。所以不强化同样可以收到学习的效果。全部强化，没有失败的教训，遇到挫折便不会继续努力了，反而引起消极作用。

(5) 正强化比负强化更有效。负强化及惩罚可以引起一定副作用。斯金纳通过系统的实验观察得出了一条重要结论：惩罚就是企图呈现消极强化物或排除积极强化物去刺激某个反应，仅是一种治标的方法，它对被惩罚者和惩罚者都是不利的。他的实验证明，惩罚只能暂时降低反应率，而不能减少消退过程中反应的总次数。在他的实验中，当白鼠已牢固建立按杠杆得到食物的条件反射后，在它再按杠杆时给予电刺激，这时反应率会迅速下降。如果以后杠杆不带电了，按压率又会直线上升。所以，在强化手段的运用上，应以正强化为主；同时，必要时也要对坏的行为给以惩罚，做到奖惩结合。

对强化理论的应用要考虑强化的模式，并采用一整套的强化体制。强化模式主要由“前因”“行为”和“后果”三个部分组成。前因是指在行为产生之前确定一个具有刺激作用的客观目标，并指明哪些行为将得到强化，如企业规定车间安全生产中每月的安全操作无事故定额。行为是指为了达到目标的工作行为。后果是指当行为达到了目标时，则给予肯定和奖励；当行为未达到目标时，则不给予肯定和奖励，甚至给予否定或惩罚，以求控制员工的安全行为。

## 第2节　挫折理论

挫折理论是由美国的心理学家亚当斯提出的。挫折是指人类个体在从事有目的的活动过程中，指向目标的行为受到障碍或干扰，致使其动机不能实现，需要无法满足时所产生的情绪状态。挫折理论主要揭示人的动机行为受阻而未能满足需要时的心理状态,并由此而导致的行为表现,力求采取措施将消极性行为转化为积极性、建设性行为。

个体受到挫折与其动机实现密切相关。人的动机导向目标时,受到阻碍或干扰可有四种情况:

(1)虽然受到干扰,但主观和客观条件仍可使其达到目标。

(2)受到干扰后只能部分达到目标或使达到目标的效益变差。

(3)由于两种并存的动机发生冲突,暂时放弃一种动机,而优先满足另一种动机,即修正目标。

(4)由于主观因素和客观因素对目标的影响很大,动机的结局完全受阻,个体无法达到目标。

第四种情况下人的挫折感最大,第二和第三种情况次之。挫折是一种普遍存在的心理现象,在人类现实生活中,不但个体动机及其动机结构复杂,而且影响动机行为满足的因素也极其复杂。因此,挫折的产生是不以人的主观意志为转移的。

引起挫折的原因既有主观的,也有客观的。主观原因主要是个人因素,如身体素质不佳、个人能力有限、认识事物有偏差、性格缺陷、个人动机冲突等;客观原因主要是社会因素,如企业组织管理方式引起的冲突、人际关系不协调、工作条件不良、工作安排不当等。人是否受到挫折与许多随机因素有关,也因人而异。归根结底,挫折的形成是由于人的认知与外界刺激因素相互作用失调所致。

对于同样的挫折情境,不同的人会有不同的感受;引起某一个人挫折的情境,不一定是引起其他人挫折的情境。挫折的感受因人而异的原因主要是由于人的挫折容忍力不同。所谓挫折容忍力,是指人受到挫折时免于行为失常的能力,也就是经得起挫折的能力,它在一定程度上反应了人对环境的适应能力。对于同一个人来说,对不同的挫折,其容忍力也不相同。如有的人能容忍生活上的挫折,却不能容忍工作中的挫折,有的人则恰恰相反。挫折容忍力与人的生理、社会经验、抱负水准、对目标的期望以及个性特征等有关。例如:企业中有的员工有娇骄二气,眼高手低,其挫折容忍力一般较低;再如,企业员工对安全生产的价值观不同,追求达到目标的自我标准不同,即使客观上挫折情境相似,每个人对挫折的感受也会不同,所致的打击程度也就不同。

挫折对人的影响具有两面性:一方面,挫折可增加个体的心理承受能力,使人猛醒,汲取教训,改变目标或策略,从逆境中重新奋起;另一方面,挫折也可使人们处于不良的心理状态中,出现负向情绪反应,并采取消极的防卫方式来对付挫折情境,从而导致不安全的行为反应,如不安、焦虑、愤怒、攻击、幻想、偏执等。在企业管理中,有的人由于安全生产中的某些失误，受到领导批评或扣发奖金，由于其挫折容忍力小，可能就会发泄不满情绪，甚至采取攻击性行动，在攻击无效时，又可能暂时将愤怒情绪压抑，对安全生产采取冷漠的态度，得过且过。人受到挫折后可产生一些远期影响，如丧失自尊心、自信心，自暴自弃，精神颓废，一蹶不振等。

# 第3节　行为改造型激励理论在管理中的应用

## 一、运用强化激励提高管理效能

强化理论有助于对人们行为的理解和引导。因为一种行为必然会有后果，而这些后果在一定程度上会决定这种行为在将来是否重复发生。那么，与其对这种行为和后果的关系采取一种碰运气的态度，就不如加以分析和控制，使大家都知道应该有什么后果最好。这并不是对员工进行操纵，而是使员工有一个最好的机会在各种明确规定的备择方案中进行选择。因而，强化理论已被广泛地应用在激励和人的行为改造上。在管理实践中，正强化和负强化的使用并不能简单化和绝对化。

在实际应用中，关键在于如何使强化机制协调运转并产生整体效应。为此，应注意以下四个方面：

(1) 奖励与惩罚相结合。要对正确的行为、对有成绩的个人或群体给予适当的奖励；同时，对于不良行为、对于一切不利于组织工作的行为则要给予处罚。大量实践证明，奖惩结合的方法优于只奖不罚或只罚不奖的方法。

(2) 以奖为主，以罚为辅。惩罚手段应用得当会促进安全生产，应用不当则会带来一些消极影响，可能使人由于不愉快的感受而出现悲观、恐惧等心理反应，甚至发生对抗性消极行为。因此，在运用惩罚手段时，应尊重事实，讲究方式方法，处罚依据准确公正，这样可以尽量消除其副作用。将奖励与惩罚结合并且以奖为主，以罚为辅，一般能取得更好的效果。

★小资料

### 保龄球效应的启示——重视鼓励的力量

行为科学中有一个著名的“保龄球效应”：两名保龄球教练分别训练各自的队员。他们的队员都是一球打倒了7个瓶。教练甲对自己的队员说：“很好！打倒了7个。”

他的队员听了教练的赞扬很受鼓舞,心里想,下次一定再加把劲,把剩下的3个也打倒。教练乙则对他的队员说:"怎么搞的!还有3个没打倒。"队员听了教练的指责,心里很不服气,暗想,你咋就看不见我已经打倒的那7个。结果,教练甲训练的队员成绩不断上升,教练乙训练的队员打得一次不如一次。

希望得到他人的肯定、赞赏是每个人的正常心理需要。而面对指责时,不自觉的为自己辩护也是正常的心理防卫机制。一个成功的管理者会努力去满足员工的这种心理需求,对员工亲切,鼓励部下发挥创造精神,帮助部下解决困难。相反,专爱挑员工的毛病,靠发威震慑员工的管理者,也许真的能够击败他的部下。

(3) 及时而正确强化。采用强化的时间对于强化的效果有较大的影响。一般而论,强化应及时,及时强化能给人们以鼓励,使其增强信心并迅速地激发工作热情,但须注意,及时强化并不意味着随时都要进行强化。不定期的、非预料的、间断性强化,往往可取得更好的效果。

(4) 奖人所需,形式多样。由于人的个性特征及其需要层次不尽相同,不同的强化机制和强化物所产生的效应会因人而异。因此,在运用强化手段时,应采用有效的强化方式,并随对象和环境的变化而相应调整,不要搞一刀切,这样才能起到奖励的效果。

## 二、运用挫折理论降低挫折的消极影响

在管理实践中,员工受到挫折后所产生的不良情绪状态及相伴随的消极性行为,不仅对员工的身心健康不利,而且也会影响企业的安全生产,甚至易于导致事故的发生。因此,应该重视管理中员工的挫折问题,采取措施防止挫折心理给员工本人和企业安全生产带来的不利影响。对此,可以采取的措施包括:

(1) 帮助员工用积极的行为适应挫折,如合理调整无法实现的行动目标;

(2) 改变受挫折员工对挫折情境的认识和估价,以减轻挫折感;

(3) 通过培训提高员工工作能力和技术水平,增加个人目标实现的可能性,减少挫折的主观因素;

(4) 改变或消除易于引起员工挫折的工作环境,如改进工作中的人际关系、实行民主管理、合理安排工作和岗位、改善劳动条件等,以减少挫折的客观因素;

(5) 开展心理保健和咨询,消除或减弱挫折心理压力。

>>>>>>>>>>>>>>>>>>>>>>>>>>>>>>>>>>>>>>>>>>>>>>>>>>>>>>>>

## 【复习思考题】

1. 斯金纳强化理论的主要内容是什么？实施强化管理的过程中应该遵循哪些原则？
2. 什么是挫折理论？在管理实践中该理论有何指导意义？

## 【本章案例分析】

### 案例1 表扬引起的争论

某公司最近召开了一年一度的夏季商品交易会，会前办公室为会议召开作了充分的准备：接待各地代表，布置宣传广告，各商品样品摆布，开货单，介绍商品。各职能科室和行政管理人员主动自觉地到各科帮忙，有的工作人员加班到深夜。三天的会议，接待了上千人次，成交额几百万元，大大超出了会前预计数。

在总结大会上，公司领导充分肯定了这次会议取得的成功，当提到职工们为大会做出的努力时，说："大家表现得都很不错，人人都动了起来，为大会做出了贡献。在接待过程中，团委书记和组织部长提着茶壶，在楼里跑上跑下，这种精神值得赞扬。"

对于领导的表扬，职工们议论纷纷："交易会的成功，销售额的增加，首先归功于第一线的业务人员的辛勤劳动，为什么不表扬最累的业务人员？"

有的职工赞成这种领导的表扬："业务人员贡献是大，但这是分内的工作，并且领导也是肯定了的。而政工干部去送水，事虽小，但这是工作职责以外的。如果正常工作都点名表扬，怎么能表扬过来呢？"

还有人提出反对意见："如果分内工作做的好不表扬，领导只表扬做分外工作的人，那么谁还重视分内工作呢？如果人人都轻视分内工作，那么整个工作不就落后了吗？就分内与分外工作比较而言，领导者最需要、最基本的则是鼓励职工首先做好分内的事。"

#### 思考题：

管理中应如何正确使用正强化？结合强化理论分析此案例。

## 案例 2　联想集团如何面对挫折

1995 年,由于种种原因,联想(香港)集团出现了巨大的管理、产品和财务危机。在有被投资者抛弃的危险时刻联想没有恐慌,他们冷静地分析了出现问题的原因,果断将香港联想和北京联想合并,使联想整体渡过了难关。从这件事情中,联想掌舵人柳传志悟到:中国内地市场在相当长时间内都应该是联想的主战场。正是基于对失败和挫折的反思,联想重新部署了中国本土市场的策略与布局,他们终于搭上中国 PC 市场快速增长的快车,成为 1996—2002 年中国快速增长的 PC 市场上最大的赢家。

其实,这不是联想第一次遭遇市场挫折。联想的起家是靠从科学院贷到的 20 万元钱,由于当时急于赚大钱,在一笔生意中被骗去 8 万元,整个公司陷于困境。1998 年,联想管理层又出现巨大震荡。在联想 20 年的成长过程中,虽出现过几次重大挫折,但与许多中关村企业不一样的是他们能够迅速地从这种挫折中站起来。

**思考题:**

企业管理者应如何面对挫折?联想集团面对挫折的案例有何启示意义?

# 第四篇　群体心理与行为

# 第 9 章
# 群体概述

## 【本章学习目标】

通过本章学习，你应该了解：

1. 群体的概念、类型及功能。
2. 影响群体有效性的因素。
3. 群体凝聚力的概念及其影响因素。
4. 群体凝聚力与生产效率的关系。
5. 群体规范的概念及其形成。
6. 冲突的概念及分类。
7. 解决冲突的方法。
8. 群体决策的优缺点及群体决策技术。

## 引导案例

### 群体一和群体二

#### 群　体　一

数据通用公司有一个集团叫爱克利浦斯，它有一个奇特的加入仪式，该集团几乎计算机设计小组的每个人都以各种方式经历了这种仪式，老员工称这种仪式为"签约参加工作仪式"。通过这种"签约"活动，使每个工程人员愿意在必要的情况下牺牲个人及家庭的利益。从经理的观点来看，这种加入方式的好处是多方面的，员工不再是被强制工作，而是自愿参加工作。一旦他们签约参加了工作，那么就等于宣誓"我愿意做这项工作，并将全心全意地做好。"

该集团会给年轻的计算机工程人员提供一些非常具有吸引力的项目。一位经理曾这样描述过，"工程学校是准备培养大型工程项目的人才，但许多年轻人最后却变成变压器的设计者，我认为这件事非常令人遗憾……相反，成为一名新型计算机的制造者，在硬件工程人员的同行中被认为是一件好事……你可以把合同签到任何时候，并得到最好的人选。"

对于申请成为群体成员的人进行口头审查的理想方式可以按以下的操作进行。

审查员:这件事很麻烦,如果我们雇用了你,你在工作中会遇到很多难题。你将与一帮难相处的人一起工作。

新成员:这吓不住我。

审查员:这个组有许多出色的人,工作确实很艰苦,而且常常要花时间。我的意思是花费很长时间。

新成员:不,那正是我想要做的,我要在新的组织中取得有利的地位,我要做一件大项目的工作,我会付诸行动的。

审查员:我们可能只招收今年最好的毕业生,我们已经招收了一些非常出色的人,我们将让你认识他们。

这些问题谈完以后,项目经理说:"这就像招收你去执行一项自杀任务一样,你将要去死,但你将是光荣地死去。"

小组成员被招进来以后,他们对自己的工作有一种自豪感,感到自己的工作很受数据综合管理部门的重视。因此,小组成员非常勤奋努力,按时完成设计任务,并通宵达旦地工作,甚至牺牲周末的休息时间。在这里,群体的凝聚力提高了生产率。

### 群　体　二

有一家具厂实行了计件工资制,其中一个生产班组是一个凝聚力很强的群体。由于他们认为每生产一件产品能得到可观的报酬,这使他们常常感到,如果他们每小时生产太多的产品,管理部门就会降低每件产品的报酬,而其成员就会在生产更多的产品中得到与原来相同的报酬。在这样的情况威胁下,他们私下建立了一种非正式的产量标准而强烈地排斥任何拒绝遵守定额的"高效率者"。

刘某是刚加入这一生产班组的员工。一天,当他清理锯木屑时,在锯木屑里、木堆后面或者是机床下面,发现一些家具木料。最初几次,他总是非常高兴地告诉李某:"我在角落里发现了一些可用的东西。"然而,李某并不在乎他的发现,刘某似乎觉察到有什么问题。老张是个老实人,从不大声说话,只是埋头干自己的工作。可是这次,当刘某把他在铣床后面清理出来的一堆木料给他看时,他喊道:"把它们放回去,不许你到小刘的机床后面去,小刘会告诉你该清理些什么……"

刘某疑惑、委屈,不知道做什么,该怎么做。他一个人回到操作台,十分气愤。这时,李某走了过来,说:"小刘,别生气。老张是想让你与我们保持一致,让我来告诉你这里的'规矩'。我们周围开机床的工人经过协商规定了一个协议产量来应付老板,不多生产也不少生产。现在,有时有的人生产的产量稍微少了一点,所以我们总是保留加工完的木料藏起来以备不时之需。"听完李某的解释,刘某恍然大悟,接着向他道歉。

李某继续说："老板总是想要更多的东西，而一旦我们拼命为他生产了那么多产品，他也不会在乎，所以我们商定了这个标准，一个也不给他多干，你明白吗？如果一直在这儿运送木料，老板就会明白发生了什么事。所以，你应该算出你运送多少木料才不会超过我们的产量，你懂吗？"刘某连忙说道："当然，我明白了。"

这时，刘某才完全明白这其中的奥妙，也得到了这个教训：除非绝对需要，不要做更多的工作。

**【点评】**

案例中，群体一和群体二都是凝聚力比较高的群体，但这两个群体的工作效率却完全不一样。群体一的成员勤奋努力，生产效率非常高。而群体二的成员却是"除非绝对需要，不要做更多的工作"。为什么会有如此大的反差呢？这就涉及群体心理问题。一个人不能孤立地生活在社会之中，他总是生活在某一个群体之中，群体的形态与状况、群体的心理特点、群体的社会心理气氛、群体的规范、群体的沟通及人际关系、群体的竞争与合作等，对组织的每个成员及组织的生产效率有很大的影响。研究组织中的群体心理与行为对于提高组织效能具有非常重要的意义。

# 第1节 什么是群体

## 一、群体的含义

群体是相对于个体而言的，但不是任何几个人就能构成群体。群体是指两个或两个以上的人为了达到共同的目标以一定的方式联系在一起进行活动的人群。可见群体有其自身的特点：成员有共同的目标；成员对群体有认同感和归属感；群体内有结构，有共同的价值观等。群体具有生产性功能和维持性功能。群体的价值和力量在于其成员思想和行为上的一致性，而这种一致性取决于群体规范的特殊性和标准化的程度。

由个体构成群体的基本条件是：

第一，团体成员有共同的目标和目的。这些目标和目的能被群体成员清晰地意识到，并且由群体成员合作来实现，这是构成和维持群体的基本条件。

第二，为了达到和实现群体目标，群体有公允的规范和规则，这是群体成员共同制定的，要求每个成员必须遵守。群体的规范和规则并不因成员的去留而改变。

第三，群体要满足各个成员的归属感。群体中的每个成员都意识到其他成员的存在,也意识到他自己是群体的一分子。群体成员之间相互作用、相互影响、相互依存、相互联系。

第四,群体有一定的结构,每个成员占有一定的地位,扮演一定的角色,执行一定的任务,有一定的权利与义务。

第五,群体成员之间有工作、信息、思想、感情上的交流。前苏联心理学将团体分为松散的群体、联合体和集体三种形态,强调集体是团体的最高形式。集体是在达到由社会的有益动机所制约的活动的共同目的时,具有组织性和心理上团结一致特点的群体。集体必须具有以下特征:(1)集体是符合社会意义的有一定目的和任务的个人集合体,集体是一种团体;(2)集体有组织机构和领导人员;(3)集体成员心理上团结一致,能有效地解决具有社会意义的任务,能建立稳定性和互助性的关系;(4)有集体成员必须共同遵守的规范、原则和组织纪律性。

群体中的个体与他人发生相互作用,这本身就构成了一种刺激。个体对这个刺激必然要做出反应,于是表现出与个人独处时不同的行为方式。群体情境对个体行为的影响主要体现在社会助长作用和社会阻抑作用、责任分散、去个性化、决策的极端化等方面,管理者应善于建设性地利用这些规律,发挥群体心理的优势而克服群体情境可能带来的局限性,从而提高管理效能。

建立有效的工作群体是管理者的共同追求,成员认同群体目标、有较强的工作动机、良好的精神状态;群体中有良好的意见沟通、有适当的授权和较高的生产性是有效工作群体的特征。领导者的影响力和工作效率、群体目标完成的情况、群体在组织中的地位、良好的行为规范和健康的舆论是影响工作群体有效性的因素。群体凝聚力和士气是影响群体工作效率的因素,但它们只是必要条件而不是充分条件。

## 二、群体的分类

### (一)正式群体和非正式群体

群体通常可分为正式群体和非正式群体。正式群体是指由组织结构确定的、职务分配很明确的群体。常见的正式群体有命令型群体和任务型群体两种。

**1. 命令型群体**

命令型群体是由组织结构决定的正式群体,它由直接向某个主管汇报工作的下级组成。组织中这种群体最多,如某电力公司的审计部主任下属的5个审计员组成一个命令型群体。比如工厂厂长与各部门负责人之间、各班组长与工人之间、车间主任与所属各班组长之间。

**2. 任务型群体**

任务型群体也是由组织结构决定，它是指为完成一项工作任务而在一起工作的人。但任务型群体的界限并不仅仅局限于直接的上下级关系，还可能跨越直接的层级关系。

例如，一个员工偷窃了公司财物，那么总经理、保卫处处长、车间主任、班长在一起协调处理办法，这些人就组成了一个任务型群体。再如，筹备一个大型的会议而成立的一个会务组、对一个破产企业进行清算而成立的清算小组。

在任何正式群体中都存在非正式群体。非正式群体是指成员为了满足个体需要，以感情为基础自然结合形成的多样的、不定型的群体。非正式群体是既没有正式结构，也不是由组织确定的联盟，它们是个体为了满足社会交往的需要在工作和生活环境中自然形成的。常见的非正式群体有：

**1. 消极型群体**

这种非正式群体凝聚力比较低，群体也没有清晰的目标，对企业目标的认同也比较低，可能存在个人利益高于企业利益的思想。这类群体暂时不会对企业产生很大的负面影响，但随着消极因素的积累，容易产生抵触情绪甚至形成与企业对立的立场，对企业构成潜在威胁。面对消极型的群体，要找出有影响力的成员，谋求与他们的合作。管理者应对非正式群体中领袖的影响应给予高度重视，积极谋求与他们在各个层面上进行有效沟通的机会，使其理解和接受组织的目标。

**2. 兴趣型群体**

他们是由于共同的兴趣、爱好而自发形成的。例如，企业中存在的业余足球队、业余合唱队等，成员之间自娱自乐，使企业氛围活泼而有生机，有益于企业的发展和生产率的提高。对于兴趣型群体，应理解其存在及立场，对其提供支持和帮助，为其成员提供自我表现和发展的机会，使他们在组织中也能得到需求的满足，引导其群体的目标和价值观与组织保持一致性，使他们慢慢向积极型群体转化。

**3. 破坏型群体**

这种群体有很高的凝聚力，但如果群体目标与企业目标相违背，会因为保护群体利益而不惜损害企业利益。而且，内部成员会不接受企业的领导，而只听从群体内领袖的命令。这类群体严重威胁到企业安全和生产率的提高。对于破坏型群体，当教育、引导不能使其向有益于企业的方向发展时，对群体中极具破坏性的人物要坚决清除，以免破坏企业的凝聚力。

**4. 积极型群体**

这种群体可以作为组织的补充，满足人们的其他需求。成员能及时了解群体内外的情况，群体目标和组织目标高度一致，员工和企业命运紧密地联系在一起。这类群体的影响力能极大地促进组织的发展,有助于形成良好的企业文化。对于积极型的群体,应有意识的对其进行方向性的引导,使群体内部的凝聚力与企业文化接轨、群体目标与企业目标保持高度的一致。

### (二)假设群体和实际群体

从群体是否实际存在来看,可分为实际群体和假设群体两种。实际群体是指实际存在的群体,群体成员之间有直接或间接联系,前面讲的正式群体或非正式群体是实际群体。我们研究群体心理和行为主要指的是这一类群体。

假设群体也叫"统计群体",这是为了进行某项研究而划分的群体。假设群体可以根据不同的特征来划分,有年龄群体、性别群体、职业群体、民族群体、文化群体等。例如,研究企业中各类人员的需要特点,可按工人、科室人员、技术员、干部分类调查;探讨成熟与不成熟的管理,可分别研究青年徒工、中年员工、老员工的特点及对他们的管理措施。这里青年、中年、老年、工人、科室人员、技术员、干部等都是假设群体。这种群体的成员之间并没有实际联系,甚至彼此从未见面,互不相识,只是由于研究课题的需要,把具有某种类似特征的人在观念上聚集在一起。这种统计群体是我们调查研究、了解实际群体的行为特征和情况的一种手段。

### (三)固定性群体和临时性群体

以群体的任务和群体存在的时间久暂可分为固定性群体和临时性群体。

固定性群体是长期存在的一种较为稳定的组织形态,如生产班组、工段或车间、学校班级等,其组织形态、群体结构相对稳定,一般多指正式群体。

临时性群体是指为完成某一临时任务而形成的群体,任务一旦完成,活动宣告结束,群体自行解散。临时性群体可能是正式的群体,如正式组织的临时参观团、技术攻关小组、技术鉴定组、临时突击队等;也可能是非正式的群体,如自愿结合组成的旅游团或排队购物的顾客自动组织编号,推选代表监督协商所形成的群体。临时性群体在企业管理中的作用也是不可忽视的。

## 三、个体加入群体的动机

在实际生活中,一个人可能同时加入几个群体,其中既有正式群体,也有非正式群体。对个体来说,不同的群体为个体提供了不同的利益,能够满足个体的不同需要。具体来说,个体加入群体的动机有以下几种:

(1) 群体可以满足成员的安全需要。通过加入一个群体,个体能够减少独处时的不安全感，自我怀疑减少，在群体中会感到更强大、更自信，增强抵御外来压力或威胁的抵抗力。因此，管理者营造一种安全的氛围是十分必要的。

(2) 群体能融洽并协调人际关系，满足人们的归属需要。群体能进行各种信息的交流与沟通，促进人们之间的情感交流，融洽彼此的关系。一旦群体内部出现某种隔阂和矛盾，群体的力量可以起到协调、促进和转化的作用。群体成员的交往与沟通，不仅可以使成员间扩大了解，增进认识、沟通感情、达成共识，还可以使成员对群体产生认同感和归属感。

(3) 群体能够满足成员的尊重需要。群体成员的身份除了能够使群体外面的人认识到群体成员的地位以外，还能使群体成员感受到自己存在的价值，个体能感受到被别人承认的满足感。

(4) 群体可以满足成员的权力需要。权力需要是个体无法实现的，只有在群体活动中才能实现。

(5) 群体可以满足成员的目标的需要。有时目标靠个体的力量是无法实现的，需要多个人的共同努力，集合众人的智慧和力量才能够实现。

## 四、影响群体有效性的因素

### （一）群体的外部环境条件

**1. 组织战略**

组织战略规定着组织目标以及实现这些目标的手段，它会影响到组织中不同工作群体的权力，并且决定着组织的高层管理人员希望分配给工作群体用以完成任务的资源。例如，组织战略可能引导组织朝着降低成本、提高质量、扩大市场份额，或收缩其总体作业规模的方向发展。在任何时候，一个组织所追求的战略都会影响到组织中工作群体的权力，反过来，这又将决定组织的高层管理人员希望分配给工作群体用以完成任务的资源。比如，如果一个组织通过出售或关闭其主要业务部门来实现其紧缩战略，就会缩减其工作群体的资源，增加群体成员的焦虑感及引发群体内部冲突的可能性。

**2. 权力结构**

权力结构决定了谁向谁汇报工作，谁有决策权，把哪些决策权授予个体或群体，这种结构决定着一个工作群体在组织权力结构的位置，决定着群体的正式领导和群体之间的关系。虽然群体可能由群体内的一个非正式领导控制，但组织的正式领导——由组织管理人员任命——仍然具有群体内部其他成员所没有的权力。

**3. 正式规范**

“没有规矩，不成方圆”，组织正式规范越齐全、越科学合理，则群体成员的行就越一致，越容易预测。例如，麦当劳公司对填写菜单的格式、烹调汉堡包和灌装饮料的方法都设有标准的工作程序，因此，麦当劳公司的工作群体自己制定独立的行为标准余地是很有限的。

**4. 组织资源**

一个工作群体所能做的事情在很大程度上取决于其资源条件。各种资源，如资金、时间、原材料、设备是由组织分配给群体的，这些资源是富裕还是短缺，对工作群体的行为有着巨大影响。一般来说，在其他条件都相同的情况下，拥有比较富裕组织资源的群体的有效性也会更高，因为员工可以拥有高质量的工具和设备来完成工作任务。

**5. 人员招聘的标准**

一个组织在员工招聘过程中所使用的标准，决定着组织中工作群体中成员的类型。招聘标准是否科学合理意味着能否找到合适的员工，只有招聘到合适的员工才能提高工作群体的有效性。

**6. 绩效评估和奖酬体系**

组织的绩效评估方式，以及组织对哪种类型的行为给予奖励，都会对员工的行为起着重要的导向作用。例如，组织能够给员工制定具有挑战性的、具体的绩效目标吗？组织对于成功完成任务的个人或工作群体能够给予奖励吗？由于工作群体是较大组织系统的一部分，因此，组织进行绩效评估的方式，以及组织对于哪种类型的行为给予奖励，都会影响群体成员的行为。

**7. 组织文化**

每个组织都有自己的文化，这种组织文化规定着哪些行为是可以接受的，哪些行为是不可以接受的。如果群体成员想得到承认，就必须接受组织主导文化所蕴含的价值标准。例如，员工们应该知道，上班时应该如何着装，组织的规章制度是否都应该严格地遵从，哪些类型的行为会使自己遇到麻烦，哪些则没有多大关系，在组织中诚实和正直等品质是否很重要等诸如此类的事情。虽然许多组织中存在亚文化——通常以工作群体为中心产生——从而存在组织正式规章制度之外的一些规则，但这类组织中仍然是由主导文化向所有的组织成员表明，组织所重视的价值观是什么。如果工作群体的成员想得到组织的承认，就必须接受组织主导文化所蕴含的价值标准。

**8. 物理工作环境**

群体的物理工作环境，如开放式办公或者封闭式办公，空间距离的远近等，既可以成为工作群体互动的障碍，又可以为群体成员的交往提供机会。例如，如果员工的工作场所相距较近，没有间隔物，而且直接上司在46米之外的封闭办公室中，显而易见，员工之间的相互对话或流言蜚语的传播就容易多了。

## (二) 群体成员的资源

**1. 能力**

能力是群体成员完成工作任务，对群体做贡献的一个非常重要的前提。如果群体能有效地使用群体成员的能力，他的满意度也较高，工作绩效也会越高。

**2. 人格**

群体成员仅仅是能力强也不一定能产生高绩效，如果能力强但个性不合的成员在一起反而会降低绩效，"一山不能容二虎"就是这个道理。除了看能力之外，群体成员的具有积极意义的人格也很重要，如善于社交、独立性强等对群体效率、群体凝聚力和群体士气都有积极的影响。

## (三) 群体的规模

事实表明，小群体完成任务的速度比大群体快。但是，如果群体参与了解决问题的过程，则大群体比小群体表现得好；如果群体的目标是调查事情的真相，那么应该是大群体更有效。相反，小群体善于完成生产性任务。一般来说，成员在7人左右的群体在执行任务时更为有效。

此外，相关的研究还表明：(1)成员为奇数的群体似乎比成员为偶数的群体更受欢迎；(2)5人或7人群体在执行任务时比更大一些的群体或更小一些的群体都更有效。群体成员为奇数，在投票时就能降低发生僵局的可能性。而且，由5个人或7个人组成的群体足以形成大多数，允许发表各种不同意见；又可以避免与大群体相联系的一些弊端，如少数人占据统治地位、发展小团体、禁止某些成员参与决策、在决策时拖时间等。

## (四) 群体结构

群体结构指群体成员的组成成分。群体成员的结构可分为不同方面，如年龄结构、能力结构、知识结构、专业结构、性格结构以及观点和信念结构等。

研究群体结构对于建立合理的领导班子及提高群体工作效率具有十分重要的意义。根据群体成员的组成成分，可以把群体结构分为同质结构和异质结构。所谓同质结构是指群体成员在能力、性格、年龄、知识等各方面都比较接近；所谓异质结构是指在上述各方面都迥然不同。群体结构也是影响群体有效性的重要因素。在下述情况下，同质结构的群体可能达到最高的工作效率：(1)工作比较单纯，不需复杂的知识和技能；(2)当完成一项工作需要大家密切配合时，同质群体较为有效；(3)如果一个工作群体成员从事连锁性的工作,如流水线上的操作工人,则同质群体较好。

在下述情况下,异质结构的群体会达到最高的工作效率:(1)完成复杂的工作,以异质结构为好;(2)当作出决策太快可能产生不利后果时,异质结构为好;(3)凡需要有创造性的工作,异质结构较为有利。

一般来说,工作组织的基层群体应为同质结构,各类组织领导班子应为异质结构。

# 第2节 群体的功能

群体不是个体的简单相加,而是有组织、有领导、有规则、有共同目标、相互影响、紧密联系的人群集合体。群体对组织、对个人心理与行为都有深刻的影响,它有利于协调和处理好群体内部的人际关系,调动每个员工的积极性和创造性,达到群体成员的心理平衡,有效地发挥组织的力量,提高企业的经济效率与效益。

## 一、群体对组织的作用

群体能完成特定的工作任务来实现组织的总目标,这是正式群体对组织来说最主要的功能。一个组织为了有效地实现共同的总目标,必须分工合作,划分若干主题或小目标,必须分级、分层地划分若干部门和单位,让其执行自己的职责,完成各自的工作任务与目标,从而达到完成组织任务,实现组织目标的基本职能。群体产生的新思想、新观念、新办法,有利于促进复杂的决策;群体在各部门之间起联络作用,有利于形成"一条龙"流水业;群体也是有效解决问题,完成任务的途径和手段。

非正式群体的特点之一是信息传递快,沟通灵敏,管理者可以通过它了解情况,掌握动态,改进工作。某些非正式群体成员之间趣味相投、感情融洽、关系密切、内聚力较强,可以把群体成员团结起来。它对组织起着重要的维持作用。不仅如此,某些非正式群体对正式群体的工作任务也有积极作用,其对完成组织任务实现组织目标,也是有效的。

## 二、群体对个人心理的影响

群体是组织与个人之间联系的桥梁。它具有融洽人际关系,满足群体成员的合理需要,形成相互激励、相互竞争的有利环境,调动人的积极性的作用。具体来说,群体对个人影响有如下心理效应:

（1）群体能使成员个人产生强烈的归属感，使自己和其他成员保持友谊和紧密联系，心理协调，彼此都体会到大家同属某一群体。当群体取得成就和荣誉时，并伴随有集体荣誉感和自豪感；群体受到外界压力和威胁时，群体成员团结更紧密，能产生一致对外的动力。这是一种巨大的感情的动力。

（2）群体能使成员个人产生认同感。群体内各个成员对一些重大的事件与原则问题都保持共同的认识与评价，这就是群体的认同感，也称共识心理。群体的认同感往往会相互影响，尤其是个人情绪焦虑不安或对外界情况不明时，群体其他成员的认同感对其影响更大，这是认知的作用。

（3）群体对个人能产生强大的支持力量。当个人的心理和行为符合群体规范，就会得到群体的支持、赞许与鼓励，从而进一步强化其行为。群体对个人能起到支持作用必须有两个先决条件：一方面，该群体在社会上有一定影响、地位和威信，对群体成员有吸引力。另一方面，个人热爱自己的群体，希望得到群体的支持与鼓励。否则，就产生不了多大的支持力量。

（4）群体引入竞争机制，能促进成员之间相互竞争与相互激励。群体是个体相互竞争、相互促进、相互激励的社会心理环境因素。如果群体本身缺乏活力，成员之间吃大锅饭，搞绝对平均主义，那就缺乏激励的作用。群体的竞争机制本身不仅有强大的激励力量，而且群体成员之间的信息交往、意见沟通，能及时发现别人的优点和长处，认识自己的缺点和短处，从而增强个人自信心，激发每个成员奋发向上的精神。

（5）群体能融洽并协调人际关系。群体能进行各种信息的交流和沟通，因而能促进个人与个人之间的感情交流，促进群体成员之间相互联系、相互了解、融洽彼此的关系等。当群体内部出现某种隔阂或矛盾时，可以利用群体的力量，做好协调促进转化工作。

（6）群体可能满足成员的其他心理需要。管理心理学家们认为，群体还有满足其成员的下列心理需求：群体可能使个体免于孤独、恐惧，从而获得心理上的安全感；在群体中，成员之间团结协作可以取得难以取得的成就，受到他人的尊敬，从而满足成员的成就和自尊的需要；在群体中可以增强合力与凝聚感，共同对付威胁。

## 三、群体对个人行为的影响

群体对个人心理的影响着重表现在行为上，也落实在人的行为上。具体有以下作用。

### （一）社会助长效应

社会助长是人们在完成简单任务或熟练任务时，如果有观察者在场（观众效应），或者有竞争者(合作者效应),将会激发起优于独处时的表现倾向。但是对于复杂任务或不熟练任务,情况则相反,常会出现表现较差的情形。对于人类,关心他人意见以及在不认识观众的情况下,这种效应表现得最为强烈。

最早发现社会助长作用并对此作出研究的是心理学家特里普利特(M.Triplett)。他担任被试在三种情境下骑车 25 英里路程。第一种情境是单独骑行计时;第二种是骑行时让一个人跑步伴同;第三种情境是与其他骑车人竞赛。

结果显示,在单独计时的情况下,平均速度为每小时 24 英里;有人跑步随同时,时速达到 31 英里;而竞争情境下则无明显改善,平均时速为 32.5 英里。

奥尔波特(F.H.Allport)在哈佛大学曾领导过这方面的研究工作。他选择了几种难易程度不同的工作,由简单到困难的排列是:划掉报纸上所有的元音字母;编排词的联想表;演算简单的乘法算术题;反驳他人的哲学观点等。

这些作业都要求被试(大学生)在两种情况下去完成:单独一个人做和五个人一起做。

结果发现,除反驳他人的哲学观点的复杂作业外,其余几项作业五个人在一起做都比单独一个人做效果更好。

在下列情形下比较容易出现社会助长效应:

(1) 如果群体凝聚力较强。

(2) 各成员的集体责任感很强。

(3) 成员之间的关系密切。

(4) 工作本身具有挑战性、号召性或能激发个体投入其中。

(5) 群体成功个体会受到奖励。

(6) 个体相信其他成员也像自己一样努力。

(7) 个体完成的是一些简单、熟练的任务。

(8) 当个体的贡献能够被鉴别出来并论功行赏时。

(9) 当感到任务艰巨且人人有责时。

在上述情况下一般都会导致个体的活动效率增加,产生社会助长作用。

**★小资料**

## 拉锯效应启示——如何形成 1 + 1 > 2 的局面

在社会分工更加精细、更加需要协调的今天,一个优秀的人才要发挥作用,必须善于与他人相互配合,否则将一事无成。人们将此称为“拉锯效应”。

日本有一家企业，在招聘员工时，要进行一场特殊的考试：他们把报考的人带到一个农场，并随机将每两个人分成一组，然后发给每组一把锯子要求将一根圆木头锯成两段。在锯圆木头时，有的组两个人不能相互配合，快慢不当，费了很长时间才把圆木头锯开；有的组两个人很快就磨合好，能相互配合，用了很短时间就把圆木头锯开。结果，这家企业将“能否相互配合很快锯开圆木头”作为是否录用的一个重要指标。

依据“拉锯效应”，企业领导要管理好一个企业，企业领导成员之间、下属之间以及企业领导者和下属之间都要注重在各方面相互配合，形成1＋1＞2的局面，从而促使企业的教育工作不断登上新台阶。

## (二) 社会惰化效应

20世纪30年代，德国心理学家森格尔曼曾做过一项“拔河实验”，对不同规模群体的人在拔河时所施加的力量进行比较。结果表明，参加拔河的人数越多，每个人出的力就越小。当一个人拖拽绳子时会施加63千克的力量，然而，在三个人的群体中，平均每个人所施加的力量会降到53.5千克，而在八个人的群体中会降到31千克——这比一个人单独工作时付出努力的一半还要少！

1979年，拉坦内及其同事在一项“拍手和欢呼的实验”中，也发现了相似的现象。在这项实验中，他们要求被试拍手和欢呼，并测量了每个人产生的声音强度。结果发现，随着群体中人数的增加，每个人发出的声音减小。这表明，在有他人参与的情况下，个人的努力程度减小了。

森格尔曼的“拔河实验”和拉坦内的“拍手和欢呼的实验”说明了组织的社会惰化作用。所谓社会惰化作用，是指当群体一起完成一件工作时，群体中的成员每人所付出的努力，会比个体在单独情况下完成任务时明显减少。在组织中，社会惰化作用明显减弱了群体工作效率，直接带来了华盛顿合作定律①。

1981年，威廉姆斯等社会心理学家在研究中发现，当人们知道他们的努力程度可以鉴别出来时，便不再产生这个效应；1982年，哈金斯等社会心理学家通过研究发现，如果人们认为他们能够对群体做出特殊贡献，并且由于任务很难，每个人都需要付出努力时，社会惰化作用也不会发生。其实，当多个个体为一个共同的目标而合作时，社会惰化作用形成的原因有三个方面：一是从工作评价来看，个体工作业绩不记名，努力

① 华盛顿合作定律指一个人敷衍了事，两个人互相推诿，三个人则永无成事之日。即团队人数的增加与团队中个体的绩效呈负相关。

程度不测量。二是从社会认知来看,个体认为其他成员不努力,所以自己也不愿努力。三是从组织目标来看,组织目标不明确,工作动力不够。

★小资料

## 华盛顿合作定律:如何合作是一个问题

华盛顿合作定律起源于美国两位心理学家拉塔内和巴利所发现的旁观者效应:众多的旁观者分散了每个人应该负有的责任,导致最后谁都不负责任,于是合作不成功。具体说来,当一个人从事某项工作时,由于不存在旁观者,自然由他一个人承担全部责任,虽然有点敷衍了事,但也还能勉强成事,所以就会出现"一个和尚挑水喝"的现象;如果有两个人,虽然两个人都有责任,但是因为有另一个旁观者在场,两个人都会犹豫不决,相互推诿,最后只好"两个和尚抬水喝";如果有三个或三个以上的人,旁观者更多,情况就更加复杂,关系也更加微妙,彼此之间相互踢皮球,结果永无成事之时,最后"三个和尚没水喝"。

这就说明,当许多人共同从事某项工作时,虽然群体成员都有责任,但是群体的每一个成员都成了旁观者,彼此相互推诿,最后谁都不愿意承担责任,结果合作不成功,于是产生了华盛顿合作定律。

有一个小故事,说的是在一次隆重的庆典里,村长要求各户人家都捐出一瓶酒,并且倒在一个大酒桶里。每一户人家都郑重其事的倒下酒,很快地就集满了一大桶酒。

在庆典的最高潮时,村长拔掉了木塞子,并且将酒倒入每个人的杯中。当大伙一饮而尽时,才发现喝下去的都是清水。

原来,人人都以为那么多的酒中,自己的一瓶清水一定不会被察觉。

这个故事就是华盛顿合作定律的最直接表现。在企业中,唯有创建高绩效团队的合作文化才能彻底解决"华盛顿合作定律"的现象。

### (三)羊群效应

一位心理学家曾经做过这样一个实验:把一块木板挡在羊的面前,第一只羊会跳起来越过它,然后后面的羊会按照前面的羊的做法去跳动一下,而不管这块木板是否还存在。羊群是一种很散乱的组织,平时在一起也是盲目地左冲右撞。一旦有一只头羊动起来,其他的羊也会不假思索地一哄而上,全然不顾前面可能有狼或者不远处有更好的草。人们把这种现象称为羊群效应,又称从众效应。

在经济学上，羊群效应指在信息不充分的情况下，人们通过观察周围人群的行为而进行决策，从而出现一种盲目跟从的行为。在管理学上，它是指群体成员的思维方式、个体行为受到群体动力因素的影响，出现一种群体行为一致的现象。在这种情况下，人们的行为决策就会大致相同且彼此不断强化，从而产生从众行为。管理群体中存在着多种动力因素，在这些因素的影响下，群体中的羊群效应得到了强化，使得群体行为一致、缺乏活力、停滞不前，所以，群体动力因素对于羊群效应的影响分析成为管理学研究的重要问题。

索罗蒙·阿希已经在实验室中设计出了这样一种情景：找一个被试，跟另外四个人自愿参加一个知觉判断实验。实验者给五个人出示一条直线甲，同时出示另外三条与甲平行的直线乙、丙、丁，让大家判断三条直线中哪一条线段的长度与甲线段的长度最接近。这个判断对任何人来说都非常简单，比如说乙的长度显然与甲的长度是最接近的，如果要你先回答，你毫无疑问地会选择乙。但是，现在并没有叫你回答，而是先叫了别人。第一个人仔细看了看，回答说："丙线。"他的回答使你惊讶，你怀疑地看着他，心里嘀咕说："这怎么可能呢！"现在轮到第二个人了，他也选择了丙线。这时你开始感觉不可思议："怎么会呢？难道这两位是瞎子？"但是，当第三个人同样回答是丙线时，你开始重新审视这些直线和你原先的判断。"也许我错了？"你默默地念叨着。现在轮到第四个人了，他也判断丙线是正确的。此时你出了一身冷汗。最后，轮到你了，你声明说："当然是丙线，这谁都知道。"

具体地说，阿希的实验结果是这样的：大约 1/4 到 1/3 的被试保持了独立性，没有发生过从众行为；大约有 15%的被试，在回答次数中平均有 75%的从众行为，即每 12 次回答中就有 9 次表现出从众；所有被试平均从众行为是 34%。

情景是很特别的，它和许多使我们发生从众行为的情境有所不同。在阿希的实验中，没有明显的团体压力压抑着个性。而在许多其他情境中，对不从众的惩罚却有明确的规定，这使从众的现象更为显著。

说起前述的线段判断实验，阿希曾经感叹：他很欣慰于那个 34%的统计数字——这表明尚有机率 66%的情况下，有人会坚持真理，不会盲从和屈从于别人的判断。

那么，究竟是什么在影响人们的从众行为呢？具体分析有下列影响因素：

影响从众的因素有：

**1. 群体的规模**

一般来说，群体的规模与从众率是成正比的。按照社会作用力原则，影响源群体增大，相互作用力就会相应增大，从而诱发更多的从众人群。但这个规律只是在一定范围内起作用。相关实验研究都表明，当群体中持一致观点或行为的人达到一定数量时，就不再明显引起从众率的增高。

**2. 群体的一致性**

群体自身的一致性是影响从众行为产生的主要条件。由于同群体保持一致的成员，群体的反应是喜欢、接受和优待，而对于偏离者，群体则倾向于厌恶、拒绝和制裁。任何个体对群体的偏离都要冒很大风险，因此，很多人出于群体压力而采取从众行为。所谓"木秀于林，风必摧之""出头的椽子先烂""枪打出头鸟"等就是这个道理。

**3. 群体凝聚力**

群体的凝聚力越强，群体成员之间的依赖性、意见的一致性以及对群体规范的从众倾向就越强烈，个体越有可能为了群体的利益而放弃个人的意见，与群体的意见保持一致。相反，如果群体是一个松散群体，群体成员之间的意见存在分歧，则群体中个人的从众行为就会大大下降。

**4. 任务的模糊性和难度**

模糊的、难度较大的任务与明确的、容易的任务相比，人们在完成前者时表现出更多的从众行为。因为，当你不确定什么是正确的反应、适应的行为、正确的观点时，你将最容易受到他人的影响。你越是不确定，就会越依赖他人。

**5. 从众的公开性**

人们在公开场合与私下场合中所表现出来的从众行为程度是不一样的。从众行为的公开程度越高，人们做出的独立行为就越少，从众倾向就越大；而在匿名情境中，由于降低了群体压力，减弱了个体的被孤立感，因此从众行为呈减少的趋势。

**6. 个体因素**

(1) 个性。许多基本的个性因素，如个人的智力、能力、情绪、自信心、自尊程度等都与从众行为有关。那些智力能力较低、情绪不稳定、缺乏自信、依赖性强，以及重视权威、墨守成规的人，较易出现从众行为。

(2) 性别。这方面的研究表明，一般意义上，男女之间在从众率方面没有明显的差异。只有结合具体任务来考察时，才显出有意义的差异。

考勒曼(J.F.Coleman)的研究指出，要解决的问题越困难，或者越缺乏客观标准，人们的从众率也越高。其中，问题难度与男性从众率的相关系数为0.58，而与女性的从众率相关系数为0.89。也就是说：在相同难度的条件下，女性比男性更多地表现出从众行为。

(3) 个体在群体中的地位。居于较低地位的群体成员常常感到来自高地位者施加给他们的从众压力，人们往往愿意听从权威者的意见，而忽视一般成员的观点。高地位者之所以能影响低地位者，使之屈服于群体规范，是因为他被认为有权利和能力酬赏从众者而处罚歧异者。此外，高地位者比低地位者显得比较自信能干、经验丰富，能得到比较多的信息，因此，赢得了低地位者的信赖。因此，一般来说，群体中那些地位越高的人，越不容易屈服于群体的压力，反之，个体的地位越低，就越容易发生从众行为。

对于群体中的从众效应，应该从正反两个方面来看：

一方面，从众是个体适应社会的重要手段。任何一个社会，无论从哪方面来看，多数人的观念与行为保持一致是非常有必要的。只有群体成员的意见统一，才能够形成群体成员所必需的社会规范，使对于群体成员的必要约束得以实现。从个体的角度来说，一个人只有在更多的方面与社会的主导倾向取得一致才能适应社会，否则他将很难在社会中生存和发展。更何况个体的能力总是有限的，不可能适应他遇到的任何情境，因此，在这种情境下采取必要的从众方式无疑可以使他能在最可靠的程度上迅速适应社会。因此，从众是必要的。

但从另一方面来看，传统中的某些消极意义的东西、社会不正之风也会产生压力，使人们产生从众心理，甚至改变正确的观念和态度，与某些错误的思想和行为保持一致，这种从众是消极的，会助长不良传统的巩固和歪风邪气的蔓延。

# 第3节 群体凝聚力

## 一、群体凝聚力的含义

凝聚力是成员被群体吸引并愿意留在群体内的程度。它主要是指群体内部的团结，而且可能出现排斥其他群体的倾向。而我们提倡的团结往往既包括群体内部的团结，也包括与其他群体的相互支持、相互协调。

## 二、群体凝聚力的影响因素

### (一) 群体目标

有效地达成目标会使其成员产生自豪感，增强凝聚力，而凝聚力反过来又会促进目标的达到，因此，确立合适的群体目标是增强凝聚力的首要条件。只有为了努力实现群体目标，各成员才会团结，才谈得上群体凝聚力的强弱。

### (二) 群体成员在一起的时间

团体凝聚力的大小，与团体成员在一起的时间相关。成员之间在一起的时间越长,则团体凝聚力越强,相反,聚在一起的时间越短,则彼此之间的接触、沟通越少,团体凝聚力就越差。这里所说的在一起的时间,包括两种情形:一种情形是指群体成员在一起工作、合作的时间,不同企业或同一个企业不同部门之间比较,群体凝聚力是不同的。例如,同一个公司的财务部相对于销售部来说,凝聚力普遍较强,因为销售部员工工作时在一起的时间较短,他们把大量的时间忙于与客户打交道而很少在公司内。财务部员工的工作地点则相对固定,彼此交往、人际接触、工作合作的频率更大,关系自然更加友好,提高了团体的凝聚力。另一种情形是指团体成员在工作之余的闲暇时间里,彼此呆在一起的时间,即私人之间的友好程度。如果一个公司能够为员工提供集体宿舍,让员工生活在一起,这必然比那些没有这种设施的公司更具凝聚力。另外,员工经常聚会、旅游的公司也更具凝聚力,因为员工沟通增加了。

### (三) 加入群体的难度

加入一个团体越困难,这个团体的凝聚力就越强。一方面,由于加入该团体的难度非常大,员工或者是花费了大量的人力、物力、时间成本,或者是碰到了可遇而不可求的机遇和运气。因此,在他考虑退出团体时涉及的因素就会非常多,增加了退出成本,团体凝聚力自然很高。另一方面,加入团体的难度越大,一般表明所在团体的社会地位越高,或收入越丰厚,工作越有趣,这些都会激起团体成员的自豪感和增强团体凝聚力。例如,特种部队的士兵都是经过百里挑一,精挑细选的,因此加入特种部队,对任何一名士兵来说,都是无上光荣的事情,特种部队的凝聚力也空前的强大。

### (四) 群体规模

群体存在的必要条件之一是群体成员间的相互交往和相互影响。群体规模小,彼此作用与交往的机会多,其凝聚力就强,但规模过小就会失去平衡,矛盾难以调解。相反,群体规模过大,容易出现意见分歧,信息交流不畅,就不可能有高度的凝聚力。因此,只有适当规模的群体才可以增强凝聚力。

### (五) 领导者与领导方式

领导者是群体的核心,领导班子自身是否团结一致,齐心协力,是否坚强有力,会直接影响群体的凝聚力。如果领导班子自身不团结,互相扯皮、拆台,群体便失去核心,因而凝聚力将受到很大影响。如果领导班子是团结的、协调一致的,而且其主要的领导者有较高的权利性和非权利性影响力,那么群体成员就会紧密地团结在他们的周围,使群体产生较强的凝聚力。不同的领导方式对群体凝聚力影响也不同。在民主、专制、放任三种领导方式中,民主型领导方式能使全体群体成员有充分表达自己意见的机会,群体成员有较强的参政意识,成员之间团结协作、互助友爱,因而有较高的凝聚力;而专制型和放任型领导方式则往往会降低凝聚力。

### (六) 心理相容

心理相容是指群体成员在心理与行为上的彼此协调一致。在组织中,上下级之间、同事之间如果能做到心理相容,组织成员便会和睦相处,互相尊重,相互信任及彼此支持,人人心情舒畅,可以全力投入工作。如果不相容,成员之间就会相互设防,关系紧张,矛盾重重,貌合神离,把时间与精力消耗在无原则的纠纷之中,最终导致相互排斥,彼此猜疑,互相攻击的消极局面。

### (七) 外部影响

如果一个群体与外界相对隔离、孤立,这个群体的凝聚力就会比较高。当这个群体受到来自外部的压力或威胁时,各成员往往会维护群体荣誉,一致对外,使凝聚力增强。例如,一个国家民族矛盾尖锐,受到外来侵犯时,阶级矛盾便趋于缓和,会出现团结起来一致对外的局面;一个企业面临激烈竞争的威胁,为了在竞争中求得生存和发展,也需要团结一致,齐心协力,增强群体的凝聚力。

但是,外部压力有时可能会导致凝聚力的下降。这是因为外部压力是通过群体内人的因素起作用的,如果每个成员的认识不一致,无法统一意见,彼此间又拒绝宽容和合作,往往外部的压力越大,越有可能使群体分崩离析,而不是团结一致。

### (八) 群体的社会地位

社会地位是政治、经济、文化等地位的综合反映。某群体在社会中的地位、等级越高,其凝聚力就越强,如群体被人尊重,有较快的升迁机会,有更多的经济报酬,有更大的发展可能性等,群体凝聚力就大。当然,这也不是绝对的,关键因素还是群体中的个体。虽然群体社会地位很低,但成员之间却相互体贴、风雨同舟、患难与共,低社会地位因素反而促进了凝聚力的增强。

## 三、群体凝聚力的作用

### (一) 增强群体的控制力

在凝聚力强的群体中,成员都愿意留在自己所属的群体中,怕被排斥在群体之外。

因此,容易接受群体的监督与控制、遵守群体规范和约束、积极参加群体的活动。在这样的群体中,成员为了保持与群体的一致性容易产生从众和服从行为。

而且群体凝聚力会对成员工作效率以至于整个群体的工作效率产生重要影响。

### (二) 群体成员的自信心和安全感增强

在凝聚力强的群体中,各个成员的观点一致,人际关系和谐,相互支持,互相理解,从而增强了自信心和安全感。成员对所属的群体及群体的成员的评价会随之提高,从而更加热爱自己的群体,有着强烈的归属感,将群体作为自己的靠山。

## 四、群体凝聚力与生产效率的关系

研究影响群体凝聚力的主要因素,目的在于运用和创造这些因素,增强群体凝聚力,提高工作效率。那么,群体凝聚力与生产效率的关系如何,是否凝聚力越高生产效率也越高?这是心理学家十分关注的一个问题。研究表明,群体凝聚力与生产效率之间并不存在这种正相关的关系。凝聚力高,可能提高生产效率,也可能降低生产效率。其关键在于群体规范的性质和水平,即群体共同指定的生产指标的性质和数量。在一个凝聚力高的群体里,成员的行为高度一致,个人有较强的服从群体规范的倾向。如果这个群体的目标与组织目标不一致,则凝聚力与生产率之间成负相关;反之,群体目标与组织目标一致,则二者成正相关。前者凝聚力越高,生产率越低;后者凝聚力越高,生产率越高。

社会心理学家沙赫特通过实验研究了群体凝聚力对生产效率的影响情况。沙赫特在有严格控制条件的情况下,检验了群体凝聚力和对群体成员的诱导对于生产率的影响。实验中的自变量是凝聚力和诱导,因变量是生产率。设1个对照组、4个实验组,分别给予4种不同的条件,即高、低凝聚力和积极、消极的诱导4种不同的结合。

这个实验告诉我们:第一,无论凝聚力高低,积极诱导都提高了生产率,而且凝聚力高的群体生产率更高;消极的诱导明显地降低了生产率,而且凝聚力最高的群体生产率最低。第二,凝聚力高的群体,若群体规范规定的生产标准很低,则会降低生产率。第三,对群体的教育和引导是关键的一环,不能只靠加强成员间感情联系来提高群体的凝聚力。因此,管理者必须在提高群体凝聚力的同时,提高群体的生产指标的规范水平,加强对群体成员的思想教育和指导,克服群体中的消极因素,以使群体的凝聚力真正成为促进生产力发展的因素。

# 第4节 群体规范与冲突

群体规范是群体成员共同遵守的行为标准，它有形或无形地规定着群体成员在什么情况下应该做什么，或不应该做什么。群体规范一经为群体成员所接受，就会对群体成员产生巨大的控制力量，以至于群体成员在违背群体规范时便会感受到群体的压力。在群体活动中，由于群体成员个性差异和利益矛盾的存在，产生群体成员之间或群体与群体之间的冲突是不可避免的。在这种情况下，如何避免冲突的负性效应，如何利用群体规范和群体压力的作用保持群体的凝聚力和战斗力，便成了管理者必须回答和解决的问题。

## 一、群体规范

### （一）群体规范的概念

群体规范是指群体成员必须遵守的、大部分不是明文规定而是约定俗成的、为大家公认所接受的行为标准。违反这种标准为群体及其成员所不能容忍。群体规范是影响和约束群体及其成员行为的重要因素。在现实生活中，能起到规范人们行为的因素很多，如价值观念、道德标准、风俗习惯等。对于存在于一定组织中的群体，组织明文规定的制度、条例、纪律等有明显的规范作用。

群体规范与组织的正式规章制度未必一致，它是一种默契，是群体对自己成员以及成员之间的行为量的允许度。它规定了群体成员行为的范围，通过模仿、暗示、顺从等心理因素，利用舆论、疏远等群体压力手段保持群体规范的约束力使每个群体成员在行动前斟酌是否能被群体接受和允许。

### （二）群体规范的形成

美国社会心理学家谢里夫首次用“游动现象”的经典实验研究群体规范的形成过程，并在1936年出版的《社会规范心理学》一书中记载了这个实验。实验过程如下：在一间暗室里，屏幕上呈现出一个光点，被试分成两组，要求判断光点移动的方向与距离。第一组被试先单个一一判断，结果表明个体判断误差较大，后集体判断，判断结果则趋于接近；第二组被试先集体判断，判断结果趋于一致，后单独一一判断，结果仍保持一致。

该实验表明,当群体没有产生一个共有的判断标准时,个体的反应模式各有不同;但标准一旦建立,判断则会趋于标准化。

人们在共同活动中,其心理存在着一种社会标准化的倾向,即人们在对外界事物的共同认知和判断上,发生类化过程,彼此接近,趋于一致,从而导致模式化,固定化,以便于遇到同类事物时尽快地做出反应。另一方面,在群体成员的相互作用下,又会产生模仿、暗示、顺从等心理,这样就形成了群体意见的统一。规范正是在这两种因素的基础上产生的。

## (三)群体规范的功能

**1. 维系群体**

俗话说:"没有规矩,不成方圆",群体的存在不能离开群体规范。群体规范是这种一致性的标准,它统一着群体成员的意见和看法,调节着他们的行为。没有群体规范,群体也就失去了其整体性,因而群体便不复存在。从另一方面看,群体是由许多个体结合而成的,要维持其整体,使其存在下去,就需要有一定的准则来约束成员,而成员也正是依据这种对准则的认同,彼此一致起来、形成一个整体的。一个群体规范越标准,成员的活动就越协调,关系就越密切,群体也就越整合、越集中,也就越容易让人们感到它的存在。相反,如果群体规范标准化很低,那么群体就会很松散。所以说,没有群体就没有群体规范,同样没有群体规范也就没有群体。

**2. 认知的标准化**

群体规范是一种评价尺度,它可以用来评价行为、活动、信念或与群体有关的任何对象的可以被接受的程度,以及必须加以反对的范围。由于个体的差异,每个人对同样的事物会有不同的看法和评价,而群体规范就像一把尺子,摆在每个成员的面前,约束着他们,使他们的认知、评价有一个统一的标准,从而形成共同的看法和意见。群体规范的约束功能主要表现在舆论上。这种舆论是大多数成员对某种行为的共同评论意见。这种往往带有情绪色彩的共同意见对个人行为有约束作用,使其不至于违反群体规范。

群体规范的这种标准化功能并不是外在的、强迫的,而是内在的、自觉的。它已内化为每个成员的个人意识,在无形中起着作用。成员们是在无意识中做出了相同的评价,表现出了一致的看法。

**3. 定向行为**

群体规范对行为的定向功能,主要是为成员划定了活动的范围,制定了日常的行为方式,告诉人们应该做什么,不应该做什么,怎样做等。例如,佛教群体的成员不能杀生,少先队员不能打人等,即表明群体规范规定着人们的行为。群体是社会与个人之间的中介，是社会影响个人的具体形式。社会准则要通过群体才能影响个人，是通过群体规范约束人的行为方式来实现的。

## 二、群体冲突

冲突的含义很广，它包括人们内心的动机斗争，即内心的冲突，也包括人们之间的争论、争吵等。从心理学的角度来看，冲突是指对立双方在资源匮乏时出现阻挠行为并被知觉到的矛盾。它包含三层含义：其一，必须有对立的两个方面；其二，为取得资源而发生阻挠行为；其三，只有当问题被知觉到时，才构成真正的冲突。

### （一）冲突的功能

目前，对冲突功能的理解有三种观点：

（1）传统观念认为，所有冲突都是有害的。把冲突和暴力、破坏、无理取闹等同起来，在20世纪30年代至40年代，大多数研究群体行为的人持这种观点。即使是在为霍桑实验作结论时，心理学家们也是把冲突单纯地视为由于信息交流不善、人际关系不良、管理部门不能满足员工的需要所带来的后果。

（2）人类关系理论认为，冲突是群体心理中客观存在、不可避免的、非常正常的一部分。因此，把冲突作为管理心理学研究中一个非常重要的内容加以讨论。

（3）交互作用理论认为，冲突是新事物产生的基础。冲突并不总是坏事，不能一概反对和避免冲突。冲突中有破坏性的，它阻碍群体目标的达成，起消极作用；冲突中也有建设性的，它有助于群体目标的达成，起积极作用。根据这种观点，在企业管理中应该促进、发展建设性的冲突，化解、避免破坏性的冲突。

### （二）冲突的过程

冲突过程可以分为以下4个阶段，即潜在对立阶段、认知与个人介入阶段、行为阶段和结果阶段。

（1）潜在对立阶段是产生冲突条件的酝酿时期。这些冲突条件包括不良的沟通、不良的组织结构和不良的个人因素。

（2）认知与个人介入阶段指随着各种潜在冲突条件的具备，以及由此而不断产生的恶化，使人形成明显的知觉，并伴有不良的情感体验。

（3）行为阶段是指冲突已不可能在第二阶段低水平的较量中得到解决，双方的冲突便开始升级，展开全面公开论战。此时，双方的“脸皮”都撕破了，能用的手段都用上了，冲突达到了白热化。

(4) 结果阶段是指采取一系列措施处理外显冲突后所产生的结果。各类冲突不外有四种结果：一是成功—失败结果，即一方成功，一方失败；二是折中—和解结果，即双方斗了半天和解了，都未受损，也都没有满足自己的要求；三是失败—失败结果，即两败俱伤；四是成功—成功结果，即双方都胜利了，都获得了利益，这是最好的结果，多属建设性冲突。

## (三) 冲突的分类

根据冲突的对象，可将其分为个人心理冲突、群体中人际冲突和群体际冲突。

**1. 个人心理冲突**

个人在面临互不相容、互相排斥的目标时，便会体验到内心冲突。比如，一个学生第二天要参加考试，刚好这天晚上有场精彩的国际球赛，是复习功课还是看球赛，这两个互不相容的目标便会造成他个人的内心冲突。20 世纪 30 年代，心理学家按照接近和回避这两种倾向的不同结合，把个人内心冲突分为四种基本类型。

(1) 接近—接近型冲突。这是指一个人同时要达到两个相反的目标，由于目标背道而驰，难以同时达到，从而引起的内心冲突。在解决这类"人内冲突"时，必须采取放弃其中一个目标，或者同时放弃两个目标，以便追求另一个折中目标等方式。鱼和熊掌不可兼得的道理就是接近—接近型冲突的一种解决办法。

(2) 回避—回避型冲突。这是指当一个人面临需要同时回避的目标时所产生的冲突。在这种情况下，人们往往会设法摆脱这种困境。但在许多情况下，客观条件却使人难以摆脱这种处境，因而陷入内心冲突状态。例如，品学均差的学生怕学习又怕受处分，这二者对他都是一种威胁，都想逃避，但他必须选择其一。由此引起的冲突就属于回避—回避型冲突。

(3) 接近—回避型冲突。在有些冲突条件下，人们一方面要接近某个目标，而同时又想回避这一目标时，会产生接近—回避型的冲突。例如，学生想参加校足球队为学校争光，又怕耽误时间影响自己的学业成绩；青年人想为社会做好事又怕别人不理解等矛盾心理，就是接近—回避型冲突。

(4) 多重接近—回避型冲突。这是指同时有两个或两个以上的目标，但各有所长、各有所短，分别具有吸引和排斥两个方面的作用时，使人左顾右盼，难以抉择的心态。例如，有些人为了有较高的经济收入和良好的住房条件，尽管工作和生活环境不适应，但还是想换一个新单位工作；与此同时，又考虑到留在原单位工作，尽管收入、住房条件差些，但却有习惯了的工作和生活环境，以及适应了的人际关系。此时，由于考虑到各种利弊和得失，就会产生多重接近—回避型冲突。如果几个目标的吸引力和排斥力相距较大，解决冲突还比较容易；如果几种目标的吸引力和排斥力比较接近，则解决冲突就相对困难，需要较长时间地考虑得失、权衡利弊。

**2. 群体中的人际冲突**

冲突不仅会在人的内心中产生，而且群体中人与人之间也经常会发生冲突，这种冲突属于群体内人际冲突。群体中人与人之间的冲突是形形色色的，冲突的内容也各不相同，产生的原因也是多种多样的。有的是工作上的分歧造成的，有的是个人恩怨引起的；有的有助于组织的发展，有的具有破坏性；有的是正常的、合乎规律的，有的是不正常的、人为因素造成的。人与人之间在工作过程中所发生的冲突，往往是由于下述原因造成的：

(1) 信息基因的冲突。这是由于人们信息沟通的渠道不同，彼此之间又互不交流而造成的冲突。例如，一个企业在制订生产计划时，计划科长与营销科长发生了冲突。计划科长坚决主张多生产本厂的传统产品，供销科长主张多生产新产品。究其原因，是因为计划科长的信息来源于上级的规则，而供销科长的信息来源于市场调查，这是由于信息来源的不同而造成的冲突。

(2) 认识基因的冲突。由于人们的知识、经验、态度、观点等的不同，对于同一事物会有不同的认识，基于认识不同所造成的冲突就是认识基因的冲突，这种冲突在企业中相当普遍。人们在采用新设备、处理问题、发展企业的方式方法、用人等各方面都会有不同的认识，从而引起冲突。

(3) 价值观基因的冲突。价值观是指人对是非、善恶、好坏的一般概念。由于个人的价值观不同，也会造成冲突。有些管理者认为提高产量是企业的首要任务，有些管理者则认为提高质量才是首要任务；有人认为企业的首要任务是生产，有人则认为在于经营，这都是由于价值观的分歧而造成的冲突。

(4) 本位基因的冲突。企业中的个人都在某一单位工作，因此，在处理问题时往往首先考虑本单位的利益。如果不同部门的两个人都只考虑本单位的利益，则往往容易引起冲突，这就是本位基因的冲突。

**3. 群体际冲突**

两个或多个群体之间的冲突是群体际冲突。如工矿企业的各个部门由于任务不清、职责不明所引起的互相埋怨、互相牵制的冲突；企业和企业之间、企业内部各部门之间的冲突等都属于群体际冲突。

谢里夫研究了在群体与群体竞争条件下发生冲突的情况。他设计了一项自然条件下的实验，邀请22名互不相识的男孩分成两队到郊外露营，两队的营地相距很远，互不来往，经过一周后两队队员各自成为一个团结一致的群体。在实验的第二阶段，安排两队开展竞赛，如拔河、球赛等。在竞赛过程中，因要互争胜负，两队产生对立情绪。在实验的第三阶段，又设计了两队必须合作的情境，例如，郊游的卡车坏了，需要两队齐心协力推动。这样,经过若干次合作,两队消除了隔阂,形成了一个新的较大的群体。此后,谢里夫又对成年人进行类似的实验,得到了相同的结果。

通过上述研究,谢里夫得出了如下结论:

(1) 竞争对每一群体内部的影响:①群体内部团结增强,其成员对群体更加忠诚,内部分歧趋于减少;②群体由一个非正式的、以游戏为主的群体转变为以工作和完成任务为主的群体,对于群体成员个人心理需要的关心逐渐减弱,而对完成任务的关心逐渐增强;③领导的方式逐渐从民主型转为专制型,而且群体成员逐渐心甘情愿忍受专制型的领导;④每一群体都逐渐成为组织严密、纪律严明的群体;⑤群体要求其成员更加效忠和服从,形成"坚强的阵线"。

(2) 竞争对群体与群体之间关系的影响:①每一群体都把另一群体视为对立的一方,而不是中立的一方。②每一群体都会产生偏见,只看到本群体的优点,而看不到自己的弱点。对于另一群体则只看到它的缺点,而看不到它的优点。③对另一群体的敌意逐渐增加,与对方的交往和沟通减少,结果使偏见难于纠正。④假如强迫他们交往,例如,强制他们听取各队代表就某一问题发表意见时,两队队员都只注意倾听、支持自己队员的发言,对于对方的发言,除挑剔毛病外,根本不注意倾听。

★小资料

## 鲶鱼效应的启示——竞争带来活力

挪威人爱吃沙丁鱼,尤其是活鱼,挪威人在海上捕得沙丁鱼后,如果能让它活着抵港,卖价就会比死鱼高好几倍。但是,由于沙丁鱼生性懒惰,不爱运动,返航的路途又很长,因此捕捞到的沙丁鱼往往一回到码头就死了,即使有些活的,也是奄奄一息。只有一位渔民的沙丁鱼总是活的,而且很生猛,所以他赚的钱也比别人的多。该渔民严守成功秘密,直到他死后,人们才打开他的鱼槽,发现只不过是多了一条鲶鱼。原来鲶鱼以鱼为主要食物,装入鱼槽后,由于环境陌生,就会四处游动,而沙丁鱼发现这一异己分子后,也会紧张起来,加速游动,如此一来,沙丁鱼便活着回到港口。这就是所谓的"鲶鱼效应"。运用这一效应,通过个体的"中途介入",对群体起到竞争作用,它符合人才管理的运行机制。

"鲶鱼效应"是企业领导层激发员工活力的有效措施之一。它表现在两方面:

一是企业要不断补充新鲜血液,把那些富有朝气、思维敏捷的年轻生力军引入职工队伍甚至管理层中,给那些故步自封、因循守旧的懒惰员工和官僚带来竞争压力,才能唤起"沙丁鱼"们的生存意识和竞争求胜之心。

二是要不断地引进新技术、新工艺、新设备、新管理观念，这样才能使企业在市场大潮中搏击风浪，增强生存能力和适应能力。

## （四）解决冲突的原则

（1）发展建设性冲突，消除破坏性冲突。建设性冲突是组织发展的动力，不要消灭它，而是要发展它，最好的办法是引入竞争机制。对破坏性冲突要旗帜鲜明地加以反对，要把冲突解决在潜伏阶段或认知与个人介入阶段。

（2）要发扬民主，鼓励发表不同意见。不能采取压制的方法，否则不利于形成生动活泼的局面。

（3）加强信息沟通，提倡交换意见，提倡友谊、谅解、信任、支持，以便减少隔阂、缩短心理距离。

（4）分清是非，公正地解决冲突，切莫是非不分，偏袒一方。

## （五）解决冲突的方法

（1）协商妥协。这是解决冲突最常用的方法。当两个部门发生冲突时，双方派出代表进行协商，各自提出自己的困难，阐述自己可以做出的让步，最后本着顾全大局、互谅互让的原则使冲突得以解决。

（2）第三者调解。当一再协商达不成协议时，就需要请第三者出面调解。调解者必须有权威，或者是冲突双方的上级，或者是有地位、有影响的专家、社会贤达。

（3）权威裁决。当调解无效时，只好请有正式权力的上级主管部门或由有关的权力机关做出裁决。如我国近年来设立的经济法庭就是这种机关。权威裁决的实质是强制解决，因此它往往不能消除引起冲突的原因。

（4）拖延下去，不了了之。这是解决冲突的一种微妙而又常常颇为有效的办法。有的冲突一时无法解决，拖着，随着时间的流逝、环境的变化，它会自行消解。

（5）不予理睬。这是拖延的变种。不作决定，不表态，相对于决定拒绝所引起的冲突要小些，对于双方的伤害也轻些。所以，这也是一种应对冲突的有效办法。但是，应该看到，这是一种消极的办法，有时还会使冲突加剧。

（6）和平共处。冲突的双方采取克制态度，互相停止攻击和敌对行动，承认对方的存在，和平共处。这尽管不能解决冲突，但可避免冲突激化。

（7）托马斯的两维模式。托马斯认为解决冲突必须适当地确定解决问题的次序，以此来协调“武断”坐标和“合作”坐标，求得建设性地解决冲突的方式。冲突处理的结果，可以是一方胜利一方失败，或者是双方都有所得亦有所失，但最好的是“胜对胜”的处理结果。这种方法须精心筹划,促使双方协作,共同解决问题,找到一种双方都满意的答案,大家都做胜利者。

## (六) 冲突管理策略

**1. 竞争策略(强制策略)**

竞争策略又被称为强制策略,是一种“我赢你输”,武断而不合作的冲突管理策略。奉行这种策略者,往往只图满足自身目标和利益却无视他方的目标和利益,常常通过权力、地位、资源、信息等优势向对方施加压力,迫使对方退让、放弃或失败来解决冲突问题。这种策略难以使对方心悦诚服,但在冲突主体实力悬殊或应付危机时较为有效。

竞争策略的常见表现情形有:

(1) 产生“赢—输”局势。

(2) 敌对争斗。

(3) 迫使对方认输。

(4) 运用权力等优势以达到自身目的。

竞争策略经常发生或常被使用于以下场合:

(1) 冲突各一方具有压倒性力量。

(2) 冲突发展在未来没有很大的利害关系。

(3) 冲突中获胜的成本很高,赢的“赌注”很大。

(4) 冲突一方独断专行,另一方则消极而为。

(5) 冲突各方的利益彼此独立,难以找到共赢或相容部分。

(6) 冲突一方或多方坚持不合作立场。竞争策略也包含了诉讼与仲裁方式。

**2. 回避策略**

回避策略是指既不合作又不武断,既不满足自身利益又不满足对方利益的冲突管理策略。奉行这一策略者无视双方之间的差异和矛盾对立,或者保持中立姿态,试图将自己置身事外,任凭冲突事态自然发展,回避冲突的紧张和挫折局面,以“退避三舍”“难得糊涂”的方式处理冲突问题。回避策略可以避免冲突问题扩大化。当冲突主体相互依赖性很低时,还可避免冲突或减少冲突的消极结果;但当冲突双方相互依赖性很强时,回避则会影响工作,降低绩效,并可能会忽略某些重要的看法、意见和机会,招致对手的受挫、非议和影响冲突的解决,故拟长期使用回避策略时,务必三思而后行。

回避策略的常见表现情形有:

(1) 忽略冲突并希望冲突消失。

(2) 以缓慢的程序节奏来平抑冲突。

(3) 该问题不作为主要考虑对象或将此问题束之高阁。

(4) 以保密手段或言行控制来避免正面冲突。

(5) 以官僚制度的政策规则作为解决冲突的方式方法。

回避策略常被使用或经常发生在以下场合:

(1) 冲突主体中没有一方有足够力量去解决问题。

(2) 与冲突主体自身利益不相干或输赢价值很低。

(3) 冲突一方或多方不关心、不合作。

(4) 彼此缺少信任、沟通不良、过度情绪化等,不适合解决冲突。

**3. 合作策略**

合作策略指的是在高度合作精神和武断的情况下,尽可能地满足冲突主体各方利益的冲突管理策略模式。奉行这种策略者必须既考虑自己关心点满足的程度,又考虑使他人关心点得到满足的程度;尽可能地扩大合作利益,追求冲突解决的"双赢"局面。

合作策略的常见表现情形有:

(1) 解决问题的姿态。

(2) 正视差异并进行思想与信息的交流。

(3) 寻求整合性解决方式。

(4) 寻找"双赢"的局面。

(5) 把冲突问题看做是一种挑战。

合作策略经常被使用或经常发生于以下场合:

(1) 冲突双方不参与权力斗争。

(2) 双方未来的正面关系很重要,未来结果的赌注很高。

(3) 双方都是独立的问题解决者。

(4) 冲突各方力量对等或利益互相依赖。

**4. 迁就策略(克制策略)**

迁就策略又被称为克制策略或迎和策略,指的是一种高度合作且武断程度较低(不坚持己见),当事者主要考虑对方的利益、要求,或屈从对方意愿,压制或牺牲自己的利益及意愿的冲突管理策略。通常的迁就策略奉行者要么旨在从长远角度出发换取对方的合作,要么是不得不屈从于对手的势力和意愿。

迁就策略的常见表现情形有:

(1) 退让或让步。

(2) 屈服或顺从。

(3) 赞扬、恭维对方。

(4) 愿意改进关系,提供帮助。

此策略常被使用的场合为：

(1) 各自利益极端相互依赖，必须牺牲某些利益去维持正面关系。

(2) 力量过于悬殊，希望以让步换取维持自身利益或在未来其他问题上的合作。

(3) 己方缺乏使用其他策略处理冲突的能力。

(4) 己方对冲突结果的期望值低或低度投资，采取消极的或犹豫不决的态度。这其中有着正面和负面两类理由。

**5. 折中策略**

折中策略指的是一种合作性和武断性均处于中间状态，适度(居中)的满足自己的关心点和满足他人关心点，通过一系列的谈判、让步，避免陷入僵局，"讨价还价"的部分满足双方要求和利益的冲突管理策略。折中策略反映了处理冲突问题的实利主义态度，有助于改善和保持冲突双方的协和关系。尤其在促成双方一致的愿望时十分有效。

折中策略的常见表现情形有：

(1) 谈判。

(2) 寻求交易。

(3) 寻找满意或可接受的解决方案。

折中策略可能发生或经常使用于以下场合：

(1) 冲突双方无一方有能力包赢，从而决定按各方所见的有限资源和利益来分配(结果)。

(2) 双方未来的利益有一定的相互依赖性和相容性，有某些合作、磋商或交换的余地。

(3) 双方实力相当，任何一方都不能强迫或压服对方。

(4) 双方各自独立，互不信任，无法共同解决问题，但赢的赌注较多。

# 第5节　群体决策

## 一、什么是群体决策

群体决策又称集体决策，是指由包括两个以上的人完成的决策。区分是否群体决策的关键在于，决策的诊断活动、设计活动、选择活动是由一个人完成还是由两个以上的人完成。在决策的过程中，只要某一活动阶段是由两个以上的人合作完成的，就可以认为是群体决策。这意味着，群体决策不一定贯穿决策的全过程，只要在决策的某一阶段是由两个以上的人合作参与，就可视为群体决策。

## 二、群体决策的优点

### (一) 决策质量高

个体决策受决策者本身条件的制约,由于一个人的信息、知识、经验往往具有很大的局限性,因此,个体决策通常质量较差。而群体决策不是由一个人而是由若干人做出的,这样在信息情报、知识、经验等方面就会形成一个互补效应,使群体决策可以汇集更多的信息情报和广泛的知识、经验与创造性,可以得到更精确的诊断和更丰富的备选方案,进行决策时考虑更全面,产生漏洞的可能性就会比较小,因此,决策质量比较高。

### (二) 一贯性较强

个体决策常常是一种下意识的思维活动,不一定依照科学的程序进行,因此,具有无常性。而群体决策一般采用合理的科学决策程序,比较理性,所以一贯性较强。

### (三) 可实施性好

群体决策过程中,参与者一方面可以获得较多的信息和信任,满足了受尊重的需要;另一方面较好地了解所制定的决策,增加了对决策实施的认同感和责任感,因此,在决策的实施过程中积极性和自觉性较高。而个体决策由于决策者需要向组织成员解释决策的内容,要耗费时间和精力,也避免不了成员对决策产生误解,实施决策时也可能因为利益的关系等种种原因而遇到阻力。

### (四) 开放性程度高

开放性指不受个人偏见支配的程度,开放性越高,越有利于提高决策水平。在群体决策中,群体中各成员由于不同的背景地位,他们会从不同角度思考问题,可以从多方面对决策过程输入信息,因此,群体决策的开放性程度较高。

**★小资料**

**参与定律:参与是支持的前提**

参与定律是由美国著名企业家M.K.阿什提出的。他认为,每个人都会支持他参与创造的事物。

为探讨员工参与与企业发展之间的关系,美国阿肯萨斯大学教授莫丽·瑞珀特曾作过一个实验。瑞珀特教授的这项研究是在美国的一个物流公司总部及其分支机构中进行的。该公司的所有全职员工都参与了调查,其中有81%的人完成了调查内容。对调查结果,瑞珀特教授分成两组,分别被称作参与组和限制组。参与组的特点是战略远景清晰,在制定战略决策时员工参与度高,战略决策被员工高度认同等;而限制组的特点是战略远景不明确,战略决策制定的参与度低,战略决策缺乏认同等。所以,瑞珀特教授总结道:"工作满意度和组织参与度与企业的参与性文化密切相关。参与程度高的那一组显示,对战略决策的认同性是工作满意度的最重要因素,而对战略决策的参与性是组织参与度的最重要因素。"

在这项研究的基础上,瑞珀特教授得出了这样的结论:企业只有为员工提供明晰的战略远景,加强员工对战略的认同,增强员工参与设计不同阶段的战略流程的意识,企业才能从中受益。它告诉我们,只有当员工参与了公司的决策和管理后,才能对企业产生认同感和很高的满意度,才能最大限度地激发自己的工作热情,企业也才能真正实现利润的最大化目标。

## 三、群体决策的缺点

### (一) 果断性差、耗时

群体决策时,往往需要有足够的时间来进行沟通与讨论,因此,难以迅速做出决策。

### (二) 责任不明确

群体决策往往会造成责任分散。在决策过程中参与决策的成员虽然愿意分析问题、提出方案,但往往不愿承担最后抉择的责任,有时还会滥用表决权,将责任推给别人,造成无人对决策结果负责任的情况。

### (三) 决策成本高,效率低

群体决策需要耗费大量的时间、经费等资源才能做出决策,不仅成本高,决策过程的效率也较低。

## 四、群体思维和群体偏移

群体思维和群体偏移二者都是群体决策的副产品。两种现象都可能影响群体对于各种方案的客观评估能力，以及做出高质量决策的能力。

群体思维是指由于群体内聚力的规范，过度压抑了群体采取行动来客观评估各种备选方案。由于群体压力的作用，个体的心理能力对事实的认识以及对道德的判断出现了衰退现象。群体思维有多种症状：

(1) 群体成员把任何与他们假设不一致的意见合理化。

(2) 群体会对组织内持不同意见者施压。

(3) 群体内持不同意见者，往往通过保持沉默，甚至降低自己意见重要性，来尽量避免与群体观点不一致。

(4) 保持沉默者，往往被认为是赞同者。造成一种群体内无异议的错觉。

群体思维在三种情境下最容易出现：一是群体本身已养成明确的群体认同感；二是群体成员均乐意维护群体的积极形象；三是群体成员感到群体的积极形象受到严重威胁。可见，群体思维不仅仅是使异议者屈从的机制，它也是群体维护其积极形象的工具。

那么，管理者可以做什么来使群体思维降低到最低程度？以下方法值得参考：

(1) 监控群体规模，避免过大，虽然没有一个精确量化的数字能够告诉我们群体人数多少最合适，但是经验表明，当群体人数超过 10 个，个体可能会更少感到个人责任。

(2) 管理者应鼓励群体领导者扮演公正无私的角色，尤其是在讨论的初期，尽量避免发表领导者自己的想法，应尽量把气球吹大，推迟"扎口"。

(3) 任命(可暗地)一名群体成员当"托儿"，故意跟公众意见唱反调，提出不同观点，来潜移默化地影响和激发群体成员提出自己的见解。

(4) 提供培训。训练群体成员对各种备选方案的积极讨论。

群体偏移是指群体决策与群体成员的个人决策在决策风险上存在差异。群体决策也许会更保守，但多数情况会更冒险。

群体讨论往往会出现这样的现象，即放大群体最初的观点，向着更极端的方向偏移。事实上，群体偏移可以看作是群体思维的一种特殊方式。

为什么群体决策往往趋于冒险？最有道理的一种看法是，群体讨论分散了责任，使得任何人都不必独自承担后果。

综上，群体思维抑制不同意见，影响了群体对方案客观评价的能力，使得少数派和异议者难以表达意见；而群体偏移则使群体决策向极端倾斜，多数时候更为冒险。群体思维和群体偏移的相同点是，它们都是群体决策的产物，都是一种群体规范，都会影响群体作出客观高效的决策。

## 五、群体决策技术

### (一) 头脑风暴法

头脑风暴法出自"头脑风暴"一词。所谓头脑风暴(brain-storming)最早是精神病理学上的用语,指精神病患者的精神错乱状态而言的,现在转而为无限制地自由联想和讨论,其目的在于产生新观念或激发创新设想。

头脑风暴法,又称智力激励法、BS法、自由思考法,是由美国创造学家A.F.奥斯本于1939年首次提出、1953年正式发表的一种激发性思维的方法。此方法经各国创造学研究者的实践和发展,至今已经形成了一个发明技法群,如奥斯本智力激励法、默写式智力激励法、卡片式智力激励法等。

在群体决策中,由于群体成员心理相互作用影响,易屈于权威或大多数人意见,形成所谓的"群体思维"。群体思维削弱了群体的批判精神和创造力,损害了决策的质量。为了保证群体决策的创造性,提高决策质量,管理上发展了一系列改善群体决策的方法,头脑风暴法是较为典型的一个。

头脑风暴法又可分为直接头脑风暴法(通常简称为头脑风暴法)和质疑头脑风暴法(也称反头脑风暴法)。前者是在专家群体决策尽可能激发创造性,产生尽可能多的设想的方法,后者则是对前者提出的设想、方案逐一质疑,分析其现实可行性的方法。

采用头脑风暴法组织群体决策时,要集中有关专家召开专题会议,主持者以明确的方式向所有参与者阐明问题,说明会议的规则,尽力创造出融洽轻松的会议气氛。一般不发表意见,以免影响会议的自由气氛。由专家们"自由"提出尽可能多的方案。

头脑风暴何以能激发创新思维?根据A.F.奥斯本本人及其他研究者的看法,主要有以下几点:

第一,联想反应。联想是产生新观念的基本过程。在集体讨论问题的过程中,每提出一个新的观念,都能引发他人的联想。相继产生一连串的新观念,产生连锁反应,形成新观念堆,为创造性地解决问题提供了更多的可能性。

第二,热情感染。在不受任何限制的情况下,集体讨论问题能激发人的热情。人人自由发言、相互影响、相互感染,能形成热潮,突破固有观念的束缚,最大限度地发挥创造性的思维能力。

第三,竞争意识。在有竞争意识情况下,人人争先恐后,竞相发言,不断地开动思维机器,力求有独到见解、新奇观念。心理学的原理告诉我们,人类有争强好胜心理,在有竞争意识的情况下，人的心理活动效率可增加50%或更多。

第四，个人欲望。在集体讨论解决问题过程中，个人的欲望自由不受任何干扰和控制是非常重要的。头脑风暴法有一条原则，不得批评仓促的发言，甚至不许有任何怀疑的表情、动作、神色。这就能使每个人畅所欲言，提出大量的新观念。

### (二) 名义群体法

名义群体法是指在决策过程中对群体成员的讨论或人际沟通加以限制，但群体成员是独立思考的。像召开传统会议一样，群体成员都出席会议，但群体成员首先进行个体决策。

名义群体法的实施步骤如下：

(1) 成员集合成一个群体，但在进行任何讨论之前，每个成员独立地写下他对问题的看法。

(2) 经过一段沉默后，每个成员将自己的想法提交给群体。然后一个接一个地向大家说明自己的想法，直到每个人的想法都表达完并记录下来为止(通常记在一张活动挂图或黑板上)。所有的想法都记录下来之前不进行讨论。

(3) 群体现在开始讨论，以便把每个想法搞清楚，并做出评价。

(4) 每一个群体成员独立地把各种想法排出次序，最后的决策是综合排序最高的想法。

名义群体法的主要优点在于使群体成员正式开会但不限制每个人的独立思考，但是又不像互动群体那样限制个体的思维，而传统的会议方式往往做不到这一点。

### (三) 德尔斐法

德尔斐是希腊历史遗址阿波罗神庙所在地地名。兰德公司在20世纪50年代初以“德尔斐”为代号进行的咨询研究中首创出这种方法，其使用方式是：

(1) 把委托方提出的咨询内容写成若干条含义十分明确的问题。

(2) 专家们在背靠背、互不通气情况下阐述个人对问题的看法，作出书面回答。

(3) 把收到的专家意见进行定量统计归纳。

(4) 将统计归纳的结果反馈给专家们，每个专家根据结果再进行修订和发表意见，送交组织者手中。

如此经过3—4轮的反馈过程就可以取得比较集中的意见了。德尔斐法主要依靠人的经验、知识和综合智能进行预测的方法。据有关统计，美国一些咨询机构对德尔斐法的使用率最高，占各种预测方法的24.2%。

### (四) 电子会议分析法

电子会议分析法是一种有效的群体决策方法。在使用这种方法时,先将群体成员集中起来,每人面前有一个与中心计算机相连接的终端。群体成员将自己有关解决政策问题的方案输入计算机终端,然后再将它投影在大型屏幕上。

专家们认为,电子会议分析法比传统的面对面的会议快55%。例如,佛尔普斯·道奇采矿公司运用这种方法,使它们的年度计划会议从几天缩短到12小时。但这种方法也有缺点,那些打字速度快的人与口才好但打字速度慢的人相比能够更好地表达自己的观点;想出最好建议的人也得不到应有的奖励;而且,这样做得到的信息也不如面对面的沟通所能得到的信息丰富。虽然这种方法现在正处于幼年阶段,但未来的群体决策很可能会广泛地采用电子会议分析法。

电子会议分析法的特点如下:

一是匿名。参与公共政策决策咨询的专家采取匿名的方式将自己的政策方案提出来,参与者只需把个人的想法输入键盘就行了。

二是可靠。每个人作出的有关解决公共问题的政策建议都能如实、不会被改动地反映在大屏幕上。

三是快速。在使用计算机进行政策咨询时,不仅没有闲聊,而且人们可以在同一时间中互不干扰地交换见解,它要比传统的面对面的决策咨询的效率高出许多。

电子会议分析法的局限性如下:

一是对那些善于口头表达,而运用计算机的技能却相对较差的专家来说,电子会议会影响他们的决策思维。

二是在运用这种预测方法时,由于是匿名,因而无法对提出好的政策建议的人进行奖励。

三是人们只是通过计算机来进行决策咨询的,从而是“人—机对话”,其沟通程度不如“人—人对话”那么丰富。

## 【复习思考题】

1. 什么是群体?群体分为哪些类型?

2. 影响群体有效性的因素有哪些?

3. 群体有哪些功能?
4. 什么是群体凝聚力?影响群体凝聚力的因素有哪些?
5. 群体凝聚力与生产效率的关系是怎样的?
6. 如何看待群体间的冲突?如何解决群体冲突?
7. 什么是群体决策?群体决策的优缺点分别是什么?
8. 群体决策技术有哪些?分别有什么特点?

## 【本章案例分析】

### FS有限公司的员工集体辞职

FS有限公司是一家生产服装的中型企业,一部分产品是自产自销,而绝大部分产品是按照国外订单生产,然后出口到国外。公司一直都保持着稳定的发展。自从公司的前任厂长离开公司自己创业后,整个形势就开始慢慢地变化。老总开始物色具有丰富服装生产和出口经验的管理者,结果前后来了三任厂长都改变不了车间混乱的状况,生产的服装几乎每批都被外贸公司退回返工,产品的质量达不到要求,一方面让公司大幅亏损,另一方面由于公司采取的是计件工资制,也导致员工的工资锐减。一时间公司内部流传着各种消息,如:又要换厂长了、刚做的一单又要返工、这个月的工资老板会压着不发、老板准备放弃这家企业,等等。

而这时公司的老总正在和深圳的一家贸易公司谈判,希望能获得一个100万元的海外订单,在离开公司之前虽然他也知道公司内部人心不稳,但他认为只要能签到大额的订单就可以稳住员工的心,然后生产也会走向正常。结果,当他给员工发了上个月的工资,回到车间时却发现已经有40%的员工集体在领到工资后就已经辞职。他发现这些一起离开的员工大多是来自同一个省份,或者以前在同一家公司工作过。

**思考题:**

试以非正式群体理论分析上述情况并总结该老总管理中的失误。

# 第 10 章

# 群体沟通

## 【本章学习目标】

通过本章学习，你应该了解：

1. 沟通的过程、功能及方式。
2. 沟通中的倾听技巧。
3. 群体的正式沟通网络和非正式沟通网络。
4. 影响人际关系的因素。
5. 人际关系相互作用分析理论及“周哈里窗”模式。

## 引导案例

### 小道消息传播带来的问题

斯塔福德航空公司是美国西北部一个发展迅速的航空公司。然而，最近在其总部发生了一系列的传闻。公司总经理波利想卖出自己的股票，但又想保住自己总经理的职务，这是公开的秘密了。他为公司制定了两个战略方案：一个是把航空公司的附属单位卖掉；另一个是利用现在的基础重新振兴发展。他自己曾经对这两个方案的利弊进行了认真的分析，并委托副总经理本查明提出一个参考的意见。本查明曾为此起草了一个备忘录，随后叫秘书比利打印。比利打印完以后即到职工咖啡厅去。在喝咖啡时比利碰到了另一个副总经理肯尼特，并将这一秘密告诉了他。

比利对肯尼特悄悄地说：“我得到了一个最新消息。他们正在准备成立另外一个航空公司。他们虽说不会裁员，但是我们应该联合起来，有所准备啊。”这些话又被办公室的通讯员听到了。他又高兴地立即把这个消息告诉他的上司巴巴拉。巴巴拉又为此事写了一个备忘录给负责人事的副总经理马丁。马丁也加入了他们的联合阵线，并认为公司应保证兑现其不裁减职工的诺言。

第二天，比利正在打印两份备忘录。备忘录却被路过办公室探听消息的莫罗看见了，莫罗随即跑到办公室说：“我真不敢相信公司会做这样的事情，我们要卖给航空公司了，而且要大量减员呢！”

这个消息传来传去，3 天后又传回总经理波利的耳朵里。他也接到了许多极不友好甚至是敌意的电话和信件，人们纷纷指责他企图违背诺言而大批解雇工人。有的人也表示为与别的公司联合而感到高兴，波利则被弄的迷惑不解。

后来波利经过多方了解，终于弄清了事情的真相。然后波利就采取了澄清传闻的工作。首先，他给各部门印发了他为公司制定的那两个战略方案，并让各部门的负责人将两个方案的内容发布给全体职工。然后在 3 天后，他把全公司的员工召集在一起，让他们谈谈对这两个方案的看法。职工们各抒己见，但多数人更倾向于第二个方案。最后波利说：“首先向大家道歉，由于我的工作失误使大家担心了，很抱歉，希望大家能原谅我。其次，我看到大家这样地爱公司，我也很受鼓舞，其实前几天大家所说的那件事就是这两个方案的‘升华’，今天我看到了大家的决心，那么，我就更有信心，使我们的公司发展更好。谢谢！”

最后，该公司采取了第二个方案，公司也更迅速地发展起来。

**【点评】**

案例中的情形涉及组织沟通的问题。现代组织的人与人之间、部门与部门之间、组织内上下级之间以及其他各个方面之间，特别需要彼此进行沟通、互相理解、互通信息。然而，在现实生活中，人与人之间却常常横隔着一道道无形的“墙”，妨碍彼此的沟通。尽管现代化的通讯设备非常神奇，但却无法穿透这种看不见的“墙”。如果组织内的正式沟通的渠道长期堵塞，信息不交流，就容易造成企业内一些不真实的信息泛滥，导致员工感情不融洽，关系不协调，最终影响工作，致使企业每况愈下。所以，要管理好现代企业，就要不断加强企业内部的互通信息、传递资料、交流感情，使员工清楚知道公司的方针、政策和所处的形势，并且逐步建立起一套成熟完善的沟通系统。

# 第 1 节　沟 通 概 述

## 一、沟通及其过程

沟通是人与人之间、人与群体之间思想与感情的传递和反馈的过程，以求思想达成一致和感情的通畅。

一个完整的沟通过程应该包括信息发送者、编码、信息通道、译码、信息接收者、反馈等重要环节,如图 10.1 所示。

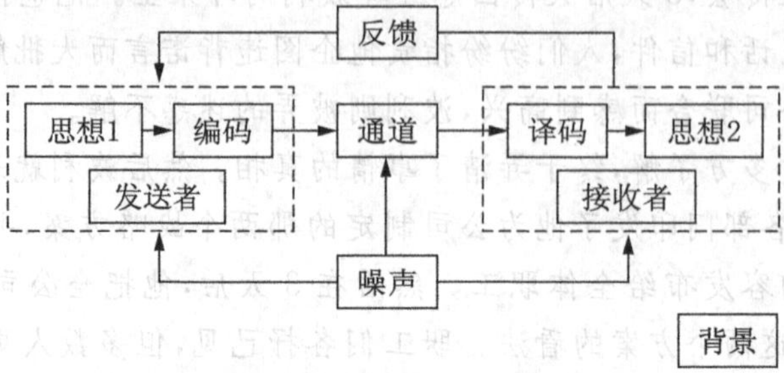


**图 10.1　沟通过程模型图**

沟通过程中任何一个环节出现问题都会影响沟通的有效性。

首先是信息发送者的编码能力,所谓编码就是信息发送者将自己所要传递的思想、情感和观点等以某种形式表现出来。在编码的过程中,如果信息的发送者表达能力不佳、词不达意、逻辑混乱、所用语言艰深晦涩难懂;或者其存在知识经验有局限、形象不佳和信用不高等问题,那么沟通的效果一定是不好的。

其次是选择合适的沟通信息通道。沟通信息通道有很多,广播、电视、杂志、报纸、互联网等都是有效沟通的信息渠道,甚至人和动物也可以成为沟通信息的渠道。例如,某人替别人捎个口信,这个人就是信息传递的通道;又如古人所惯用的"鸿雁传书",鸿雁就成了传递信息的通道,包括训练有素的信鸽、警犬等都可以传递信息。能否选择正确的信息沟通通道影响着沟通的效果。

最后是信息接收者的译码能力。所谓译码是指信息接收者对信息发送者的编码进行解释理解的过程。由于每个人的社会背景、受教育程度、个性、素质等各方面都存在差异,对于同样的编码信息人们的理解和看法是不同的。

同时,信息遗失、外界干扰、物质条件限制、媒介的不合理选择和不同的沟通背景等都会影响沟通的效果。

## 二、沟通的功能

一般来说,沟通有四种功能,即控制功能、激励功能、情绪表达功能和信息功能。

(1) 控制功能。沟通可以控制员工的行为。员工们必须遵守组织中的权力等级和正式指导方针,比如他们首先要与上级交流工作方面的困难,要按照工作程序工作,要遵守公司的政策法规等,通过沟通可以实现这种控制功能。另外,非正式沟通也控制着员工的行为。

（2）激励功能。在沟通中明确告诉员工做什么、如何做、没有达到标准时应如何改进，可以激励员工努力工作。

（3）情绪表达功能。对很多员工来说，工作群体是主要的社交场所，员工通过群体内的沟通来表达自己的挫折感和满足感。因此，沟通提供了一种释放情感的情绪表达机制，并满足了员工的社交需要。

（4）信息功能。沟通的最后一个功能与决策角色有关，它为个体和群体提供决策所需要的信息，使决策者能够确定并评估各种备择方案。

## 三、沟通方式

### （一）口头沟通

所谓口头沟通是指借助于口头语言实现的信息交流，它是日常生活中最常采用的沟通形式，主要包括：口头汇报、会谈、讨论、演讲、电话联系等。

口头沟通的优点：

（1）能观察收讯者的反应。

（2）能立刻得到回馈。

（3）有机会补充阐述及举例说明。

（4）可以用声音和姿势来加强。

（5）能确定沟通是否成功。

（6）有助于建立共识与共鸣。

（7）有助于改善人际关系。

口头沟通的缺陷：

（1）通常口说无凭（除非录音）。

（2）效率较低。

（3）不能与太多人双向沟通。

（4）有时因情绪而说错话。

（5）言多必失。

（6）对拙于言词者不利。

（7）偏向啰嗦，大多数人不会言简意赅。

### （二）书面沟通

书面沟通是以文字为媒体的信息传递，形式主要包括文件、报告、信件、书面合同等。书面沟通是一种比较经济的沟通方式,沟通的时间一般不长,沟通成本也比较低。这种沟通方式一般不受场地的限制,因此,被我们广泛采用。这种方式一般在解决较简单的问题或发布信息时采用。在计算机信息系统普及应用的今天,我们很少采用纸质的方式进行沟通。

书面沟通本质上讲是间接的,这使得其有许多优点:可以正式的或非正式的,可长可短,可以使写作人能够从容地表达自己的意思。词语可以经过仔细推敲,而且还可以不断修改,直到满意表达出个人风格。书面材料是准确而可信的证据,而且书面文本可以复制,同时发送给许多人,传达相同的信息。此外,书面材料传达信息的准确性高。

间接性也给书面沟通造成了一些特殊障碍。例如,发文者的语气、强调重点、表达特色以及发文的目的经常被忽略而使理解有误。信息及旨意会随着信息内容所描述的情况,以及发文和收文时的部门而有所变更。

书面沟通适合用于以下几种情形:

(1) 简单问题小范围沟通时,如3—5个人沟通一下产出物最终的评审结论等。

(2) 需要大家先思考、斟酌,短时间不需要或很难有结果时,如项目组团队活动的讨论、复杂技术问题提前通知大家思考等。

(3) 传达非重要信息时,如分发周项目状态报告等。

(4) 澄清一些谣传信息,而这些谣传信息可能会对团队带来影响时。

### (三) 非语言沟通

非语言沟通是相对于语言沟通而言的,是指通过身体动作、体态、语气语调、空间距离等方式交流信息、进行沟通的过程。在沟通中,信息的内容部分往往通过语言来表达,而非语言则作为提供解释内容的框架来表达信息的相关部分。因此,非语言沟通常被错误地认为是辅助性或支持性角色。

非语言沟通的方式有标记语言、动作语言和物体语言。

**1. 标记语言**

如聋哑人的手语、旗语,交通警的指挥手势、裁判的手势,以及人们惯用的一些表意手势,如“OK”和胜利的“V”,基督教的十字,伊斯兰教的新月,美元的$符号以及许多现代企业的标识。

**2. 动作语言**

例如,饭桌上的吃相能反映出一个人的修养;一位顾客在排队,他不停地把口袋里的硬币弄得叮当响,这清楚地表明他很着急。在柜台前,拿起又放下,显示出她拿不定主意。

**3. 物体语言**

总把办公物品摆放很整齐的人，能看出他是个干净利落，讲效率的人；穿衣追求质地、不跟时尚跑，这样的人一定有品位有档次。

非语言沟通的特点主要有无意识性、情境性、可信性和个性化等。

**1. 无意识性**

例如，与自己不喜欢的人站在一起时，保持的距离比与自己喜欢的人要远些；有心事，不自觉地就给人忧心忡忡的感觉。

正如弗洛伊德所说，没有人可以隐藏秘密，假如他的嘴唇不说话，则他会用指尖说话。一个人的非言语行为更多的是一种对外界刺激的直接反应，基本都是无意识的反应。

**2. 情境性**

与语言沟通一样，非语言沟通也展开于特定的语境中，情境左右着非语言符号的含义。相同的非语言符号在不同的情境中会有不同的意义。同样是拍桌子，可能是“拍案而起”，表示怒不可遏；也可能是“拍案叫绝”，表示赞赏至极。

**3. 可信性**

当某人说他毫不畏惧的时候，他的手却在发抖，那么我们更相信他是在害怕。英国心理学家阿盖依尔等人的研究指出，当语言信号与非语言信号所代表的意义不一样时，人们相信的是非语言所代表的意义。

由于语言信息受理性意识的控制，容易作假，而人体语言则不同，人体语言大都发自内心深处，极难压抑和掩盖。

**4. 个性化**

一个人的肢体语言同说话人的性格、气质是紧密相关的，爽朗敏捷的人同内向稳重的人的手势和表情肯定是有明显差异的。每个人都有自己独特的肢体语言，它体现了个性特征，人们时常从一个人的形体表现来解读他的个性。

非言语沟通的功能作用就是传递信息、沟通思想、交流感情。归纳起来是：

(1) 使用非言语沟通符号来重复言语所表达的意思或来加深印象的作用，具体如人们使用自己的言语沟通时，附带有相应的表情和其他非言语符号。

(2) 替代语言，有时候某一方即使没有说话，也可以从其非言语符号上比如面部表情看出他的意思，这时候，非言语符号起到代替言语符号表达意思的作用。

(3) 非言语符号作为言语沟通的辅助工具，又作为“伴随语言”，使语言表达得更准确、有力、生动、具体。

(4) 调整和控制语言，借助非言语符号来表示交流沟通中不同阶段的意向，传递自己的意向变化的信息。

## 四、沟通中的有效倾听

倾听是指主体行为者通过听觉、视觉等媒介接收和理解沟通对方(或多方)思想、信息和情感,并做出适当反馈的过程。在沟通中,人们往往会更多地关注怎样说,却忽视怎样有效地听。其实,倾听是有效沟通的重要方面,没有倾听,也就没有沟通。因此,掌握有效倾听的技巧十分重要。

倾听是一个主动参与的过程,在这个过程中,倾听者不仅要接受、理解别人的话,而且也要接受、理解别人的手势、体态和面部表情,不仅要从中得到信息,而且还要抓住说话人的思想和感情,并做出必要的反馈。倾听对管理者来说尤为重要。美国的企业家亚科卡曾对管理者的倾听有过精辟的论述:"假如你想要人们为你工作,你一定要好好听别人讲话,一家蹩脚的公司和一家高明公司之间的区别就在于此。作为一名管理人员,使我感到满足的莫过于看到,因为管理者倾听了企业内被公认为一般的或平庸的人遇到的问题而发挥了他应有的作用。"实业家的经验告诉我们,是否善于倾听是衡量一个管理者水平高低的重要标志,成功的管理者大都是善于倾听的人。

如何才能做到有效倾听呢?可参考下列建议。

### (一) 创造良好的倾听环境

一般来说,良好的倾听环境包括以下内容:

**1. 适宜的时间**

我们可以根据沟通内容的重要性和复杂程度选择适宜的沟通时间。一般人们工作效率最高的时间是在上午,因此最好把重要的会谈安排在上午;大多数人心智最差的时间是在午餐后和下班前,所以最好不要在这些时间里安排重要的会谈。另外,在时间长度上应尽量避免时间的限制,如果你只有几分钟的时间,但是谈话又很重要而且需要很长时间时,可向对方解释,重新确定谈话时间表。

**2. 适当的地点**

地点的选择应保证交谈时免受干扰,要尽量排除所有分心的事,如可安排秘书代为接听你的电话,摘下电话听筒,在门上挂上免扰牌等。此外,还要注意家具的摆放不致妨碍行走,座椅的摆放要能够使交谈双方直接看到对方的眼睛,这样不仅能够集中双方的注意力,还能够观察到对方的非语言行为。

**3. 积极的倾听氛围**

(1) 微观倾听气氛。一项调查研究显示,在各种不良的倾听习惯中,有两个习惯尤其突出:①说话时,他帮我说完剩下的话;②我进来时,他没有放下手头的工作,没有把注意力完全集中到我身上。这两个习惯可能导致消极的倾听气氛，可能会使讲话人很快产生这样的感觉，即正在传递的信息不是很重要，所以倾听者应该给予讲话人全身心的关注。管理者还可以通过目光接触、身体稍微倾向讲话人、根据信息改变面部表情和做笔记等这些行为来营造一种积极的倾听气氛。

（2）宏观倾听气氛。宏观倾听气氛的营造通过管理者的行为和风格来体现，如走动管理。当管理者在现场而不是在办公室里倾听员工时，他们创造了这样的气氛：我在这儿倾听你讲话。管理者可以考虑以下几种创造强有力的倾听环境的建议：首先，将创造倾听机会的活动纳入管理者的日常工作中，管理者可以经常到咖啡厅或休息室这样的非正式场所去走走。其次，组织非正式会议。组织几个人参加“小型会议”或自发聚会讨论一个问题，这表明管理者想要也需要倾听员工的意见。最后，以平等的姿态与员工沟通。管理者把官衔和权威的象征降到最低，当员工不觉得自己比对方低微时，他们会更愿意交谈。

## （二）提高倾听者的倾听技能

**1. 完整、准确地接受信息**

倾听者不仅要听说话者说出来的信息，还要听懂说话者的言外之意。由于非语言行为往往透露着说话者的真实意图，所以倾听者尤其要注意那些与语言表述相抵触的非语言行为，这样才能避免接受信息的偏颇和遗漏。为了完整、准确地接受信息，倾听者还应做到以下几点：一是精心准备要求倾听者事先将自己要解决的问题列出来，便于谈话时留心倾听说话者对这些问题的回答。二是摘录要点。将谈话过程中涉及的一些要点一一记录下来，可以适当重复对方的话以验证所获得的信息，也可以换个角度说明对方的信息，这样可以确认接受信息的准确性。三是会后确认。在会谈接近尾声时，与对方核实自己的理解是否正确，尤其是关于自己下一步该怎么做的安排，这有利于自己下一步按照对方的要求正确地去做。

**2. 正确地理解信息**

受思维定势的影响，一个人对问题的理解总是调动以往的经验来推测未来的发展趋势，这往往会导致误解的产生。为了防止误解的产生，倾听者应注意做到以下几点：一是从对方的角度出发，考虑他的背景和经历，想想他为什么要这么说，他希望我听完之后有什么感受，即要努力进入他的内心，努力掌握他的真正意图。二是消除成见，克服思维定势的影响，客观地理解信息。三是不要自作主张地将自己认为不重要的信息忽略，最好与信息发送者核实一下自己对信息的理解是否存在偏差。

**3. 使用开放性的动作**

人的身体姿势会暗示出对谈话的态度和兴趣。自然开放性的姿态代表着接受、容纳、尊重与信任。所以,倾听者在交谈过程中要使自己身体放松,避免使用攻击的、恳求的或不悦的声调以及弯腰驼背、手臂交叠、跷脚、眼神不定等肢体语言,因为它们代表并传递着负面的信息,并影响着沟通效果。

**4. 及时用动作和表情给予呼应**

倾听过程中利用各种对方能理解的动作与表情及时给予呼应和反馈。如用赞许性的点头、恰当的面部表情,与积极的目光接触相配合,向说话人表明你在认真倾听;利用皱眉、迷惑不解等表情,给讲话人提供准确的反馈信息以利于其及时调整。

**5. 适时、适度的提问**

这有利于把没有倾听到的或没有倾听清楚的事情彻底掌握,同时也利于讲话人更加有重点陈述、表达。

**6. 防止分散注意力**

倾听者在倾听过程中应尽力排除干扰,并努力倾听说话者信息中的要点,采用良好的坐姿,使自己保持在觉醒和兴奋状态,帮助自己在倾听时克服分心,另外,适当记笔记也是保持注意力集中的好方法。

**7. 抑制争论的念头**

当自己的意见和看法与别人不一致的时候,倾听者一定要抑制内心争论的冲动,要时刻牢记,倾听的关键是"多给人耳朵,少给声音",倾听的目的是了解而不是反对或争论。

★小资料

## 乔治定理:沟通是企业成功之本

美国管理学家小克劳德·乔治提出:有效地进行适当的意见交流,对一个组织的气候和生产能力会产生有益的和积极的影响。

一个企业要实现高速运转,要让企业充满生机和活力,有赖于下情能为上知,上意迅速下达,有赖于部门之间互通信息,同甘共苦,协同作战。要做到这一点,有效的沟通渠道是必需的。权威调查资料表明,在一个企业中,中级领导大约有60%的时间在与人沟通,高级领导则可达80%,沟通的有效性对领导力和企业发展的影响由此可见一斑。国内外事业有成的企业家无不视沟通为管理的真谛。正如英特尔公司的前任CEO安迪·格鲁夫所言,"领导公司成功的方法是沟通、沟通、再沟通"。在联想的企业文化手册中明确写道:放开自我,让别人了解你的需求,让别人了解你的困难,让别人知道你需要帮助。主动了解他人的需求,让他人感到能得到理解和帮助。做到五多三少：多考虑别人的感受，少一点儿不分场合地训人；多把别人往好处想，少盯住别人的缺点不放；多给别人一些赞扬，少在别人背后说风凉话；多问问别人有什么困难，多一些灿烂的微笑。正是通过这些沟通渠道，联想充分唤起了员工间家庭般的和谐与温暖的感觉，营造了一个和谐温馨、信息畅通的工作氛围，达到了一种真正的上下同心。古语云：上下同心，其利断金。联想取得的成就很好地说明了这一点。

# 第 2 节 群体沟通网络

沟通网络是指一群人建立和保持联系，以便相互沟通的一种形式。几乎每个人在组织中都会参与网络，成为其中的一员。沟通网络有助于管理者获得信息，也有助于管理者和员工搞好人际关系。网络的核心是一些有实权的人物，这些人物可能是名正言顺的领导者，也可能是一些位低而作用大的影子人物。沟通网络有正式和非正式两种。

## 一、正式的群体沟通网络

正式沟通是为企业组织所设计和规范的沟通，以正式的职位关系为基础，管理者和员工之间的沟通。

正式沟通网络是指通过正式信息沟通渠道建立起来的联系，它在组织中最为常见，在信息沟通中发挥主渠道作用。

正式沟通网络包括有链式、Y 式、轮式、环式及全通道式，如图 10.2 所示。

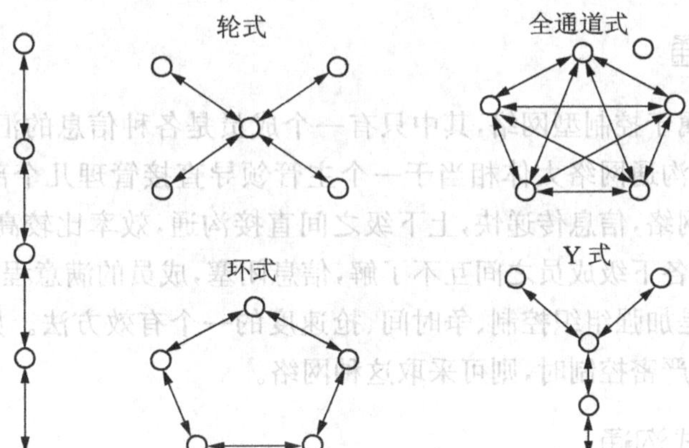


图 10.2 正式沟通网络模型

### (一) 链式沟通

链式沟通是指信息传播者组成一条直线的等级链,逐级传播。这种传播形式实际上只能纵向运行,而没有横向联系,如上级单线逐级向下传达命令,下级单线逐级向上汇报情况。链式沟通传递信息快,效率高,简单沟通最有效。但它没有横向联系,成员的满意程度低,只适用于工作中上情下达和下情上达,不能沟通思想感情。

在管理中,如果某一组织系统过于庞大,需要实行分权授权管理,那么,链式沟通网络是一种行之有效的方法。

### (二) 环式沟通

环式沟通可以看成是链式形态的一个封闭控制结构,但每人只能向邻近的成员联系。这种网络有一定的横向联系,成员的满意程度较高,易于调动积极性,组织士气高昂,因此对于复杂沟通最有效。但组织的集中化程度和领导人的预测程度都较低,畅通渠道不多,信息传递速度慢,效率不高。

### (三) Y 式沟通

Y 式沟通是一个纵向沟通网络,其中只有一个成员位于沟通网络的中心,成为沟通的媒介。在组织中,这一沟通网络大体相当于组织领导,秘书班子再到下级主管人员或一般成员之间的纵向关系。这种网络集中化程度高,解决问题速度快,组织中领导人员预测程度高,但成员满意程度不高。尤其多头领导,会产生要求不一的情况,不利于下级正常开展工作,而且此网络易于导致信息曲解或失真,影响组织中成员的士气,阻碍组织提高工作效率。

### (四) 轮式沟通

轮式沟通属于控制型网络,其中只有一个成员是各种信息的汇集点与传递中心。在组织中,这一沟通网络大体相当于一个主管领导直接管理几个部门的权威控制系统。这种沟通网络,信息传递快,上下级之间直接沟通,效率比较高,有利于保密。但缺乏横向联系,各下级成员之间互不了解,信息闭塞,成员的满意程度差,不利于协作。

轮式网络是加强组织控制、争时间、抢速度的一个有效方法。如果组织接受紧急任务,要求进行严密控制时,则可采取这种网络。

### (五) 全通道式沟通

在这种沟通网络中每个人都可以和其他人自由联系,并无中心人物。成员平等交流，没有限制，横向联系特别明显。这种沟通网络，由于横向沟通好，每个成员可以和其他成员自由联系，所以组织成员的平均满意程度高且差异小，成员之间关系好，士气高昂，合作气氛浓厚，进行复杂沟通最有效。但由于这种网络沟通渠道太多，缺乏中心人物，没有权威，易造成混乱，信息传递速度也慢，影响工作效率。

上述五种正式沟通网络模型的比较如表 10.1 所示。

**表 10.1　五种正式沟通网络模型的比较**

| 网络类型 | 解决问题速度 | 信息精确度 | 组织化 | 领导人的产生 | 士　气 | 工作变化弹性 |
|---|---|---|---|---|---|---|
| 链式 | 较快 | 较高 | 慢、稳定 | 较显著 | 低 | 慢 |
| 轮式 | 快 | 高 | 迅速、稳定 | 显著 | 很低 | 较慢 |
| 环式 | 慢 | 低 | 不易 | 不发生 | 高 | 快 |
| 全通道式 | 最慢 | 最高 | 最慢、稳定 | 不发生 | 最高 | 最快 |
| Y 式 | 较快 | 较低 | 不一定 | 会易位 | 不一定 | 较快 |

## 二、非正式的群体沟通网络

非正式沟通网络是指通过非正式沟通渠道建立起来的联系。在组织中，有些消息往往是通过非正式渠道传播的，即组织中存在着小道消息流通网。管理者应该了解本组织内部的各种非正式沟通网络，在必要的时候可以利用传播中的特殊人物（如小道消息的发布者）借用或抑制各种非正式网络。非正式沟通网络模型有单串式、饶舌式、偶然式和集束式（如图 10.3 所示）。

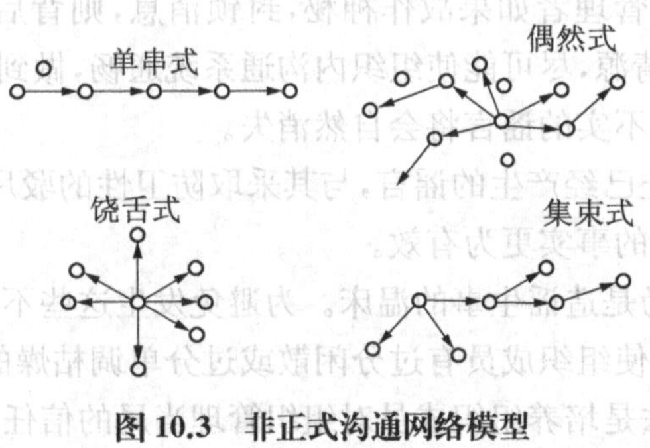


**图 10.3　非正式沟通网络模型**

（1）单串式。单串式是指通过一串人，把消息传播给最终的接受者。单串式传播是一种线性传播，对信息的传递是直线式、接力式的，一级一级地逐次接递，是小道消息、马路新闻的传播模式之一。

(2) 饶舌式。饶舌式又称流言蜚语式,是指由一个人主动把小道消息、马路新闻传给其他人。这种传播模式扩散面大,有主要的传播者。这种网络模型若连续使用,可使信息按几何级数扩散。如果是传播谣言,就会起很坏的作用。

(3) 偶然式。偶然式是指按照偶然的机会传播小道消息,由一个人将消息传给某一部分人,然后这些人再将消息随意传给其他人。一个消息,一传十,十传百,很快为社会所知。在传播过程中往往添油加醋,令消息越来越失真。

(4) 集束式。集束式又称葡萄式,是指把小道消息有选择地告诉自己的亲戚朋友或其他的人,这种模式是传播小道消息最普遍的形式。这种模式像葡萄藤一样,由一个人传给一些人,再由这些人传给另一些人,这种方式起消极作用,其影响不可低估。这是运用最广泛的非正式沟通的风格模型。

非正式沟通是一种客观存在的沟通方式。流言往往具有两种性质,好的流言应该加以利用,管理者为了了解下情,有时需要通过非正式沟通风格来了解情况;管理者对恶意的传言应该善于加以处理,改善的办法是使正式沟通渠道畅通,用正式消息驱除小道消息。

同正式沟通相比,非正式沟通的优点是:形式灵活,直接明了,速度快,省略许多繁琐的程序,容易及时了解到正式沟通难以提供的信息,可以真实地反映员工的思想、态度和动机。非正式沟通能够发挥沟通作用的基础,建立团体中良好的人际关系,能够对管理决策起重要的作用。

对于组织中的起消极作用的小道消息和流言蜚语,管理者应采取以下的立场和应对策略:

(1) 由于人员得不到他们所关心的消息,所以才会导致小道消息满天飞,流言得以盛行。因此,组织的管理者如果故作神秘,封锁消息,则背后流传的谣言会愈加猖獗。管理者应该正本清源,尽可能使组织内沟通系统通畅,做到组织信息沟通的公开、透明和公正,这样种种不实的谣言将会自然消失。

(2) 要想予以阻止已经产生的谣言,与其采取防卫性的驳斥或说明其不可能的道理,不如正面提出相反的事实更为有效。

(3) 闲散和单调乃是造谣生事的温床。为避免发生这些不实的谣言,扰乱人心士气,主管者应注意不要使组织成员有过分闲散或过分单调枯燥的情形发生。

(4) 最基本的做法是培养组织成员对组织管理当局的信任和好感,这样他们比较愿意听组织提供的消息,也较能相信。

(5) 在对于组织主管人员的训练中应增加这方面的知识,使他们有比较正确的观念和处理方法。

# 第 3 节 群体人际关系

## 一、人际关系

所谓人际关系，是指人与人在交往过程中所形成的一种心理关系。

它反映了个体或群体寻求满足其社会需要的心理状态，因此，人际关系的变化和发展决定于双方需要满足的程度。如果交往双方的社会心理都能得到满足，便会产生和保持亲近的心理关系。相反，需要在交往中难以满足，双方就会发生矛盾和冲突，心理距离拉大，关系疏远。

不论是亲近还是疏远的关系，都是心理上的距离，统称为人际关系。

中国台湾心理学家张春兴将人际关系分为三类：

一是以感情为基础的人际关系：人与人的关系是靠感情来维系的。这类人际关系又可分为亲情关系和友爱关系。亲情关系是指由于有血缘关系而产生的人际关系（如兄弟之情）；友爱关系是指朋友间的友谊与爱人间的爱情关系。

二是以利害为基础的人际关系：此类人际关系的特征是存在于人与人之间的心理关系靠认知。但当事人对利害的认知未必只限于经济上的利益，而是扩展到社会、权力、政治等各方面的利害得失。社会上的一切"交易"式的活动，都是以利害关系为基础的。

三是缺乏任何基础的陌路关系：此种人际关系存在于路人之间，彼此间不存在心理性联结。心理学家所研究的人际关系，主要限于第一、二类。

## 二、影响人际关系的因素

### （一）个人因素

**1. 仪表因素**

俗话说："爱美之心，人皆有之"，仪表之所以能成为影响人际吸引力的一个重要因素，是因为爱美是人类的一种天性。美丽的仪表能够使人产生身心愉悦感，容易使交往对象产生好感，而且仪表的美丑往往会产生晕轮效应。尽管人们都知道"人不可貌相"的道理，也知道人的品质好坏跟其身材、容貌没有关系，但在现实中，容貌对一个人的人际吸引力的影响仍然是存在的。

美国心理学家沃尔斯特以明尼苏达大学新生为对象，举行“电脑舞会”，由电脑随机安排舞伴，不得交换。中间休息时填写一个问卷，以了解每个人对其舞伴的印象。得出的结论是：对方被喜欢以至想进一步与其约会的原因只有一条，即对方的外表条件。

学者费尔德曼分析比较了自1900—1968年之间的美国总统当选人，其身材均比对手高。在美国社会中，人们似乎认为男子身材高大，有可能具有其他较多而又符合社会期待的人格品质，身材高大似乎更值得人们信赖。

心理学家兰德和赛格尔也曾做过一个实验：让实验组被试阅读附有作者照片的一些文章，文章的水平有高有低，作者有漂亮的也有不漂亮的；让对照组的被试只看没有附照片的同样的文章，然后两组分别做出评价。同样的文章因作者的容貌的不同而做出了不同的评价：作者漂亮的文章评价分数高，而作者不漂亮的文章的评价分数低。

**2. 性格与能力**

性格与能力不仅是事业成功的重要因素，也是影响人际关系的重要因素。一个人如果具有诚恳、坦率、幽默等性格特征，在人际交往中就比较能够吸引对方的注意，也容易获得对方的赞赏；相反，如果一个人拥有冷漠孤僻、固执、骄傲自大等不良性格特征，会严重妨碍良好人际关系的建立和发展。

通常，能力、智慧也是影响人际吸引力的重要品质。能力突出、与众不同的人具备一种吸引力，使他人欣赏其才能并产生敬佩感，愿意与之交往。但是，并不是说一个人能力越强就越受人喜欢。能力过于出众的人，可能会使别人产生强烈的“自愧不如”的感觉，也不会受人喜欢。根据心理学研究，最受欢迎的人并非全能的人，而是精明中带有缺点的人。心理学家阿伦森的研究验证了这一点。

在该实验中，将不同的四盘访问录像带分别播放给四组被试观看，让他们凭主观感觉判分，以表示他们对被访者的喜欢的程度。录像带中的内容，都是访问者和被访者的面谈，被访者的身份都是大学生。四盘录像带中的被访者其实是同一人。只是在访问者事先介绍以及访问过程各不相同。

第一盘录像带的内容是访问者在介绍被访者时，把他描述为一个能力杰出的大学生——荣誉学生、校刊编辑、运动健将等。在访问过程中，被访者也表现突出，对访问者所提出的所有问题，能毫不费力地答对92%，即给人的影响是完美无缺的人。

第二盘录像带的内容和第一盘大致相同，访问者的介绍相同，被访者回答的方式及表现也相同。其中唯一一点不同是在访问过程中加了一个小插曲：被访者表现有点紧张，不小心将一杯咖啡打翻，弄脏了一身新衣服，形成尴尬的场面。

在第三盘录像带中，访问者将被访者描述为一个普通的大学生，在访问过程中，被访者也表现平平。

第四盘录像带的内容和第三盘大致相同，只是也有第二盘中打翻咖啡的小插曲。

经分析评定结果后发现：按四盘录像带内四位被访者（实际上是同一人）的顺序，大家最喜欢的是第二盘中的被访者，其次是第一盘，再次是第三盘，最不喜欢的是第四盘中的被访者。

以上的研究证明：才能平庸者固然不受人羡慕，而全无缺点的人也未必讨人喜欢。最容易被接受的是精明而带有小缺点的人。

## （二）交往因素

### 1. 邻近与接纳

人们彼此之间的空间距离越小，交往的频率越高，越容易形成较为密切的关系，尤其是对于那些原来素不相识的人来说，空间距离和交往机会在促进人际关系的初期起着重要的作用。例如，在同一班级的学生，在同一办公室的人员，以及同一楼道的邻居等，就比较容易形成人与人之间的密切关系。

美国心理学家费斯丁格等人，曾以麻省理工学院已婚学生家属公寓的居民作为调查对象，研究他们之间的友谊和空间远近的关系。

该家属公寓共 17 栋两层楼房，每栋上下两层，每层 5 户，共计 170 户。被试在学年开始搬入公寓时，彼此各不相识。过一段时间之后，研究者调查每户在公寓群中新交的三位朋友。

结果发现，他们所交的新朋友，几乎都有四个共同特征：(1)是他们的近邻；(2)是他们同层楼的人；(3)是他们信箱靠近的人；(4)是走同一个楼梯的人。由此可以得出结论，空间接近是人际关系发展的重要因素。

当然，接近只能是人际关系发展的必要条件，不能视为充分条件。在空间接近的条件下要想进一步发展人际关系，彼此互相接纳，无疑涉及另一个因素——接纳。

接纳是指接纳对方的态度与意见、观点和思想，对他人为人处世的方式，不但感兴趣，而且表示适度赞许。只有在空间接近的基础上彼此接纳，才会继续来往沟通，才有可能发展其人际关系。

### 2. 相似或互补

俗话说："物以类聚，人以群分"，人与人之间的交往是有选择性的，只有双方在某些方面具有相似性时，交往才有可能进行。人与人的相似之处很多，如学历、年龄、经历、工作、爱好、宗教信仰、政治理念等，都可能相同或相似。态度或兴趣相似者，多趋于参加相同的活动，这增加了彼此间认识沟通的机会，从相识到相知，进而建立进一步的感情。例如，在年龄方面，年纪相仿的人更容易相处，不会有代沟。"同是天涯沦落人，相逢何必曾相识"，在人生的经历和阅历方面相似的人很容易相互接近，建立良好的关系。

总之,人与人之间有某些方面的相似性,就往往有共同语言,彼此意见容易沟通,容易引起双方的共鸣,从而互相吸引,自愿进一步发展关系。

纽科姆在密执安大学曾做过一个实验:

实验对象是17名大学生,实验者为其提供免费住宿四个月,交换条件是要求他们定期接受谈话和测验。在被试进入宿舍前先测定他们关于政治、经济、审美、社会福利等方面的态度和价值观以及他们的人格特征。然后将那些态度、价值观和人格特征相似和不相似的学生混合安排在几个房间里一起住四个月,四个月后定期测定他们对上述问题的看法和态度,让他们相互评定同室和邻居,喜欢谁不喜欢谁。

实验结果表明:在相处的初期,空间距离的邻近性决定人与人之间的吸引,到了后期相互吸引发生了变化,彼此间的态度和价值观相似的人,相互间的吸引力越强。

进一步研究发现:只要对方和自己的态度相似,哪怕在其他方面有缺陷,同样也会对自己产生很大的吸引力。

至于互补性因素,除了两性之间男刚女柔的自然互补之外,在个人兴趣、专业、特殊才能方面,多数人都会有希望自己所缺者由别人补足的心理倾向。因为在个体成长的过程中,不可能掌握所有的机会,顾此失彼的遗憾在所难免。

因此,当遇到自己所缺而对方擅长的某种特征时,就自然产生好感。

美国有社会心理学家研究了恋爱中的大学生,结果发现:

对短期伴侣来说,导致相互吸引的因素主要是相似的价值观念,而驱使伴侣发展长期关系的动力则主要是需要的互补。

在我们的日常生活中,无论是一般的朋友,还是夫妻恋人之间,既有"志同道合"的相似性因素起作用,也有"珠联璧合"的互补性因素。

★小资料

## 名片效应:如何用好人际交往中的"心理名片"

名片效应指在交际中,如果表明自己与对方的态度和价值观相同,就会使对方感觉到你与他有更多的相似性。恰当地使用"心理名片",可以尽快促成人际关系的建立,掌握"心理名片"的应用艺术,对于人际交往以及处理人际关系具有很大的实用价值。

名片效应指的是要让对方接受你的观点、态度,你就要把对方与自己视为一体,首先向交际对方传播一些他们所能接受的和熟悉并喜欢的观点或思想,然后再悄悄地将自己的观点和思想渗透和组织进去，使对方产生一种印象，似乎我们的思想观点与他们已认可的思想观点是相近的。表明自己与对方的态度和价值观相同，就会使对方感觉到你与他有更多的相似性，从而很快地缩小与你的心理距离，更愿同你接近，结成良好的人际关系。其要点在于：

首先，要善于捕捉对方的信息，把握真实的态度，寻找其积极的、你可以接受的观点，形成一张有效的名片。

其次，寻找时机，恰到好处地向对方出示自己根据"名片"打造出的形象，这样，你就可以达到目标。

有一位求职青年，应聘几家单位都被拒之门外，感到十分沮丧。最后，他又抱着一线希望到一家公司应聘，在此之前，他先打听该公司老总的历史，通过了解，他发现这个公司老总以前也有与自己相似的经历，于是他如获珍宝，在应聘时，他就与老总畅谈自己的求职经历，以及自己怀才不遇的愤慨，果然，这一席话博得了老总的赏识和同情，最终他被录用为业务经理。这就是所谓的名片效应。即两个人在交往时，如果首先表明自己与对方的态度和价值观相同，就会使对方感觉到你与他有更多的相似性，从而很快地缩小与你的心理距离，更愿同你接近，结成良好的人际关系。在这里，有意识、有目的地向对方所表明的态度和观点如同名片一样把你介绍给对方。

**3. 互惠酬偿**

互惠酬偿在良好人际关系的建立中占有重要的地位。在人际交往中，人们常常要寻求一定需要的满足。如果交往的双方，相互间能带来利益、酬偿，预期的需要能在交往中得到满足，则容易形成密切的关系。因为追求实惠、奖偿，避免惩罚、痛苦是人的本能，已成为人们潜意识或明确的社会行为动机。这种实惠酬偿不仅是指物质的追求，也包括精神上的期望，如在交往中企图得到别人赞成、尊重、信任、同情、安慰、关心、鼓励、表彰、怀念等；或自己对别人有所期待，希望其能做出成绩，为组织争得荣誉；或力求实现个人的抱负、信念、理想、利他的愿望，避免使别人失望和受到"良心谴责"等。一般来说，如果人们预示出行为可能得到报偿的倾向性越大，则跟对方进行交往的动力就越强。互惠互酬关系表现在人的一切活动中，其最主要的表现形式有以下几种：一是人格互尊。对一个人来说，都有得到他人尊重、信任、认可的需要。因此，真诚地对待他人，是获得他人尊重的最佳方法。如果自命不凡，目空一切，待人傲慢，必然会伤害对方的自尊心而引起反感，甚至气愤，从而造成人际关系紧张。二是目标互促。人们之间的关系如果有助于双方目标的实现，双方的关系就会增强。三是困境互助。身陷困境的人往往对人情世态最为敏感，最需要友谊和帮助。患难见知己，逆境见真情。患难之交的友谊最稳固，因为在困难和逆境中得到的帮助和友谊最为珍贵。四是过失原谅。金无足赤，人无完人。当别人犯错的时候，你能以宽宏大量的态度谅解，别人也会以同样的度量对你忍让谅解，相互之间的关系才能更和谐。此外，互惠互酬还表现在物质上的“礼尚往来”，利益上的“欲取先予”，道义上的“知恩必报”等方面。互惠酬偿启示我们要增进关系，须尽力使自己的言行给对方带来愉快和好处。

## 三、人际关系理论

### (一) PAC理论

PAC理论，又称为相互作用分析理论、人格结构分析理论、交互作用分析、人际关系心理分析，由Eric Berne于1964年在《人们玩的游戏》(*Game People Play*)一书中提出了这个著名的理论。他将传统的理论加以提升创立了整套的PAC人格结构理论，是一种针对个人的成长和改变的有系统的心理治疗方法。

无论人们是以坚决还是非坚决的方式相互影响，当一个人对另一个人做出回应时，存在一种社会交互作用。这种对人们之间的社会交互作用的研究叫做交互作用分析。

这种分析理论认为，个体的个性是由三种比重不同的心理状态构成，这就是“父母”“成人”“儿童”状态。取这三个单词的第一个英文字母，parent(父母)、adult(成人)、child(儿童)，所以简称人格结构的PAC分析。“P-A-C”理论把个人的“自我”划分为“父母”“成人”“儿童”三种状态，这三种状态在每个人身上都交互存在，也就是说这三者是构成人类多重天性的三部分。

“父母”状态以权威和优越感为标志，通常表现为统治、训斥、责骂等家长制作风。当一个人的人格结构中P成分占优势时，这种人的行为表现为凭主观印象办事、独断独行、滥用权威，这种人讲起话来总是“你应该……”“你不能……”“你必须……”。

“成人”状态表现为注重事实根据和善于进行客观理智的分析。这种人能从过去存储的经验中估计各种可能性，然后作出决策。当一个人的人格结构中A成分占优势时，这种人的行为表现为待人接物冷静、慎思明断、尊重别人。这种人讲起话来总是“我个人的想法是……”。

“儿童”状态像婴幼儿的冲动，表现为服从和任人摆布。一会儿逗人可爱，一会儿乱发脾气。当一个人的人格结构中C成分占优势时，其行为表现为遇事畏缩、感情用事、喜怒无常、不加考虑。这种人讲起话来总是“我猜想……”“我不知道……”。根据

PAC分析，人与人相互作用时的心理状态有时是平行的，如父母—父母、成人—成人、儿童—儿童。在这种情况下，对话会无限制地继续下去。如果遇到相互交叉作用，出现父母—成人、父母—儿童、成人—儿童状态，人际交流就会受到影响，信息沟通就会出现中断。最理想的相互作用是成人刺激—成人反应。

根据PAC分析理论，以下十种类型人际交往比较常见。

**1. PP对PP型**

在这种交流类型中，甲乙双方都表现出一种颐指气使的武断，如甲方说："你把这任务完成一下。"乙方却说："你不见我正忙着吗？找别人干去吧！"

**2. AA对AA型**

在这种交流类型中，双方都能以理智的态度对待对方，如甲问："你能把这项任务完成吗？"乙说："如果没有什么干扰，我想是能够的。"

**3. CC对CC型**

在这种交流类型中，甲乙双方都易诉之于感情。比如甲说："过不到一起干脆离婚。"乙答："离就离，谁离不开谁呢！"

**4. PC对CP型**

在这种交流类型中，甲乙双方表现出权威和服从的行为，即甲方以长者自居对待乙方，乙方亦能服服帖帖不以为然。如甲作为上级对乙说："这件事完不成要受批评。"乙作为下级回答："真完不成，我甘愿接受批评。"

**5. CA对AC型**

在这种交流类型中，一方表现为小孩子脾气，而另一方则表现为有理智的行为，这在同事之间、夫妻之间经常会发生。

**6. PA对AP型**

在这种交流类型中，甲方表现为有理智，但又担心自己控制不住自己。为此，甲方经常要求乙方担作P的角色，起到对甲方的监督和防范作用。这在上下级、同事、夫妻之间经常会发生和利用这种类型的相互作用。

**7. PC对AA型**

在这种交流类型中，甲方要求乙方以理智对待他，但乙方则以高压方式对待甲方，这在上下级、同事之间经常发生。

**8. CP对AA型**

在这种交流类型中，甲方讲理智，而乙方却易感情用事，这种现象也经常发生在不同人之间的交流中。

**9. PC对PC型**

在这种交流类型中，一方采取命令式而另一方不服，也采取同样方式回敬。这种交流方式必然会引起矛盾冲突。这经常表现在上下级、家长和子女之间。

**10. CP 对 CP 型**

在这种交流类型中,甲乙双方都把对方作为权威看待而表现出一种服从的意向,这在同事和朋友之间经常发生。

了解 PAC 分析理论,有助于我们在交往中有意识地觉察自己和对方的心理状态,作出互补性或平行性反应,使信息得到畅通。倘能在交往中把自己的情感、思想、举止控制在成人状态,以成人的语调、姿态对待别人,给对方以成人刺激,同时引导对方也进入成人状态,作出成人反应,那就有利于建立互信、互助关系,保持交往关系的持续进行。国外对管理人员进行 PAC 分析理论教育,帮助他们了解人们在相互接触中的心理状态取得了良好的效果。

PAC 人格结构理论的培训能使员工进一步洞察自己的个性,也能帮助员工理解为什么有时别人的反应与自己是一致的。一个主要的优点是改进了人际沟通。当交叉式的沟通发生时,员工能够感觉得到并能采取措施将其恢复到非交叉式的沟通,特别是在成人之间的模式中,结果总体上改进了人际交互作用。PAC 人格结构理论在依赖于顾客关系的销售和其他领域中特别有用。

培养自持的行为与 PAC 人格结构理论的结合能成为增强人际沟通效果的有力工具。它们的共同目标都在于使员工对自己和他人感觉很“好”。同时也都保证了使用更多的基于成人心态的问题解决方法。结果它们改进了沟通与人际合作。虽然它们可以被个体所实行,但当它们被广泛地用于整个组织并得到高层管理者的支持时,这些工具将是最有效的。同时,对于小型群体和委员会中工作的人们所面临的更复杂的挑战,它们也建立了重要的解决基础。

### (二) PAC 分析理论在沟通管理实践中的运用

在国外,训练管理人员正确处理人际关系和沟通意见时,常把相互作用分析作为一种工具使用。例如,美国若干大公司把作用分析作为管理人员训练的一项重要内容。训练的目的在于使管理人员了解人际交往和信息交流中自己和对方的行为是出自哪一种心理状态,然后尽量消除交往与沟通中的心理障碍,建立相互信任、相互帮助、相互理解的关系。对于这种相互作用分析的训练方法的效果,大都反映良好,因为这种训练方法使受训的管理人员更好地理解和把握人们在相互作用中的各种心理状态,当他们遇到问题时,应尽量采用成人自我状态的心理去处理问题。可见,这种相互作用分析的训练教育对于提高我国管理人员解决问题、处理矛盾的能力是很有借鉴意义的。

如何做到有效的交流控制?根据 PAC 分析理论应把握好以下几点:

1. 清楚人们在相互作用中的各种心理状态及其特点。在交流沟通中,恰当的自我状态是交流成败的关键,如果一方发出的刺激不是对方所期望的,或者对方的反应不是自己所期望的,那么这个时候,双方就站在了冲突/不冲突的十字路口:如果我们任由自己的父母意识或儿童意识控制我们的情绪,那冲突的发生就在所难免;如我们能进行有效的控制,就可以避免冲突的发生。正如人们常说,"有时候不在乎你说什么,而更重要的是你怎么说"。

作为一名管理人员应尽量以成人自我状态控制自己、以成人的语调和姿态来对待别人并善于鼓励和引导对方进入成人自我状态。因为在一般情况下,成人的刺激往往会促使对方作出"成人"的反应,从而使对话和交往关系能够持续进行。可见,成人自我状态是解决问题的主要途径。

2. 努力培养自己的成人意识。成人意识就是我们现在所推崇的"理性意识",它根据实际情况做出明智的选择,它用理智而不是情感面对问题,它是父母意识和儿童意识的"守门人",告诉它们什么时候可以出现,什么时候不该出现。人们只有具有强大的成人意识,才能在与人沟通中有效的控制自己的情绪,做到"临危不乱"。这不仅在家庭沟通中,而且在个人所有的交往活动中都是适用的。

培养自己的成人意识,要从一点一滴做起。在日常生活中都要学会用成人意识去与对方交流。当别人做错事情,你欲横加指责时,最好能深吸一口气,停顿几秒钟,然后告诉自己,"这时候父母意识的出现恰当吗,该不该克制一下?"应多加培养自己的成人意识。

3. 在实际交流的过程中,做到内部调整与外部调整相结合的原则。

所谓内部调整,是指在交往中要充分考虑到对方的情形,着重把握自己的自我状态。

所谓外部调整,是指在交往中要注意努力引导对方的自我状态,以期能够形成有效的交流方式。通常情况下,双方的交流以AA对AA型为最和谐,其效果最佳。有人说,语态的背后是心态,只要心态一变,语态自然就变了。我们在交流中只要双方都能把握好自我状态,就能少一些对抗,多一份合作;少一些冲突,多一份理解。

### (三) 周哈里窗

约瑟夫·勒夫特(Joseph Luft)和哈里·英格拉姆(Harry Ingram)在20世纪50年代提出"周哈里窗"(Johari Window)模式,"窗"是指一个人的心就像一扇窗,普通的窗户分成四个部分,人的心理也是如此。因此,把人的内在分成四个部分:公众我、隐私我、背脊我、潜在我,如图10.3所示。

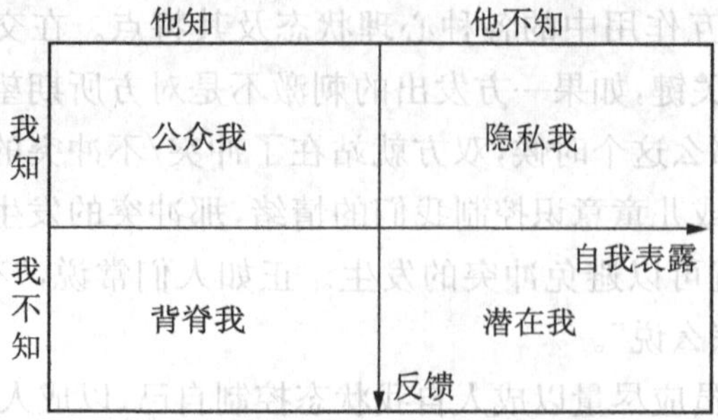


图 10.3　周哈里窗

**1. 公众我**

左上角那一扇窗称为“公众我”，又称“开放我”，属于自由活动领域。这是自己清楚别人也知道的部分，即所谓的“当事者清旁观者也清”。比如，我们的性别、外貌，某些可以公开的信息，包括婚否、职业、工作与生活所在地、能力、爱好、特长、成就等。“公众我”的大小取决于自我心灵开放的程度、个性张扬的力度、人际交往的广度、他人的关注度、开放信息的利害关系等。“公众我”是自我最基本的信息，也是了解自我、评价自我的基本依据。

**2. 隐私我**

右上角那一扇窗称为“隐私我”，又称为“隐藏我”，属于逃避或隐藏领域。这是自己知道而别人不知道的部分，与“背脊我”正好相反。这就是我们常说的隐私、个人秘密，留在心底，不愿意或不能让别人知道的事实或心理。身份、缺点、往事、疾患、痛苦、窃喜、愧疚、尴尬、欲望、意念等都可能成为“隐私我”的内容。相比较而言，心理承受能力强的人、隐忍的人、自闭的人、自卑的人、胆怯的人、虚荣或虚伪的人，“隐私我”会更多一些。适度的内敛和自我隐藏，给自我保留一个私密的心灵空间，避去外界的干扰是正常的心理需要。没有任何隐私的人，就像住在透明房间里，缺乏自在感与安全感。但是“隐私我”太多，“公众我”就太少，如同筑起一座封闭的心灵城堡，无法与外界进行真实有效的交流与融合，既压抑了自我，也令周围的人感到压抑，容易导致误解和曲解，造成他评和自评的巨大反差，成为人际交往的迷雾与障碍，甚至错失机会。勇于探索自我者不能只停留在“开放我”的层面，还应敢于直面“隐私我”的秘密和实质。

**3. 背脊我**

左下角那一扇窗称为“背脊我”，又称“盲目我”，属于盲目领域。这是自己不知道而别人却知道的部分，即所谓的“当事者迷旁观者清”。它可以是一些很突出的心理特征，比如有人轻易承诺却转眼间忘得干干净净；也可以是不经意的一些小动作或行为习惯，比如一个得意的或者不耐烦的神态和情绪流露，本人不觉察，除非别人告诉你。

盲目点可以是一个人的优点或缺点。因为事先不知、不觉，所以当别人告诉自己时，或惊讶，或怀疑，或辩解，特别是听到与自己初衷或想法不相符合的情况时。“背脊我”的大小与自我观察、自我反省的能力有关，通常内省特质比较强的人盲点比较少、“背脊我”比较小。而熟悉并指出“背脊我”的他者，往往也是关爱你的人、欣赏你的人、信任你的人(虽然也可能是最挑剔你的人)。所以，我们要学会用心聆听，重视他人的回馈，不固执，不过早下结论；学会感恩，是他们帮助自己拨开迷雾见青天。

**4. 潜在我**

右下角那一扇窗称为“潜在我”，又称为“未知我”，属于处女领域。这是自己和别人都不知道的部分，有待挖掘和发现。通常是指一些潜在能力或特性，比如一个人经过训练或学习后可能获得的知识与技能，或者在特定的机会里展示出来的才干，也包含弗洛伊德提出的潜意识层面，仿佛隐藏在海水下的冰山，力量巨大却又容易被忽视。对“潜在我”的探索和开发，才能更全面而深入地认识自我、激励自我、发展自我、超越自我。学着尝试一些全新的领域，挖掘潜力，会收获惊喜。勇于自我探索者，要善于开发“潜在我”。

真正而有效的沟通，只能在公开区内进行，因为在此区域内，双方交流的资讯是可以共享的，沟通的效果是会令双方满意的。但在现实中，很多沟通者对彼此都不很了解，很无奈地进入了封闭区，沟通的效果就可想而知了。

为了获得理想的沟通效果，就要通过提高个人信息曝光率、主动征求反馈意见等手段，不断扩大公众区，增强信息的真实度、透明度。在沟通的策略上，可以在隐私区内选择一个能够为沟通双方都容易接受的点来进行交流，这个点被叫做“策略资讯开放点”。当双方的交流进行了一段时间，“策略资讯开放点”会慢慢向公开区延伸，从而实现公开区被逐渐放大。需要注意的是，选择“策略资讯开放点”时要避免过于私人的问题，如心理健康、严重的过失等。

**★小资料**

### 刺猬法则：人际交往要做到“疏者密之，密者疏之”

所谓“刺猬法则”是说为了研究刺猬在寒冷冬天的生活习性，生物学家做了一个实验：把十几只刺猬放到户外的空地上。这些刺猬被冻得浑身发抖，为了取暖，它们只好紧紧地靠在一起，而相互靠拢后，又因为忍受不了彼此身上的长刺，很快就又各自分开了。可天气实在太冷了，它们又靠在一起取暖。然而，靠在一起时的刺痛使它们不得不再度分开。挨的太近，身上会被刺痛；离得太远，又冻得难受。就这样反反复复地分了又聚,聚了又分,不断地在受冻与受刺之间挣扎。最后,刺猬们终于找到了一个适中的距离,既可以相互取暖,又不至于被彼此刺伤。

刺猬法则强调的就是人际交往中的"心理距离效应"。运用到管理实践中,就是领导者如要搞好工作,应该与下属保持亲密关系,但这是"亲密有间"的关系,是一种不远不近的恰当合作关系。与下属保持心理距离,可以避免下属的防备和紧张,可以减少下属对自己的恭维、奉承、送礼、行贿等行为,可以防止与下属称兄道弟、吃喝不分。这样做既可以获得下属的尊重,又能保证在工作中不丧失原则。一个优秀的领导者和管理者,要做到"疏者密之,密者疏之",这才是成功之道。

>>>>>>>>>>>>>>>>>>>>>>>>>>>>>>>>>>>>>>>>>>>>>>>>>>>>>>>>>>>>>>>>>>>>>>>>

## 【复习思考题】

1. 什么是沟通？沟通有哪些功能？
2. 沟通分为哪几种形式？各有什么特点？
3. 在沟通中如何做到有效地倾听？
4 .正式沟通网络模型有哪几种？各有什么特点？
5. 什么是人际关系？影响人际关系的因素有哪些？
6. 什么是PAC理论？PAC理论对人际交往实践有何指导意义？
7. 什么是周哈里窗？如何运用周哈里窗获得理想的沟通效果？

## 【本章案例分析】

### 案例1　售票处的一场口角

某市场火车票售票处,一位女售票员正在忙碌地工作着。窗外正排着长长的购票队伍。她在接待两位外地男旅客,向他们介绍车次,因而放慢了售票的速度。后面一位女旅客等得不耐烦了,就挤到售票口训斥这位女售票员:"你是在售票还是在谈情说爱?"后面的旅客也不分清红皂白地哄起来了。面对这种情景,这位女售票员不是针锋相对,也不是反唇相讥,而是谦和地说:"非常抱歉,让你久等了"。接着她还简要地向这位旅客解释了放慢售票速度的原因。这一说,女旅客平心静气地回到自己的列位上,售票工作又正常地进行了。

**思考题：**

1. 这个案例涉及什么理论？并简要地阐述这个理论。
2. 这位女售票员为什么能顺利地处理这一场口角。

## 案例2 谁是赢家？

上海某进出口公司共有七个出口部，原来每个出口部都负责出口一种化工产品，如三部出口无机化学品，四部出口有机品。为增加灵活性，公司领导决定撤销这种分工，每个部门都允许出口任何一类化工产品，这样各部门为了完成任务，产生了冲突。

有时出口四部的传真机收到了对方关于无机化学品的询价，他们就不像过去那样交给三部处理，而是留下来设法自己办成这笔生意。三部也一样，如果四部有人去三部询问有关无机品的市场行情，一般得不到回答。两个部门之间还互相探听货源渠道、出口对象，同时抬价收购，压价外销，使公司蒙受损失，许多成员都失去了信心，准备另寻出路，离开公司。

**思考题：**

1. 这是一种什么类型的冲突？冲突的前提是什么？
2. 冲突双方采取的是什么策略？结果如何？
3. 如果你是该公司管理者，你会怎样做？

# 第五篇　领导心理与行为

# 第 11 章

## 领导概述

>>>>>>>>>>>>>>>>>>>>>>> 【本章学习目标】>>>>>>>>>>>>>>>>>>>>>>>

通过本章学习，你应该了解：

1. 领导和管理的概念及两者之间的关系。
2. 领导者的基本功能。
3. 领导权力的来源。
4. 领导风格类型。
5. 领导者应具备的素质。
6. 领导班子的素质结构。

>>>>>>>>>>>>>>>>>>>>>>>>>>>>>>>>>>>>>>>>>>>>>>>>>>>>>>>>>>>>>>>>

### 引导案例

**里根与卡特的领导风格**

从某种意义上说，由于美国前总统卡特难以从一个管理者转型为领导者，因此，担任了一任总统之后就未能连任。

卡特原来是一名海军军官，也是一位核能专家，在佐治亚州两届州长的任期内，就以一个有专业背景的管理人而闻名于世。就任总统之后，为了要管理好这个庞大的联邦政府，他每天身陷在堆积如山的公文中不能自拔。据说他样样精通，事必躬亲，不是在办公桌上批阅文件，就是在会议室里详细研究问题。但是，遇到要抛头露面的事情，如全国电视演说或是召开记者会时，他就显得相当紧张、拘谨。

他在总统任期内最大的成就是促使埃及的萨达特与以色列的贝京放弃世代的仇恨与战争，迈向和平的新纪元。然而这项壮举却是关起门来在密室中达成的，没有人能一窥究竟，甚至连媒体也不得进入。到了竞选连任那年，他虽然采取了各种沟通策略，如接受媒体访问、电视演说、到各地演讲等，大力鼓吹自己的人权主张，并陈述自己为解救在伊朗的美国人质所做的努力等等，但都无法使大众对他的领导和政策产生信心。他虽然是一个强有力的管理者，但就是少了一点领袖的魅力，也没有和大众沟通的技巧以赢得人心。结果,在一般美国人的印象中,卡特是个弱势领导人,马上被里根顶替了下来。

卡特虽然身为国家领导人,但却是一个不折不扣的管理者,因此,可名之为“管理式的领导者”。而里根的强处则在于沟通,正好和卡特相反,我们可称之为“领导式的管理者”。里根入主白宫之后,对于日常繁琐的治国细节,可说是能躲就躲,这是众所周知的。他宁可把这些事宜交给下面的幕僚来做,自己则专注于“重大的”事务。这个演员出身也当过州长的总统,给人的印象是不擅行政,不是那种“日理万机”型的领袖,他喜欢凡事都通过员工来做。对于国家顾问的建议和阁员管理各部门的表现,他都不像卡特那样的关心。

里根虽然将复杂的管理事务置身之外,却被封为“伟大的沟通家”,在他的任内总有一群人誓死效忠他。他的口才绝佳,极力主张所谓“美国人的价值观”,加上无懈可击的作风,因此,得到广大群众的支持,为他的地位和论点奠定了稳固的基石。他的公共演说往往事前就准备得完美无瑕,每一句话的时间控制和抑扬顿挫都恰到好处。在这种领导风格之下,他又有了另外一个绰号,叫做“不粘锅总统”,不管任何攻击,他都能应付自如,不会让自己的声誉沾上污点。

美国大众1980年把他捧进了白宫,1984年又继续留他一任。直到伊朗军火销售丑闻案爆发,才收回对他的信任。然而这个事件之后,还是有不少崇拜者不相信他们的领袖会管理不当,让下面的人从事不法的国际活动。对于这件事,他到底知道多少,他应该知道多少,何时得知消息,以及后来为何直接或暗中阻挠国会调查?这些问题,至今仍然没有答案。这件事多少会影响里根在美国历史上的地位。对他8年来的表现,大都一致认为他对幕僚的管理不够,交付他们太多的责任。员工出现差错,领导者还是难辞其咎的。知道什么事该管,什么事要放手让部下去做,这就是领导艺术。

**【点评】**

**若把一个组织或团队比作一条长龙的话,那么领导就是“龙头”,舞龙是否舞得活灵活现,舞出龙神,主要在于耍龙头的人,所以说一个组织或团队的战斗力如何,战绩怎样,士气潮落,主要在于这个团队的带头人领导才能和管理技巧高低。领导者的素质、领导风格以及领导的艺术是提高其领导有效性的关键。**

**身为国家领导人,卡特很快被里根替代,反映出卡特对领导人的角色定位上的偏差,更反映出其在领导水平和领导艺术上与里根存在较大差距。里根深谙领导之道,他沟通和协调能力极强,善于把时间和精力放在总统应该处理的事务上,对总统的角色定位非常准确,这是他成功的政治生涯的关键。**

# 第 1 节　领导的内涵

## 一、领导和管理

### (一) 什么是领导

领导是在一定的社会组织和群体内，为实现组织预定目标，领导者运用其法定权力和自身影响力影响被领导者的行为，并将其导向组织目标的过程。

根据中国企业领导力和党政干部领导力训练专家唐渊先生在《领导新法》中的解释，名词的领导是指领导者；动词的领导则是指领导活动，而领导活动是指领导者在一定的环境下为实现既定目标，对被领导者进行统御和指引的行为过程。两者结合，所谓领导，就是名词的领导进行动词的领导，换句话说，就是领导者进行领导活动，率领着一群人去达到目标。

领导必须有以下 3 个要素：(1)领导者必须有员工或者追随者；(2)领导者必须拥有影响追随者的能力；(3)领导行为具有明确的目的，并可以通过影响员工来实现组织目标。

### (二) 什么是管理

长期以来，许多中外学者从不同的研究角度出发，对管理作出了不同的解释，然而，不同学者在研究管理时出发点不同，因此，他们对管理一词所下的定义也就不同。直到目前为止，管理还没有一个统一的定义。特别是 20 世纪以来，各种不同的管理学派，由于理论观点的不同，对管理概念的解释更是众说纷纭。管理学者是这样定义“管理”的，如：

(1) 法约尔：管理是所有的人类组织(不论是家庭、企业或政府)都有的一种活动，这种活动由五项要素组成：计划、组织、指挥、协调和控制。管理就是实行计划、组织、指挥、协调和控制。

(2) 孔茨：管理就是设计和保持一种良好环境，使人在群体里高效率地完成既定目标。

(3) 小詹姆斯・唐纳利：管理就是由一个或更多的人来协调他人活动，以便收到个人单独活动所不能收到的效果而进行的各种活动。

(4) 彼得·德鲁克:归根到底,管理是一种实践,其本质不在于"知"而在于"行",其验证不在于逻辑,而在于成果;其惟一权威就是成就。

管理定义可以列举很多,以上几种具有一定的代表性,综合分析上述各种不同观点,总的来说,它们各有真知灼见,也各有不足之处,但这些定义都着重从管理的现象来描述管理本身,而未揭示出管理的本质。那么,如何对管理这一复杂的概念进行比较全面和一般地概括呢?

让我们对管理活动的一般情况先做一下剖析。我们知道,管理是一种行为,作为行为,首先应当有行为的发出者和承受者,即谁对谁做;其次,还应有行为的目的,为什么做。因此,形成一种管理活动,首先要有管理主体,即说明由谁来进行管理的问题;其次要有管理客体,即说明管理的对象或管理什么的问题;再次要有管理目的,即说明为何而进行管理的问题。

有了以上三个要素,就具备了形成管理活动的基本条件。同时,我们还应想到,任何管理活动都不是孤立的活动,它必须要在一定的组织、环境和条件下进行。

以上分析说明,任何一种管理活动都必须由以下四个基本要素构成,即:

(1) 管理主体,回答由谁管的问题。

(2) 管理客体,回答管什么的问题。

(3) 组织目的,回答为何而管的问题。

(4) 组织环境或条件,回答在什么情况下管的问题。

既然管理行为本身就是由上述这四个管理要素决定的,构成管理行为的这四个管理要素当然应在管理的定义中首先得到体现。其次,由于要真正进行管理活动,还必须要运用为达到管理目的的管理职能和管理方法,即解决如何进行管理的问题。这一点也应该在管理的定义中能够得到体现。但是,法约尔在管理的定义中直接指出了管理就是实行计划、组织、指挥、协调和控制,但是如果简单地把管理理解为计划、组织、指挥、协调和控制这些活动的总称的话,那么管理就成了一项项具体的活动而失去了它统一的实质。管理的定义应该反映客观管理活动的一般的、本质的特征,或者说,管理的定义中一定要反映管理的本质,即追求效率。

根据上述管理要素在实际管理活动中的作用和地位以及它们之间的内在逻辑联系,我们就可从一般意义上来概括管理,即一般地说:

组织单元通过市场经济选择科学、合理、优化配置经济要素资源,达到组织经营低投入、高产出的目的。这样的经营行为就是管理。管理分为四项基本职能:

(1) 计划:计划就是确定组织未来发展目标以及实现目标的方式。

(2) 组织:服从计划,并反映组织计划完成目标的方式。

(3) 领导:运用影响力激励员工以便促进组织目标的实现,同时,领导也意味着创造共同的文化和价值观念,在整个组织范围内与员工沟通组织目标和鼓舞员工树立起谋求卓越表现的愿望。此外,领导也包括对所有部门、职能机构的直接与管理者一道工作的员工进行激励。

(4) 控制:对员工的活动进行监督,判定组织是否正朝着既定的目标健康地向前发展,并在必要的时候及时采取矫正措施。

## (三) 领导和管理的关系

在目前的各种理论中,关于领导和管理形成了很多学派。就领导与管理的关系来讲,大概有四种观点:

第一种观点认为领导就是管理,管理也就等同于领导。不过,这种观点并不能得到多数人的认同。

第二种观点认为领导和管理是分离的关系,两者是截然不同的。他们认为,领导的作用是率领并引导组织朝一定方向前进,而管理的作用是负责某项工作顺利进行、保管和料理、照管并约束。从这两个词的概念解释来看,两者的区别十分明显。前者比较宏观也比较虚,后者比较具体也比较实。前者强调的是,领导者首先要以自身的模范行动影响被领导者,同时要用先进的思想理论宣传教育凝聚被领导者,使他们自觉自愿地跟随前行。后者强调的是,管理者要运用相关的法律和制度,管好自己所负责的人和事。前者属于思想、理论和伦理的范畴,不具有法规的强制性;后者属于法律法规的范畴,具有强制的意义。

这种观点过分强调领导和管理之间的差异,而没有考虑两者之间的共同点。而且,在实际的组织中,这种区分是没有多大的意义的。一个组织的掌舵人,不可能把领导和管理区分得如此清楚。也就是说,纯粹的"领导者"和纯粹的"管理者"在实践中很少能找到原型。即便有,如何把这两种人粘和起来,同舟共济,也是很大的问题。

第三种观点认为领导和管理是包含的关系。只不过一方认为领导的含义要大于管理,即领导是引领方向的活动,是比管理更大的范畴,而管理是其中的特定内容;而另一方认为管理的含义要大于领导,他们认为管理才是更大的范畴,而领导是其中的一个重要组成部分,是管理的一项重要职能或功能。孔茨和韦里克等学者倾向于这一观点,并得到很多人的支持。可用表 11.1 来表示这种包含关系。

很显然,管理包含领导也好,或者领导包含管理也罢,都是把其中一方当作一个子集来考虑,这样就会抹杀领导和管理之间的差异,忽视领导和管理各自的特色,从而把两个问题混为一谈。

**表 11.1 领导和管理的区别**

| 类型＼标准 | 产生方式 | 所处理的问题 | 主要行为 | 影响下属的方式 | 思维特点 | 目标 |
|---|---|---|---|---|---|---|
| 领导 | 正式任命，或从群众中自发产生 | 变化、变革问题 | 开发远景、说服、激励和鼓舞、制定目标和规范、用人 | 正式权威或非正式权威 | 直觉、移情、冒险、独处、创造 | 变革、建构结构、程序或目标，制定战略 |
| 管理 | 正式任命 | 复杂、日常问题 | 计划、监督、员工雇用、评价、物质分配、制度实施 | 正式权威 | 理性、规范、合作、安全、程序 | 稳定组织秩序、维持组织高效运转 |

第四种观点是一个折中的观点，认为领导和管理既有区别，又有联系；既有各自的特点，又有共同的交集。这一观点的代表人物是科特，他比孔茨又进了一步，不再是局限于领导和管理谁包容谁的争论，而是着眼于二者的差别。在一定意义上，可以说科特完成了对于领导与管理概念的再认识，并且对这两个理论的发展都产生了重大的作用。

## 二、领导者的基本功能

领导者的基本功能可分组织功能和激励功能两个方面。

### (一) 组织功能

组织功能即建立组织管理机构，科学地组织生产，达到组织目标的功能。

领导者的组织功能是要依靠组织管理机构去实现的。领导者在管理大生产时对组织机构的总要求是：清晰的职位层次；流畅的意见沟通；有效地协调合作系统；强有力的指挥中心；高效率的执行机构；准确的信息反馈等。为了有效地管理大生产，发挥组织的功能，还应在组织系统内部建立如下机构：

(1) 建立决策中心。决策机构要精干；决策中心的领导关系要明确，不能多头指挥；决策中心的成员要有较高的能力与水平。

(2) 建立执行系统。这一机构的条件是执行决策要坚决；要有各种特殊的技能与才干；忠诚于工作与事业；有实干精神能完成工作任务。

(3) 建立有效的控制与监督系统，以及及时畅通的信息反馈系统。

实现组织目标是领导者的根本任务与组织功能。为了发挥组织功能，完成组织任务，实现组织目标，领导者必须做到：

(1) 对环境进行科学分析，根据企业或组织内部与外部的条件、需要与可能性，制订与设置组织总目标，进行重要的决策。

(2) 根据组织总目标可分解为二级、三级、四级目标；根据战略决策及原则考虑策略计划，包括信息分析、执行方案、预期结果。

(3) 为实现企业与组织的目标及决策，领导者应合理使用人力、物力和财力。

(4) 通过组织结构对企业与组织的活动过程进行有效与及时的信息反馈。

(5) 建立与健全科学的管理系统，如组织系统、规章制度等。

(6) 为新的组织目标、战略决策和策略作准备。

### (二) 激励功能

所谓激励，就是调动人的主动性、积极性、创造性的过程。激励功能是领导的主要功能之一。组织功能尚可借助他人的知识与能力实现，而领导者的激励功能是不能借助的。任何一个高明的领导，若不能发挥好激励功能，目标与决策再好，组织再合理，管理再科学化、现代化，也不能很好地实现组织与企业的目标。领导者的职责就是要将组织目标的实现与员工的个人目标(利益、需要、方向)统一起来，实行参与式的民主管理，发动员工参与制定目标，进行决策，增加组织目标与决策的透明度，有利于创造出一种良好的组织环境，使员工意识到组织目标与个人目标的一致性。这样可提高员工接受与执行组织目标的自觉性与积极性。

在现实生活中，我们会发现有不少领导者常常忙得焦头烂额，恨不得一天有 48 小时可用；或者常常觉得需要员工的帮忙，但是又怕他们做不好，以致最后事情都往自己身上揽。虽然一个称职的领导者最好是一个万事通，但一个能力很强的人并不一定能管理好一家企业。管理的真谛不是要领导者自己来做事，而是要领导者激励别人做事。

## 三、正式领导和非正式领导

### (一) 正式领导

正式领导者拥有组织结构中的正式职位、权力与地位，其主要功能为领导团体成员实现组织的目标，诸如拟订团体政策和方针；推行组织的计划与政策；提供情报知识与技能；授权下级分担任务；对成员实施赏功罚罪；代表团体对外交涉；控制团体内部关系；沟通组织内上下的意见。正式领导者的功能是组织赋予他的，能实践到何种程度，则须视其领导的能力以及领导者本身是否为其团体所接纳而定。

## (二)非正式领导

非正式的领导者虽然没有组织赋予他的地位和权力,但由于其个人的条件,如知识经验丰富,能力技术超群,善于体恤别人或其他人格上的特点,令成员佩服,因而对成员具有实际的影响力,也可称为实际的领导者。其主要的功能为:满足成员的个别需要,例如,协助成员解决私人问题(包括家庭的或工作上的);倾听成员的诉苦,安抚成员的情绪;协调与仲裁成员间的关系;提供各种资料情报;当成员的代罪羔羊;引导成员的思想、信仰及价值判断。非正式的领导者因为对成员具有实际的影响力,因此,若他赞同组织的目标,则可带动成员推行组织的任务;若他不赞成组织的目标,则可能引导成员阻挠组织任务的执行。

## (三)正式领导与非正式领导比较

正式领导与非正式领导的相同点是:都具有领导力,即对其组织成员会产生影响力,改变组织成员的行为,出现追随现象。两者不同之处在于以下几方面。

**1. 产生的方式不同**

正式领导是通过上级任命或下级通过合法程序选举产生的,并经过一定的组织程序由上级认可,召集有关组织成员或全体成员当众宣布任命,并形成任命书,作为正式领导上任的合法依据。非正式领导不是通过上级任命和下级通过合法程序选举产生的,是因其在某方面的威信,自发、自然形成的,不存在一定组织形式的任命过程。

**2. 影响力的依据不同**

正式领导主要依据正式的职权,即组织授权。这种授权主要表现在:奖赏权力、强制权力、合法权力。这种权力的动用有严格的依据并受到严格的限制。非正式领导没有组织正式授权,其影响力主要来自于:专家权力,榜样的权力,宗教信仰、价值取向、亲情、战友、同学、老同事、同乡、志趣爱好的影响,非正式利益或非法利益,共同体等产生的影响力。

**3. 作用机制不同**

正式领导的正向作用机制,主要通过给予别人期望得到的工资、奖金、福利、带薪假日等直接利益和赏识、地位、提升,并给予其取得成就、胜任工作、自我实现的环境产生影响力。

正式领导的反向作用机制,主要通过批评、扣减金钱利益,降低福利待遇等惩罚性的措施来影响别人行为。

正式领导还可通过合法的权力来命令、指挥别人,使别人强制地服从,来改变其行为。

非正式领导也会通过一些金钱或其他惩罚来影响其成员，但其作用非常有限，方式更加隐蔽。他们主要通过因专家权威、榜样力量所形成的敬仰、崇拜或出于自身保护，或因情所致，因友谊、归属需要，拥有在正式组织得不到的东西来产生影响力，改变其成员行为。

**4. 影响力的结果不同**

正式领导力的影响方向一般是垂直向下，只能在正式组织中产生效果。组织成员一般是被动地、强制地接受，绝对地服从，时效不会持久。非正式领导力的影响是多向的，容易形成上下、左右，甚至内外遥相呼应的互动局面，会使其成员自觉、自愿地接受和顺从，时效深远持久。

## （四）非正式领导在企业组织中的作用

**1. 非正式领导的积极作用**

（1）协调与沟通作用。非正式群体成员一般是由兴趣爱好相同，利益一致，或追求庇护，自愿依从的人员构成的。非正式领导的兴趣、标准是决定其成员"地位"与"亲疏"的重要因素。非正式领导对其成员有很大的制约力。非正式群体的领导会为该群体谋福利，同时通过参与决策制定与上传重要信息，为正式组织的提供帮助。因此，组织可以利用非正式领导这个特殊角色的作用，传播信息，协助解决非正式组织内部的矛盾，起到沟通与化解的作用，为管理者排忧解难。

（2）心理平衡作用。面对险恶、多变的生存环境，每个人在惧怕的同时，自然会寻找呵护、安全。一般说来，在正式组织中得不到满足的成员就会努力从非正式组织中得到诸如归属交往的需要。人际关系差，与领导关系僵硬的人们易于投入非正式领导的怀抱，求得补偿。许多在工作中受挫或情感失意者常会向"民间领袖"诉说，祈盼得到理解、帮助，取得心理的平衡。

（3）中枢纽带功能。非正式领导是组织沟通成员的一座桥梁，是信息输入和输出的重要路径，组织可以利用他们传递信息，为组织反映民意，为组织的变革提供舆论与行为上的支持，以便减少摩擦与阻力，为非正式群体与正式群体的合作铺平道路。

（4）制衡作用。非正式领导的声音往往是组织成员心态的反映。由于其参与决策，加上其影响力，因此，对组织适时调整政策，监督领导慎用职权，有一定的制衡作用。

**2. 非正式领导的消极作用**

（1）随意性强，感情用事。非正式领导为了巩固其地位，一方面必须妥善协调好与正式组织的关系；另一方面必须维护其群体成员的利益，代他们讲话办事，但往往缺乏理性与公正。如参与制定政策，政策往往向其成员倾斜（由于他的影响，正式组织的领导会听之任之，或无可奈何），而将非自己群体的成员撇在政策之外。

(2) 妖言惑众,起误导作用。组织中除了正式的沟通路径之外,还有大量的非正式路径,如小道消息、谣言。由于其属于口头传播,易于形成也易于消失,虽然传播快,但易于失真。谣言可以提供组织所不能提供的新鲜消息,不管其真实与否都是一定时期成员的心态反映。组织可以通过谣言实现组织的意图。但也应看到,非正式领导也常利用正式路径,妖言惑众,制造混乱,影响组织的士气与和谐,通过误导作用达到其目的。

(3) 抵制正式组织。非正式领导为维护其利益,或对领导不满,或对组织变革缺乏了解,常会抵制或对抗正式组织的决定,成为组织变革的疾痼,阻碍组织的发展。

(4) 排斥或"充任"领导。在某些组织中,由于组织自身的原因,或领导者个性等因素的制约,非正式领导往往乘虚而入,"取而代之",因而其具有很大的权力。而这权力不是一般的参政议政,而是进行干预,对组织具有很大的破坏力,有的领导受其操纵,成为傀儡。

### (五) 企业应对非正式领导的措施

**1. 重视**

非正式领导是个复杂的组织现象,有着社会的心理基础。因此,管理者应重视组织中的非正式领导。不仅要看到非正式领导的存在是不可避免的,重要的是要设法影响他,使他朝积极方面发展。

**2. 授权**

由于非正式领导威信高、影响大,在条件允许的情况下,信任他,授予他一定的权力,从而把整个非正式组织调整到正式组织的轨道上来。调动他的积极性,也就是调动了他所代表的非正式组织的积极性,有助于组织目标的实现。

**3. 调换**

组织可以采取轮换或调离非正式组织领导人物的办法,使得非正式组织难以建立稳固的结构。

总之,有正式组织的地方往往就有非正式组织存在,二者是互为依存的。非正式领导作为非正式组织的核心人物,不是游离于组织之外的,而是时刻与组织发生关联,组织及其管理者不仅无法回避,而且必须加以重视,积极诱导,使其发挥积极作用,以便有效完成组织的目标。

## 四、领导权力的来源

领导的权力来源分为 5 类:法定权、奖赏权、强制权、专长权、参照权。

### (一) 法定权

法定权是指组织内各领导所固有的、合法的、法定的权力。法定权包括决策权、组织权、指挥权、监督控制权等权力。例如,足球教练能决定谁上场,项目经理能决定谁参加或者不参加某次评审等。

### (二) 奖赏权

奖赏权是指领导者提供奖金、提薪、晋级、表扬、理想的工作安排和其他任何会令人愉悦的东西的权力。奖赏权是领导、追随者、情景之间的函数。也就是说,领导只能在一定的情景(范围)内影响一定的追随者。企业领导人运用奖赏权力的目的主要在于激励员工,调动员工的积极性、主动性和创造性,使员工为实现企业目标而努力。奖赏权可以具体通过发放奖金、晋升、培训、带薪休假等形式体现出来。

### (三) 强制权

强制权,又称惩罚权,与奖赏权相反,指通过负面处罚或者剥夺利益来影响他人的权力。强制权是领导者和情景的函数,即在一定的情景下领导才能行使这个权力。如:警察开罚单、雇主克扣懒惰员工的工资等。对强制权的运用,可能是最恰当或者最不恰当,使用恰当会带来很好的效果、不恰当会带来很坏的后果。所以,应该慎重使用并在使用前评估。

### (四) 专长权

专长权是指基于一个人在某一领域的专业技术、资格、信息和专业知识而形成的权力。有些人能通过他们在特殊领域的专长来影响其他人,如越熟悉业务的专家在讨论系统的业务实现时,越有否决其他人提出不同的业务流程的权力。

### (五) 参照权

参照权,又称个人魅力型权力,指领导者由个人的品质、魅力、资历、背景等拥有的相关的权力。如果一个人具有相当大的魅力而成为他人敬仰和模仿的对象,就可以说他具有参照权。参照权是领导者和追随者的函数,包含两方面内容,即由于领导者与追随者之间的关系强度而产生的潜在影响。如你往往注意到精明而有效的上司的做事风格而学习并采用相同的风格做事。很多广告也利用这个权力影响别人:如喜欢姚明的人,同时因为姚明做可口可乐的广告而在购买软饮料的时候选择购买可口可乐。

## 五、领导风格类型

美国依阿华大学的研究者、著名心理学家勒温和他的同事们从20世纪30年代起就进行关于团体气氛和领导风格的研究。勒温等人发现，团体的任务领导并不是以同样的方式表现他们的领导角色，领导者们通常使用不同的领导风格，这些不同的领导风格对团体成员的工作绩效和工作满意度有着不同的影响。勒温等研究者力图科学地识别出最有效的领导行为，他们着眼于三种领导风格，即专制型、民主型和放任型的领导风格。三种领导风格的特征如表11.2所示。

表11.2 不同领导风格的比较

| | 专制型 | 民主型 | 放任型 |
|---|---|---|---|
| 权力分配 | 权力集中于领导者个人手中。 | 权力在团体之中。 | 权力分散在每个员工手中，采取无为而治态度。 |
| 决策方式 | 领导者独断专行，所有的决策都由领导者自己做出，不重视下属成员的意见。 | 让团队参与决策，所有的方针政策由集体讨论做出决策，领导者加以指导、鼓励和协助。 | 团队成员具有完全的决策自由，领导者几乎不参与。 |
| 对待下属的方式 | 领导者介入到具体的工作任务中，对员工在工作中的组合加以干预，不让下属知道工作的全过程和最终目标。 | 员工可以自由选择与谁共同工作，任务的分工也由员工的团队来决定。让下属员工了解整体的目标。 | 为员工提供必要的信息和材料，回答员工提出的问题。 |
| 影响力 | 领导者以权力、地位等因素强制性地影响被领导者。 | 领导者以自己的能力、个性等心理品质影响被领导者，被领导者愿意听从领导者的指挥和领导。 | 领导者对被领导者缺乏影响力。 |
| 对员工评价和反馈的方式 | 采取“个人化”的方式，根据个人的情感对员工的工作进行评价。采用惩罚性的反馈方式。 | 根据客观事实对员工进行评价。将反馈作为对员工训练的机会。 | 不对员工的工作进行评价和反馈。 |

勒温认为，这三种不同的领导风格会造成三种不同的团体氛围和工作效率。专制型的领导者只注重工作的目标，仅仅关心工作的任务和工作的效率。但他们对团队的成员不够关心，被领导者与领导者之间的社会心理距离比较大，领导者对被领导者缺乏敏感性，被领导者对领导者存在戒心和敌意，容易使群体成员产生挫折感和机械化的行为倾向。民主型的领导者注重对团体成员的工作加以鼓励和协助，关心并满足团体成员的需要，营造一种民主与平等的氛围，领导者与被领导者之间的社会心理距离

比较近。在民主型的领导风格下，团体成员自己决定工作的方式和进度，工作效率比较高。放任型的领导者采取的是无政府主义的领导方式，对工作和团体成员的需要都不重视，无规章、无要求、无评估，工作效率低，人际关系淡薄。

# 第 2 节　领导班子的优化组合

## 一、领导者的素质

领导者的素质，是指在先天禀赋的生理和心理基础上，经过后天的学习和实践锻炼而形成的在领导工作中经常起作用的那些基础条件和内在要素的总和。在领导科学理论的研究中，人们一般把领导者的素质分为政治素质、思想素质、道德素质、文化素质、业务素质、身体素质和心理素质，以及领导和管理能力等。

领导素质的特点是由领导者所担负的领导工作的性质、职能、所处的时代、阶级地位、环境条件以及个人的先天因素等决定的。这些情况千差万别，所以，领导素质具有不同的特点，概括起来有如下五种特性。

### (一) 时代性

领导者的素质既有稳定性的一面，一经形成便相对稳定地发挥作用；又处在不断变化之中，这也是领导者素质时代性的表现。不同社会、不同历史时期的领导者，在其成长发展的过程中，必然要受到所处时代的政治、经济、文化和科学技术发展状况的影响。因而，在素质方面就会打上时代的烙印，具有一定的时代性。领导者素质是在一定的环境下培养出来的，而不断发展变化的环境对领导者素质又提出了更新更高的要求。所以，客观环境决定了领导者的素质，而领导素质又必须适应客观环境。领导者只有具备了符合时代特点的素质，才能有效地实施科学领导。

### (二) 层次性

按管理学理论，一名管理者应具备的管理技能包括技术技能、人际技能和概念技能（也称战略技能）三大方面。技术技能，顾名思义是指管理人员在其从事的领域内所拥有的专业技术能力；人际技能是指处理人际关系的技能，也就是理解、激励并与他人共事的能力；概念技能是指把握方向、综观全局、制定大政方针和战略决策的能力。

尽管上述三种技能的要求对于一名合格的管理人员都是不可缺少的，但对于不同层次的管理人员其侧重点有所不同。

基层管理人员，主要需要的是技术技能和人际技能。基层管理人员面对的主要是一线员工，由于直接指挥实际工作，因此他必须对技术和工艺熟练精通，对下属工作了如指掌，这样才能有效地指挥和管理。试想一个车间主任对技术一窍不通，一个工程部经理对现场工艺一知半解，一个开发部经理在业务上缺乏权威，那么他将很难管好本部门。基层管理人员需要掌握的另一个技能是人际技能，协调和沟通是日常管理的一个重要内容。基层管理者需要充分施展自己的人际技能，开展协调和沟通工作，将日常工作中发生的一些小问题、小矛盾解决和消除在萌芽状态。这不仅有利于基层成员的团结和企业目标的实现，而且还可为中高层领导分忧解难。

中层管理人员，需要掌握更多的人际技能和概念技能。像分厂厂长、分公司经理、事业部总经理这样的中层管理者，一方面要领导、激励下属努力工作，另一方面还要同上级领导、同级同事以及各职能部门负责人打交道，同时还要联络企业外部的客户和单位以求得各方面力量的配合，这要求具备很强的人际技能。中层管理者还肩负着领导本部门发展，为总部或总公司实现销售额和利润的重任，因而还应具备一定的概念技能。在所从事的领域内，业务的取舍；如何把握市场机遇，规避风险；面对同行竞争，应制订什么对策；根据形势发展，制订本部门的中长期规划，这些都是摆在中层管理者面前需要利用概念技能解决的问题。

对高层管理人员而言，特别需要具备很强的概念技能。如果把一个企业比作一艘轮船的话，高层管理者应是这艘船的船长、大副、二副等人员，他们肩负着在市场经济的海洋中把握航向，规避暗礁，壮大自身，回报国家和社会的重任。因此，高层管理者的概念技能更多地发挥在整个企业使命和经营理念的建立，企业文化的建设，战略决策的制订，创新的实施和风险的承担上。可以说，概念技能是管理技能发展的最高境界。

### (三) 动态性

领导系统的不断发展变化，会自然地影响领导者对领导方法的选择和应变，即“随时而变，因俗而动”。不断适应变化了的新的时空条件下的领导系统，就是在同一个领导系统发展过程中的不同阶段，也要及时采用不同的领导方法。这就是领导方法的动态性。

领导方法的动态性使领导活动协调和谐，最大限度地、最有效地实现领导目标。缺乏动态性的领导方法，会最终失去对环境的应变能力，导致领导活动的失效。当然，领导方法的动态性并不排斥它在某些方面、环节和特定历史阶段的相对稳定性。它要求领导者要通过动态的领导方法来实现领导活动的稳步进行。领导者对这种动态性的把握以及运用自如的感悟能力体现了领导科学同个人魅力与风格融合之后的艺术性质。

### (四) 实践性

领导素质的提高,虽然与先天的生理素质有关,但绝不起决定性作用,关键是后天的社会实践。任何一位卓越的领导干部都不是天生的,都是在实践中经过锻炼而逐步成长起来的。比如,在反法西斯战争关键时刻担任英国首相的丘吉尔,先天生理因素并不好,他是早产儿,过早地失去了父母的关怀,有不可抑制的发音错误,但这些并没有影响他的事业。经过后天的社会实践,丘吉尔不仅推进了英国的历史进程,被世界认为是叱咤风云的领袖人物,而且成为一名了不起的演说家。他的演说能使大厅里的数千名听众,或使数百万名广播听众听之入迷。所以说,社会实践的大熔炉锤炼了领导者的素质。

### (五) 综合性

领导者素质是一个相互关联的整体,它们在领导活动中总是综合地而非各自孤立地起作用,这是由领导工作本身的综合性所决定的。比如,《孙子兵法》提到作为领导人的将才,须具备五方面的素质,"将者,智、信、仁、勇、严也"。

美国著名领导学家华伦·本尼斯有一个形象的比喻,他说,一个不败的领导人,必须依靠三条腿来支撑:一是坚定的雄心壮志;二是领导工作的才能;三是优秀的道德品质,这些是领导者素质的最基本结构。领导者素质的综合性、全面性,还有更深一层的含义,即领导者素质不仅是理想的组合,也应该是矛盾的组合,这样才能相互制衡,综合发挥作用。比如,领导者应该自信,这是领导者必需的心理素质,否则就难以实施领导;但自信要和一定的疑虑、畏惧甚至自卑结合起来,以免犯错误。领导者要有对工作的激情,这是推动组织前进的动力,并能作为他人的榜样;但这种激情又必须和其对立面——对工作的清醒认识相结合,激情若失去理性,就可能变成鲁莽。再比如,领导者要能够同群众打成一片,和谐地生活在群众当中;同时又要善于独处,也容许别人独处,给大家都留出生活的空间。

## 二、领导班子的素质结构

企业领导班子搭配是否科学,是实现科学领导,提高领导效能的重要条件。结构就是系统内部各种要素相互联系、相互作用的方式。系统整体的性质与功能不但决定于构成系统的诸要素的性质与功能,而且决定于要素之间的结构。结构变化了,系统整体的性质与功能也会随之变化。

因此,在配备企业各级领导班子时,要注重讲究领导班子内部结构,搞好科学组合,使人尽其才,才尽其用,以达到扬长避短的目的。建立企业领导班子时要考虑到以下三方面的结构。

### (一) 年龄结构

领导班子要有梯次的年龄结构。从一般的情况来看,年龄大的领导成员比较成熟,有着较丰富的经验和阅历,各方面都趋于成熟。在长期的工作实践中,积累了正反两方面的丰富经验,但创新精神往往显得不足,精力不如中青年领导充沛,适宜做指导性工作。中年领导年富力强,兼有老领导的长处,起着承前启后的作用。他们日趋成熟,也积累了一定的工作经验,工作上能独当一面。但对新事物的敏感程度往往不如年轻领导,适宜做开拓性的工作。而年轻领导朝气蓬勃,创造力强,接受新鲜事物快,保守思想少。但由于缺乏经验、阅历,处理问题往往欠深思熟虑,适宜做攻坚性的工作。不同年龄区段的领导成员只有充分发挥自己的优势,才能有利于新老领导成员的自然交替,保持领导班子的连续性和稳定性。

### (二) 个性结构

合理的领导班子结构,讲究构成领导班子的成员在个性上的匹配。例如,胆汁质、多血质、粘液质、抑郁质四种类型的气质各有不同的特点。一个领导班子不应仅由相同或相近气质类型的人组成,因为这将会影响甚至破坏领导班子的整体功能。试想,如果领导班子都由胆汁质的成员组成,那就不容易搞好团结,从而既不容易很好发挥每个成员工作雷厉风行、精力旺盛等长处,也不能有效地抑止其性情暴躁、感情用事等不足。如果成员都是多血质的,虽然班子富有朝气,反应迅速,适应能力强,但粗枝大叶、缺乏一贯性的毛病也难克服,工作容易浮在面上,多布置少落实。如果班子由清一色的粘液质的成员组成,整个班子也容易表现出迟缓、呆板、无朝气的特征。如果都由抑郁质的成员组成,虽说此类人具有思想敏锐、精明细致等特征,但其多疑、孤僻、忧郁、怯懦等不足也会影响班子的活力,难以开创工作新局面。因此,要注意领导班子成员个性气质的匹配,最好是各种气质类型的成员都有,以达到不同气质类型之间的优势互补。

### (三) 能力结构

领导班子拥有的各种能力的比例情况要适当。领导干部不是"全才",但各有特点,在能力上大致可分为以下几种类型:一是"思想型"领导,思维能力和决策能力比较突出;二是"实干型"干部,组织指挥能力比较突出;三是"智囊型"干部,创造力较强;四是"组织型"干部，人际沟通能力和用人能力较强。如果在领导班子中，上述各种类型的成员都有，大家组合在一起，就可以形成整个班子的"全才"，从而提高整个领导班子的领导效能。

### （四）知识和专业结构

领导班子中各种不同知识水平和不同专业的成员的配比组合要合理。合理的知识结构，必须是立体形式的，由不同的知识水平的人按一定的比例排列组合而成，并随着经济、科技和社会的发展不断地予以调整，使具有不同知识水平的人互相配合，构成一个优化的有机整体。领导群体的专业结构，不只是自然科学方面各类学科的知识、技能，还包括社会科学方面各种专业知识。

## 第 3 节 领导体制

领导体制指独立的或相对独立的组织系统进行决策、指挥、监督等领导活动的具体制度或体系，它用严格的制度保证领导活动的完整性、一致性、稳定性和连贯性。

领导体制的核心内容是用制度化的形式规定组织系统内的领导权限、领导机构、领导关系及领导活动方式，任何组织系统内的领导活动都不是个人随意进行、杂乱无章的活动，而是一种遵循明确的管理层次、等级序列、指挥链条、沟通渠道等进行的规范化、制度化或非人格化的活动。

同时，任何组织系统内的领导活动也不是一种千变万化、朝令夕改的活动，它有一套固定的规则、规定或组织章程，各种领导关系、权限和职责具有一定的稳定性和长期性。组织系统内领导活动的这些特点是由组织系统的领导体制所决定的，没有一定的领导体制，组织系统内的领导活动就不能正常进行。

一般来说，领导体制有以下四种类型。

### 一、一长制和委员会制

领导体制从一个系统或单位的决策方式上看，有一长制与委员会制。凡是一个系统或单位的领导机关，其决策权力集中于一位主要负责人的，即为一长制；如果决策力属于领导集团，按少数服从多数原则决定问题的，即为委员会制，或称合议制。一长制与委员会制各有其优缺点。一长制的优点是：权力集中，职责明确，行动迅速，效率较高;一长制的缺点是:个人智慧才能有限,处事难免有思虑欠周或失误。一长制的主要负责人如选择不当,还可能形成其独断专行、滥用权力的弊端。委员会制的优点是:集思广益,决策周详,分工合作,事半功倍;委员会制的缺点是:有时权力分散,责任不明,行动迟缓,效率较低。有时还会因为对某一问题一部分人拥护、一部分人反对,使问题议而不决,一拖再拖,坐失良机,贻误大事。

一长制与委员会制并无绝对的优劣之分,关键在于根据不同的领导类型和不同的单位情况具体应用。一般地说,政党系统、国家立法机构,宜采用委员会制。它们所进行的运筹战略规划、制定方针政策、拟订法律条令等重大工作,都应反复酝酿,充分协商讨论,集体作出决定。而生产指挥系统、军事系统及一些行政机构,宜采取一长制,这样可以对有关问题进行果断快速地处理,争取时效。领导体制发展到今天,一长制和委员会制均在相互靠拢,取长补短。一长制的主要负责人,常常把重大问题交给现代智囊团去拟制决策方案,或交给专门委员会处理。委员会制则在减少委员人数,减少副职、虚职方面努力,以求提高工作效率。有的委员会常常采取对某项问题协商一致以后,交与负有直接和完全责任的委员去做决定,以便明确责任,便于检查考核。

## 二、集权制和分权制

领导体制从上下级之间的权限划分来看,有集权制与分权制。集权制是指一切重大问题的决定权均集中在上级领导机关,下级必须依据上级的决定和指示办事。分权制是指下级领导机关在自己的管辖范围内,有权独立自主地决定问题,上级对下级的决定处理的事情不得予以干涉。集权制和分权制各有其长短。

集权制的优点是:统一意志、统一政策、集中力量、便于指挥,统筹全局,兼顾各方面利益;集权制的缺点是:不易因地因时制宜、灵活机变地办理事情,不易调动下属的主动性、积极性和创造性,容易造成官僚主义、个人专断等弊端。分权制的优点是:可使下级领导者独立自主地工作,充分发挥他们的智慧和才干,可以从实际情况出发,依据不同的特点去处理问题,比较容易适应客观环境的变换,充分发挥本地的长处和优势;分权制的缺点是:容易自立门户,政令不一,各方常会发生矛盾和冲突,也容易产生本位主义、分散主义,不顾整体利益的弊端。集权制与分权制表现在组织形式上是组织的整体与部分、中央与地方、上级与下级的关系问题。正确处理这种关系应当顾及两个方面,既要有必要的集中统一,又要有相对的独立自主,把两个方面的优点都发挥出来,同时防止和克服两个极端的弊病。

## 三、完整制和分离制

完整制是指同一层级各个部门均受同一部门机构领导的一种组织体制。其基本特点是指挥、控制权集中于本层级的组织,组织高层对该层级的所有工作部门实行一元化领导。完整制的优点是:权责集中,指挥统一,可令行禁止,防止迟缓推诿;各部门互相合作,减少摩擦和冲突,避免工作重复。完整制的缺点是:权力过分集中于某级机构,易形成个人专权和本位主义,不利于上层对整体的宏观调控。

分离制是指同一层级各个部门分属两个以上机构领导的组织体制。分离制的优点是:领导权力分散并互相牵制,可防止独裁专断;二元化领导既有利于上级方针政策的贯彻落实,也有利于下级因地制宜实施上级的决策。分离制的缺点是:权力分散,政出多门,指令冲突,导致下级无所适从或使任何一个领导机关均指挥不灵。

## 四、层级制和职能制

组织纵向分为若干层级,每个层级所管辖的业务性质相同,各层级对其上层负责;各级的管辖范围随层级下降而缩小的为层级制。职能制又称机能制,是把一个组织平行划分为若干单位,每一单位所管的业务性质与其他单位完全不同,但范围大小完全一样。采取层级制,各级首长负责的业务性质相同,便于事权集中,统一指挥。但不同时采取职能制,则各级首长管辖过多,责重事繁,难以胜任。而职能制的优点在于合理分工,相互配合,使高层领导不至于独任其劳,工作效率可以提高。

# 【复习思考题】

1. 什么是领导?什么是管理?如何理解领导和管理的关系?
2. 领导的基本功能有哪些?
3. 领导权力的来源有哪些?
4. 领导者应该具备怎样的素质?
5. 建立企业领导班子时要考虑哪些方面的结构?
6. 领导体制有哪几种类型?

## 【本章案例分析】

### 案例1“强强联合”的领导班子

**例一:掩盖不住的连年亏损**

这是一个大型国企的领导班子失败的案例。这个领导班子共有9个成员,差不多每个人的能力都很强、经验都很丰富。两位“一把手”,厂长50岁、书记46岁,都是搞技术出身,又有多年领导工作经验。周围几个兄弟厂的领导每谈起这个厂的领导力量都很羡慕。其实他们只看见这个厂的表面现象,并不了解这个厂的实情,甚至连上级机关也不太清楚内情。前两年遮遮盖盖似乎还看不出什么问题,从第三年工作开始下滑,第四、第五、第六年连续亏损。到了亏损几千万元时,再也掩盖不住了,才不得不暴露实际情况。在此之前,他们一直采取瞒报的办法,不只是对上,本厂的人包括领导班子的其他成员也不了解。为什么会出现这种情况呢?

**例二:症结是各显其能“两套马车”相撞**

20世纪80年代中期,我某军对军级以下的干部进行了一次较大的调整。某师因为工作长期一般化无进展,内部又积累了一些问题,所以对其领导班子进行了大换班,把这个师的领导班子成员几乎全换了。新班子成员的主要特点是:年轻、政治素质高、有才华、有能力,都是各方面的尖子和好苗子。按照当时部队军首长的说法,这是一个“全面而又全新的战斗集体”。所以这个领导班子一亮相,确实令兄弟部队刮目相看了。

新领导班子组建后,工作果然很快就有起色,年终总结时,各项成绩在全军都名列前茅。但遗憾的是好景不长,从次年下半年起,便开始走下坡路了,其表现主要是首长和政委两个“一把手”形成的“两套马车”相撞,因为都想“各显其能”而相互制约,后来为了“竞争”甚至还出现了弄虚作假、搞形式主义、争名誉地位甚至违反纪律等问题。年底军党委考核各师领导班子时,这个师领导班子问题最多。这是为什么呢?究其主要原因是领导成员:①年龄相近,资历相仿,潜伏着互不买账的心理;②素质、能力都差不多,不仅不能优势互补,而是相互抵消;③都年轻气盛,缺乏全局观念,没有较成熟的年长者把关,各自都想作出成绩,工作上不是互相配合,而是相互制约,以便日后在上级面前争功;④只顾各自效能,不顾整体效能,致使人、财、物等资源分散,不能在全局充分发挥作用;⑤都是新来的,都没有自己的“班底”,员工都想依靠各自的“顶头上司”升迁,削弱了团队的群体精神。这是组建领导班子时搞“强强联合”的常见后果。军党委对此状况大失所望,不得不再一次进行调整。

**思考题：**

1. 简单地“强强联合”为什么不能构成理想的领导班子？
2. 你认为一个理想的领导班子应该怎样进行组配？

## 案例 2　美国政府为什么用一位二流科学家领导曼哈顿工程？

20 世纪 40 年代美国研制原子弹的“曼哈顿工程”，是根据爱因斯坦的建议首先提出来的。一般地说，实施这项工程的技术领导人似乎也非爱因斯坦莫属了。其实不然，人才各有其长，也各有其短。一位优秀的科学家，未必能成为一个优秀的领导人才。美国政府为了实施这项工程，要寻觅一位更适宜当领导的人才曾费了不少心机，最后选定了一位二流科学家奥本海默领导这项投资巨大的工程。为什么不让爱因斯坦领导？因为爱因斯坦不具备这种领导才能，而奥本海默比爱因斯坦更具有组织才能和善于团结人。实践证明，美国政府选对了，几年之后原子弹爆炸了，人类社会从此进入了原子能时代。如果选爱因斯坦领导这项工程，其结果会如何呢？他虽然有卓越的科研才能，但他在生活上都不能自理，据说他出门散步回来连家门都找不到，怎么能让他去领导一项几十万人的工程呢？当然，爱因斯坦深知自己缺乏领导才能，所以当以色列要选他当总统时，他坚决谢绝了。可见原子弹的研制没有爱因斯坦的建议不行，没有奥本海默的领导也不行。如果能把这两人的才能融为一体，那当然是最理想的。

**思考题：**

1. 为什么专家学者、技术尖子未必都适宜当领导？
2. 作为一个现代领导者的基本条件是什么？

# 第 12 章

## 领导理论

## 【本章学习目标】

**通过本章学习，你应该了解：**

**1. 领导特质理论。**

**2. 领导行为二元四分论。**

**3. 领导行为方格图理论。**

**4. 领导行为连续统一体理论。**

**5. PM 型领导模式。**

**6. 费德勒权变模型。**

**7. 领导生命周期理论。**

**8. 路径—目标理论。**

### 引导案例

#### 岂能“一条道走到黑”！

一个当年连年亏损、“等米下锅”的厂子，在老厂长的治理下，终于扭亏为盈了。他是怎么治理的呢？老厂长已经年过半百，大学文化，经验丰富，头脑清醒。正逢厂里“等米下锅”的时刻，他受命当了这个厂的厂长。他遇事很有主见，善于把握关键环节，从不人云亦云。他做事总是那么认真，很少有笑脸，所以，人们都觉得他有点固执，也有点怕他。和他一起工作的党委书记也是个很有能力的人，顾全大局，会团结人。他和厂长大事能统一，小事能商量，意见不一致时，书记就保留意见，从不和厂长争执。班子里其他成员也都能和他们形成合力。由于他们的共同努力，一个连续五年亏损的企业，在他们手里终于“起死回生”了，并且实现了连续三年盈利。从此在本行业系统也小有名气。五年来老厂长采用的都是集权领导方式：生产经营方针由他决定；一切开支由他“一支笔”批准；人员使用由他一人确定；生产经营大小事情都由他一人说了算。可是近年来干部、群众的积极性又一天不如一天。这是为什么呢？

有的干部在下面讨论时也谈出了一些很有见地的不同看法："老厂长采用的这种集权领导方式，在最初厂里没有支柱产品、管理混乱、连年亏损的情况下，这种集权领导方式是完全必要的。因为只有这样，才有利于集中力量办成事情，也可以避免矛盾和争论不休的问题发生。所以取得了较好的效果。但是现在情况不同了，厂里有了支柱产品，管理得也井井有条了，长时间采用这种方式，'一条路走到黑'也不行，甚至可能'事与愿违'走向反面。"事实果然如此。在这五年里，开始的一段时间里领导班子成员的积极性都比较高，书记的配合也很得力，工作效益十分明显；但是随着时间的推移，越是往后，问题就越来越多、越大。因为反正都是厂长一个人说了算，什么厂务会议、党政联席会议等，大家都是听厂长一个人的意见，已形成一种习惯了，谁也不再考虑和提出什么不同意见，因此，各种会议都徒有虚名，众人的智慧都得不到应有的发挥；大小财权、人权都是在厂长手里，无权的其他干部的作用更得不到应有的发挥；而厂长长期、持续超负荷地运转，精神和体力都感到越来越吃不消……随着时间的延长，不仅是领导班子成员，其他人员包括工人等，积极性也都越来越不如以前高了。厂长深感自己的工作越来越困难，从而使其头脑也越来越清醒起来，认为再也不能这样"一条道走到黑"了。

他决定从此开始一点点地改变自己，诸如开始注意尊重和倾听别人的合理意见；开会时充分发扬民主，先让别人说话；大事情先找相关主管领导商量；遇到难题时多和书记讨论沟通；下放一些必要的财政和人权。就这样，下面的人也发现了他的变化，积极性也一天天高起来，工作自然也越来越顺了。他不仅感到自己的精神越来越轻松，而且眼看企业的效益也越来越好了。

**【点评】**

案例中的老厂长根据变化了的领导情境而改变自己的领导方式，在公司连年亏损、"等米下锅"的极差的情况下，他实行集权领导，采取"一支笔"的管理方式，使工厂走出困境，扭亏为盈。而在公司逐步走向正轨后，他又改变领导风格，注重沟通和授权，使企业朝着健康的方向发展。老厂长的领导方式与领导权变理论特别是与费德勒的领导权变理论的观点不谋而合。

西方领导学研究经历了三个发展阶段：首先是领导者特质研究阶段，其研究之重点在于认定领导者的素质或特性，从而了解究竟何种人才适合充任领导者；其次为领导者行为研究阶段，其研究旨趣在于描述领导者行为或领导方式，即了解作为一个领导者应该做些什么以及如何做好，如勒温的领导作风理论；再次是领导的权变理论研究阶段，其研究目的在于探究领导方式与团体组织效能之关系。本章将对这些领导理论进行介绍。

# 第1节　领导特质理论

## 一、领导特质理论概述

领导特质理论,又称为素质理论、品质理论、性格理论。这种理论着重研究领导者的品质和特性。按其对领导特性来源的不同解释,可分为传统的特质领导理论和现代的领导特质理论。前者认为领导者所具有的品质是天生的,是由遗传决定的;而后者则认为领导的品质和特性是在实践中形成的,是可以通过教育训练培养的。在此基础上,许多学者做了大量的研究,提出了许多理论。这一理论的出发点是:领导效率的高低主要取决于领导者的特质,那些成功的领导者也一定有某些共同点。根据领导效果的好坏,找出好的领导者与差的领导者在个人品质或特性方面有哪些差异,由此就可确定优秀的领导者应具备哪些特性。

研究者认为,只要找出成功领导者应具备的特点,再考察某个组织中的领导者是否具备这些特点,就能断定他是不是一个优秀的领导者。这种归纳分析法成了研究领导特质理论的基本方法。

## 二、领导特质理论主要观点

### (一)传统特质理论

从20世纪30年代开始,国外的学者对领导的特质进行了大量的研究并构建了他们的理论。他们的理论建立在这样的假设之上:领导特质是与生俱来的,不具备天生领导特质的人,就不能当领导。古希腊的亚里士多德就认为,人从出生之日起就已经注定了他是治人还是治于人的命运。

早期的学者对领导者个人特质的分析概括为6大要素:分别是身体要素,能力要素,业绩要素,责任要素,参与要素和性格要素。他们采用心理测验来评价领导者的特质。这主要是由于当时美国心理学会鼓励心理学家从事美国军人的选拔工作,所采用的是Alpha智力测验。心理学家尝试将相同的技术与方法应用于工业系统,导致人事测验运动,借助评价领导者的特质选拔领导者。当然,除了通过测验来发现领导者品质特征之外,特质理论支持者在现实生活中也找到了一些证据,如一般领导者在社交性、坚持性、创造性、协调性和处理问题等方面都超过了普通人。

美国心理学家吉伯(C.A.Gibb)在1969年的研究报告中指出,天才的领导者应具备以下7项天生的特质,分别是:(1)善辞令;(2)外表英俊潇洒;(3)智力过人;(4)具有自信心;(5)心理健康;(6)有支配他人的倾向;(7)外向而敏感。美国另一个心理学家斯托格第尔(R.M.Stogdill)则将同领导有关的特质因素归纳为以下几个方面:(1)智力;(2)在学术和体育运动上取得过成就;(3)通过可靠性、持久性反映出来的感情的成熟性与稳定性,以及争取不断成功的干劲;(4)参与社会的能力和适应各种群体的能力;(5)对于个人身份和社会经济地位的欲望。到了1974年,斯托格第尔在他的《领导手册》一书中进一步提出领导者特质包括以下10个方面:(1)才智;(2)强烈的责任心和完成任务的内驱力;(3)坚持追求目标的性格;(4)大胆主动的独创精神;(5)自信心;(6)合作性;(7)乐意承担决策和行动的后果;(8)能忍受挫折;(9)社交能力和影响别人行为的能力;(10)处理事务的能力。

对于早期有关领导特质的研究,研究者基本上是从调查研究和心理测验两个方面概括地描述领导者的许多特质,看到了有效领导者和某些品质特征相联系,这无疑是个很重要的进步。但早期领导特质理论也有许多不足之处。首先,在观点上,他们过分强调了天生的作用,忽视了教育、环境对领导者产生的影响。事实上具有天才领导者因环境因素而没有机会当上领导的有效领导者大有人在,相反,有些没有领导天赋的人由于环境的造就而当上了领导者。其次,在研究方法上未采用多因素分析方法,他们在研究问题的时候只是繁杂地罗列了各种特质(所列举的特质有许多重叠的地方)。因此,只能测出领导者与被领导者、有效领导者和无效领导者特质在量上的差别。再次,没有指出各种特质的重要程度以确定他们对有效领导者所起的作用。对于个人特质分析,没有指出哪种重要特质是谋取领导地位所需要的,哪种特质是保持或者维护领导地位所需的。最后,对特质分析理论假定是认为有效领导者的特质是各种毫无联系的特质的混合物,未将其结合成一个有机的统一体。所以,早期的领导特质理论到20世纪40年代至60年代中期就不再占主导地位。

### (二) 现代特质理论

现代特质理论认为,领导者的特性和品质并非全是与生俱来的,而可以在领导实践中形成,也可以通过训练和培养的方式予以造就。主张现代特质理论的学者提出了不少富有见地的观点。美国普林斯顿大学教授威廉·杰克·鲍莫尔(William Jack Baumol)针对美国企业界的实况,提出了企业领导者应具备的十项条件:(1)合作精神;(2)决策能力;(3)组织能力;(4)精于授权;(5)善于应变;(6)勇于负责;(7)勇于求新;(8)敢担风险;(9)尊重他人;(10)品德超人。日本企业界认为,有效的领导者应具备十项品德和十项才能,如表12.1所示。

**表 12.1　有效的领导者应具备的条件**

| 十项品德 | | 十项才能 | |
|---|---|---|---|
| 1. 使命感 | 6. 公平 | 1. 判断能力 | 6. 劝说能力 |
| 2. 责任感 | 7. 热情 | 2. 创造能力 | 7. 对人理解能力 |
| 3. 依赖性 | 8. 勇气 | 3. 思维能力 | 8. 解决问题能力 |
| 4. 积极性 | 9. 忠诚老实 | 4. 规划能力 | 9. 培养下级能力 |
| 5. 进取心 | 10. 忍耐性 | 5. 洞察能力 | 10. 调动积极性能力 |

美国管理协会曾对在事业上取得成功的 1 800 名管理人员进行了调查,发现成功的管理人员一般具有下列 20 种品质和能力:(1)工作效率高;(2)有主动进取精神;(3)善于分析问题;(4)有概括能力;(5)有很强的判断能力;(6)有自信心;(7)能帮助别人提高工作的能力;(8)能以自己的行为影响别人;(9)善于用权;(10)善于调动他人的积极性;(11)善于利用谈心做工作;(12)热情关心别人;(13)能使别人积极而乐观地工作;(14)能实行集体领导;(15)能自我克制;(16)能自主做出决策;(17)能客观地听取各方面的意见;(18)对自己有正确估价,能以他人之长补自己之短;(19)勤俭;(20)具有管理领域的专业技能和管理知识。

## 三、对领导特质理论的评价

有效的领导的确是需要一定的特质,但是现代领导的特质理论也有其局限性。

首先,从个性特质而言,在特殊的特质或特质群与领导者有效性之间并没有一致的匹配模式。在不同领导职位上已经确定出 100 多种不同的个性特质与成功的领导相关。其次,特质理论试图把生理特点——身高、体重、外表、精力及健康——与领导有效性联系起来,这其中的大多数因素与那些对领导有效性有显著影响作用的情境因素相关。在商业和其他组织中,身高和体重一般对绩效不起什么作用,因而不是领导职位必须的特质。大半个世纪的研究使我们可以得出这样的结论:具备有些特质确实能提高领导者成功的可能性,但没有一种特质是成功的保证。特质理论只是说明一个领导者具备哪些特征会有较大的机会有效地领导下属。

由于在特质论的研究中并没有什么突破,于是从 20 世纪 40 年代后期开始,研究者们开始把目光从领导者的内在特征转向对领导行为、领导环境的研究上。

# 第 2 节　领导行为理论

领导行为理论主要是领导者在领导过程中的具体行为以及不同的领导行为对部

属的影响，以期寻求最佳的领导行为。研究领导行为理论的目的在于提高对各种具体的领导行为的预见性和控制力，改进工作方法和领导效果。研究的侧重点在于确定领导者应具有什么样的领导行为以及哪一种领导行为的效果最好。

## 一、领导行为二元四分论

1945年，美国俄亥俄州立大学教授斯托蒂尔（Stogdill）和沙特尔（Shartle）在调查研究基础上把领导行为归纳为两个导向：工作构成导向和关心人的关系导向。工作构成导向强调以工作为中心，是指领导者以完成工作任务为目的，为此只注意工作是否有效地完成，只重视组织设计、职权关系、工作效率，而忽视部属本身的问题，对部属严密监督控制。关心人的关系导向强调以人为中心，是指领导者强调建立领导者与部属之间的互相尊重、互相信任的关系，倾听下级意见和关心下级。调查结果证明，这两类领导行为在同一个领导者身上有时一致，有时并不一致。因此，他们认为领导行为是两类行为的具体结合，分为四种情况，用两度空间的四分图来表示，如图12.1所示。

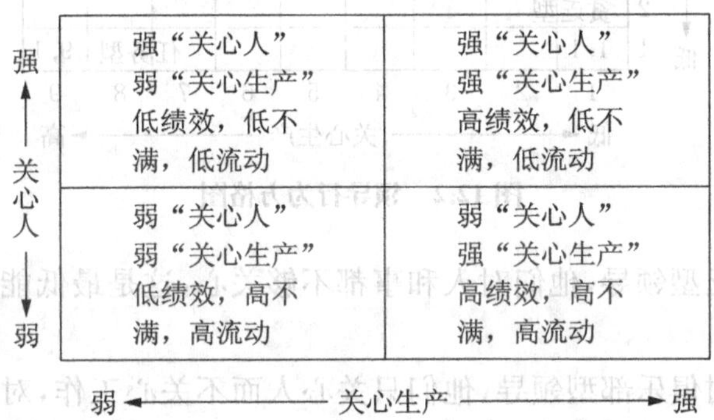


**图12.1 领导行为二元四分图**

弱关心人而强关心生产的领导者最关心的是工作任务；强关心人而弱关心生产的领导者大多数较为关心领导者与部属之间的合作，重视互相信任和互相尊重的气氛；弱关心人且弱关心生产的领导者，对组织对人都漠不关心，一般来说，这种领导方式效果较差；强关心人且强关心生产的领导者，对工作对人都较为关心，一般来说，这种领导方式效果较好。

员工导向的领导者与群体的高生产率和高工作满意度成正相关；而生产导向的领导者则与低群体生产率和低工作满意度联系在一起。

在管理思想史上，领导行为二元四分论是以二度空间表示领导行为的首次尝试，为以后领导行为的研究开辟了一条新的途径。

## 二、领导行为方格图理论

在四分图理论的基础上,布莱克(Black)和穆顿(Mouton)于1964年提出了领导行为方格图理论。横坐标表示领导者对工作的关心程度,纵坐标表示领导者对人的关心程度。在坐标图上由1到9划分为九个格,作为标尺。整个方格共81个小方格。每个小方格表示"关心工作"和"关心人"这两个基本因素相结合的一种领导类型,并分别在图的四角和正中确定五种典型类型,如图12.2所示。

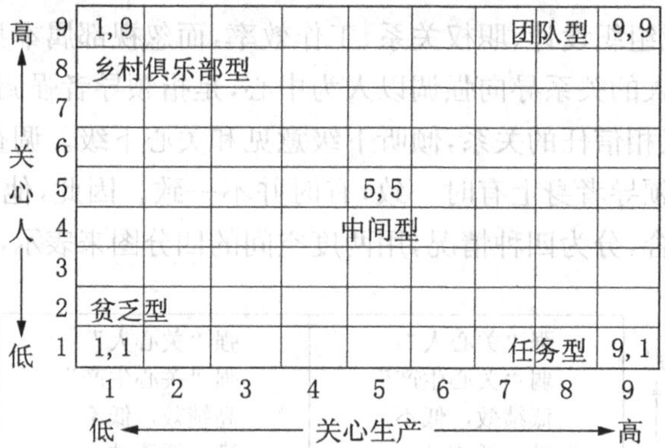


**图12.2　领导行为方格图**

(1, 1)型:贫乏型领导,他们对人和事都不够关心,这是最低能的领导方式,其结果必然导致失败。

(1, 9)型:乡村俱乐部型领导,他们只关心人而不关心工作,对部属一味迁就、做老好人,这种类型也称为逍遥型领导。

(9, 1)型:任务型领导,他们高度关心工作及其效率而不关心人,只准下级服从,不让其发挥才智和进取精神。

(5, 5)型:中间型领导,他们对人的关心度和对工作的关心度保持中间状态,甘居中游,只图维持一般的工作效率与士气,安于现状,不能促使部属发挥创造革新精神。

(9, 9)型:团队型领导,他们既关心工作,又关心人,领导者通过协调和综合各种活动,促进工作的发展,他们会鼓舞士气,使大家和谐相处,发扬集体精神,这种领导方式效率最高,必然可以取得卓越的成就。因此,(9, 9)型是最为理想的领导方式。

## 三、领导行为连续统一体理论

1958 年，坦南鲍姆和施米特在《怎样选择一种领导模式》一文中提出：在专制独裁型和民主参与型两种极端领导方式中间，存在着许多种过渡型领导方式，如图 12.3 所示。

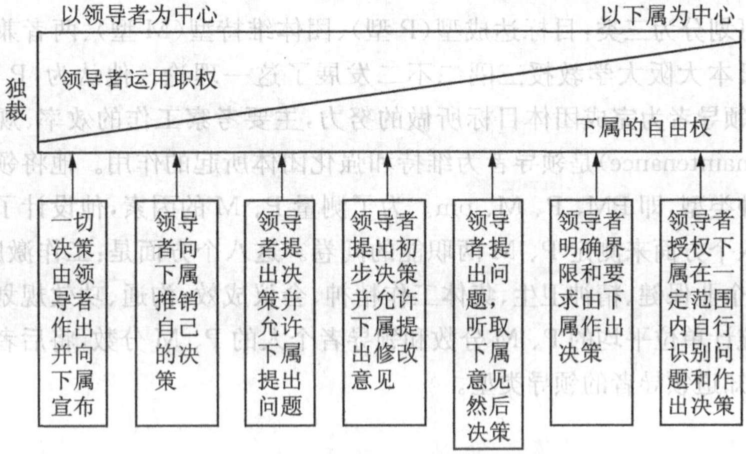


**图 12.3 领导行为的连续统一体**

领导行为连续统一体理论中有 7 种主要的领导模式：

(1) 领导做出决策并宣布实施。

(2) 领导者说服员工执行决策。

(3) 领导者提出计划并征求员工的意见。

(4) 领导者提出可修改的计划。

(5) 领导者提出问题，征求意见作决策。

(6) 领导者界定问题范围，员工集体作出决策。

(7) 领导者允许员工在上司规定的范围内发挥作用。

这种理论认为，领导方式是一个连续变量，从“独裁式”的领导方式到极度民主化的“放任型”领导方式之间存在着多种领导方式，不能抽象地讲一种领导方式好，而另一种不好，而是取决于各种客观的因素。影响领导方式的因素有：(1)领导者本人的因素，包括管理思想、对下级的信任程度、习惯采用的领导方式、面对风险的安全感等。(2)员工方面的因素，包括参与管理的愿望和需求、解决问题所必须的知识经验、对组织的理解和认识的程度、是否准备承担决策的责任等。(3)环境方面的因素，包括组织类型、问题的复杂程度、紧迫性等。

## 四、PM 型领导模式

美国学者卡特赖特和詹德在他们的《团体动力学》一书中提出了 PM 型领导模式。这一理论认为,所有团体的组成,或者是以达成特定的团体目标为目的,或者是以维持及强化团体关系为目的,或者兼而有之。为此,领导者为达到不同的目的而采取的领导行为方式可划分为三类:目标达成型(P 型)、团体维持型(M 型)、两者兼备型(PM 型)。后来,日本大阪大学教授三隅二不二发展了这一理论。他认为,P 职能(performance)是领导者为完成团体目标所做的努力,主要考察工作的效率、规划的能力等;M 职能(maintenance)是领导者为维持和强化团体所起的作用。他将领导的行为方式分为四种类型,即 PM、P、M、pm。为了测量 P、M 的因素,他设计了通过有关下属情况的八个方面来测定 P、M 两职能的问卷。这八个方面是:工作激励、对待遇的满足程度、企业保健、精神卫生、集体工作精神、会议成效、沟通、功效规划。根据调查问卷分别统计单位平均的 P、M 分数和领导者个人的 P、M 分数,将后者与前者相比较,就可以知道领导者的领导类型。

## 五、领导系统模式

美国密执安大学教授利克特(Likert)经长期研究,于 1961 年提出领导系统模式。这一理论将领导方式归结为四种体制,分别是:(1)专制独裁式领导,领导者做决定,命令下属执行,并规定严格的工作标准和方法,下属如果达不到规定的目标,就要受惩罚;(2)温和独裁式领导,权力控制在最高一级,领导者发号施令,但让下属有评议的自由,并授予下属部分权力,执行任务稍有灵活性;(3)协商式领导,重要问题的决定权在最高一级,领导者对下属有一定的信任度,中下级在次要的问题上有时也有决定权;(4)参与式民主领导,由群众制定目标,上下处于平等地位,有问题民主协商和讨论,由最高级领导做最后决定。利克特认为,单靠奖金调动员工积极性的传统管理形式将要过时了,只有依靠民主管理,才能充分发挥人的潜力和智慧,而独裁式管理永远达不到参与式管理所能达到的生产水平和员工对工作的满足感。

# 第 3 节 领导权变理论

"权变"一词有"随具体情境而变"或"依具体情况而定的意思"。领导权变理论主要研究与领导行为有关的情境因素对领导效力的潜在影响。领导权变理论认为，在不同的情境中，不同的领导行为有不同的效果，所以又被称为领导情境理论。跟以往的领导理论相比，领导的权变理论有如下优点：

第一，权变理论统合了领导现象的复杂性。领导是一个极为复杂的社会现象。一种领导现象的出现，不仅是领导者本人的行为结果，而且还有赖于周围的领导环境。领导者特质研究和领导者行为研究皆以领导者为出发点，而以领导者个人的内在素质或行为来探究领导现象，程度不同地忽略了与领导现象相关的领导环境的重要作用，忽略了被领导者在领导过程中的作用。领导是一种动态的群体过程或社会关系，领导者与被领导者的交互影响是领导过程的本质。在领导过程中，领导者是发生影响作用的主体，被领导者是被影响的客体。没有被影响的客体，发生影响作用的主体也就失去了存在的依据，若忽略对被领导者的研究，便难于了解领导现象的全貌，因而有偏颇之嫌。权变领导理论研究把领导者个人特质、行为者行为及领导环境相互联系起来，从而创造了一套比较完善的领导理论体系。

第二，权变理论的另一个重要贡献是它为人们提供了一套有效的领导方法。领导者特质研究重点在于分析领导者应具备的各种特质，以此作为选拔领导者的依据，而没有涉猎领导方法的领域。领导者行为研究虽已涉足领导方法领域，但其研究旨趣是企图从众多的成功领导者的行为中概括出一套理论的、固定不变的和放之四海皆适用的领导方式。而权变领导理论则以领导者个人特质、领导者行为及领导环境交互影响来解释领导现象，否认有任何固定不变、普遍适用的领导方式的存在，认为任何领导方式在与环境作适当搭配下，均可能成为最有效能的领导方式。因此，它没有提出有关最佳领导方式的主张，而代之以领导方式与情境搭配的模式。

第三，领导权变理论更切合实际领导工作者的需要。由于领导本身是一种极为复杂的社会现象，加之研究者的观点和研究方法的不同，不论是领导者特质研究还是领导者行为的研究，所得研究结果都矛盾丛生，使实际领导工作者有无所适从之叹。由于领导权变理论以统合的方式和权变的观点解释了领导现象的复杂性，吸收了前人的有益研究成果，从而为人们提供了研究领导现象的新途径和提高领导效能的新方法，这就在很大程度上拉近了领导理论与领导实际的距离，满足了实际领导工作者对领导理论的需要。

具有代表性的领导权变理论有费德勒权变模型、领导生命周期理论和路径—目标理论等。

## 一、费德勒权变模型

费德勒(Fred Fiedler)在 20 世纪 50 年代末提出了第一个综合的权变模型。他认为,任何一种领导风格都可能是有效的,也可能是无效的,关键是它是否适合于特定的领导环境。因此,对领导行为有效性的考察或预测,要从三个方面进行:确定领导者的行为风格;确定领导的具体情境;确定领导风格与具体情境是否匹配。

## (一) 领导者的行为风格的确定

费德勒仍以领导行为理论的两维模式为基础,认为领导者存在着两种典型的风格,即"关系取向"和"工作取向"的领导。他通过对1 200个群体的调查,设计了"最不愿与之共事者问卷",简称LPC问卷。用投射的方法测量一个领导者的领导风格。高LPC分数的领导者类型为工作取向型领导,而低LPC分数的领导者类型为关系取向型领导。费德勒的LPC问卷如表12.2所示。

**表 12.2 费德勒的 LPC 问卷**

请想出一位你最难相处的同事,而不是你最不喜欢的同事,按照下列内容给出适当的得分。

| 形容词 | 等　级 | 形容词 | 得　分 |
|---|---|---|---|
| 令人愉快的 | 8 7 6 5 4 3 2 1 | 令人不愉快的 | ______ |
| 友好的 | 8 7 6 5 4 3 2 1 | 不友好的 | ______ |
| 拒绝的 | 1 2 3 4 5 6 7 8 | 接受的 | ______ |
| 紧张的 | 1 2 3 4 5 6 7 8 | 放松的 | ______ |
| 疏远的 | 1 2 3 4 5 6 7 8 | 接近的 | ______ |
| 冷漠的 | 1 2 3 4 5 6 7 8 | 温暖的 | ______ |
| 支持的 | 8 7 6 5 4 3 2 1 | 敌对的 | ______ |
| 厌烦的 | 1 2 3 4 5 6 7 8 | 有趣的 | ______ |
| 争论的 | 1 2 3 4 5 6 7 8 | 幽默的 | ______ |
| 忧闷的 | 1 2 3 4 5 6 7 8 | 欢乐的 | ______ |
| 开放的 | 8 7 6 5 4 3 2 1 | 防御的 | ______ |
| 背后说坏话的 | 1 2 3 4 5 6 7 8 | 忠诚的 | ______ |
| 不值信任的 | 1 2 3 4 5 6 7 8 | 值得信任的 | ______ |
| 考虑他人的 | 8 7 6 5 4 3 2 1 | 不考虑他人的 | ______ |
| 粗俗的 | 1 2 3 4 5 6 7 8 | 高尚的 | ______ |
| 合作的 | 8 7 6 5 4 3 2 1 | 不合作的 | ______ |
| 虚假的 | 1 2 3 4 5 6 7 8 | 诚实的 | ______ |
| 友善的 | 8 7 6 5 4 3 2 1 | 恶意的 | ______ |

LPC得分最低分是18分,最高分是144分,18—58分是低LPC,属于工作导向

型;64—144 分是高 LPC,属于人际关系导向型,中间得分是混合型。

## (二) 领导情境的确定

费德勒分离了三个情境因素,他认为这是决定领导行为有效性的关键。

(1) 领导者与被领导者的关系:双方的信任程度,被领导者对领导者的忠诚、尊重和追随程度。

(2) 任务结构:工作任务的程序化(结构化)程度,比如工作是常规的还是非常规的、工作规范明确与否。

(3) 领导者的职权:领导者是否拥有权力,对下属是否能直接控制,被上级和组织的支持程度。

对上述三个变量的评估结果,就是领导者所处的情境状态。比如一个有利的情境是:领导者与被领导者的关系很好,任务结构化强,领导职位权力强,在这样的情境中,领导者拥有较高的控制和影响力。在相反的情境下,领导者的控制力则很小。费德勒对三个情境变量进行综合分析后,得到了八种领导情境,每个领导者位于其中之一,如图 12.4 所示。

| 上下级关系 | 好 | | | | 差 | | | |
|---|---|---|---|---|---|---|---|---|
| 任务结构 | 明确 | | 不明确 | | 明确 | | 不明确 | |
| 职位权力 | 强 | 弱 | 强 | 弱 | 强 | 弱 | 强 | 弱 |
| 情境类型 | 1 | 2 | 3 | 4 | 5 | 6 | 7 | 8 |
| 情境特征 | 有利 | | | 适中 | | | | 不利 |
| 有效的领导方式 | 任务型 | | | 关系型 | | | | 任务型 |

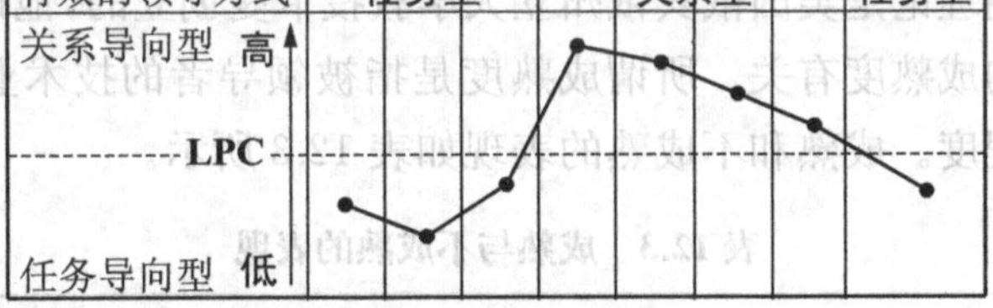


**图 12.4 费德勒领导模型图**

## (三) 领导风格与情境的匹配

在确定了领导者固有的行为风格和对其领导情境进行评估后,利用费德勒建立的匹配模型,可以得知和预测领导效果。费德勒的研究结论是:在非常有利和非常不利的情境下,"工作取向"的领导都会比"关系取向"的领导更有效。"关系取向"的领导者在中等有利的情境中工作绩效会更好。

费德勒权变模型的意义在于：

(1) 这个模型特别强调效果，强调为了领导有效需要采取什么样的领导行为，而不是从领导人的素质出发强调应当具有什么样的领导行为，这无疑为研究领导行为提供了新方向。

(2) 这个模型的重要之处是将领导行为和情境的影响、将领导者和被领导者之间关系的影响联系起来。它表明并不存在着一种绝对的最好的领导形态，企业领导人必须具有适应力，自行适应变化的情况。

(3) 这个模型还告诉管理阶层必须依照情况来选用领导人。如果是最好或最坏的情况，应选用任务导向的领导，反之则选用关系导向者。

(4) 费德勒还主张有必要改造环境以符合领导者的风格。他提出了一些改善领导关系、任务结构和职位权力的建议。领导与下属之间的关系可以通过改组下属组成加以改善，使下属的经历、文化水平和技术专长更为合适；任务结构可通过详细布置工作内容而使其更加定型化，也可以对工作只作一般性指示而使其非程序化；领导职位权力可以通过变更职位、充分授权或明确宣布职权而增加其权威性。

## 二、领导生命周期理论

领导生命周期理论认为，领导类型应适应组织成员的成熟度。成熟主要是指心理成熟，成熟度是指成就动机、承担责任的意愿(包括愿望、热情和信心等)和能力(包括学识、技能和经验等)。

领导生命周期理论是美国俄亥俄州立大学教授卡曼创立的，他认为领导采取何种形态与被领导者的成熟度有关。所谓成熟度是指被领导者的技术业务水平和自我控制能力等的发展程度。成熟和不成熟的表现如表 12.3 所示。

**表 12.3　成熟与不成熟的表现**

| 不成熟的表现 | 成熟的表现 |
|---|---|
| 消　极 | 积　极 |
| 依　赖 | 独　立 |
| 有限的行为 | 多样的行为 |
| 对工作的兴趣肤浅 | 对工作的兴趣浓厚 |
| 目光短浅 | 目光长远 |
| 低的、从属的职位 | 高的、显要的职位 |
| 缺乏自知之明 | 自我意识强 |

卡曼把领导形态分成四个类型，其关系如图 12.5 所示。

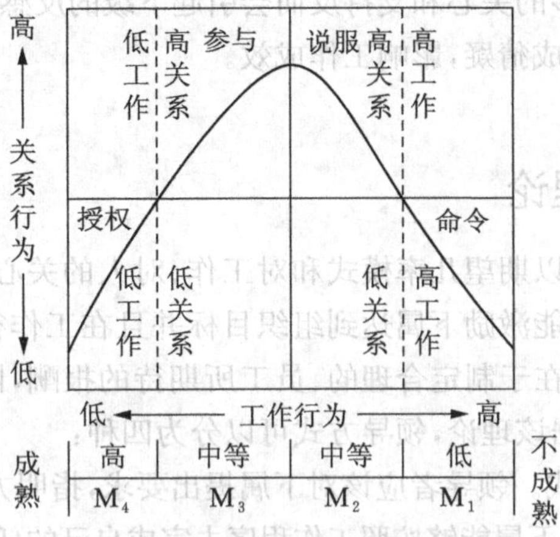


**图 12.5　领导生命周期理论模型**

## (一) 命令式

当下属成熟程度为第一阶段时($M_1$)，选择命令型领导方式。这个阶段被领导者的成熟度低，应该采取命令式的高任务、低关系的领导形态。领导工作要强调有计划、有布置、有监督、有检查；否则，被领导者将感到领导不力，不知所措，无所适从。这对于新职工、知识水平较低、业务能力较差的职工和基层尤为重要。

## (二) 说服式

当下属成熟程度为第二阶段时($M_2$)，选择说服式的领导方式。这个阶段被领导者成熟度进入初步成熟，采取任务行为、关系行为并重的说服式领导形态较为适宜。这时，布置工作不仅要说明干什么，还要说明为什么这样干，以理服人，不搞盲从。

## (三) 参与式

当下属成熟程度为第三阶段时($M_3$)，选择参与式的领导方式。这个阶段被领导者更趋成熟，领导者的任务行为要减少、放松，关系行为要加强，采取参与式。领导者要向被领导者沟通信息，交流感情，吸收下级参与领导，提供情况和建议，改善关系，增强信任感。

## (四) 授权式

当下属成熟程度为第四阶段时($M_4$)，选择授权式的领导方式。这个阶段被领导者成熟度很高，水平很高，工作熟悉，技术熟练，领导者应采取低任务、低关系的授权式领导，提出任务后，放手让下级去干，充分发挥下级的主观能动性；在下级需要时，可以帮助和支持。否则，过多的关心和支持反而会引起下级的反感，认为上级不放手、不信任，从而挫伤积极性，造成猜疑，影响工作成效。

## 三、路径—目标理论

路径—目标理论是以期望几率模式和对工作、对人的关心程度模式为依据，认为领导者的工作效率是以能激励下属达到组织目标并且在工作得到满足的能力来衡量的。领导者的基本职能在于制定合理的、员工所期待的报酬，同时为下属实现目标扫清道路，创造条件。根据该理论，领导方式可以分为四种：

(1) 指示型领导方式。领导者应该对下属提出要求，指明方向，给下属提供他们应该得到的指导和帮助，使下属能够按照工作程序去完成自己的任务，实现自己的目标。

(2) 支持型领导方式。领导者对下属友好，平易近人，平等待人，关系融洽，关心下属的生活福利。

(3) 参与型领导方式。领导者经常与下属沟通信息，商量工作，虚心听取下属的意见，让下属参与决策，参与管理。

(4) 成就指向型领导方式。领导者做的一项重要工作就是树立具有挑战性的组织目标，激励下属想方设法去实现目标，迎接挑战。

路径—目标理论告诉我们，领导者可以而且应该根据不同的环境特点来调整领导方式和作风，当领导者面临一个新的工作环境时，他可以采用指示型领导方式，指导下属建立明确的任务结构和明确每个人的工作任务；接着可以采用支持型领导方式，有利于与下属形成一种协调和谐的工作气氛。当领导者对组织的情况进一步熟悉后，可以采用参与式领导方式，积极主动地与下属沟通信息，商量工作，让下属参与决策和管理。在此基础上，就可以采用成就指向型领导方式，领导者与下属一起制定具有挑战性的组织目标，然后为实现组织目标而努力工作，并且运用各种有效的方法激励下属实现目标。

## 【复习思考题】

1. 什么是领导特质理论？如何看待领导特质理论？
2. 传统的领导特质理论和现代特质理论有何不同？

3. 领导行为二元四分论的主要内容是什么?
4. 什么是领导行为方格图理论?
5. 什么是领导行为连续统一体理论?
6. 什么是领导权变理论? 领导权变理论有何特点?
7. 费德勒权变模型的主要内容是什么? 其意义如何?
8. 什么是领导生命周期理论? 根据该理论领导者应如何选择领导方式?
9. 什么是路径—目标理论? 该理论对管理实践有何指导意义?

## 【本章案例分析】

### 为葛多特当餐厅服务员

放暑假了,大学生丹妮没有回家和父母一起度假,而是留在波士顿,在一处高档的法国饭店当餐厅服务员。丹妮非常幸运能找到这样的工作,在这里,每小时工作的收入为 25 美元,还有小费。每天两顿正餐中,她的客人所点的菜和酒平均起来达 90 美元,如果能好好干,争取拿到 15%—20%的小费,那么一天下来,她能挣得一笔可观的收入。

饭店老板葛多特在雇用丹妮时,强调他希望他的员工表现出色,并且谈到公司的将来和大家齐心协力像团队一样工作的重要性。丹妮受到鼓舞,下定决心要竭尽全力做好自己的工作。

葛多特工作非常投入和勤奋,但也容易大发雷霆。当餐厅变得拥挤起来、客人等着上菜的时候,葛多特会冲着厨房对厨师们用法语大声叫喊:"快点儿,慢吞吞的活像蜗牛一样,连我的老祖母也比你们做得快!"

前几周,葛多特从来没有注意到丹妮的存在。听到他对厨师们那样的训话,丹妮倒庆幸自己不被老板注意。不过,她还是有点儿纳闷:为什么几周过去了,他还是没有跟她讲一句话。丹妮的确干得很出色,她的小费不断增加,平均达到 20%。客人们称赞她服务快速和高效,因为她已经学会了一手托起好几个盘子的本领。这样做可以使她减少在厨房内来回跑动的次数,确保服务质量。她非常明白,提供真正的优秀服务意味着要比常人付出更多的努力。

丹妮的热情服务帮助餐厅从每个客人那里多挣了不少钱。通过学习,丹妮掌握了向客人推荐佐餐酒的技巧。她总是不停地穿梭于餐厅之中,看看客人是否需要添加各种饮料,她还能绘声绘色地向客人描述各种高档点心,邀请客人购买品尝。偶尔有法国人或法裔加拿大人光顾该店的时候,她能用娴熟的法语与他们交谈。她的记忆力非常好,总是能记住谁点了什么菜,并且能及时送到。客人们走的时候,她总是不忘记与他们道别,并欢迎他们再来。尽管这样,葛多特还是很少注意到她。每天当她主动与他打招呼时,他只是喃喃地敷衍了事。然而,有一天晚上,他终于和她说话了。更确切地说,当她把手中的一碗浓味炖鱼掉在地毯上时,他开始向她咆哮。丹妮感到非常抱歉,并立刻拿来海绵擦拭,但葛多特还是怒气冲冲地用法语向她叫嚷,并且告诉她,要从她的工资中扣除 8.95 美元,这包括浓味炖鱼的钱加上 5 美元清洗地毯的钱。那天晚上,在回家的路上,丹妮感到非常愤怒和不解。当然,也许她不应该试着一次端四盘菜,但这不过只是一个临时工的偶然失误而已。她为客人做的那些热情服务,老板到底注意到了吗?

葛多特似乎从来没注意过这样的事。期待葛多特的赞扬比等待天上掉下百万美元还要难呀!丹妮决定第二天晚上谨小慎微地悠着劲干,以免再一次招致老板的狂怒。这是一个星期五的晚上,餐厅非常拥挤,丹妮每次上菜不敢超过两盘,不过她的小费也随之降到 15%,比她上一个晚上得到的 23%要低许多。虽然她没有摔坏什么东西,但葛多特对她和其他员工仍然感到不耐烦。他的餐厅服务员几乎是用小跑代替走路从厨房进出,葛多特还是在不停的嘟囔:“快!快!难道你们的鞋子里有铅吗?”

后半个晚上,丹妮对他的牢骚十分反感,她的速度明显的降了下来,不幸的是她的小费也跟着往下降。她的确很需要钱接济下一学期的费用。丹妮迫使自己恢复原来的速度,否则挣不到足够的钱。丹妮祈祷千万别再打破什么东西,她盼望 9 月份的来临,她等待着葛多特能从只知道工作和残酷无情的状态中摆脱出来。

**思考题:**

1. 葛多特所采取的管理方式有什么特点?你认为它是否有效?为什么?
2. 如果你是葛多特,你将如何管理这家餐厅?
3. 管理者应如何通过有效的领导方式,争取员工们有最佳的表现?

# 第六篇　组织行为

# 第13章

# 组织结构与设计

## 【本章学习目标】

通过本章学习，你应该了解：

1. 各种组织结构形式的特点及适用范围。

2. 组织结构设计的概念及原则。

3. 组织结构发展趋势。

## 引导案例

### 某电器公司组织扁平化的改革

某电器公司曾在1997年做过一次组织扁平化的改革。该公司当时进行组织改造的原因，一是1996年家电产业受整体经济景气低迷及市场饱和的影响，公司营运获利大幅度降低，未来市场前景未卜；二是全球产业的趋势转向新兴的科技电子信息市场发展，使高度成熟的家电业倍感压力。为了抛开企业包袱，提高公司形象及经营绩效，公司设立了革新小组，对部门进行了调整和组织扁平化。原公司人事架构共有9级，任务分派不清，许多人的工作是重复的。扁平化之后，削减了20%经理级以上的主管人员，把原来9级缩减为3个层级，在扁平化的组织架构下，公司初步分为营业本部、电子事业部和家电事业部。事业部之下则设战斗体，事业部设有总经理1名，各战斗体之下设经理和专员。这样一来，削减了中间主管，缩短了决策过程，下级直接对董事长和总经理负责，从而提高了总体的生产力。

**【点评】**

组织结构扁平化是指通过减少行政管理层次，裁减冗余人员，从而建立一种紧凑、干练的扁平化组织结构。扁平化可以加快信息传递速度，使决策更快更有效率，同时由于扁平化，人员减少使企业成本更低，同样由于扁平化，企业的分权得到了贯彻实施，每个中层管理者有更大的自主权可以进行更好更多的决策。

公司组织结构是否合理,对于公司的发展与生存起着至关重要的作用。有人曾这样说,公司组织结构的重要性仅次于公司最高领导人的挑选。对于各层管理人员来说,在一个结构设计良好的公司中工作,能保持较高的效率,并且能充分显示其才能;而在一个结构紊乱,职责不明的公司工作,其工作绩效就很难保持在一个较高的状态了。结果往往变成:由于职责不清,管理人员无所适从,对公司产生失望乃至不满情绪,最终是公司效率低下,人员纷纷离开。本章将对组织结构与设计的相关理论进行介绍,并对组织结构发展趋势进行探讨。

## 第1节　组织结构理论

组织结构是管理中最早、最彻底地加以研究的一个领域,组织结构理论是研究关于组织责权关系、分工与协作、集权与分权、组织如何设计更有效的理论。组织结构对组织起到了两点作用:一方面它提供了一个关于责任、报告关系和组合的框架;另一方面它提供了一套联系和协调组织要素使其成为和谐整体的机制。明茨博格是这样描述组织结构的:每一项有组织的人类活动——从制陶到登月——都会提出两个基本的但却相反的要求:将劳动划分成各种工作,以及协调这些工作以完成劳动。组织结构可以简单地被定义为:将劳动划分成不同工作并协调这些工作的方式总和。把明茨博格对组织结构的定义简化成公式就是:组织结构＝分工＋整合。

根据组织内部的权力配置和组织结构的设计,组织结构理论可以分为两个主要发展阶段:一是传统的组织结构理论,注重集权和控制,为了提高组织运行效率,掌权者将选择那种复杂性低、正规化和集权程度高的组织结构;二是现代的组织结构理论,注重分权和协调,为了提高组织运行效率,管理者将选择那些灵活性强、多样化和分权程度高的组织结构。组织结构研究在和管理实践的结合中,出现过各种形式的组织结构,下面分别进行介绍。

### 一、直线制组织结构

这是早期的企业组织形式,也是最简单的企业组织形式。它的特点是各职位按垂直系统直线排列。一个下属只有一个可以对他发号施令的上级,也只向这一位上级报告自己的工作并受其监督。如图13.1所示,企业的一切管理工作,均由企业的厂长

（或公司经理）直接指挥和管理，不设专门的职能机构。

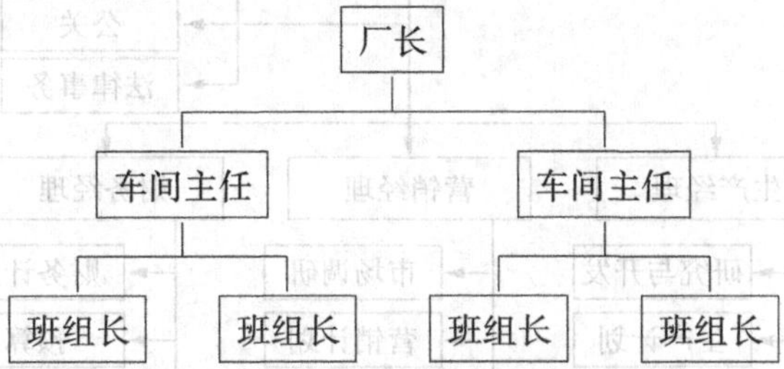


**图 13.1　直线制组织结构**

直线制是最古老的一种企业管理组织形式，它需要企业领导精明能干，具有多种管理专业知识和生产技能知识。直线制的组织结构仅适用于生产规模小、产品单一、工艺和生产管理比较简单、业务形式比较单纯的小型企业。在直线制的组织结构中，信息以同一途径的两个方向进行传递：从上而下的命令和从下而上的报告，是一种简单的信息传递途径。这种简单原始的组织形式是早期小规模企业所采用的，现在大多数企业不再沿用这种形式。

直线制的优点在于：

（1）管理结构简单；（2）管理费用低；（3）命令统一；（4）决策迅速；（5）责任明确；（6）指挥灵活；（7）上下级关系清楚；（8）维护纪律和秩序比较容易。

直线制的缺点在于：（1）管理工作简单粗放；（2）成员之间和组织之间横向联系差；（3）不利于后备管理人员的选拔。

直线制组织结构适用于规模小、人员少、生产管理比较简单的企业组织。如我国的很多业主制企业都采用这种组织结构形式。

## 二、职能制组织结构

职能制是在 19 世纪 80 年代初期由泰勒首先提出的。它的特点是按照专业分工设置相应的职能管理部门，实行专业分工管理，代替直线制的全能管理者，如图 13.2 所示。职能制容易产生多头领导，直线人员和职能部门人员的职能很难划分清楚。在这种结构下，每个基层工人要接受从不同的职能工长那传来的信息，造成信息传递的混乱。所以，无论是在泰勒时代还是现代，采用职能制结构的企业非常少。

职能制组织结构优点是：充分发挥专业分工优势，能够调动专家的工作积极性。其缺点主要有：各部门间的横向沟通与协调困难，都不对生产经营的最终结果负责，存在多头指挥的风险。

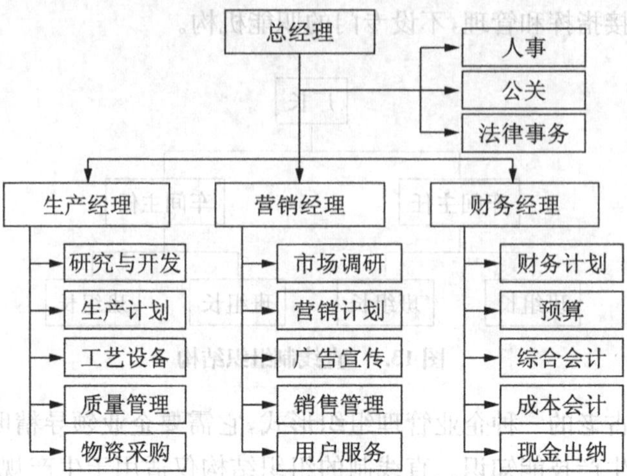


**图 13.2　职能制组织结构**

## 三、直线职能制组织结构

在直线制的组织结构下,不能很好发挥专家的作用,要求组织中有万能的管理者;而职能制虽然按职能进行专业分工,却违背了指挥的统一性原则。为了解决这种矛盾,与泰勒同时代的美国管理学家艾默森综合以上两种组织的优点,克服它们的缺点创立了直线职能制的组织形式。这种组织形式的主要特点是:以直线制为基础,在组织中设置两套管理系统,一套按统一指挥原则建立直线指挥系统,一套按职能分工原则建立职能管理系统,如图 13.3 所示。

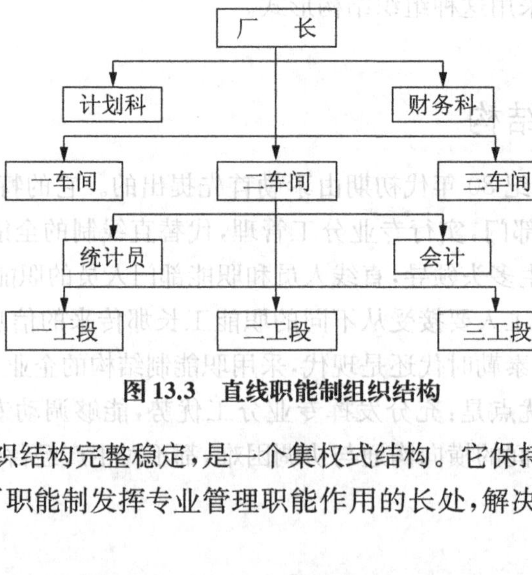


**图 13.3　直线职能制组织结构**

直线职能制组织结构完整稳定,是一个集权式结构。它保持了直线制集中统一指挥的优点,又吸取了职能制发挥专业管理职能作用的长处,解决了下级之间跨越统一的指挥链而进行直接联系的组织形式，适应了管理职能分工的要求，职能部门既分担了直线主管的管理工作，又保证了命令统一，使组织运作稳定有序、效率较高。

但是，它也有难以克服的缺点，比如各职能部门之间缺乏有效沟通，横向信息交流太少；直线部门和参谋部门之间职责、职权难以严格分清，容易产生矛盾和摩擦；下级积极性和创造性受到抑制，并且管理人员过多造成管理成本增加。同时，应变性较差，上级主管的协调工作量大。

## 四、事业部制组织结构

在总公司领导下依据业务范围、产品种类、经营地域不同分设若干事业部或分公司，各事业部自主经营、独立核算，是一种适用于业务类型多、分布地域广的大型企业的分权制结构，如图 13.4 所示。

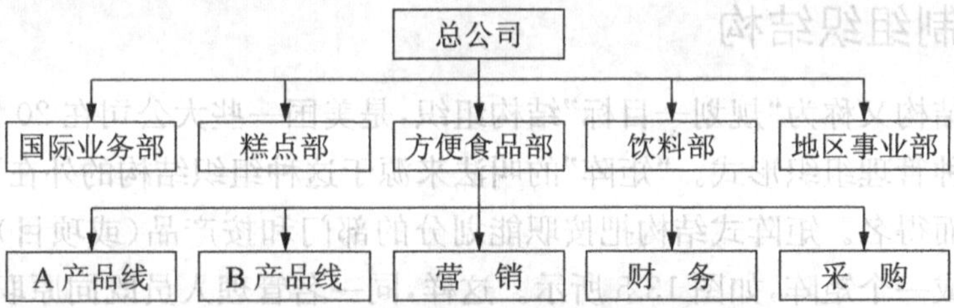


**图 13.4　事业部制组织结构**

### （一）事业部制的优点

（1）各事业部有相对独立的产品、市场，自主经营使事业部经理能对其经营结果负全责，调动了事业部经理的积极性和进取精神，为培养具有全局观念和全面能力的高级管理人才提供了锻炼机会。

（2）绩效导向型体制，提高了事业部经理的责任感和绩效意识，便于考核、比较各事业部的贡献，根据环境的变化灵活调整事业部的组合。

（3）总公司的高层主管得以摆脱具体经营事务，可集中精力于长远战略计划、重大决策和处理外部关系。

### （二）事业部制的缺点

各事业部独立运作，有效合作受到限制，可能削弱整体实力，这是因为：

（1）各事业部自成体系，某些职能部门重复配置增加管理费用，浪费公司资源。

（2）各事业部之间如果业务交叉出现过度竞争，将损害公司整体利益。

(3) 各事业部自主经营,独立性过强产生“离心”倾向,总部有“失控”风险。

## (三) 事业部制适用的范围

(1) 公司具有划分独立事业部的条件并能确保其有充分自主权,事业部有能力自负盈亏。

(2) 各事业部之间应有一定关联、相互依存,通过功能互补和共享资源互相促进,保证公司总体效益最大化。

(3) 公司能有效保持和控制事业部之间的适度竞争,防止内耗损失。

(4) 公司对事业部的管理避免单纯使用行政手段,利用内部市场和经济机制,如内部价格、投资、贷款、利润分成、奖惩制度等效果较好。

(5) 公司经营的外部环境较为有利,在不景气环境下慎用。

# 五、矩阵制组织结构

矩阵式结构又称为“规划—目标”结构组织,是美国一些大公司在 20 世纪 50 年代所创立的一种管理组织形式。“矩阵”的叫法来源于这种组织结构的外在平面形态,借用数学概念而得名。矩阵式结构把按职能划分的部门和按产品(或项目)划分的小组结合起来组成一个矩阵,如图 13.5 所示。这样,同一名管理人员既同原职能部门保持组织与业务上的联系,又能同时参加产品或项目小组的工作。

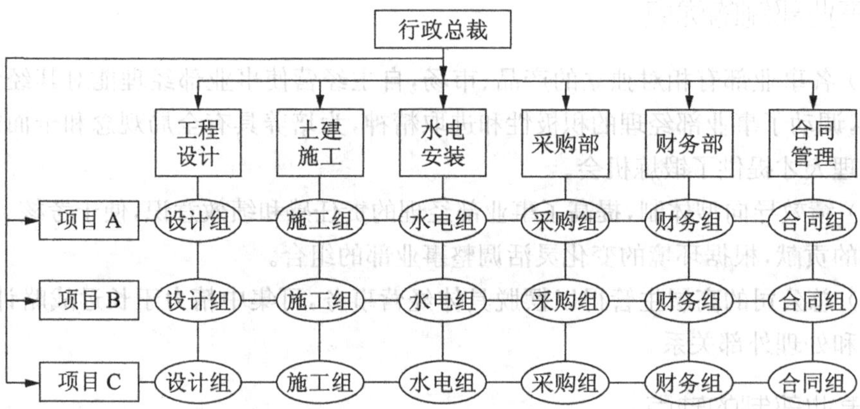


**图 13.5 矩阵制组织结构**

采用矩阵式结构一方面能加强各职能部门之间的配合,使企业管理中纵向联系与横向联系得到很好的结合;另一方面,有利于充分发挥职能专家的作用,培养和锻炼全面人才；另外这种形势也能使企业很快适应市场需求的变化，以任务或项目为中心的管理结构模式更有助于协调关系。

在矩阵式结构下，加强了横向的信息传递，使资源得到充分的利用。在这种项目制的组织中，日常的信息传递渠道比较复杂，项目小组和各个职能部门之间的沟通会发生重复、矛盾、信息的后滞等现象。在矩阵式的结构下，很好地适应了这种性质组织的信息传递途径的要求。从知识的分布角度看，项目制组织中的知识分布情况比较复杂。在矩阵式结构下，使知识分布情况与企业的日常项目管理相匹配，提高了解决问题的效率。但是，矩阵式结构也存在一些缺点。首先，双重领导使信息传递过程中经过的节点增多，复杂的关系造成协调工作及责任明确方面的困难；其次，它的临时性特点导致不稳定因素；最后，双重的领导导致管理费用成倍的增加，提高了成本。

## 六、虚拟组织

随着经济的发展，又产生了许多新的事物。市场的复杂化与更加细致的分工，使单个企业对一些市场变化无能为力，企业开始寻求一种新的组织形式，于是产生了虚拟企业这种组织形式。

虚拟组织是以一个精干高效的经理小组为核心，通过正式合同、契约、长期协议整合外部优势资源开展业务经营活动的新型组织结构形式。

虚拟组织的特征有：

1. 网络成员单位都是独立法人，其间没有正式的资本所有关系和行政隶属关系，通过契约纽带和相互信任、互惠互利机制密切协作。

2. 人数少、弹性大、应变快、内部管理简单是网络型结构的突出特点，在核心能力和关键职能上具有优势是成功的保证。

3. 以发达的网络为基础。成员企业往往通过发达的信息网络、物流网络、契约网络联系在一起。

4. 高杆杠性。通过提高专业化水平控制具有垄断特点的价值链必需的全部环节，使企业以较少的资源撬动更多的资源为我所用，达到“四两拨千斤”的效果。

虚拟的方式主要有：

**1. 虚拟生产**

虚拟生产是虚拟经营的最初形式，它以外包加工为特点，是指企业将其产品的直接生产功能弱化，把生产功能用外包的办法转移到别的企业去完成，而自己只留下最具优势并且附加值最高的开放和营销功能，并强化这些部门的组织管理。最著名的例子是耐克公司。耐克公司的生产环节都是外包的，公司本身是不生产鞋子的。

**2. 虚拟开发**

虚拟开发是指几个企业通过联合开发高技术产品,取得共同的市场优势,谋求更大的发展。例如,几家各自拥有关键技术并在市场上拥有不同优势的企业为了彼此的利益,进行策略联盟,开发更先进的技术。

**3. 虚拟销售**

虚拟销售是指企业或公司总部与下属销售网络之间的"产权"关系相互分离,销售虚拟化,促使企业的销售网络成为拥有独立法人资格的销售资格。

服装加工行业的美特斯邦威是实行虚拟销售最为典型的企业之一。公司采取特许连锁经营的方式,通过契约将特许权转让给加盟店。加盟店根据区域不同分别向美特斯邦威交纳 5 万—35 万元的特许费。目前,美特斯邦威已拥有 600 多家专卖店,除 20%是直营店外,其余都是特许经营连锁专卖店。如果这么多家专卖店都由美特斯邦威自己来投资的话,则又需要近 2 亿元的资金。通过对销售网络的虚拟化,公司大大降低了销售成本和市场开拓成本,聚集了一大笔无息发展资金,使其有更充裕的资金投入到产品设计和品牌经营中去,更为重要的是,公司借此网罗了大批的营销人才。

**4. 虚拟管理**

虚拟管理是指在虚拟企业中,把某些管理部门虚拟化,虽然保留了这些管理部门的功能,但其行政组织并不真正存在于企业内部,而是委托其他专业化公司承担这些管理部门的责任。

总的来说,在虚拟组织中网络成员间的相互信任、优势互补是平等合作的基础,筹划安排业务发展方向和创设"关系网络"是经理班子的主要工作,要求每个人都有较高的独立工作能力和协调沟通能力。虚拟组织结构形式特别适合于市场变化快、竞争激烈的行业或抓住市场机会刚起步的小企业。缺点是控制程度低,有一定的经营风险。一定的工业生产基础和较高的商业文明水平、市场机制约束是必要条件。

## 七、无边界组织

无边界组织是指其横向的、纵向的或外部的边界不由某种预先设定的结构所限定或定义的这样一种组织设计。在今天的环境中要最有效地运营,就必须保持灵活性和非结构化。无边界组织力图取缔指挥链,保持合适的管理跨度,以授权的团队取代部门。

管理界认为,无边界组织也就是一种有机组织。有机组织被置于一个更大的有机组织之中,就像动物细胞核与细胞体、动物细胞与动物器官组织、动物器官组织与动物体之间的关系一样,彼此之间的关系不能僵死。如果这种关系僵化,将直接导致动物肌体组织的死亡和动物本身的死亡。

无边界组织是相对于有边界组织而言的。有边界组织要保留边界，完全是为了保证组织的稳定与秩序。但无边界组织也需要稳定和呈现度，所以它绝不是要完全否定企业组织必有的控制手段，包括工作分析、岗位定级、职责权力等的设定，只是不能把它们僵死化。

所谓无边界组织是指边界不由某种预先设定的结构所限定或定义的组织结构。边界通常有横向、纵向和外部边界三种。横向边界是由工作专门化和部门化形成的，纵向边界是由组织层级所产生的，外部边界是组织与其顾客、供应商等之间形成的隔墙。

取消内部边界的方法通常有：引入跨等级团队取消组织的垂直边界，使组织趋向扁平化，让员工参与决策，360 度绩效评估；以多功能团队取代职能性部门，围绕公司的工作流程来组织活动。取消外部边界的方法通常有：经营全球化，实行公司间的战略联盟，建立顾客与组织间的固定联系。

# 第 2 节　组织结构设计

## 一、什么是组织结构设计

组织结构设计是通过对组织资源（如人力资源）的整合和优化，确立企业某一阶段的最合理的管控模式，实现组织资源价值最大化和组织绩效最大化。狭义地、通俗地说，也就是在人员有限的状况下通过组织结构设计提高组织的执行力和战斗力。

企业的组织结构设计就是这样一项工作：在企业的组织中，对构成企业组织的各要素进行排列、组合，明确管理层次，分清各部门、各岗位之间的职责和相互协作关系，并使其在企业的战略目标过程中获得最佳的工作业绩。

从最新的观念来看，企业的组织结构设计实质上是一个组织变革的过程，它是把企业的任务、流程、权力和责任重新进行有效组合和协调的一种活动。根据时代和市场的变化，进行组织结构设计或组织结构变革（再设计）的结果是大幅度地提高企业的运行效率和经济效益。

## 二、组织设计原则

在长期的企业组织变革的实践活动中，西方管理学家曾提出过一些组织设计基本原则，如管理学家厄威克曾比较系统地归纳了古典管理学派泰勒、法约尔、马克斯·韦伯等人的观点，提出了 8 条指导原则：目标原则、相符原则、职责原则、组织阶层原则、管理幅度原则、专业化原则、协调原则和明确性原则。美国管理学家孔茨等人,在继承古典管理学派的基础上,提出了健全组织工作的15条基本原则:目标一致原则、效率原则、管理幅度原则、分级原则、授权原则、职责的绝对性原则、职权和职责对等原则、统一指挥原则、职权等级原则、分工原则、职能明确性原则、检查职务与业务部门分设原则、平衡原则、灵活性原则和便于领导原则。我国企业在组织结构的变革实践中积累了丰富的经验,也相应地提出了一些设计原则,现可以归纳如下。

### (一) 任务与目标原则

企业组织设计的根本目的是为实现企业的战略任务和经营目标服务的。这是一条最基本的原则。组织结构的全部设计工作必须以此作为出发点和归宿点,即企业任务、目标同组织结构之间是目的同手段的关系;衡量组织结构设计的优劣,要以是否有利于实现企业任务、目标作为最终的标准。从这一原则出发,当企业的任务、目标发生重大变化时,如从单纯生产型向生产经营型、从内向型向外向型转变时,组织结构必须作相应的调整和变革,以适应任务、目标变化的需要。又如,进行企业机构改革,必须明确要从任务和目标的要求出发,该增则增,该减则减,避免单纯地把精简机构作为改革的目的。

### (二) 专业分工和协作原则

现代企业的管理,工作量大,专业性强,分别设置不同的专业部门,有利于提高管理工作的质量与效率。在合理分工的基础上,各专业部门只有加强协作与配合,才能保证各项专业管理的顺利开展,达到组织的整体目标。贯彻这一原则,在组织设计中要十分重视横向协调问题。主要的措施有:

(1) 实行系统管理,把职能性质相近或工作关系密切的部门归类,成立各个管理子系统,分别由各副总经理(副厂长、部长等)负责管辖。

(2) 设立一些必要的委员会及会议来实现协调。

(3) 创造协调的环境,提高管理人员的全局观念,增加相互间的共同语言。

### (三) 适宜管理幅度原则

所谓管理幅度是指作为领导者能有效地直接领导员工的人数限度。其根据在于,领导者的精力、体力、知识、经验、能力以及时间等主客观条件总是有限的,若超过特定限度,就不能对员工进行具体有效的领导。

管理实践表明,管理的复杂程度是同管理的幅度成正比的。下级向上级汇报的人数按算术级数增加,而需上级加以调节以及相互发生影响关系的人次数,则按几何级数增加,这说明管理较多员工的复杂性。根据上层和下层管理性质不同,一般来看,企业组织的最高领导人直接管理 3—6 名员工为宜。一线生产班组负责人以管理 10—15 人为宜。管理幅度对一个企业组织的结构形式有着重要影响,它决定着企业组织的形式和结构。有关研究说明,管理幅度与管理层次是成反比的。狭窄的管理幅度决定着企业组织需要较多的管理层次,组织结构呈现出"高耸"的形式。反之,较宽的管理幅度则会使企业组织结构呈现出"扁平"形,管理层次减少。如某工厂有一车间共 48 个工人,管理幅度是 8,即每个小组按 8 个人来编制,就要配备 6 名小组长,并配备 2 名车间管理员,每人管 3 个小组,这样就变成三级管理,管理人员为 9 人,而如果同是 48 个工人,由 2 名管理人员管理每个小组的工人人数是 24 人,那么就可以改三级管理为二级管理,车间总的管理人员就可以减少到 3 人。

## (四) 责权利相结合原则

责权利相结合原则要求职责和职权一致。职责是指职位的义务和责任。职权则是指在一定的职位上,完成其职务所应拥有的权力。从职责和职权的对应要求出发,高层管理者担负着经营决策的重大责任,就必须拥有较大的决策权;基层管理者承担了执行任务的监督责任,就要拥有执行和监督的权力。职责与职权的适应叫权限,就是权力限制在责任范围内。权力不是无限的,权力授予的大小要受职务和职责所限,同时,不能有职(责)无权,更不能有权无职(责)。在实际工作中,如果没有职权,便无法尽到责任去完成任务,而如果有权无职(责),则会造成管理组织和管理人员滥用职权,产生官僚主义瞎指挥的现象。因职责和职权不相应,不利于调动人的积极性,影响工作的责任,降低工作效率。只有在组织设计时做到责权对等,才能把责任落到实处,权力应用恰当,工作和谐顺利。

## (五) 统一领导和分级管理原则

所谓统一领导是指企业要确定一个最高的管理权力中心,由这个权力中心统一指挥整个企业生产、经营活动。所谓分级管理则是指分权管理,要求不同的管理层次行使各自相应的管理权力。该原则的实质在于,建立企业经营管理组织的纵向合理分工,设计合理的垂直组织机构。这是现代社会化大生产的要求,也是正确处理上下级之间关系一条重要原则。

在贯彻统一领导和分级管理原则时,要注意把集权和分权正确地结合起来。一般来看,凡是关系企业全局的一些重要事情的权力,均应集中于企业最高管理层,以保证整个企业的生产经营活动能够正常、有序地进行。而属于履行企业日常管理中的职权问题,则应逐级分散授予中层或基层。这样做不仅可以充分调动各级管理组织员工群众的积极性,还可以使企业最高层的领导人摆脱日常许多行政事务工作的干扰,集中精力来研究和解决企业的重大问题。

### (六) 稳定性和适应性相结合原则

稳定性和适应性相结合原则要求组织设计时,既要保证组织在外部环境和企业任务发生变化时,能够继续有序地正常运转;同时又要保证组织在运转过程中,能够根据变化了的情况做出相应的变更,组织应具有一定的弹性和适应性。为此,需要在组织中建立明确的指挥系统、责权关系及规章制度;同时又要求选用一些具有较好适应性的组织形式和措施,使组织在变动的环境中,具有一种内在的自动调节机制。

## 三、组织结构发展趋势

### (一) 扁平化

所谓组织扁平化,就是通过破除公司自上而下的垂直高耸的结构,减少管理层次,增加管理幅度,裁减冗员来建立一种紧凑的横向组织,达到使组织变得灵活、敏捷、富有柔性、创造性的目的。它强调系统、管理层次的简化、管理幅度的增加与分权。

组织结构的这一趋向是工业经济时代中,组织结构沿革趋势的必然延伸,也是对知识经济和网络社会的适应。在经济发展过程中,组织的正式化程度不断降低,等级的垂直分布不断减少,即传统的金字塔的组织结构逐步推动市场的过程。知识经济中,竞争更鲜明地体现为知识的竞争、满足顾客需求的竞争和争夺潜在市场竞争,这就要求组织朝着高效的方向发展,扁平化的组织结构有利于这一目标的达成。

### (二) 柔性化

组织结构的柔性化是指在组织结构上,根据环境的变化,调整组织结构,建立临时的以任务为导向的团队式组织。组织柔性的本质是保持变化与稳定之间的平衡,它需要管理者具有很强的管理控制力。

随着信息化、网络化、全球化的日益发展,企业内外部信息共享、人才共用已成为主要特征。全球范围跨国经济的发展和企业集团的壮大,已初步形成了一种跨地区、跨部门、跨行业、跨职能的具有高度柔性化的机动团队化组织。柔性化组织最显著的优点是灵活便捷,富有弹性,因为这种结构可以充分利用企业的内外部资源,增强组织对市场变化与竞争的反应能力,有利于组织较好地实现集权与分权、稳定性与变革性的统一。除此之外,还可以大大降低成本,促进企业人力资源的开发,并推动企业组织结构向扁平化发展。美国霍尼韦尔公司为巩固客户关系,组建了由销售、设计和制造等部门参加的"突击队",这个临时机构按照公司的要求,把产品的开发时间由 4 年缩短为 1 年，把即将离去的客户拉了回来。很显然，柔性化的组织结构强化了部门间的交流合作，让不同方面的知识共享后形成合力，有利于知识技术的创新。

### （三）网络化

网络化是生产方式、经营理念等各方面创新的必然结果。当管理者和被管理者之间的界限日益模糊，网络以其特有的便利和高效把人们更紧密地联系在一起。组织结构网络化，管理才可通过网络向被管理者传达经营目标，被管理者通过网络向管理者汇报绩效。更由于网络面广信息量大，管理者的控制幅度提高，并且可以轻松地汇总比较被管理者的工作方法和工作绩效，并再次通过网络推广先进的经营理念。管理者无须就具体工作进行具体指导，被管理者之间则可以在网络上相互交流，不断学习成长。网络化有利于扁平化组织结构的实现。

### （四）创新化

组织结构设计是因协调组织成员间活动的要求而产生的。随着组织成员间的活动和彼此的互动作用不断呈现出新的特点，组织结构也不断面临着创新的挑战。从总体趋势看，组织结构朝着灵活机动的有机式结构方向发展，但未来的经济规律超乎想象，组织结构将更具有创新性。

### （五）虚拟化

通常意义的组织是一个独立的经济实体，虚拟的组织则不具备这一特征，但这种非实体性的虚拟组织却能充分地而且更好地行使组织的功能，同时更符合全球化的要求。虚拟组织的不同组合，是基于市场变化和顾客变动的要求，而以网络等技术作为连接的纽带。它具有无界限性，即组织与组织之间的界限难以界定。

## 【复习思考题】

1. 什么是直线制组织结构？其优缺点是什么？

2. 什么是直线职能制组织结构？其特点是什么？

3. 什么是事业部制组织结构？什么情况下企业比较适合选择事业部制组织结构？

4. 什么是组织结构设计?组织结构设计的原则有哪些?

5. 组织结构发展趋势是怎样的?

## 【本章案例分析】

### 联合利华公司的组织结构

英—荷联合利华是一家国际食品和家庭及个人卫生用品集团。该集团在20世纪90年代经过了彻底重组。在过去,联合利华是高度分权化的,各国的子公司均享有高度的自治权。在20世纪80年代后期和90年代初,公司开始引入新的创新和战略流程,同时清理其核心业务。然而,1996年启动的杰出绩效塑造计划也造成了公司结构的实质性改变。

以前,由荷兰和英国的董事长以及他们的代表组成的一个特别委员会和一个包括职能、产品和地区经理的15人董事一直独揽着公司的决策大权,整个结构是矩阵式的,其中产品协调人(经理)负有西欧和美国的利润责任,地区经理则负有其他地区的利润责任。责任经常是模糊不清的,根据一部分内部报告:"我们需要明确的目标和角色:董事会使自己过多地卷入了运营,从而对战略领导造成了损害。"

直到1996年,杰出绩效塑造计划废除了特别委员会和地区经理这一层级,代之以一个8人(后变为7人)的董事会,由董事长加上职能和大类产品(即食品、家庭和个人卫生用品)的经理组成。向他们报告的是13位(后来是12位)负有明确盈利责任的业务集团总裁,后者在特定地区对其管理的产品类别负有完全的利润责任。全球战略领导被明确地置于执委会一级;运营绩效则是业务集团的直接责任。

在这种正式结构调整之后,国际协调是由许多正式和半正式的网络促成的。研究和发展由国际网络创新中心负责实施,其领导责任通常属于中心的专家而不是自动地属于英国或者荷兰的总部机构。产品和品牌网络——国际业务小组——在全球范围内协调品牌和营销。同时,职能网络也开展一系列计划以便就一些关键问题,如录用和组织效能,实现全球协调。所有这些网络均大大依赖于非正式的领导和社会过程,同时也依赖于电子邮件和内部网络方面投入的增加。是否参与这种协调在很大程度上是由业务集团而非公司总部确定并资助。

**思考题:**

运用组织结构设计理论对此案例进行分析。

# 第14章
# 组织变革与发展

>>>>>>>>>>>>>>>>>>>>【本章学习目标】>>>>>>>>>>>>>>>>>>>>

通过本章学习，你应该了解：

1. 组织变革的概念及模式。
2. 组织变革的动力与阻力。
3. 组织变革的方法和程序。
4. 组织发展的特点。
5. 组织发展的目标。
6. 组织发展的阶段。

>>>>>>>>>>>>>>>>>>>>>>>>>>>>>>>>>>>>>>>>

**引导案例**

**开元旅业集团的组织变革发展之路**

开元旅业集团前身是萧山宾馆，建于1988年，是在一家县政府招待所的基础上重建的，开业后一年被评为二星级饭店。经过10多年的发展，当年这家不起眼的政府宾馆已发展为拥有近20亿资产的国家级企业集团，有饭店、旅行社、清洗公司、房地产等近20家企业。

2003年荣登中国饭店集团20强，荣获中国著名旅游品牌和杭州市十大城市运营商称号。其所以能创造中国饭店业界的这一奇迹，成功的秘诀之一是快速反应，而快速反应的基础则是机制保障，按开元旅业集团董事长、总裁陈妙林先生的话是"企业之道，机制为先"。

1986年，萧山县人民政府根据萧山政治经济发展的需要，决定将萧山县人民政府招待所拆掉重建，并改名萧山宾馆，扩大规模，提高档次。该建设项目政府出资800万元，其余资金通过与企业合作或由银行贷款解决。为了保证工程的顺利进行，任命陈妙林为宾馆总经理。陈妙林上任后，一方面与设计、施工单位真诚合作，狠抓施工进度和质量，并和银行部门有效沟通，筹措建设资金；另一方面通过与政府部门沟通协调，由事业单位改为企业单位,并争取到了列为企业改革试点单位。

同时,他还邀请杭州大学旅游系的专业教师参与宾馆的管理。在组织机构的设置上,坚持精干高效、保证一致的原则,设立前厅部、客房部、餐饮部、保安部、工程部、财务部和总经理办公室,把人事、培训、质检、行政、后勤等职能管理全部集中到总裁办,部门一律不设副职。(直线职能制)同时,宾馆实行管理人员聘任制和全员劳动合同制,在此基础上还制定了"三定一包"的经济责任制和岗位责任制、员工手册等规章制度。

此外,全权委托杭州大学旅游系的老师负责宾馆管理人员和员工的招聘和培训。1988年宾馆建成开业后,由于责任落实、制度到位、服务优良,第一年就取得了良好的社会经济效益。为了使企业保持自主经营的能动性,开业后第二年陈妙林即向政府提出,要求把政府的800万元拨款改为企业向政府贷款,按银行利率支付利息。

1993年,为了企业更进一步的发展,他又自增压力,将企业改造为股份有限公司,进一步建立了现代企业制度,并向社会募集了相当数量的资金。在此前后,公司参股并全权管理之江宾馆(后改名杭州之江度假村),成立了清洗公司、旅行社、汽车出租公司。同时对组织机构也进行了较大幅度的调整,强化了公司职能部门。从此,使企业驶上了发展的快车道。1999年,企业又进一步进行了产权制度的改革,成为一个规范的现代民营企业。同时集团也抓住机遇,涉足房地产业,实施产业互动的多元化经营,从而使企业的抗风险能力和社会经济效益有了大幅度提高。

2004年初,他又对集团组织结构进行了大幅度调整,集团总部变成投资控股公司,设总裁办、战略发展部、并购部、人力资源部、财务部、财务公司。下设饭店、房地产、工业三大产业集团,并在主要部门强制实行助理经理制(事业部制),以建立有效的人才培养机制。2005年,开元旅业集团成为第一家民营的上市旅游企业。

**【点评】**

**开元旅业集团由最初的一家小宾馆逐渐能成为国内第一家民营的上市旅游企业,与其注重组织变革密不可分。从最初的宾馆基础设施的建设、组织机构的设置、员工的招聘培训体系建立以及后来企业改造为股份有限公司,进一步建立了现代企业制度,建立多元化的经营战略,无处不体现出其变革的魄力和成效。**

**达尔文在描述生物进化规律时曾说,得以幸存的既不是那些最强壮的物种,也不是最聪明的物种,而是最适应变化的物种。当今社会,激烈的市场竞争以及国际化趋势推动着企业不断完善内部组织结构。无论是国有大中型企业,还是民营企业,它们都需要在内部管理机制上有进一步突破和创新。**

# 第1节 组织变革

## 一、组织变革的概念

什么是组织变革？组织变革即是组织受到内外环境变化的影响而调整其自身的状况以保持自身的平衡。组织变革并非一蹴而就的，它是一个过程。在组织存在的过程中，它需要不间断地变革以适应自身的发展。变革如同学习一样，逆水行舟，不进则退。在当前的社会冲击下，组织总是面临着竞争对手、信息技术等方面的压力。所以，变革成为组织存在和发展的重要武器，进而也成了管理中的重要任务之一。

组织变革的主要内容包括以下几个方面：组织制度变革、组织环境变革、组织人员变革、组织结构变革和组织技术变革。组织制度变革主要包括管理方法和理念的变革。组织环境变革主要是指内部物理环境的变革。组织人员变革包括人员组成、态度、技能、观念和行为等的改变。组织结构变革包括组织力、协调机制以及其他相似结构的改变。技术变革包含工作方法、流程和固定设备等的改革。

## 二、组织变革模式

关于组织变革的理论模型研究，学者们给出了很多不同的类型。组织变革总体上包括突变型与渐进型变革。突变型变革是一种快速的创新，其特点是对现有系统进行力度较大的冲击，创新程度很大，但过程不是很长，一般都是在一个较短的时间内完成。渐进型组织变革以改进、完善现有系统为主要目标，在一个相当长的时间里缓慢地改革。无论是突变型变革还是渐进型变革都无外乎有以下几种理论变革模式。

### (一) 勒温三步骤模型

应用行为学家、心理学家勒温是有计划变革理论的创始人，在他看来，组织变革包含以下三个步骤。

(1) 解冻：这是变革的动力，让人们意识到改革的需求，通过合适的方法，打破原有的组织平衡，作出改变，以使组织上升到一个新的层次。同时应该注意创造良好的改革氛围，努力克服心理障碍，使风险降到最低。

(2) 变革：其目标在于转变组织机构和个人的行为。执行变革主要为了发展新的行为、价值观和态度，并且经常通过组织机构的变革或以人力资源为基础的组织变革与组织发展等技术。变革是一个学习的过程,需要给组织人员提供新的信息、行为模式和视角,指明改革方向,实施变革,从而形成新的行为模式。勒温认为,变革是一个认知的过程,它由获得新的概念和信息而得以完成。

(3) 重新冻结:如果改革的结果不加以稳定,组织势必会回到以前的状态,所以,需要对新的行为模式和态度加以巩固。这就是所说的重新冻结,使它的新的均衡状态得以强化,使组织处于一个新的平衡稳定状态。

这个模式主要是针对员工的心理态度和行为的。

### (二) 系统变革模型

这个模型是从全局层次上来看待变革的。它在更大范围内解释了变革过程中各变量之间的相互关系和相互影响。它包括三个部分:

(1) 输入:输入包括组织所遇到的各种情况,如组织内部的优劣、外部的机会和风险。其基本构架则是组织的使命、愿景和战略规划。使命是组织存在的根本,愿景是组织的长远目标,而战略规划则是实现长远目标的行动方案。

(2) 变革元素:变革元素包括目标、人员、社会因素、方法以及组织体制等元素。这些变量相互影响和制约,组织需要综合这些因素来提出自己的变革模式。

(3) 输出:输出部分包含了变革的结果。根据组织战略规划,从组织到各层次的层面增强组织的整体效能。

### (三) 李皮特等人的模型

李皮特等人在 1958 年提出了一个扩大的组织变革模型,包含以下五个阶段:

(1) 发展变革需要:这和解冻阶段一样,是对旧有态度和行为的改变,并且采取各种方式来证明存在变革的需求。

(2) 确定变革关系:组织内部形成高度的统一,有着高度的凝聚力,从而使组织变革的风险降到最低,增加变革成功的机会。

(3) 实施变革措施:这是组织变革实施中的一个程序,通过认同和同化来产生新的态度和行为模式。

(4) 维持稳定变革:这相当于勒温的重新冻结阶段。通过改革在内部的扩大化,使之成为组织内部管理的一个流程,逐步地稳定下来,成为持续性工作并且获得员工的一致认同。

(5) 结束协助关系:在组织已经习得变革的专业知识以后,变革推动者就可以考虑结束本次活动了。

## (四) 布洛克和巴藤有计划的变革整合模型

变革整合模型是由布洛克和巴藤在 1989 年提出的，包含了以下四个阶段：

(1) 探索阶段：包含察觉、收集资料和订立合同几个方面。

(2) 计划阶段：包括诊断、设计以及决策三个循环的过程。

(3) 行动阶段：即是组织变革的执行和评估。

(4) 整合阶段：包括巩固、扩张以及创新这三个循环的过程。

这个模型通过不同的阶段把连续的过程分解开来，形成一个有计划的组织变革的过程，给人一种清晰的对组织变革的理解。

## (五) 卡斯特模式

卡斯特把组织变革分解成为以下六个方面：

(1) 对组织作出回顾：即对组织自身的彻底研究。

(2) 感知问题：了解改革的必要性。

(3) 探明问题：找出目前状态与理想状态之间的差距。

(4) 寻求解决办法：在了解组织问题之后，根据组织的状态寻求合适的解决方式和方法。

(5) 实施变革：按照所选择的方法实施变革。

(6) 反馈：根据组织变革的结果，评价变革的成功与否。

## (六) 唐纳利模式

唐纳利等人在《管理学基础》中对组织变革提出了一个新的模式。他把组织变革分成了八个环节：

(1) 变革的力量：即组织自身变革的需要。

(2) 认识变革的需要：要求领导者能够认清组织自身的形势，善于察觉需要变革的信息。

(3) 诊断问题：弄清变革的原因和目标。

(4) 确定可供选择的组织发展方法和策略。

(5) 发掘限制条件，并且了解其影响度。

(6) 选择变革的方法。

(7) 实施变革，但要注意时机和变革的范围。

(8) 评估变革。

### (七) 吉普森的计划性模式

管理学家吉普森归纳了组织变革的模式，并且提出了一个九步骤的模型。模型如下所示：

(1) 要求组织变革的压力来自组织内外。

(2) 觉察和识别问题，关键在于掌握组织内部的关键信息。

(3) 分析问题：包括尚待分析的问题、问题的来源、何时变革以及变革的目标等。

(4) 识别限制条件：分析组织变革中的各种限制条件。

(5) 变革方法的选择：主要考虑变革方法与变革目标是否匹配。

(6) 选择方案时要把对现状不满的程度、对变革后可能出现目标的把握、实现等与变革成本相比较。

(7) 贯彻方案要注意变革实施的时机、范围和深度等问题。

(8) 评估变革效果。

(9) 反馈：即反馈变革结果，并比较是否切合于原来所设想的目标。

## 三、组织变革的动力与阻力

### (一) 组织变革的动力

**1. 组织内部力量**

(1) 组织战略。组织战略是指组织为适应未来环境的变化，对生产经营和持续，稳定发展中的全局性、长远性、纲领性目标的谋划和决策。

组织战略表明组织如何达到目标，完成目标的整体谋划，是提出详细行动计划的起点，但它又凌驾于任何特定计划的各种细节之上。战略反映了管理者对于行动、环境和业绩之间关键联系的理解，用以确保已确定的目标、愿景、价值观的实现。

企业战略决定组织结构的变革。钱德勒曾通过对美国 70 家大型公司，特别是通用汽车公司、杜邦公司、美孚石油公司等的考察，对战略与结构之间的关系进行了研究，得出“结构跟着战略变”的结论。他认为，企业发展战略每作一次新的调整，企业组织的形式也应随之作相应的改变。尤其是当组织面临重大战略转折，要求企业实施与原战略相同的战略时，如果没有对原组织结构的重大变革，包括企业领导人员的合理调整等，则新战略将根本无法实施。

(2) 企业技术资源条件的变化。企业新技术的发明和引进带来的是生产的革命，由此整个制造工艺、生产流程都需要进行调整，不同部门的协作关系也要相应地进行调整。新的技术可能带来一些新的产品和新的生产线，从而需要建立一个新的部门来经营这一产品。同时，对一项课题的研究与开发，往往需要从不同的部门来调集人员，成立项目小组，如此在企业内部组织结构中形成结构；当这项课题终止的时候，项目小组就被撤销，研究人员回到各自原来的部门。所以，技术的研究与开发本身就需要组织不断地进行变化以与之相适应。

(3) 企业所在行业、所经营产品种类的变化。随着技术的发展和时代的进步，许多产品和服务的寿命周期已大幅度地缩短。当今，市场上销售的商品中有55%是在10年前的市场中不存在的。为了保持产品在市场的优势，管理者们必须在充分利用知识和技术，不断设计新产品，提高产品质量、降低成本等方面狠下工夫。而企业经营产品的品种越多，所配备的相应的生产部门、经营部门就有可能越来越多。当达到一定程度的时候，具有相同用途、相同的市场，或者制造工艺相通，或者使用原材料相同的产品，就有可能被归并为一个事业部来统一生产与经营。而企业进行跨行业经营，就更有必要以战略事业单位或者事业部的形式来协调各方面的运作。

(4) 企业员工队伍的变化。随着时代的发展与进步，企业员工的来源和拥有的技能更为多样化，企业组织需要更为有效的人力资源管理。管理无疑成为组织变革的推动力。例如，由于现代企业生产的产品科技含量增加，对员工的科学知识和技能水平提出了更高的要求，企业在增加专业技术人员的同时，又要对知识老化、跟不上技术进步的步伐的老员工进行各种方式的培训，改进他们的知识结构，使他们学习新技能，以适应迅速变化的技术变革。与此同时，随着人才流动的增加，来自不同地域、不同民族、不同国家、不同语言的员工将越来越多，这些员工带来了各自的本土文化、生活习惯与价值观念。员工队伍的多元化导致管理思想与方式的多元化。

(5) 企业社会责任的增加。现代社会对企业的要求也越来越高，法律和道德都规定了企业更多的社会责任。现代企业不再单纯是个仅仅考虑自己和顾客利益的营利机构，还必须顾及社会的利益，如防止环境污染、保持生态平衡、支持公益活动、回报社会等。如果企业忽视社会责任，必将招致社会和公众的不满，影响企业的形象，从而危及企业的生存和发展。这也是促使企业组织进一步变革的原因。

(6) 管理活动。管理也是组织变革的推动力之一。管理部门的工作是维持组织运转和进行组织变革的必要基础和条件。进行组织变革，需要管理部门根据客观情况，经过分析做出高效率的决策，推动和指挥整个变革的进程。同时，企业各个层面的管理人员是否能够站在企业利益的基础上，对组织结构的变革与发展具有直接的影响。

(7) 领导者的领导力。詹姆斯·库泽斯、巴里·波斯纳在他们的经典著作《领导力》一书中对领导力的定义是：领导力就是带领其他人走到他们从未走过的地方的能力。

翰威特通过近70年的管理咨询以及大量企业组织变革的实践,认为领导力是实现企业组织变革的关键要素。企业之所以要组织变革,关键是企业当前所拥有的组织能力同企业战略所要求的组织能力之间存在着差距,而弥补这个差距的唯一途径就是实现组织变革。企业要通过实现组织变革、转变组织能力来满足未来战略的要求,在这个过程中,领导力的强弱决定了企业变革能否成功。

首先,领导力决定了企业是否能够意识到组织变革的需求。詹姆斯和巴里认为,领导需要把组织带到从未去过的地方。对未来的不确定性的探求是领导力的体现,也只有对这种不确定因素的探求才会带来组织变革的需求。

其次,领导力决定了组织变革的方向。在宝洁公司的领导力定义中,我们看到一个有着170年历史的公司,强调领导力首先是强调"高瞻远瞩",即能够根据今天企业所面临的商业环境,对企业的未来发展提出有前瞻性和预见性的战略方向。

第三,领导力决定了组织变革的执行和落实。组织变革是痛苦的,没有持续的领导力是无法落实组织变革的。1999年,日本的日产汽车与法国雷诺公司联盟,执行长卡洛斯·高恩担负起组织变革的重任。他向董事会承诺,2000年如果不盈利,他和高管团队集体下台。结果他成功了,在2001年甚至达到7.9%的利润率。高恩的成功归结为强有力的领导力。他的主要措施包括:废止以年资为基础的晋升制度;改变薪酬制度,采取高薪反映高绩效的做法;变动奖金,奖励所有在组织变革成功上有贡献的员工;在全球组织架构下,去除多余的高阶主管职位以及取消所有非必要的应酬预算。

第四,领导力决定了组织变革所需要的资源。组织变革需要建立新的组织模式,新的模式的运行需要新的能力来配合,而新的能力通常不能一蹴而就,需要投资和培育。只有强有力的领导力才可能调配合适的资源来满足组织变革的需要。

(8) 组织成员对工作的期望与个人价值观念的变化。组织成员对工作的期望越来越高,具体表现在期望工作生活质量的提高。工作生活质量是指组织内的成员通过他们在组织里所担负工作的经历和成就,来满足他们需要的程度。工作生活质量的提高可以有多方面的含义,它包括客观工作生活条件的改善和工作本身的丰富化,以及为职工提供学习发展的机会,成长远景等。目前,西方国家的管理当局、工会组织乃至政府,都十分关心如何通过制定组织变革的规划,来提高员工的生活质量。在我国,中华人民共和国成立后制定了劳动保护、公费医疗、对女工产假与哺乳期的照顾等制度,还为职工提供了交通、伙食、住房等各种优惠条件,这些都体现了国家对职工工作生活质量的关心。

价值观是人们对他们周围客观事物、人的意义和重要性的总评价,包括个人的价值观与社会的价值观。这种价值观均随时间、地点、条件的改变而有变化。一个组织能否适时地、准确地把握人们价值观念的变化而进行改革是极为重要的。

**2. 组织外部的力量**

(1) 社会经济环境因素。社会经济环境因素包括：生产力、经济体制、经济结构、经济制度等方面。其中，生产力水平的提高，生产劳动条件的改变，进而生产方式的跃动，都将推动企业组织的变革。社会经济结构的发展，经济体制改革也将推动和促使企业组织的改革和调整，如中国社会主义市场经济的建构就推动现代企业制度的建立。此外，经济发展还会影响教育、文化、科学技术及企业员工思维方式和思想的变化，进而对企业组织变革产生影响。

(2) 社会政治环境因素。对于各类组织形成强大的变革推动力，全国的经济政策、企业改革、发展战略和创新思路等社会政治因素也许是最为重要的因素。国有企业转制、外资企业竞争、各种宏观管理体制改革、加入"世贸"和开发西部地区，都成为组织变革的推动力。

(3) 国内外市场环境变化因素。全球化经济使企业形成新的伙伴关系、战略联盟和竞争格局，迫使企业改变原有的经营与竞争方式。同时，国内市场竞争也日趋激烈，劳务市场正在发生深刻的变化，使得企业为提高竞争能力而加快重组步伐，大量的裁员和并购，管理人才日益成为竞争的焦点。

(4) 科学技术的进步。机械化、自动化，特别是计算机技术对于组织管理产生的广泛影响，成为组织变革的推动力。由于高新技术的日益采用，计算机数控、计算机辅助设计、计算机集成制造以及网络技术等的广泛应用，对组织的结构、体制、群体管理和社会心理系统等提出了变革的要求。特别是，网络系统的应用显著地缩短了管理和经营的时间和距离，电子商务打开了新的商业机会，也迫使企业领导人重新思考组织的构架和员工的胜任力要求，知识管理成为重点。由此可见，技术的研究与开发本身就需要组织不断地进行变化以与之相适应。

★小资料

## 青蛙法则：要时刻保持危机意识

"青蛙法则"是说把一只青蛙放在一个盛满凉水的容器里，然后慢慢地给容器加热，控制在每两天升温一度的状态。那么，即使水温到了 90 ℃——虽然这时青蛙几乎已经被煮熟了，它也不会主动从容器中跳出来。其实，这并不是因为青蛙本身的迟钝，事实上，如果将一只青蛙突然扔进热水中，青蛙会马上一跃而起，逃离危险。青蛙对眼前的危险看得一清二楚，但对还没到来的危机却置之不理。人又何尝不是这样？正如孟子所说："生于忧患，死于安乐。"

未雨绸缪是人们常挂在嘴边的一句话,但真正能做到的却不多。人类天生有一种惰性,不到迫不得已就不会去改变现行的各种还过得去的做法,当这种做法还能够让人得到很大的满足时尤其如此。但是,如果一个管理者、一个部门、一个单位失去了必要的刺激,处在一种安逸的工作氛围中而不自觉,那么,就会失去工作活力。等危机真正到来时,就来不及了。青蛙法则告诉我们的也正是如此。

企业经营者和所有员工面对着市场和竞争,都要充满危机感,不要陶醉在一度的"卓越"里。今天的成功并不意味着明天的成功,企业最好的时候往往是没落的开始。

## (二)组织变革的阻力

**1. 来自个体的阻力**

(1) 习惯。习惯是指逐渐养成而不易改变的行为。除非环境发生显著的变化,否则人们通常总是按照自己的习惯对外部刺激做出反应。组织变革通常意味着对某种习惯的否定,因此,有时人们在理智上明明知道变革将带来比现在更多的收益,但在情感上宁愿维持现状。当变革试图改变他们的某种习惯时,就会给他们带来强烈的感情震荡,容易失去公正地判断变革的客观尺度,或者招致他们下意识的不良反应,产生抵制态度。

(2) 安全和倒退。心理学研究表明,不确定性因素使人产生紧张和忧虑。变革的意义在"新",即通过变革给组织带来某一方面的新观念、新技术、新设备、新结构、新环境、新任务、新行为、新格局、新利益、新结果等。但新的东西总是人们不了解和不熟悉的,而对不了解和不熟悉的东西人们通常会产生不同程度的不安全感,从而对变革持一定的观望和保留态度。这种不安全感一般与守旧或稳妥的意识相联系,表现为由于担心变革可能带来消极影响,如失控、矛盾、冲突、后遗症,因而对改革不轻易认可。加上组织变革的复杂性,人们很难在变革付诸实践之前证明改革是有益的,更难对自己从变革中获得的预期收益进行精确计算,因而造成人们产生不安心理,对变革产生疑虑,进而形成消极态度和抵触行为,妨碍和制约变革的顺利进行。

(3) 经济利益因素。获得收入是人们为组织工作的基本目的。如果变革意味着收入直接或间接地下降,这种变革通常会遭到反抗。如果人们担心自己不能适应新的工作任务和新的工作规范,尤其是当报酬和工作成果紧密相关时,工作任务或工作规范的改变会引起人们的恐慌。人们担心变革可能会减少他们的经济收入,从而形成的阻力。

(4) 对变革的不理解。

一个人一旦确立起自己的态度体系之后,就必然会对外部输入的信息在既定的态度体系框架内做出反应。人们对组织变革的目的、机制和前景是怎样理解和看待的,有时差别很大，其结果可能导致由于理解不清或理解混乱而抵制、干扰变革，加上组织变革前的信息沟通不够，更会引起一些人的不满和误解，形成一些阻力。事先消除误解之源将有助于改革与发展的顺利进行。

**2. 来自组织的阻力**

(1) 结构惯性。组织只有保持其稳定性才能顺利运行。因此，第一，大多数组织的结构设计是保守的、抵制变革的。为了确保工作质量和产品质量的可靠性和稳定性，组织制定严密的工作说明书、工作程序和制度规范。第二，员工行为的惯性。组织选择符合要求的员工进入组织，组织又通过培训、教育来塑造和引导员工的行为方式，使他们处于某个特定的岗位并按规定的工作方法或操作程序进行工作，通过奖励与处罚的方式强化他们的行为使之固定下来，形成一种稳定的结构，或称结构惯性。当组织面临变革时，结构惯性就充当起维持稳定的反作用力。

(2) 对既存权力关系的威胁。权力意味着对资源的控制与分配。从实质上说，组织的变革意味着组织内权力、利益和资源的调整或再分配，因此必然会触动某些人的切身利益，进而形成这些人对变革的不满和阻碍变革进行。比如，在因机构变动而引起的权力再分配活动中，丧失权力的人将产生不满，并可能形成阻力；组织机构的变动可能会触动一些原有的宗派团体等非正式组织的利益，从而引起这些团体的不满，并形成阻力。来自于利益方面的阻力是最顽强的和最富有破坏力的，对此应当始终保持高度的警惕。一般来说，当组织变革所带来的预期收益低于预期成本时，人们就会对变革持反对态度。

(3) 资源的限制。行政组织的变革都要付出一定的成本，如果成本大于收益时，改革与发展就难以继续进行。产生这种现象的原因主要有：首先是资金的限制，改革过程中的设备更新、人员培训、工作环境的重新设计和改变等都需要大量资金；其次是留滞成本比较大，对不能适应新工作需要的老员工要继续付给工资、福利，如果企业的固定资产占用了大量的资金，当企业从一个行业转向另一个行业时，或从一种产品转换成另一种产品时，需要支付大量的留滞成本，如购置新的设备、产品再设计的成本、员工再培训的成本。如果留滞成本过高，组织或者冒着成本过高的危险进行变革或者停滞不前。

(4) 有限的变革。如果改革不是整个系统地改革而是有限地在组织的局部(部门)进行改革，那么组织中未变革的系统或部门就有可能会成为变革的阻力。例如，如果只改革技术工艺，不同时改革组织结构与之配套，技术变革就不大可能被接受。所以，子系统中的有限变革很可能因为更大系统的问题而变得无效。

(5) 群体惯性。群体都存在一定的行为规范，它对于保持群体成员的一致性和相互合作具有积极作用，但这种群体行为规范有时却压制了创新。特别是在组织内部形成的一些小团体和非正式群体，它们对成员有强大的控制力，如果推行某项变革对某一群体中多数人的利益或其主要领导人的利益构成威胁，这个群体就可能通过群体规范的方式，向那些愿意接受变革的成员施加压力，使整个群体保持对变革的抵制。

(6) 组织之间的协议。组织之间的协议常常规定组织的责任和义务，对组织的行为产生约束。如组织与竞争对手签订的协议、对供应商承担的义务、对用户的所作承诺、为获得某种特权或履行政策规定而对政府官员所作的保证、与员工签订的劳动合同等。变革推动者可能发现变革计划由于某项协议而需要推迟执行。尽管协议可以弃置不顾或违反，但这样一来，可能要负法律责任，组织的信誉也可能会一落千丈。

## (三) 减小组织变革阻力的方法

**1. 宣传教育**

如果能在变革实施之前，对于组织目前所处的运行环境所面临的困难和机遇等坦诚公布，让组织成员对变革的目的、内容、过程、方式等方面有所了解，使组织上下达成共识，增强变革的紧迫感，使组织变革建立起广泛的群众基础，就可以在很大程度上减少对变革的抵制。

**2. 参与和投入**

研究表明，人们对某事的参与程度越大，就越会承担工作责任，越支持工作的进程。因此，当有关人员能够参与有关变革的设计讨论时，抵制变革的情况就显著减少。参与和投入方法在管理人员所得信息不充分或者岗位权力较弱时使用比较有效。但是，这种方法常常比较费时间，在变革计划不充分时，有一定风险。

**3. 高层管理部门的支持**

组织中的大部分人都能认识到，组织的权力最终来自高层管理部门，因此会本能地服从高层管理部门的决定。如果高级经理人员对变革持明确的支持态度，那么对变革的抵制便会少一些。

**4. 合理安排变革的时间和进程**

即使不存在对变革的抵制，也需要时间来完成变革。不论组织的哪一级，都需要时间去适应新的制度，排除障碍。如果领导觉得不耐烦，强行加快速度推行变革，下级则会产生一种受压迫感，这会造成已往习惯的工作关系的变异，产生以前没有过的抵制。

**5. 加强培训**

要通过自上而下的培训教育，使大家学习新知识，接受新观念，掌握新技术，学会用新的方法和观点来看待和处理新形势下的各种新问题，从而增强对组织变革的适应力和心理承受力，增进对组织的理性认识，使人们自觉地成为变革的主力军。

**6. 大胆起用人才**

要大胆起用那些富有开拓创新精神、锐意进取、目光远大且年富力强的优秀中青年人才，把他们充实到组织的重要领导岗位上，为组织的变革提供组织保障。

**7. 必要的妥协**

通过与受变革影响的人进行协商，可以减少他们的抵触情绪。特别是预计到组织中一些重要人员、小组或部门有可能对变革进行强烈的抵制时，不妨与他们正式谈判，甚至可以以一定的妥协换取他们对变革的认可。

**8. 利用群体动力**

利用群体的威望和群体成员强烈的归属感，可以使群体成员对群体目标的重要性有深刻认识，并可以加强合作互助，减少变革的阻力。在群体中进行有效、迅速的信息沟通有利于实施变革，也有利于决策者及时发现实施中可能产生的新问题、新情况，随时排除变革过程中可能遇到的抵制和障碍。

**9. 压制**

这是一种需要谨慎采用的方法。当变革势在必行，而上述方法又不奏效时，组织就不得不施加各种压力，强迫实施变革，如采取改换工种、开除、改变薪金、不给予提升等措施强迫成员接受变革方式。

## 四、组织变革的方法和程序

### （一）组织变革的方法

组织变革的方法一般有四种：

（1）通过改变组织结构，调整组织权力分配来实现组织改革。组织的改变，包括企业组织的划分和合并、协调各部门的工作、调整管理幅度和管理层次等。

（2）从技术和硬件入手进行改革。技术的改变可以促使组织改革。新技术、新工艺、新设备的引进和使用，可以使完成任务的方法、生产流程、工作效率等耳目一新。硬件的开发和配备，可以使得功能增强，很少的投资带来巨大的效益。

（3）通过调节和控制外部环境来实现组织变革。组织不仅仅是适应外部环境变化，而且需要主动地调节和控制环境以创造新的环境，如开辟新市场、扩大信息源等。

（4）通过改变人来实现组织变革。人是生产力的最重要的因素，所有美好的、现实的、大的或小的改革最终都需通过人来完成。改变人的动机态度、能力及行为，可以很好地促进组织的变革。

### (二) 组织变革的程序

(1) 在科学预见的基础上,发现征兆并认识到进行变革的必要性。

(2) 诊断问题,正本清源,提出明确目标。

(3) 具体问题具体分析,确定变革的内容及相应的配套环节。

(4) 详实地剖析变革的限制条件。

(5) 正确地选择变革的策略和步调。变革的策略大致可分为命令式、参与式、分权式。变革的步调则可分为突破式和渐进式两种。

(6) 制定可行的变革计划。

(7) 实施变革计划,循序渐进,化解矛盾,减少变革所受的阻力。

(8) 及时收集信息,监控变革计划的实施进程。

# 第2节　组 织 发 展

## 一、什么是组织发展

关于组织发展的含义,学术界并无一致的观点。在西方,组织发展强调的是人性与民主因素,至于权力、控制、冲突和压力等观念是被相对排斥的。在我国,组织发展一般是指根据组织内外环境的变化,运用管理科学和行为科学的知识,有计划地改善和更新组织的过程。组织发展的目的是改善和更新人的行为、人际关系、组织文化、组织结构和组织管理方式,增强组织的生命力。

组织发展与组织变革是两个联系紧密的概念。从内涵上讲,组织发展的内涵要远远大于组织变革,它既包括组织结构、制度上的变革,也包括对团体和个人的心理指导。但二者也有很多的联系,组织发展包含了组织变革,组织变革的目的是组织发展,组织变革是组织发展的一种手段。

## 二、组织发展的特点

### (一) 组织发展是一个相互作用的过程

组织发展活动有一定的目标,而且是一个相互连贯的不断变化的过程。人们在这一过程中可以开诚布公地交换意见,学习新的知识和技能,解决相互之间存在的问题,明确群体和组织的目的。

当然，组织发展并不是一次就可以完成的，它有一个不断提高的过程。不应把组织发展看成暂时解决组织中存在问题的办法，而应该认识到，组织发展是要通过较长期的相互作用，经过一系列变革活动，不断提高组织效能。因此，组织发展也是一个动态的过程，它实际上包括了两个方面：一是解决企业和组织中当前存在的问题，二是使企业和组织成员获得解决与管理将来可能出现的问题的能力。可见，组织发展的关键之一，就是学习解决问题，这也是组织发展的一个重要基础。

### (二) 组织发展是以有计划的再教育手段实现变革的策略

组织发展的基本假设之一，认为规范形成了行为的基础，通过再教育，可以使人们抛弃不适应形势发展的旧规范，建立新的规范，从而达到组织发展的目的。在企业和组织中，规范的基础是各成员的态度和价值体系，所以，组织发展不只包括改变有关知识和信息交流等方面，还包括了态度、价值观念、技能、人际关系和组织气氛等各个方面。

### (三) 组织发展是一个动态的系统

系统分析的观点是组织发展的另一重要基础和特点。它强调各部分的相互联系、相互依存和相互作用。就组织发展而言，有以下几方面含义：

(1) 在组织发展中，企业或组织中的各种事件和情况不是孤立存在的，而是相互关联的。因此，不但要了解事件本身，而且要考察它们之间的关系。

(2) 企业或组织所处的环境错综复杂，必须以多因素方式来分析，才能对现实问题做出准确的描述。

(3) 一个部门所进行的组织发展，必然影响其他部门，因此，应预测发展所引起的多种效应。

(4) 从整个组织系统出发进行组织发展，既要考虑各部分的工作，又要从整个系统功能最佳的角度出发，协调各部分的活动并调节其与外界的关系。例如，奖励制度的改革，常常需要同时进行群体结构、工作任务安排和管理方式等各方面的相应变革，否则就难以取得全局稳定的效果。

### (四) 组织发展中明确目标与计划的重要性

组织发展的许多活动都是制订和实施目标与计划的过程，需要设计各种学习活动来提高组织成员制订目标和计划的能力。

研究表明，明确具体的中等难度的目标比较能激发工作动机和提高工作的效率，这对于个人和组织都十分重要，制定合理的目标能够促进最大限度地利用企业的资源，包括人和技术两个方面的潜力，还能够产生高质量的计划，并且提高组织成员的责任感和义务感。

在组织的较低层次中，由于个人和群体常常并不具备较好的实施计划所要求具备的技能，因此，组织发展的一个重要方面就是要让组织成员学习和掌握各种技能，包括制订目标和计划、按照预定目标确定具体的工作程序以及决策技能等。

综上所述，组织发展涉及个人、群体和组织的各方面。从组织发展的上述特点和基础可以进一步理解组织发展对于提高组织效率和组织成员积极性的重要作用。

## 三、组织发展的目标

要探讨组织发展的目标，首先就得搞清楚两个容易混淆的概念：目的和目标。目的，是指希望达到的理想境地，而目标是目的的具体化。组织发展的最终目的都是通过各种方法来增进组织的有效性和健康发展。但如何衡量组织发展目的是否达成呢？标准是什么？这就涉及组织目标的问题。

对于组织发展的目标，不同的人站在不同的角度提出了不同的看法。行为学家比尔认为，组织发展的目标主要有以下三点：第一，使组织结构、活动过程、战略、人员以及组织的作风、制度能够更好地配合；第二，提出新的和创造性解决问题的方案；第三，开发组织自我更新的能力。沃里克(Warrick)指出，组织发展的目标体现在：改善组织的效能；促进良好的管理；使组织成员更多地对组织认同，更积极地参与组织的活动；改善工作团体内部及与其他团体之间的合作关系；使人更加了解组织本身的优点与缺点；改善沟通、解决问题、处理冲突的技巧；创造出一种鼓励创意与开放的工作氛围，提供个人成长机会，奖励健康的与负责任的工作行为；显著减少消极的工作行为；让组织成员了解组织必须发展才能适应不断变化的环境；吸引并把握住优秀的人才。

虽然不同的学者提出的组织发展的目标存在着一些差异，但主要都强调组织的适应能力和组织中人的行为的改变，因此，组织发展的目标概括起来主要有两大方面：

(1) 使组织的发展与所处的环境相适应。主要是使组织成员、组织结构和组织目标之间更好地适应，最终提高组织的工作效率，实现组织的目标。

(2) 组织的发展，改善组织中人的行为。这是组织发展的最重要目标，因为只有解决好，组织发展才能够取得期望的积极的效果。组织发展应该是能够提高员工工作的满意度、尊重人、关心人。具体来说，组织发展要达到对人的行为的改善，必须要达到以下几点：

(1) 对人的尊重。员工都是肯负责、有良知、能够关心他人的，因此，应该保持人的尊严，对人以礼相待。

(2) 信任与支持。良好的组织应该对人充满信任，开放、支持。

(3) 权力平等。有效能的组织不强调层级分化的职权与控制。

(4) 公开对质。有问题应该公开提出来，让员工们发表意见。

(5) 参与。组织发展是全部人的事，因此，应该征得员工的赞同。

## 四、组织发展的阶段

按照格雷纳所设计的组织成长模式，存在着 5 个模型要素：组织的年龄、组织的规模、演变的各个阶段、变革的各个阶段、组织成长率。他还认为，组织的演变和变革可以分为 5 个阶段，每一阶段都有其自身的特点并形成自身独特的管理风格。

### (一) 创立阶段

组织的建立是创业者全力进行开拓性活动的结果，因此，在创业阶段组织强调技术和创新精神。新产品开发后，管理活动则主要集中在制造和销售上，信息主要来自市场反馈，高层领导者影响力大，上下级之间关系密切，形式不拘。

### (二) 定向发展阶段

该阶段是随着组织的成长壮大、对新型领导的需要日益迫切、领导人员做出更换而形成的。组织引进了具有管理才能的经理人员，加强了对组织的集中领导，并通过职能部门来建立规范的控制标准、员工奖惩和上下级沟通制度。

### (三) 分权发展阶段

该阶段的实质是组织经营规模扩大，造成下级经理人员对自主权的呼声渐高，组织进入授权时期。高层领导者将较大的权限与责任委让给员工部门经理，自己不再直接负责日常的管理事务，向下发出命令次数锐减，信息来自各部门的报告。分权往往产生失控，高层领导者又设法加以控制。

### (四) 协调发展阶段

为了保持组织的整体性，组织着重建立明晰的规则和秩序，加强对各分部的计划、财务及文化的控制。在组织结构方面，总部则主要加强了职能部门对事业部的监督、协调与控制，甚至建立起事业部，以负责员工的战略规划和投资回收，并在总部设立监督部门控制和检查各事业部的经营战略。

### (五) 合作发展阶段

为了克服规范化带来的文牍主义和上下级之间及部门与部门之间关系紧张的弊端,组织强调管理活动的自觉性,突出个体间的主动合作。这阶段的改革措施为:引入社会控制和自我约束的新理念,将奖励的标准改为协作绩效和创新实践,以及成立任务团队和矩阵结构等。

## 【复习思考题】

1. 什么是组织变革?组织变革有哪些模式?
2. 组织变革的动力与阻力分别是什么?
3. 减小组织变革阻力的方法有哪些?
4. 组织变革的方法有哪几种?
5. 组织变革的程序是怎样的?
6. 什么是组织发展?组织发展的特点是什么?
7. 组织发展的目标是什么?
8. 组织发展有哪几个阶段?每个阶段都有什么特点?

## 【本章案例分析】

### 南海晋泰木业有限公司的变革

南海晋泰木业有限公司是一家主营纯美式家具生产与销售的公司。目前公司已经拥有自己的产品开发队伍,公司总人数约 1 600 人,在行业内有相当的知名度和竞争优势。随着公司的迅猛发展和公司机构的日益庞大,组织运作职能不清,运作效率低下,运作流程不畅,工作重叠反复,薪酬分配不公,绩效考核形式化,人际关系复杂化等一系列组织机构庞大"综合症"在晋泰木业内部日渐突出,直接导致了人力资源成本的急剧增长。2003 年,人力资源成本占销售额比例超过 20%,而年度经营业绩和利润却没有同步上升。为了保持企业长期持久的发展,有效控制企业内耗,晋泰木业高层决定进行企业变革。

变革过程如下：

**1. 对管理现状进行综合性调查**

为了找到解决问题的关键切入点，晋泰木业有限公司对内部管理现状进行了一次综合性调查。调查采用了访谈和问卷两种形式，调查访问对象上至高层，下至职能部门基层人员。通过调查，发现晋泰木业的所有矛盾焦点集中在三厂，三厂也理所当然成为此次改革的核心点和重心。

**2. 对组织架构进行重新规划**

晋泰木业管理现状的根本原因在于"元老级"人员自认为居功自傲，利益斗争，导致三厂同职能部门之间互不配合，各自为政。为了壮大自己的实力，又出现任人唯亲，因人设岗，造成了机构混乱。为了彻底改变现状，晋泰木业有限公司对组织架构进行了重新规划，并对岗位设置和岗位职责做了明确细致地划分，严格做到依据岗位配置人员。

**3. 完善薪酬体制**

为了改变薪酬体制分配不均的现状，晋泰木业有限公司在薪酬理念、职能工资基础、职能工资体系等要素方面重新进行了合理的规划，使薪酬体系更加透明，更加具有竞争力，更能充分体现每一位员工的价值。

**4. 完善绩效管理体系**

为了改变绩效管理形式化的现状，晋泰木业有限公司还对其绩效管理体系进行了分析和改进，使之更加切合本公司整体战略规划，考核关键点更加利于量化，真正做到执行公正，过程公开，评价公平，实施公道。

**5. 构建良好的企业文化**

由于长时间的机构混乱、薪酬分配不公，加上长期不良企业文化的沉淀，晋泰人员普遍缺乏对企业的认同感。公司针对员工需求对员工进行培训，帮助员工发展个人职业规划，加强员工的归属感和认同感。

经过努力，晋泰木业的项目改革取得了丰硕的成果：

(1) 组织架构和岗位设置得到了规划，岗位职责更加明确，有效降低了企业内耗。

(2) 真正建立起了公平的薪酬体制和绩效考核制度。

(3) 改善了公司企业文化，加强了员工的认同。

2004 年，晋泰木业的人力资源成本所占比例由 2003 年的 20%以上下降到了 15%以下，企业利润得到了大幅提升。

## 思考题：

结合组织变革理论对案例进行分析。

# 第 15 章

# 组织文化

## 【本章学习目标】

**通过本章学习，你应该了解：**

**1. 组织文化的概念、类型与功能。**

**2. 组织文化形成的影响因素。**

**3. 传播组织文化的工具。**

**4. 我国企业文化建设的概况。**

**5. 跨文化研究的理论模型。**

**6. 美国、日本和中国的企业文化模式。**

## 引导案例

### 微软的企业文化

企业文化也是企业在科研和市场上保持领先地位的重要基础。中外大多数成功的企业都拥有自己优秀的企业文化。

微软公司通过长时间的积累，形成了开放的、先进的、富有微软特色的企业文化。在技术研发上，微软坚持“乐于迎接重大挑战，从长远出发不轻易放弃”的精神。以Windows NT的研发过程为例，微软在研发Windows NT产品的最初几年中，并没有从该产品身上赚到多少钱。但比尔·盖茨坚信，微软需要一个更为稳定和安全的操作系统，以进军企业计算机市场。在这一信念的支持下，微软公司的技术人员通过不懈的努力，终于使Windows NT及其后续版本Windows 2000获得了巨大的成功。如果没有坚持“从长远出发”的原则，微软今天在全球服务器市场上就不会有任何收获。

“对对方、合作伙伴和技术充满激情”是微软企业文化的一个重要方面。微软清楚地知道，技术只是为对方和合作伙伴提供服务的手段，公司应重视和鼓励技术创新，但不能脱离对方，仅仅为了创新而从事技术研发工作。微软公司对每个员工的评价体系也是基于这一原则制定的，在每年的员工考评过程中，公司都要具体地考察员工为对方、合作伙伴或公司的技术积累做了哪些实际的贡献。这样，微软的员工将工作视为一种乐趣，在工作中时刻充满了激情。

微软公司的企业文化强调员工应具有责任心，每个员工在工作中都应制定切实可行的目标，并为该目标负责，如果达到目标，就可以接受公司的褒奖，如果没能完成目标，就应当接受相应的惩罚。在微软，员工在开发产品上都有一种永不知足的精神，他们总是觉得产品还有可改进的地方，不能只满足于“足够好”，而必须达到“非常好”，这也是微软能始终保持成功的原因之一。

**【点评】**

20 世纪 70 年代至 80 年代，美国一些研究者在探究“日本奇迹”奥秘的过程中发现，日本经济之所以取得突飞猛进的发展，其成功的诀窍就在于企业文化的不同。《公司文化》一书的作者阿伦·肯尼迪和特伦斯·迪尔毫不掩饰地指出，“日本人之所以如此成功，主要原因之一就在于他们能够在全国范围内维持一种十分强烈而又凝聚的文化……强烈的文化几乎总是不断取得成功的驱动力”。研究者们甚至指出，“企业生活中的一条新定律：文化中存在力量”。

微软公司的成功与其通过长时间的积累，形成了开放的、先进的、富有微软特色的企业文化有着十分密切的联系。因为，企业文化是企业的核心竞争力所在，是企业管理最重要的内容。企业拥有了自己的文化，才能使企业具有生命的活力，具有真正意义上人格的象征，才能获得生存、发展和壮大的基础。

# 第 1 节　组织文化的概念与功能

美国《商业周刊》在 1980 年秋的一期报道中最早提出了“公司文化”这个概念。以威廉·大内于 1981 年出版的《Z 理论》为标志，揭开了组织文化研究的序幕。

## 一、组织文化的概念

### （一）文化

**1. 文化的内涵**

文化(culture)一词是从拉丁文“cultura”转化来的，其本来的意思是耕种、居住等。19 世纪末的人类学家首先使用了文化概念。英国人类学家泰勒(Talor)认为：文化是包括知识、信仰、艺术、法律、道德、风俗以及作为社会成员所获得的能力与习惯的复杂整体。英国人类学家认为,文化就是那一群传统的器物、货品、技术、思想、习惯及价值。一般来说,文化通常是指人类通过社会活动,创造出来的物质、精神成果和人们的生活方式。

**2. 文化的基本特征**

首先,文化是历史积淀的成果,作为普遍的价值观、行为规范,文化是共有的。人类在社会环境下的行为及其成果的存在,使文化与社会共存,只要有人类社会,就存在人类文化。同样的,组织文化是组织成员行为及其后果的产物,不同类型的组织只存在文化上的差异,却不可能没有组织文化的存在。

其次,文化具有异质性的特点,不同的文化会因为社会历史条件的不同而具有各自特殊性。同样的,不同类型的组织所形成的组织文化也具有异质性特点,这样才使组织具有了自己的独特性,具有了社会识别的意义。

最后,文化是以符号为象征的。萨尔斯(Salthe)认为,"象征—语言是人类文化的基础。这些文化机制(政治结构、宗教、艺术、经济组织)没有象征符号就不能存在"。同样的,组织文化也要借助于形象性的、可识别的口号、标志、图形以及行为表现出来。

**3. 文化的构成**

在文化的构成上,我国学者孙本文将文化从种类上分成物质文化,包括机械、仪器和建筑等;社会文化,包括语言、风俗、法律和道德等;知能文化,包括科学和技术等;以及精神文化,包括宗教和艺术等。

荷兰人类学家、心理学家还以民族文化为背景,提出了组织文化的结构。在霍夫斯坦德看来,组织文化结构最外层的是符号,如服饰、发型、旗帜、身份象征等,这是只能由内部人识别的有特殊意义的字、图片、物体等;次外层的是英雄,一般是指本组织的创业者,或者在组织历史和发展上被认为有较大影响的人物;再向核心的是仪式层,主要指对组织有特殊意义的形式和活动如庆典、集体仪式等;组织文化的核心层是价值,主要指为组织成员共同理解并认可的具有普遍意义的价值观和行为准则。

还有的国外学者从文化的结构角度将文化划分为四个层次,包括共同假设文化价值、共同行为和文化象征。薛恩(Schein)将文化结构描述为基本假设、价值、规范和人工制品。这两种划分具有相似的地方,比如,所谓假设是指对现实环境和人的最基本的认识,在组织管理中就形成了"经济人假设""社会人假设""自我实现人假设"和"复杂人假设",这些假设构成不同管理方式的理念基础,在管理过程中形成了不同的管理方式;所谓价值是指一定环境影响下人们形成关于对人的意义的判断,在不同的组织中,就会形成或者关心员工,或者关心工作的不同价值观念;所谓行为或规则是指人们的活动准则,它可以规定人们哪些行为是合适的,哪些行为是不合适的;所谓象征或人工制品则是带有一定文化意义的物品。如麦当劳黄色的大“M”标志，不仅使人能够很容易找到它的店铺，而且会联想起它的特色来。

## (二) 组织文化

有人对组织文化的定义做过统计，共有 180 多种，几乎每一个管理学家和组织文化学家都有自己的定义。下面列举一下国内外学者的典型定义，以便于我们更好地理解这一概念。

(1) 彼得斯(Peters)和沃特曼(Waterman)认为：组织文化就是员工做出不同凡响的贡献，从而也就产生有高度价值的目标感，这种目标感来自对生产、产品的热爱，提高质量、服务的愿望和鼓励革新，以及对每个人的贡献给予承认和荣誉。

(2) 迪尔(Deal)和肯尼迪(Kennedy)认为：组织文化是各个层次上的员工的价值观和行为的总体以及由此表现出的组织外在形象。

(3) 霍夫斯坦德认为：组织文化是一种“组织心理”，即组织的潜意识，它一方面在组织成员们的行为中产生，另一方面又作为“共同的心理程序”引导这些成员的行为。

(4) 约翰·科特(John P.Kotter)和詹姆斯·赫斯克特(James L.Heskett)认为：组织文化是指一个企业中各个部门，至少是企业高层管理者们所共同拥有的那些企业价值观念和经营实践，是指企业中一个分部的各个职能部门或地处不同地理环境的部门所拥有的那种共同的文化现象。

(5) 埃德加·薛恩(Edgar Schein)认为：文化就是某一特定的人群，在学会如何对付适应外界和整合内部中遇到的问题时，所发明、发现或开发出的一套基本假设模式。如果实施效果良好则被认为是有效的模式，并作为认知、思考和探索相关问题的正确方式传授给新成员。

(6) 刘光明认为：组织文化所包含的价值观念、行为准则等意识形态和物质形态均为该组织成员所共同认可。

在这些定义中比较经典的是麻省理工学院的埃德加·薛恩在他的《组织文化与领导》一书中给组织文化下的定义，这个定义不管在国内还是国外也是为多数人认可的。薛恩的定义指出文化涉及假设、适应、认知与学习。他进一步指出，企业文化有三个层次。第一层次是人造文化。文化最可见的层次就是它的人造产品和创造物，即人们可以看见的物理空间、小组的技术输出、书面语言和演讲语言、艺术的成果和其他成员的外部行为——有形但经常难以解释。第二层次是价值观念。在某种意义上说，所有的文化学习都完全反映着他们认为“应当是什么”与“事实是什么”的区别。价值观念是有意识地表达感情的要求和需要。第三层次是人们建立的用来指导他们行为的基本假设。当解决问题的方法被反复运用后就会变成理所当然的。薛恩提出的组织文化理论是西方管理理论中的一个重要流派,他有关组织文化的定义以及对组织文化进行三层次的划分,对于我们今天研究组织文化都有重要意义。

综上所述,我们可以将组织文化定义为:在组织中形成的一种人们共同拥有的价值观念、信仰和行为准则。组织文化是一个组织在长期的发展中所取得的物质的、精神的全部成就,包括组织的物质文化、秩序文化和精神文化。

## 二、组织文化的类型

从世界各国对组织文化的研究成果看,组织文化可以按不同标准进行分类。

### (一) 桑南菲尔德的组织文化分类

桑南菲尔德提出的标签理论有助于我们了解组织文化的差异及组织文化与组织成员适当匹配的重要性。他将组织文化分为 4 类,即学院型文化、俱乐部型文化、棒球队型文化和堡垒型文化。

**1. 学院型文化**

学院型的组织为其成员提供大量的专门培训,并安排他们在特定的职能领域从事各种专业化工作。对于这种类型的企业来说,最重要的是企业的生存问题。这种组织喜欢雇用年轻的大学毕业生,并为他们提供大量的专门培训,然后指导他们在特定的职能领域内从事各种专业化工作。桑南菲尔德认为,学院型组织的例子有:IBM 公司、可口可乐公司和宝洁公司等。

**2. 俱乐部型文化**

俱乐部型组织非常重视资历、年龄和经验,要求其成员具有较强的适应性和忠诚感,它善于培养全能型的管理人才。俱乐部型组织的例子有:联合包裹服务公司、德尔塔航空公司、贝尔公司、政府机构和军队等。

**3. 棒球队型文化**

棒球队型组织认为工作绩效才是确定报酬的惟一标准,鼓励冒险和革新。招聘时,从各种年龄和经验层次的人中寻求有才能的人。薪酬制度以员工绩效水平为标准。由于这种组织对工作出色的员工给予巨额奖酬和较大的自由度,员工一般都拼命工作。在会计、法律、投资银行、咨询公司、广告机构、软件开发、生物研究领域,这种组织比较普遍。

**4. 堡垒型文化**

棒球队型公司重视创造发明,而堡垒型公司则着眼于公司的生存。这类公司以前多数是学院型、俱乐部型或棒球队型的,但在困难时期衰落了,现在尽力来保证企业的生存。这类公司工作安全保障不足，但对于喜欢流动性、挑战的人来说具有一定的吸引力。堡垒型组织包括大型零售店、林业产品公司、天然气探测公司等。

桑南菲尔德发现，许多组织无法归入某一种类型的组织，其原因可能是这些组织具有混合型的文化。此外，各类组织也不是固定不变的，由于多种因素的影响，一类组织文化可能转变为另一类组织文化。他还发现，不同类型的组织文化会吸引不同类型的人到该类组织中工作。例如，具有冒险和创新精神的人在棒球队型的组织中可能如鱼得水，而在学院型的组织中则无所作为。

## （二）主导文化与分支文化

主导文化是指某一组织大多数成员共同具有的核心价值观，它体现出该组织独特的个性。分支文化是指大型组织由于部门的不同或地理区域的划分而形成各种不同的文化。应当指出，一个组织的主导文化和分支文化并不是彼此分开的。某一部门的分支文化应是组织共同具有的核心价值观与本部门特有价值观的有机结合。例如，某公司的采购部门由于其工作部门的特殊性而可以具有该部门员工的特殊信念、思想和观点，但它们不能脱离整个公司的核心价值观。这就是说，主导文化要渗透于分支文化之中并具指导作用。如果一个组织没有主导文化，仅存在许多分支文化，这样的组织就会是一盘散沙，最终会无法适应外界的变化而解体。在一个大型组织中，只有主导文化与分支文化有机的结合，才能对组织成员的行为起到引导、凝聚和激励的作用。

## （三）强势文化与弱势文化

从组织文化的影响力来看，可以划分为强势文化和弱势文化。在组织文化的研究中，区别强势文化与弱势文化已成为一种发展趋势，尤其要注重强势文化的培育和发展。强势文化是指具有强烈影响力的文化。在组织中这种文化的核心价值观会被组织成员广为接受，组织成员会对这种价值观产生强烈的认同，因此，强势文化具有很强的行为控制力，会强烈影响组织成员的行为。例如，一家商店的强势文化是强调为对方服务，这种观念已深入员工心中，在这种情况下，商店员工都知道，自己的行为在其他方面没有太多的约束，但面对对方时必须严肃、认真、负责。这表明“为对方服务”这一强势文化直接影响着员工的行为。

强势文化的另一结果是降低员工的离职率。由于组织成员对强势文化中的价值观具有高度的认同，会产生高度的凝聚力、对组织的忠诚感和归属感，因此，也会降低组织成员的离职意向。此外，强势文化在某些情况下可以代替正式的规章制度，对人的行为起控制和调节作用。在任何工作组织中，都必须制定一定的规章制度，用于控制人们的行为,保证人们行为的一致性。如果组织中形成了某种强势文化,组织成员就会强烈认同于这种文化的价值观,从而自觉地控制和调节自己的行为。这样,强势文化与正式的规章制度实际上起到了殊途同归的作用。

### (四) 适应性、企业家精神文化

适应性、企业家精神文化以实施灵活性和适应顾客需要的变化把战略重点集中于外部环境上为特点。这种文化鼓励那些支持组织去探寻、解释和把环境中的信息转化成新的反应行为的能力的准则和信念。这种组织文化类型的公司并不只是快速地对环境变化做出反应,而是积极地创造变化。革新、创造性和风险行为被高度评价并得到奖励。适应、企业家精神文化的一个例子是美国的 3M 公司,该公司的价值观重视个人的首创精神和企业家精神。所有的新雇员都要参加关于风险行为的课程,在课堂上他们被告知去追求实现自己的理念,即使这意味着冒犯自己的上司。市场营销、电子、化妆品公司也可以采用这种类型的文化,因为它们都必须迅速地行动以满足顾客的需要。

### (五) 使命型文化

对于那些关注服务于外部环境中的特定顾客,而不需迅速改变的组织适于采用使命型文化。使命型组织文化的特征是着重于对组织目标的一种清晰认知和目标组的完成,诸如销售额增长、利润率或市场份额提高,以帮助组织达到目标。个人雇员一般对特定水平的绩效负责,组织相应给予承诺及特定的回报。管理者通过建立愿景和传达一种组织的期望未来状态来塑造雇员行为。因为环境是稳定的,他们可以把愿景转换成为可度量的目标,并且评价雇员达到这些设定目标的业绩。在某些情况下,使命型文化反映了一种高水平的竞争力和一种利润导向的方针确定模式。

### (六) 小团体型文化

小团体型文化主要强调组织成员的参与、共事和外部环境所传达的快速变化的期望。相比其他种类文化而言,这种文化类型最重要的价值观是关心员工,强调员工以获得优异绩效、参与、共事产生一种责任感和对组织的认同感。时装业和零售业公司可以运用这种文化类型。

### (七) 官僚制文化

官僚制文化具有关注组织中程序化与等级化的特点,追求组织的稳定、组织规范与程序、相互间的支持与合作、组织的传统、组织的形象、组织的英雄人物、组织仪式等。在这种文化中，个人参与程度有所降低，但员工间具有高水平的一致性、明确性与合作性。这种组织依赖高度整合性和高效率而获得成功。如保险公司，对工作人员的管理刻板且纪律严格。员工只能在指定的时间内喝咖啡休息，公司服饰准则要求员工必须穿着白衬衫和礼服，男性员工不许留胡须。然而，员工们却喜欢这种文化。这是因为这种文化中体现了信任，因此，这种文化更适合于保险公司。

### （八）特伦斯·迪尔与阿伦·肯尼迪的分类

美国学者特伦斯·迪尔和阿伦·肯尼迪在《公司文化》一书中，把组织文化划为4种类型。

**1. 硬汉文化**

这种文化可用“强悍”来形容，往往是风险很高、决策结果反馈最快的企业，如广告公司、风险创业公司、电影公司等。这类企业决策时赌注高、决心大；冒大风险，口号都是强调“最佳”“最大”“最伟大”，企业内部充满互相竞争气氛。由于要求在短期内获得利益，企业人员合作精神差，不重视长期投资，人员流动率高，很难建立坚强而又一贯的企业文化。

**2. 努力工作—尽情享乐文化**

这是一种“行动文化”，要求精力充沛、拼劲十足，但工作之后尽情玩乐，工作与玩乐并重。大多数商业性公司、推销公司属于此类文化。此种公司一般风险不大，但工作紧张。“有活快干，干完就算”这种环境很适合年轻人的胃口。这种文化在遇麻烦时，会采取短期行为，缺乏长期深远打算。

**3. 长期赌注文化**

这是一种风险很大、反馈缓慢的文化，其价值观集中在对未来投资，需要人们具有坚强的自信和长期经受考验的能力。属于此类文化的大都是基础工业企业，如冶金、石油、矿山等。这类文化尊重权威和专家，不能容忍心理不成熟的人工作不认真的现象。优点是有助于产生高质量的发明创造和重大技术突破，缺点是行动速度缓慢，对迅速变化的环境不会做出灵敏的反应。

**4. 过程文化**

这是一个低风险、慢反馈的领域，包括银行、保险公司、水电公司、制药业等单位。由于反馈过慢，员工对自己工作效果好坏全无观念，因此，会促使他们把注意力放在“如何做”上面，而不是“做什么”上面。例如，把公文往来、行政事务看得无比重要，其价值观集中在技术的完美上，过程和细节力求准确无误。在这种文化下的人，工作井然有序，完全照章行事，因而也容易抑制人的创造性，产生僵化体制和官僚主义。

## 三、组织文化的功能

### (一)凝聚功能

美国学者凯兹·卡思认为,社会系统的基础是人类的态度、知觉、信念、动机、习惯等心理因素;在社会系统中将个体凝聚起来的是心理力量,这种心理力量就是共同的理想与信念。企业文化正是以各种微妙的方式沟通人们的思想感情,融合人们的观念意识,把广大员工的信念统一到企业价值观和企业目标上来。通过员工的切身感受,产生对本职工作的自豪感、使命感和归属感,从而使企业产生强大的向心力和凝聚力。

成功的企业无一例外地都具有强有力的凝聚力。一个典型的案例可以反映企业文化的凝聚作用:美国微软公司不是一个循规蹈矩、等级森严的组织,而是一个人才济济的公司。应该说,这里的每一位员工都有自己的个性和想法。但是,公司精神和文化的有力推行,使每一位员工的思想又都能统一到"微软"这一金字招牌背后的文化上来。同样作为大公司,惠普对员工有着较强的凝聚力。这是一种友善、随和而有很少压力的气氛。在挤满各阶层员工的自助餐厅中,用不了三美元,你就可以享受丰盛的午餐,笑声洋溢,仿佛置身在大学校园的餐厅中。惠普公司的成功,靠的正是"重视人"的宗旨。这一宗旨源远流长,目前还在不断地自我更新中。公司的目标总是一再修订,又重新印发给每位员工。每次都重申公司的宗旨:"组织之成就乃系每位同仁共同努力之结果。"正如公司目标的引言部分所说:"惠普不应采用严密之军事组织方式,而应赋予全体员工以充分的自由,使每个人按其本人认为最有利于完成工作的方式,使之为公司的目标作出各自的贡献。"

### (二)导向功能

企业文化一旦形成,就会产生一种定势,这种定势就自然而然地把职工引导到企业目标上来。企业提倡什么、抑制什么、摒弃什么,职工的注意力也就转向那里。当企业文化在整个企业内成为一种强文化时,其对员工的影响力就更大,其职工的转向就越自然。在良好的企业文化的影响下,员工会逐渐形成共同的价值观、奋斗目标和事业,并最终会使员工的行为体现为共同的文化。例如,日本松下集团,充分注意了企业文化的导向作用,使职工自觉地把企业文化作为企业前进之舵,引导着企业不断向确定的方向发展;华为公司用文化洗脑,来自各个名校的高材生到公司的第一件事就是接受华为企业文化的洗脑,以华为文化为企业的灵魂,以华为文化为导向。

相反,如果企业文化缺乏应有的鲜明价值观和明确的指导方向,那么对于企业的影响也将是负面的，就不能发挥其正确的导向功能。例如，苹果电脑公司我行我素的文化必然导致公司的经营指导思想是一种“产品导向”或称“技术导向”，使公司方向与市场需求难以协调。苹果机性能优越、使用方便，是世界上最易联网的个人计算机，在技术上可谓无可挑剔。但是，它却是世界上惟一不与 IBM-PC 兼容的机型。计算机业发展的大势所趋是计算机联网，要求微机兼容。IBM 在计算机市场上占有最大的份额，因此，苹果电脑独树一帜的不兼容实际上限制了市场对它的需求，失去了许多潜在顾客。苹果公司拒绝授权其他电脑厂商生产深受欢迎的 Macintosh 软件，从而失去了一个拓展市场的绝好机会。与此相反，IBM 公司却公开了 PC 机全部设计细节，鼓励软件人员为它编写程序，鼓励其他厂家生产兼容产品，从而大大刺激了对产品的需求。

此外，这种文化的迷失还会给企业内部带来诸多不和谐的因素。例如，苹果公司这种所谓“特立独行”的文化，使得公司人员崇尚一种个人英雄主义，桀骜不驯，难以控制，技术人员与管理人员之间冲突频频。独创精神未成为技术发展的动力，反而加大了企业合作难度。公司对事物的看法总是不能取得一致，无法作出决定，坐失了许多良机。员工士气不振，人员流动率大大增加。许多极有才华的人，如销售业务主管、财务主管、苹果电脑日本市场经理等都因与总部意见不合而离职。这种人员流动频繁的现象是文化不适的一个明显信号。

### （三）约束功能

企业文化的约束功能是通过职工自身感受，产生认同心理而实现的。它不同于外部的强制机制，如此处不准吸烟、上班不许脱岗等。企业文化的约束功能主要表现在对企业员工行为的无形约束上，它通过潜移默化的作用方式在企业员工中树立起一系列与企业发展方向一致的信念和态度，对企业每个成员的思想和行为具有规范作用。企业文化的约束作用与传统的管理理论单纯强调制度的刚性约束不同，它虽然也有成文的刚性制度约束，但更强调的是不成文的柔性心理约束。

例如，沃尔玛有着十分规范的企业文化制度，如“日落原则”“十步服务原则”“三米微笑原则”“顾客满意原则”等。沃尔玛内有句话——零售就是细节，这种工作态度是零售人员必不可少的。零售业是一个非常细节化的行业，要求员工在琐碎的工作中有持久的热情、强烈的顾客服务意识，有想法、有创新意识，以及有足够的敬业、勤奋和耐心。这种持久的职业素养来源于沃尔玛严明的规章制度，得益于沃尔玛企业文化中潜移默化的约束功能。

当然，企业文化的约束功能不仅体现在对员工的约束上，也体现在对企业本身的约束上。如果一个企业形成了优秀的企业文化体系，就应该维护和坚持。但是，如果出现病态的、畸形的企业文化，就会起到负面的制约作用。

### (四) 激励功能

企业文化以理解人、尊重人、合理满足人们各种需要为手段,以调动广大员工的积极性、创造性为目的。所以,企业文化从前提到目的都是为了激励人、鼓舞人。通过企业文化建设,创造良好的、安定的工作环境、和谐的人际关系,造就尊重关怀下属的领导,不断创造进步的机会、合理的福利待遇、合理的工作时间,在有条件的情况下尽量满足广大职工的需求,从而激发职工的积极性和创造性。企业文化的激励已不仅仅是一种手段,而是一种艺术,它的着眼点不仅在于眼前的作用,而更注重人创造文化、文化塑造人的因果循环。

### (五) 教化和辐射功能

具有优秀文化的集体是一所"学校",为人们积极进取创造良好的学习、实践环境和条件,具有提高人员素质的教化能力。它可以树立人的崇高理想,培养人的高尚道德,锻炼人的意志,净化人的心灵,使人学到为人处世的艺术,学到进行生产经营及管理的知识、经验,提高人的能力,有助于人的全面发展。如,具有三百多年历史的北京"同仁堂",它的堂训是"同修仁德,亲和敬业;共献仁术,济世养生"。这一理念不仅影响了员工的行为,更重要的是教化了员工的心灵,培养了员工的优秀品质。

企业文化不仅对企业内部产生强烈的影响,通过自己的产品,通过企业职工的传播,也会把自己企业的经营理念、企业精神和企业形象向社会展示,有的还会对社会产生强烈的影响,如 20 世纪 50 年代鞍钢的孟泰,60 年代大庆的"铁人",90 年代的李素丽等,都对社会产生了巨大的影响,这就是企业文化的辐射功能。

同时,企业文化还以其深层次结构——观念形态的因素,对社会产生辐射。一个优秀的企业,它的企业精神、职业道德、经营管理思想、价值准则等都对社会心理产生影响。例如,松下公司的全员经营、首钢的经济责任制、丰田的企业精神都冲击着当代人的心理,激发着人们的创新精神和竞争意识,使人们的观念不断地发生着变化。

### (六) 协调功能

所谓协调是指组织内部各部门、人与人、人与事、事与事之间的有机配合。进入这个机制就产生了强制作用,不按此运行就破坏了机制。企业文化本身不是一种机制,它是人们心理的一种默契。好的企业文化所产生的这种心理默契比机制更有效。

企业之间存在着极其剧烈的竞争关系,但不管竞争怎样激烈,客观上企业之间还是有或多或少的依赖关系,存在着相互之间信息的交换。尤其是随着社会化分工的进一步精细化,企业之间的关系不断加强,既是竞争者,又是合作者。企业文化的发展,给竞争加上了必须“文明”的限制。这样，通过企业文化的协调，不至于发生不合理的竞争关系。另外，企业文化在协调企业与社会的关系、企业内部的关系方面也起到了很关键的作用。具体地说，通过文化建设，企业应尽可能调整自己，以便适应社会整体文明，迎合国家方针政策、法律法规，使企业与社会之间不至于发生脱节的现象；同时，还要保证企业内的群体活动也在互相联系、互相信赖、互相协作的氛围中进行，通过使每个员工具有共同的价值观念，建立起良好的人际关系，形成团结和谐的气氛。

# 第 2 节　组织文化的形成与传播

## 一、组织文化形成的影响因素

为什么一个组织中的众多个体会共享基本的态度、价值观和愿景？下面几个因素是引发这种局面的关键所在，并因此促使了组织文化的形成。

### （一）公司的创建者

组织文化的形成可以追溯到公司的创建者。这些人通常精力充沛，信念坚定，并且对于整体组织的运作有着清晰的预期。因为他们总是第一个走到台前的，而且在最初的人力资源配置上起着关键的作用，因此，他们的态度和价值观很容易为新雇员所接受。而这些观念也会逐渐成为整个组织的共识。

例如，微软公司由于其创始人比尔·盖茨本人进取心很强，富有竞争与冒险精神，因而微软公司的文化特点也是富于进取创新，敢于冒险，在用人上也愿意聘用那些有错误而又能吸取经验教训的人。在微软公司，大家的共识是，最好是去尝试机会，即使失败，也比不尝试任何机会好得多。而在同样是电脑行业巨人的 IBM 公司，情形却相反。其创始人托马斯·沃森几乎为每一件事都制订了规则。深色西装、白衬衣、条纹领带、禁止喝酒，甚至下班后也禁止。因而 IBM 公司企业文化表现为稳健与保守。

韩国现代集团是一家年销售额曾达 450 亿美元的企业王国，由于其创始人陈裕阳的家庭忠诚感和专制统治的风格，以及他成长创业的经历，使得现代集团的企业文化又呈现为另外一种风格，那就是强制、充满竞争气氛、封建顺从意识，并带有军事化的特点。在他权力的顶峰，他是一个令人畏惧的人物。甚至有传闻说，在现代集团的经营委员会会议室里常备有担架，因为陈裕阳有时会把不听他的话或不按他的方式做事的下属击倒。

组织的领导者的行为对组织文化的形成具有决定性的影响，其原因是：

(1) 组织的领导者掌握着组织的决策权,他是为组织制定游戏规则的人,他会以自己认为是正确的方式制定组织的各项规章制度,以自己的业绩标准对员工进行激励和惩罚,这些制度和规则会对组织成员的行为进行引导、判断和选择。而组织文化的起源恰恰源于制度化,组织制度化运作的长久积淀就会形成组织文化。

(2) 领导者个人的言行会对组织内的成员产生一种示范效应或者说是榜样的力量,成为组织内部成员模仿学习的对象。而且由于领导者特殊地位的关系,其示范效应又非常强烈,因为处于下层的人向上层的人学习是一种动物本能。动物行为学用实验证明了这一点。找一个小猴子由人教会它吃水果之前先洗干净,然后把这个小猴子放进猴群,结果众猴子不仅不学,还打它。再找一个猴王教它洗水果,然后把这个猴王放进猴群,众猴子纷纷效仿,洗水果再吃成为猴子的一种时尚。

### (二) 成长历程

同样,组织文化的发展历程通常也是组织在外部市场环境中的成长历程。每一个组织都必须在整个行业以及整个市场中找到自己适当的位置。在这些组织早期的奋斗历程中,某些价值观和行事风格可能更为有效。例如,某一公司可能认为为顾客提供质量上乘的产品是自己独特的市场切入点,为此,它可以培养出一个核心的顾客群来拓展自己的业务。该公司可能就逐渐形成以高质量为核心的共识。同时,另一个公司可能发现以有吸引力的价格出售质量普通的产品是最有效的经营模式,结果自然就导致以价格为主导的主流文化的形成。正是通过这样的(以及其他无数的)途径,组织文化在与外部环境的相互作用下逐渐成形。

### (三) 同事之间的交往

毫无疑问,组织文化的发展与组织内部成员之间以及团队之间的相互交流不无关系。在广义上,组织文化包括了组织成员对各类事件以及行为的共同的观念。组织文化反映出人们对于不同的事物和行为的相似理解。换言之,人们正是以这种方式逐渐在一些关键(即那些与组织工作有关的)问题上达成一致。

## 二、传播组织文化的工具

组织文化是如何在人们之间传播开来的?也就是说,组织成员是如何浸染于自己的组织文化之中的?这其中包括几种关键的机制:标识、传奇、行话、仪式以及规章制度。

## (一) 物质象征

组织通常依靠物质象征来传播自己的文化，如公司的标识就是一些具体的物质象征，蕴含着其特定的内在含义。例如，一些公司会建造醒目的建筑来显示公司强大的实力、辉煌的业绩以及稳重的风格，而另一些公司则利用标语口号来表达自己的文化。这些口号可能随时会变，但一些经典的口号却源远流长，如诺基亚公司的"科技以人为本"，联想公司的"世界失去联想，世界将会怎样？"等。

公司总部的布局，公司提供给高级管理人员的车型，公司是否给他们提供私人飞机等，这些都是物质象征的例子。物质象征物还包括，办公室的大小和摆设，装饰物的档次，高级管理人员的额外津贴、衣着等。这些物质象征物告诉员工，谁是重要人物、高级管理人员希望平等的程度、恰当的行为类型，如冒险、保守、独裁、参与、个人主义、社会导向等。

一项有趣的研究也证实了这一点。在该研究中，研究者向人们呈现一些公司接待处的图片，然后让他们通过图片来评价这些公司。结果不同的图片投射出了不同公司的组织文化在人们心目中的形象。例如，图片中的公司如果绿化做得好，有大量的花卉和植被，人们通常认为这类公司拥有友善的以人际关系为导向的组织文化；同时如果图片中的公司布满奖杯，人们会认为它们是成功的忠实追随者。以上的研究结果表明，物理的标识可能是传播组织文化的有效工具。

## (二) 传奇

同样，组织中流传的种种传奇（无论是正式渠道还是非正式渠道）也传播着组织文化。

诺斯拉姆公司的员工喜欢谈论这样一个故事，它与公司的顾客退货政策密切相关。当这个零售连锁店初创时，有一天一个顾客来到商店想退掉一副汽车轮胎，售货员并不清楚自己应该怎样处理这个问题。就在顾客与售货员交谈时，诺斯拉姆先生路过此处，并听到了谈话内容。他立刻走过去，问顾客花多少钱买下的这副轮胎，然后让售货员收回轮胎，把钱全数退给顾客。顾客拿着钱离开后，这位售货员困惑地看着老板说，"诺斯拉姆先生，我们没有卖过轮胎呀！""我知道，"他的老板说，"但无论如何我们要让顾客满意。我说过，顾客退货时，我们不提任何问题，这是我们的退货政策，必须做到这一点。"然后，诺斯拉姆先生就打电话给一个在汽车配件厂的朋友，问他愿意花多少钱拿走那副轮胎。

许多组织中都流传着这样的小故事，它们的内容多半是与组织创建者、违反组织制度、从乞丐到富翁的发迹史、裁减劳动力、员工重新安置、反省过去的错误以及组织应急事件等有关。这些小故事不仅能够起到借古喻今的作用,还可以为目前的组织政策提供解释和支持。更重要的是,这些传奇故事通常透射出组织文化中的一些核心价值观,而讲述这些传奇故事可以有效地传播并强化这些价值观。

## (三) 行话

许多组织,以及组织内的许多单位都用语言来作为识别组织文化或亚文化成员的标志。通过学会这种语言,组织成员可确认他们已经接受了这种文化,这样有助于员工坚持这种文化的价值观。随着时间的推移,组织往往形成了自己特有的名词,用来描绘与业务有关的设备、办公室、关键人物、供应商、顾客、公司产品等。一般来说,新员工经过6个月的工作之后,那些起初令他们困惑不已的新名词,就成为他们语言的一部分了。这些术语一旦为员工所掌握,就成了共同特征,把特定文化或亚文化中的成员联结在一起。

公司内部的俚语或者行话,能帮助其成员形成对公司的认同感。例如,戴劳公司是一家以加利福尼亚为基地的数据开发公司。公司员工使用即位数目(分配数据库中每个个体记录的数字)、KWIC(文章中的关键词)、关系操作员(在数据库中按一定顺序搜索人名或关键词的人)等词语。图书馆管理学专家所用的术语,大部分是外行人所不了解的。他们在谈话中会不时地使用一些缩略语,如ARL(图书馆研究协会)、OCLC(提供合作目录的俄亥俄中心)、OPAC(上机用户专用目录)等。当路易斯·郭士纳(Louis Gerstner)离开RJR到IBM公司就职时,他不得不先学会许多新词,如"果园"(IBM在纽约的总部,以前曾是一个苹果园)、"大烙铁"(计算机主机)、"高能人"(潜力较大、有才能的人)、"表演者"(公司绩效评价最高的员工)、PROFS(专业办公系统,IBM公司的内部电子邮件系统)等。

## (四) 仪式

组织同时也通过各种类型的仪式来传承自己的文化。实际上,这些仪式可以视为承载组织基本价值观和承诺的赞歌。最出名的公司仪式是玛丽·凯化妆品公司的年终奖大会。年终奖大会既像是马戏团表演,又像是美国小姐大选。大会在一个大礼堂的舞台上举行,一般持续几天,与会者都身着漂亮的晚礼服。达到销售指标的女售货员会得到一些美妙的奖品,如金饰针、钻石饰针、狐皮披肩等。这种年会公开地奖励销售业绩突出的员工,从而起到了激励员工的作用。此外,这种仪式强化了玛丽·凯个人的坚强意志与乐观精神,而这两点正是她克服个人困难,创立自己的公司,获得巨大物质财富的能量来源。玛丽·凯通过年会这种形式告诉她的员工,实现他们的销售指标很重要,通过努力工作和足够的勇气,他们也能获得成功。

### (五) 规章制度

组织文化传播的另一种途径是直接通过规章制度。一些组织针对全体员工制定了详细而明确的制度。例如,马尔斯糖果公司的创建者弗德斯特·马尔斯最早提出的"马尔斯五法则"至今仍引导着公司的发展,它们是:质量(即提高产品质量,人人有责)、责任(即每个员工都应当对自己的行为和决定负责)、共享(即创造让人人都受益的环境)、效率(即几乎所有工厂都从不停产)以及自由(即让每个员工都有掌握自己命运的机会)。一些公司同时还就其组织文化中的道德问题制定了详尽的道德章程,明确提出公司内部的道德准则。

# 第 3 节　我国企业组织文化的建设

## 一、我国企业文化建设的概况

企业文化的概念约在 1984 年传入我国。企业文化作为一种新的管理理论和方法,随着改革的深入和市场经济的发展,在我国不断受到重视。1986 年 11 月,我国企业文化研究会在北京成立。国内学术界开始翻译并撰写许多有关企业文化的书与论文,与此同时,不少企业开始着手企业文化的建设。

总体而言,我国企业在企业文化建设中取得了相当大的成绩,积极推动和影响着企业的持续发展,产生像海尔、复星等企业文化建设成功的公司。另一方面,我们也不得不承认,目前,我国不少企业虽然强调企业文化建设,但在建设的思路和方法等方面需要提高和改进。一些企业把企业文化与企业的思想政治工作混为一谈,用传统的工作方法和模式来实施企业文化建设,没有将其作为企业管理的一种有效手段,更没有从企业发展的战略高度来系统建设企业文化,因此,在一定程度上导致企业文化建设的滞后。

在一些企业的企业文化建设中存在的问题主要表现为以下两个方面:

第一,企业价值观或企业精神的塑造缺乏企业的"个性"。

在一些企业中,我们经常会在企业的宣传册子或宣传栏中看到企业精神的表达,但这些表达具有很大的雷同性或过于空泛,缺乏鲜明的个性,没有突出反映其企业的特点,缺乏感染力和吸引力。如下所列的是常见的一些企业精神的表达内容:

(1) 自重自强、同舟共济、扬帆奋进、勇创一流。

(2) 团结拼搏、改革创新、勇争一流、负重奋斗。

(3) 精心设计、开拓创新、团结协作、艰苦奋斗。

(4) 严格、认真、团结、拼搏。

(5) 团结、奉献、求实、创新。

(6) 信誉、务实、进取、有效。

(7) 开拓、争光、奉献、务实。

第二,企业文化的建设游离在企业管理之外。

在一些企业中并没有真正将企业文化建设纳入企业管理之中,存在"务虚"之嫌,似乎是作为"门面"和对内外宣传的工具,致使其建设随意性较大,没有从科学、规范和系统的角度进行建设。在一些企业之中,企业文化建设缺乏有效的规划和操作,起作用的往往是领导意志、口头承诺或约定俗成的东西,不能适应现代企业制度科学管理的要求,影响企业文化的有效建设,进而影响企业的可持续发展。

因此,如何进行有效的企业文化建设是目前我国一些企业迫切需要解决的问题。同时,分析和研究那些成功的企业文化建设也就更具现实意义。

## 二、我国企业组织文化建设实例——海尔集团的企业文化建设

海尔集团以其惊人的发展速度成为目前我国家电企业的排头兵,并向着世界500强的目标发起冲击。与此同时,世界也以关注的目光注视着这家企业的成长。国内外的专家、学者及企业界人士对海尔集团的成功经验很感兴趣,将之称为"揭开实现中国人梦想的经营者的秘密"。海尔集团的企业文化建设独具特色。

### (一) 以观念系列细化核心价值

海尔企业文化的核心是"创新",企业精神是"敬业报国、追求卓越",企业作风是"迅速反应、马上行动"。这应该说是海尔企业文化的核心价值观念。海尔文化建设的可贵之处并不在于这些口号,而在于能够把这些似曾相识的口号细化成一个个明白易懂的运作理念。如:创新,进一步细化成创新三原则:创新的目标是创造有价值的订单;创新的本质是创造性地破坏,追求有序的非平衡状态;创新的途径是创造性地借鉴与模仿。在创新三原则的前提下建立完善的创新体系,即战略创新、人力资源管理创新、管理方法创新、组织创新、技术质量创新、国际化创新。每一方面都提出一些易操作的理念。在战略创新中把战略分为三个阶段:创名牌、多元化、国际化。

在创名牌阶段,提出了"要么不干,要干就要争第一"的名牌理念;"高标准、精细化、零缺陷"的质量方针和"高质量的产品是高质量的人才生产出来的","有缺陷的产品就是废品"的质量理念 ;"先卖信誉,后卖产品"的营销理念;"市场的难题就是我们

的课题”“绝不对市场说不”的技术创新理念；“用户永远是对的”的星级服务理念；“斜坡球体论”“永远战战兢兢，永远如履薄冰”的生存理念；“人人是人才，赛马不相马”的人才理念；“打价值战不打价格战”的市场竞争理念；“先有市场，再建工厂”的技改理念和“三只眼理论”“人人都管事，事事有人管”的 OEC 管理理念等。

进入多元化阶段，除巩固、完善以上理念外，进一步创新一些新理念：“东方亮了再亮西方”，“吃‘休克鱼’理论”的资本运营理念；“关键的少数制约着非关键的多数”的 80/20 原则；“只有淡季的思想，没有淡季的市场”的市场理念；“互动的学习型组织”等。

在国际化过程中，提出了“海尔的国际化与国际化的海尔”“3 个 1/3 战略”“市场链”“源头论”“每一个人都是一个 SBU”“人人都经营，事事都创新”的经营理念；“三位一体”“三融一创”的国际化方式；“一流三网”的运作模式；进一步深化了“国门之内无名牌”“先难后易”“不为创汇为创牌”的国际化生存理念，推出“对内一票到底的流程，对外一票到站的服务”等。总之，海尔的核心理念在海尔 18 年的发展历程中，不断地被一个个运作理念重新诠释，形成独具特色、内涵丰富，而又纲举目张的价值观体系。惟其如此，海尔文化那并不神秘的内核海尔精神、海尔作风等才能因风化雨，落地生根，成为凝结在每一个海尔人心头挥之不去的情结。

### (二) 以个性化称谓固化理念

海尔文化的核心理念表述并没有什么特殊之处，但其运作理念则个性化极强：如“斜坡球体论”“吃休克鱼”“三只眼理论”“赛马不相马”“打飞靶”“源头论”“市场链”“80/20 原则”“SBU”“OEC”“6S 大脚印”“三位一体”“三融一创”“一流三网，一票到底，一站到位”“三个零”“整合论”，等等。这些各具特色的称谓容易记又有固定化的解释，因此，对海尔文化的普及化具有事半功倍的作用。还有一些理念虽然没有简洁生动的个性化称谓，但本身表述也非常具有个性特色，如“你能翻多大的跟头，就给你搭多大的舞台”“没有思路，就没有出路”等。正是这些使得海尔文化具有了独特的个性。

### (三) 以制度整合培育观念文化

海尔文化的观念体系非常庞大而且不断更新，为了让这些观念尽快转变成员工的具体行动，海尔很善于把这些观念制度化。如企业提出“名牌战略”“斜坡球体论”“质量方针”，便建立了相应的“OEC 管理法”，同时各部门设“日清栏”，提出了“用户永远是对的”的理念及相应的“海尔真诚到永远”的服务口号，建立了“国际星级一条龙”服务机制、“30 秒顾客速查档案系统”“24 小时全天候服务”和“无搬动服务”等一系列具体制度、措施加以保证。

与“人人是人才”理念相应的是“赛马机制”,为员工设计不同的职业生涯道路,实行“公开、公正、公平”的自由竞聘制度,确保了人人有合适的舞台,使许多年轻人脱颖而出,成就自身价值。同时,大力倡导“自主管理班组”,实行“三工并存,动态轮换”等办法,确保激励措施能步步到位。虽然海尔的企业文化中心并不直接制定具体制度,但他们往往能把几页、几十页的复杂制度体系简化成朗朗上口的“口诀”,明白易记,便于推广。如人力资源制度概括成“人人是人才,赛马不相马;上岗靠竞争,在位要受控,届满要轮岗,末位要淘汰;用人亦疑;管事先管人,管人带作风;三工并存,动态轮换”等。把 OEC 管理法概括为“总账不漏项,事事有人管,人人都管事,管事凭效果,管人凭考核;日事日毕,日清日高;计点到位,一岗一责,一岗一薪”等说法。既深得制度精髓,又便于传播。同时,通过企业文化中心与各相关部门的通力合作,把好制度执行关,较好地解决了理念制度化、制度观念化的接口,有力地推进了海尔文化的深植化。

## (四)以典型案例诠释文化

海尔企业文化建设中最具特色也最有效的方法就是案例化。为了让那些抽象的理念明白易懂,海尔给每个理念配上一个或几个小故事。如为了诠释“高标准、精细化、零缺陷”的质量理念,就用“砸 76 台冰箱的故事”说明:在海尔,有缺陷的产品就是废品。为诠释“迅速反应、马上行动”的海尔作风,就用“17 小时将海尔经理人的建议变成样机”和“葡萄美酒夜光柜,‘海尔速度’马上催”两个故事来传播。为诠释“市场的难题就是我们创新的课题”和“绝不对市场说不”的技术创新理念,就精心选出“大地瓜”“小小神童”的故事等。一个个精彩的故事在海尔园里持续地传播,在每一个海尔人的脑海里经久地回味。就这样,海尔文化以具象化的形式刻进每一个海尔人的心里,形成海一样博大深邃、海一样激情澎湃、海一样所向披靡的精神力量。而且,海尔的文化案例化是一项经常的工作。企业文化中心的一项主要工作就是“抓案例”,因此,海尔的案例也像其文化一样不断更新,不断完善,虽绵延流长而又与时俱进。

## (五)以培训研讨推广价值观念

培训研讨是任何企业进行企业文化建设必不可少的手段和途径,海尔为此建立了完备的培训设施和机制。为培训新员工和基层管理干部,海尔投巨资在仰口建立了培训基地,新员工必须在这里进行封闭性培训,接受最初的海尔文化熏陶。每年还会有几千人在这里接受企业文化再教育。为强化观念更新,除“8 号会议”之外,在海尔园创办了闻名遐迩的“海尔大学”。海尔大学以领导讲课和干部研讨的方式,本着“创新、求是、创新”的宗旨,对海尔的基层管理干部和专业人员进行文化培训。同时,也担负着对外培训,传播海尔文化的任务。

## （六）以舆论工具宣导价值系统

作为海尔文化建设的重要工具，《海尔人》《海尔世界》等报刊和海尔电视台发挥着巨大的作用。《海尔人》报头右上角“敬业报国、追求卓越”的海尔精神，“迅速反应、马上行动”的海尔作风每周一次地提醒着每一个海尔人；海尔的每一个思想火花都在报纸上纷纷亮相；海尔的每个优秀事迹和成就都在报纸上隆重宣扬。海尔的一报一刊一台发挥着指针作用，成为海尔人的思想指南。更具特色的是它们不仅是指针，还是利剑。其批评直截了当，使人警醒。许多针对性极强的评论文章，就事论理，入木三分，催人奋进。海尔的一个个价值理念就在这些报道、评论中顺理成章地融进博大精深的文化洪流中，汇聚成浩浩荡荡的文化长河。作为阶段性的文化结晶，海尔《企业文化手册》以名牌开篇，在简要回顾历程的基础上，将举凡海尔成功的理念和模式汇聚成集，8 公分长 6 公分宽的小本人手一册，可以方便地随身携带，时常温习。《企业文化手册》除理念解析，突出特色还在于每一个理念后面配以对应案例，使其成为海尔理念宣导和普及化的得力助手。

## （七）以条幅标牌制造氛围

走近海尔总部大楼，人未到就能看见电子显示牌上“欢迎××参观指导”的标语，使人倍感亲切。进入大厅，显示屏上的海尔精神、海尔作风不停地闪烁。几条从 12 楼垂下的巨幅红布标语向人们展现着海尔遵从、创新的价值理念。12 楼的“文化走廊”里，人们可以在照片和诗歌中领略海尔历史的激情岁月。车间里“整理、整顿、清理、清扫、安全、素养”的显示牌频频地提醒，日清栏上一丝不苟的标示和各种标语无不营造出浓浓的文化氛围，甚至连厕所也贴上文化的“标签”。

## （八）以有形载体诠释海尔文化

海尔集团大厦外方内圆的结构，演绎着“高度的规范化和高度的自由创造相结合”的理念；四根红柱标志科、工、贸、金四大集团支柱产业；广场前鱼鸟同乐，为人们营造了一个温馨和睦的美好家园；五龙钟塔建在八卦乾泉除寓意海尔人“生生不息，追求卓越”的精神和“顺天应时、兼有人和”的哲理之外，更让人目视灯塔产生时不我待的紧迫感、危机感，唤起奋斗不止的雄心。海尔是海，海尔大厦前高高的石碑上“海尔兄弟”相拥而立；海尔是海，“地中海是过去的海，大西洋是现在的海，太平洋是未来的海”。

海尔人把海尔工业园幻化成蔚蓝色的海洋。在一片蔚蓝色的建筑里，南海路、东海路、黄海路、渤海路与太平洋大道交相辉映。在海尔，处处使人感到海的气息、海的胸怀、海的伟大。最能体现海尔文化的建筑在海尔大学。在这座江南园林式的建筑里,移步换景,皆有寓意。进入大门,“谦园”石刻应门而立,这句引自《易经》的古训,提醒海尔人要做谦谦君子,厚德载物;题名“日新轩”的牌坊,昭示着“苟日新、日日新、又日新”的海尔之魂,告诉人们要每日三醒己身,知明无过,日事日毕,日清日高,不断超越自我,战胜满足感,争做创新的SBU。走在弯弯曲曲的长廊,透过形态各异的花窗,外面的景象变化无常,让人想起“市场惟一不变的法则是永远在变”的海尔理念;穿过“慎终如始,则无败事”的镂金坊,则见诠释“源头论”的“源头活水”;几丛茂竹也被赋予了文化的意象:高风亮节、节节向上、团队精神;《兰亭集序》里“引以为流水曲觞”的吃酒游戏,在这里担负起诠释“市场链”的义务。总之,在文化的海洋里,一花一草,一砖一瓦都可能被赋予深刻的文化内涵。身为海尔人,便在处处文化载体中耳濡目染、潜移默化地发育着,升华着。

## (九) 以典礼仪式引导行为

典礼仪式是企业提倡或推行的、有利于共识化价值观念的传统性活动,具有经常性和可重复性。海尔除了年末的总结表彰会、年初的动员会之外,最具特色的仪式活动是“8号会议”“同乐会”,落实OEC管理法的班前会、班后会和6S自检站。海尔集团高层管理人员每月8号都要聚集在总部会议室召开会议,海尔文化的许多理念都是在“8号会议”上形成、传达下来的。因此,“8号会议”在海尔具有举足轻重的地位。在每天的班后会上,人们对照6S的要求总结经验教训,典型的人员站在车间红漆刷就的“大脚印”上当众总结或反思,已形成传统,通过与目标、与别人的对比查找原因,以利纠偏;总结经验,以利发扬。近年推出的“10比10模式”是海尔文化仪式的又一大创新。在海尔大学,每一个教师的照片和名字都要上墙,在公开、公正、公平的目标考核下,10%最优秀的人员照片下面被放上一个红色的“卡通笑脸”,10%落后的人员照片下面被放上个绿色的“卡通笑脸”,其余人员都是黄色的笑脸。海尔的典礼仪式以理念为导向,以活动为方式,以习惯为特征,春风化雨,引导员工的行为,强化着文化。

## (十) 以“海尔员工画与话”实现互动

真正的文化应该是共识并且是知行合一的,要做到这一点,只靠单向度的宣贯,效果往往难如人意,这也是许多企业颇感头疼的事情。有些企业为了解员工对公司理念的理解程度,或者用考试的方法或者让员工写心得体会,虽然也实现了互动,但效果差强人意。这些方法,由于员工的厌烦、抵阻和应付,变得流于形式,尤其对于文化程度不高的员工更是勉为其难。

海尔的“员工画与话”不仅实现了上下互动,而且,因为形式活泼,容易操作,深受员工的喜爱。平凡员工的一己之见,一个思想的火花,一个幼稚的漫画,只要稍具创意与价值，就会在文化中心专业人士的加工下见诸报端，甚至选进《海尔员工画与话》丛书。比如以创新为题的画与话就层出不穷：一位叫王利民的新员工用滑踏板来表现创新，他画了两个人滑踏板，一个人脚踏轮上写着创新观念，顺利前行；另外一个人的脚踏轮上写着守旧，则不断摔跤。他写道：小圆球代表从脑中不断创造出的新思路，SBU依靠这些小球的不断滚动高速前进，而没有好的创新思路的人则无法发展。冰箱产品本部的李昕写道：采购的资源是一个低成本的大萝卜，但经过 SBU 的创新，精心雕琢成一条“龙”，其价值就已经和当初的大萝卜不能相提并论了。在专业人员的加工下，变成三幅图构成的漫画，以表现“采购资源加上创新，就能给用户创造价值”的主题。特种冰箱本部的苏增娟画了大海浪涛中的一群鱼，她写道：汹涌澎湃的大海代表着激烈的市场竞争，大海中创新后的“飞鱼”既有创新的翅膀又有飞快的速度，比笨重的大鱼更容易吃掉小鱼——激烈市场竞争中的订单。以此来说明，在市场竞争中，唯有创新、迅速反应加行动，以秒为单位，才能在激烈的竞争中立于不败之地。美尔公司的孙根则用祖孙三代分别用电话、汽车、电子邮件传达信息，最后输了的反而是身强力壮的爸爸的漫画，表达突破思维方式，与时俱进的创新必要性。电热事业部的张丽则用爬山的感受来诠释创新，她说“爬山时我体会到了浪尖上那种既荣耀又危险，辛苦却不容后退的感觉。对手也很厉害，紧紧逼着你，你必须将创新的工具深深植根于用户的土壤，一步一个脚印往上走”。她画了一群正在爬陡峭山峰的人，以此说明，企业一旦站在创新的浪尖上，维持的办法只有一个，就是不断创新。对于海尔来说，这不过是沧海一粟，海尔的每个理念都会有无数“画与话”来形象化、简洁化、大众化。这种图文并茂，简便易行，充分互动的文化建设方式是海尔创新文化的硕果，无疑也是值得借鉴的良好方式。

### （十一）以“价值观统一处”实现观念传导

海尔企业文化中心担负着价值理念整合、推广和普及化工作，除了一般的工具系统之外，其独特之处是海尔设置了“价值观统一处”。海尔因其跨国企业框架，部门分散，人员众多，仅凭企业文化中心的力量显然力不从心，因此，以“管理借力论”为指导，在下属公司设置“价值观统一处”。该处人员视具体情况分为专职和兼职，其职能是帮助文化中心宣贯集团价值理念，搜集有价值的案例资料，上情下达，下情上达。该处人员要求具有较高的素质，深谙海尔文化精髓，接受双重领导和考核，是文化中心在各地的文化骨干，以其贴近性、灵活性起到较好的文化传导作用。

### （十二）以文化活动培育精神文化

虽说活动本身并不就是企业文化，但没有活动，文化就死了。因此，海尔十分注重企业文化建设活动。擂台赛,同乐会,海尔给你拜年,互动学习型组织建设和各种文体活动层出不穷。尤其值得一提的是已举办了10余届的海尔职工运动会,气势恢宏,规模庞大,动人心魄。来自世界各地的海尔员工、经销商和员工家属汇聚一场,感受海尔非凡的力量,令每一个到场的海尔人倍感自豪,化作努力拼搏的力量。可贵之处更在于运动与文化的交融:看台上的"敬业报国,追求卓越""迅速反应,马上行动""赛马不相马""海尔——中国造"等众多海尔理念的大字,海尔旗、"奔马"和"中国龙"等形象都是普通海尔员工手拿彩牌摆成的。摆字的过程既是海尔文化发育的过程,又是对海尔文化的检验。正如一位员工说的"表面上看这些动作非常简单,但要让几千名员工步调一致地做同一动作,就非常不简单。摆字使我明白了一个理儿,只要大家凝聚成一条心向着企业,企业才能飞快发展,海尔的国际化是每一个海尔人的国际化,摆字的意义已超过了它的本身"。运动会的趣味比赛项目也无不显示着海尔文化的灵光,"市场链""全球零距离""源头论"等,海尔文化已渗透到运动会的每一个细节。海尔集团领导带队绕场一周问候各单位员工,也成为运动会的另一风景线。总裁杨绵绵说:"我们每年都要办一次职工运动会,以此来展示企业与员工的精神风貌,我们追求的是一种震撼人心的力量!"其实,海尔职工运动会何止是展现,更是塑造文化的良好途径。

## (十三)以系统责任强化团队精神

海尔企业文化的形成很大程度上得益于其"擒贼擒王"的策略。优秀的企业文化必定是领导根据价值理念确定工作标准,率先垂范,以身作则的。张瑞敏上任伊始,首先对干部提出严格要求。在砸冰箱事件中,张瑞敏、杨绵绵主动承担责任,自罚工资。他们对干部考核相当严格,主要干部的考核由企业文化中心每周五考核,考核结果在各部门考核栏中公布,表扬、批评及时具体,处理明确。《海尔人》上点名批评,评论性批评也是常事。这种"干部红黄榜"与直截了当的批评方式,以及持之以恒的坚持,是海尔文化形成的重要基础。与此同时,为了强化团队精神,强化干部责任,海尔还确立了"80/20原则",员工犯错误,除追究其直接责任外,还要追究其上级的间接责任或领导责任,使整个系统互相负责,形成互动的良性机制。员工口服心服,理念贯彻也就事半功倍。

## (十四)以一丝不苟的细节运作培育作风

海尔企业文化建设目标远大,观念超前,往往从大处着眼;但在运作过程中却总能从小处着手,从最基础的管理抓起,一丝不苟。从张瑞敏最初的管理制度到独具特色的"OEC管理法",以及海尔日常的一些示范性制度要求都体现了这一点。日清日高管理系统,全面、全方位、全过程地对每人、每天、每事进行控制清理,做到"日事日毕,日清日高”。企业每天所有的事都有人管，做到控制不漏项；所有的人都有管理控制的内容，并以工作标准对各自控制的事项按预定的计划执行，每日将实施结果与计划标准对照、总结、纠偏，达到对事物发展过程的实时控制，确保事物向预定的目标前进。

海尔抓细节在于带作风。海尔领导善于以小见大，把一件小事当作大事来抓，抓得具体而又深刻，使其起到举一反三的作用。把“起身离座必须把椅子推进去”这样一件小事当大事来抓，专门制定制度，认真检查。总经办有人离座几分钟送人，出去再回来没把椅子推进去，照样被罚款批评。由此，才有了海尔大学王峰几百米的参观过程中，倒着走路的超值服务，才有了海尔追求卓越的精神。海尔文化好，但要做到难，太辛苦了！这是许多人的慨叹。然而，这正是海尔的伟大之处。张瑞敏说：“什么是不简单，能够把别人认为简单的事成千上万遍地做到位，就是不简单。”本着这样的思路，海尔从大处着眼，小处着手，一丝不苟，持之以恒地抓管理，从而营造了一个彬彬有礼、紧张和谐、健康向上的文化氛围。

# 第4节 跨文化管理

## 一、国家文化与组织文化

组织文化与国家文化（或者民族文化）有着异同之处。组织文化指的是一个组织中绝大多数成员共享的价值观、信念以及习惯，这些价值观、信念以及习惯可能会根据地域、职能部门的不同以及组织的经历而发生分化，从而无法适用于组织之外的环境。组织之内的文化一旦形成，就会与其母体的国家文化有一定区别，但通常认为，组织文化在更大程度上存在着国家与民族之间的区别，因为组织文化在一定程度上反映了一个国家的文化。举例来说，如果在一个国家的文化中，执掌权力的社会角色，如教师、父母或者公司的经理受到高度的尊重且备受推崇，这将导致此种文化中某种特定形式的组织内沟通模式，如员工无法直接向上级表述自己的观点。因此，正确理解组织文化的民族差异，对于跨文化管理具有重要的意义。

## 二、跨文化研究的理论模型

### （一）克拉克洪—斯托特柏克构架

在分析文化差异时引用最多的方法之一就是克拉克洪—斯托特柏克的构架。克拉克洪(Kluckhohn)等认为,文化可以从如下六个维度进行描述:与环境的关系、时间取向、人的本质、活动取向、责任中心和空间概念。

**1. 与环境的关系**

在人们对自身与外部自然环境关系的看法上,不同文化之间有很大的差异。有的文化认为人可以驾驭自然,如美国文化。美国人强调的是人通过改变自然环境去实现自己的创作意图从而达到自己的目标,美国人相信他们能够控制自然。因此,人主导环境是美国文化的特色。比如,美国人愿意每年花费上亿美元经费从事癌症研究,因为他们相信可以找到癌症的病因,并发现癌症的治疗办法,最终消除这种疾病。

有的文化认为人与自然应该和谐共处,我们知道很多中国人讲究"风水",很多事物的布局摆设都得先看风水才能决定。另外,房子的朝向、形状等也都得与周围的自然环境相和谐,那样才能人丁兴旺,生意兴隆。而人与环境和睦相处即为中国文化的特点。这样的价值取向影响人们的思维方式和对事件的反应。还有一些文化认为人受制于自然,自然是不可战胜的,如某些美国印第安文化。

**2. 时间取向**

不同的文化和社会对时间的价值观也不一样。对时间的看法主要涉及两个层面。一个是关于时间的导向,即一个民族和国家是注重过去、现在还是未来。例如,美国文化则很少关注过去,基本着眼现在和未来。这种导向的一个表现可以从美国创造的文学、电影和艺术作品中稍见端倪。美国人擅长编写科幻小说、科幻电影,其中对于未来的假想可谓登峰造极。而意大利文化对时间所持的观点是关注过去。比如,意大利人就追随着他们的传统,并寻求保护他们历史的实践活动。

另一个层面是针对时间的利用,即时间是线性的,应在一个时间里做一件事;还是时间是非线性的,在同一时间里可以做多件事。

**3. 人的本质**

不同文化中的人们对人性的看法差别很大,西方人受基督教影响崇尚"原罪说",认为"人性本恶",而中国人受儒家学说影响,认为"人性本善"。

文化中对人本质的看法会影响到管理者主要的领导风格:如果国家关注的是人邪恶的一面,则通常采用专制的风格来规范人的行为;如果强调信任的价值观,则参与甚至自由放任的领导风格将占主流;在混合型文化中,领导风格可能会重视参与,但同时拥有严格的控制手段以迅速识别违规行为。

**4. 活动取向**

人的活动取向是指一个文化中的个体是否倾向于不断行动。一些文化重视做事或活动,他们则强调成就;另一些文化重视存在或即时享乐,他们则强调体验生活并寻求对欲望的满足;还有一些文化重视控制,他们则强调使自己远离物质而约束欲望。

比如，美国人生活在做事取向的社会中。他们工作勤奋，并希望因为自己的成就而获得晋升、加薪以及其他方式的认可。美国人认为必须不断地做事，不断地处在动之中才有意义，才能创造价值。这种文化导向要求人们不仅要动，而且要快。美国人创造的快餐食品，速递公司，也都是行动导向文化的产物。相反，墨西哥人则是存在取向。在这种文化中，他们强调即时享乐。同时，在许多亚洲社会里，静态取向，安然耐心也被视为美德之一，提倡“以静制动”，“以不变应万变”，强调无为而治。所以，当美国人发现问题的时候，总是倾向于立即找出解决方法，然后实施；而东方人有时会选择静观，什么也不做，等时间和外界环境自然成熟，再抓时机解决问题，而这样的做法则很难被美国人接受。

**5. 责任中心**

文化还可以按照对他人幸福的责任而分类。不同文化中的人对自身与他人之间关系的看法也很不相同。中国人把个体看成是群体的一员，个人不可以离开群体而存在。个人不应有与他人不太相同的特征，应该尽量合群，左右逢源。一个人如果个性太突出，太与众不同，就可能遭排斥，而变得格格不入。在个人利益与群体利益发生冲突时，个人则应该牺牲自己的利益保全集体的利益，应该大公无私，毫不利己专门利人，应该牺牲小我，成全大我。而美国文化恰恰相反，美国人是高度个人主义的，他们使用个人特点和个人成就来定义自己，他们相信一个人的责任是照顾好自己。英国人和法国人则遵循另一个取向，他们依赖于等级关系，这些国家中的群体分成不同的层次等级，每个群体的地位保持稳定，不随时间的改变而改变。等级社会倾向于实行贵族统治。

文化的这一维度对于组织中的工作设计、决策方法、沟通类型、奖励系统和选拔活动有着重要影响。比如，在个人主义社会中的选拔重视的是个人成就。而在群体社会中，能与他人很好地合作则可能最为重要。在等级社会中，选拔决策以候选人的社会等级为基础。这一维度有助于解释为什么在美国个人简历（在此列出了个人成就）十分流行，而对裙带关系（聘用自己的亲戚）持消极意见。

**6. 空间概念**

人在关于空间的理念上表现出来的文化差异也非常显著。中国人倾向于把空间看成公共的东西，没有太多隐私可言；而美国人、德国人却倾向于把空间看成是个人的私密之处，他人不能轻易走近。

日本的组织表现出他们社会的公开特性。那里几乎没有私人办公室。经理和操作工人在同一间屋子里、在中间不分隔的桌子上办公。北美人的公司也反映出他们文化的价值观。他们通过一个人使用的办公室和拥有的秘密来反映这个人的地位。重要会议都要在关着门的房间里进行。空间常常是除本人之外其他人无权使用的。在具有混合取向的社会中,隐私和公开也是交融在一起的。

在空间概念方面的这些差异对于组织管理,如工作设计与沟通,都有着显著的影响。

## (二) 霍夫斯坦德的国家文化模型

荷兰文化协会研究所所长霍夫斯坦德,用20种语言从态度和价值观方面,在收集了40个国家,包括从工人到博士和高层管理人员在内的、共116 000个问卷调查数据的基础上,撰写了著名的《文化的结局》一书。根据研究成果,霍氏认为:文化是在一个环境中的人们共同的心理程序,不是一种个体特征,而是具有相同的教育和生活经验的许多人所共有的心理程序。不同的群体、区域或国家的这种程序互有差异。这种文化差异可分为五个维度:权力距离、不确定性避免、个人主义与集体主义以及男性度与女性度。

**1. 权力距离**

权力距离表明一个社会能够接受组织或公司的权利在各成员之间不平等分配的程度,与等级有关。对这个维度,各个国家由于对权力赋予的意义不完全相同,所以也存在着很大的差异。比如,美国对权力的看法跟阿拉伯国家的看法就存在很大的差异。由于美国是权力距离相对较小的国家,美国员工倾向于不接受管理特权的观念,下级通常认为上级是"和我一样的人"。所以在美国,员工与管理者之间更平等,关系也更融洽,员工也更善于学习、进步和超越自我,实现个人价值。所以,美国不是很看重权力,他们更注重个人能力的发挥,对权力的追求比阿拉伯国家要逊色不少。而阿拉伯国家由于国家体制的关系,注重权力的约束力,因此,阿拉伯国家的机构,不管是政府部门还是企业都多多少少带有权力的色彩。

相对而言,中国是权力距离较大的国家,在这里地位象征非常重要,上级所拥有的特权被认为是理所应当的,这种特权大大地有助于上级对员工权力的实施。这些特点显然不利于员工与管理者之间和谐关系的创造和员工在企业中不断地学习和进步。因而要在中国的企业当中采纳"构建员工与管理者之间和谐的关系"以及"为员工在工作当中提供学习的机会,使他们不断进步"这两项人本主义政策,管理者有必要在实践当中有意识地减小企业内部权力之间的距离,这样才会更好地实现管理目标。

**2. 不确定性回避**

不确定性回避是指组织或群体面对不确定性时所感受到的威胁以及试图通过制订安全规则和其他手段来避免不确定性的程度。霍夫施泰德认为,人们抵抗未来这种不确定性的途径主要有三种:科技、法律和宗教。人们用科技来抵抗自然界的不确定性,用法律来抵抗来自其他社会成员的不确定性,而宗教则被人们用来化解无可抵抗的死亡和来世的不确定性。霍夫施泰德的调查表明，不同民族文化之间在不确定性状态的回避倾向上有很大的不同。有的民族把生活中的未知、不确定性视为大敌，千方百计加以避免；而有的民族则采取坦然接受的态度，即"是福不是祸，是祸也躲不过"。

例如，日本是不确定性避免程度较高的社会，因而在日本，"全面质量管理"这一员工广泛参与的管理形式取得了极大的成功，"终身雇用制"也得到了很好地推行。与此相反，美国是不确定性避免程度低的社会，同样的人本主义政策在美国企业中则不一定行得通，比如在日本推行良好的"全面质量管理"，在美国却几乎没有成效。中国与日本相似，也属于不确定性避免程度较高的社会，因而在中国推行员工参与管理和增加职业稳定性的人本主义政策，应该是适合的并且是有效的。此外，不确定性避免程度低的社会，人们较容易接受生活中固有的不确定性，能够接受更多的意见，上级对员工的授权被执行得更为彻底，员工倾向于自主管理和独立的工作。而在不确定性避免程度高的社会，上级倾向于对员工进行严格的控制和清晰的指示。

**3. 个人主义与集体主义**

个人主义与集体主义表示个人与群体间的关联程度。在个人主义社会中，人与人之间的关联较松，人们只关心自己和与自己较亲近的人；反之，在集体主义社会里，人与人之间倾向于形成一个凝聚力很强的整体，人们把他人按照团体内部成员和团体外部成员进行区分，人们期望得到团体的眷顾。在集体主义文化中，人们感到和家人联系紧密并且要对家人负责任，而且更喜欢把自己看成是不同团体中的一分子。在霍夫斯泰德的研究中，一个社会的个人主义/集体主义倾向是通过个人主义指数来衡量的。这一指数的数值越大，说明该社会的个人主义倾向越明显，如美国。美国是崇尚个人主义的社会，强调个性自由及个人的成就，因而开展员工之间个人竞争，并对个人表现进行奖励，是有效的人本主义激励政策。个人主义数值越小，则说明该社会的集体主义倾向越明显。例如，中国和日本都是崇尚集体主义的社会，员工对组织有一种感情依赖，应该容易构建员工和管理者之间和谐的关系。

**4. 男性度与女性度**

男性度与女性度表明性别对一个社会中男性和女性扮演什么角色的决定程度。是否对男性特征，例如进攻、武断的赞赏，还是对其他特征的欣赏，以及对男性和女性职能的界定。霍夫施泰德把这种以社会性别角色的分工为基础的"男性化"倾向称为男性或男子气概所代表的维度（即所谓男性度，masculinity dimension），它是指社会中两性的社会性别角色差别清楚，男人应表现得自信、坚强、注重物质成就，女人应表现得谦逊、温柔、关注生活质量。而与此相对立的"女性化"倾向则被其称为女性或女性气质所代表的文化维度（即所谓女性度，feminine dimension），它是指社会中两性的社会性别角色互相重叠,男人与女人都表现得谦逊、恭顺、关注生活质量。

有趣的是,一个社会对"男子气概"的评价越高,其男子与女子之间的价值观差异也就越大。美国是男性度较强的国家,企业当中重大决策通常由高层做出,员工由于频繁地变换工作,对企业缺乏认同感,因而员工通常不会积极地参与管理。中国是一个女性度较强的社会,注重和谐和道德伦理,崇尚积极入世的精神。正如我们上面的叙述,让员工积极参与管理的人本主义政策是可行的。

通过对上述文化四维度调查数据的分析,霍夫斯坦德证实了不同民族的文化之间确实存在着很大的差异性,而且这种差异性是根植在人们的头脑中的,很难轻易被改变。文化差异是由各国的历史传统以及不同的社会发展进程所产生的,表现在社会文化的各个方面。

当然,文化差异的指标不会只有四个。但即使只考虑这四个文化差异指标,且认为每个指标也都只有两种情况,按照排列组合来分析,也可能有68种不同的民族文化类型。霍夫斯坦德的研究方法和企业文化类型的多样性相兼容。

## 三、不同国家的企业文化模式与管理特点

### (一)美国的企业文化模式与管理特点

美国民族文化的个人主义特点决定了美国的企业文化以个人主义为核心,这种个人主义强调的是个人的独立性、能动性、个性和个人成就,而非一般意义上的自私。企业对员工的评价也是基于能力主义原则,加薪和提职也只看能力和工作业绩,而不考虑年龄、资历和学历等因素。以个人主义为特点的企业文化缺乏共同的价值观念,企业的价值目标和个人的价值目标是不一致的,企业以严密的组织结构、严格的规章制度管理员工,以追求企业目标的实现;而员工仅把企业看成是实现个人目标和自我价值的场所和手段。

**1. 追求卓越、追求变革的创新文化**

美国企业不满足于现状,强调不断进取和发展,强调学习和自我改进,强调高效率,强调"新""快""变",重视科技创新,以开拓和革新寻求更好的行为方式和开辟新的经营领域。这种卓越精神已经成为美国企业文化的一个核心特征。

**2. 追求利润最大化是企业的终极目标**

组织活动的终极价值目标就是利润最大化。企业获利多少不仅决定着企业前途和命运,而且决定着企业和企业家在社会中的地位和形象。美国企业还存在着一种重视短期利润的急功近利的企业文化倾向。

**3. 强调个人价值的自我实现**

美国企业家以及普通员工都认为独立自主比依赖他人更可靠，个人利益是至高无上的，一切价值、权利和义务都来自于“独一无二”的个人，因此，时时处处强调自信、自尊、自我实现和自我奋斗。企业也为每个员工提供充分发展其潜力的机会，鼓励个人奋斗和冒险创新，强调在个人自由、机会均等的基础上进行充分竞争。

**4. 推崇英雄主义和权威主义**

美国企业往往把创业者以及对公司作出巨大贡献的人物推崇为英雄。经营成功的企业大多具有这样一些英雄，他们作为最佳行为的体现者，是企业文化的支柱和希望。美国企业对英雄的推崇，必然造成权威主义，即企业领导人喜欢运用权力影响而造就员工对其崇敬和顺从的心理。

**5. 重视法律与契约，推崇“硬管理”**

美国企业家具有很强的法治意识，他们认为，如果没有正当的法律过程，就不可能有正义。因此，他们不仅用合同契约形式确定与员工的利益关系，而且特别重视被“Z理论”的创立者称为“硬管理”的三个要素，即生产经营目标、组织结构和规章制度。

## （二）日本的企业文化模式与管理特点

日本是一个单民族的国家，社会结构长期稳定统一，思想观念具有很强的共同性。日本民族一个最为显著的特点是它在日本列岛上自始至终都是惟一的民族。在漫长的日本民族历史上几乎没有民族大迁移及本民族之间的大残杀，社会结构较为稳定和统一。80%以上的人世世代代生活在同质社会中，继承了日本社会传统的“强调集团”主义和业绩主义相结合的献身价值观，对纪律的高度重视又成了组织目标实现的保证。

日本虽然是岛国，但是并不封闭守旧，其革新精神强，大量吸收西方文化中重视科学技术和理性管理的思想，并与传统文化结合起来，形成了巨大的生产力。

日本企业界认为，日本企业文化的精髓就是“和”“同”“忠”。

**1. “和”**

日本民族受中国儒家伦理思想的影响，高度重视人际关系的处理，“和”是日本企业管理范畴中的哲学概念和行动指南。其内涵是指爱人、仁慈、和谐、互助、团结、合作、忍让，它是日本高效能团队精神的基础。“和”的观念其实源于中国的儒家思想，但在日本又发展了儒家思想。中国儒家思想强调的是“仁、礼、义”，而在日本则强调“和、信、诚”，由此使得日本企业文化中包括“和、信、诚”的成分，使得人们注重共同活动中与他人合作，并时刻约束自己，所有日本的企业都依循“和”的观念行事。在日本人看来，一个团体或企业如果失败，多半由于缺乏“和”的精神。真正实行了“和”的团体，势必带来和谐和成功。理想的工作环境使人的潜能得到良好的发挥，使得人找到人生的归宿,达到幸福的境界。"和"的观念很大程度上制约和引导着日本企业的经营哲学。日本企业实行的自主管理和全员管理、集体决策和共同负责、人与人之间的上下沟通,乃至于情同手足,使企业上下一致地维护和谐、互相谦让、强调合作,反对个人主义和内部竞争。

**2. "同"**

"同"指的是同心。把企业看成一个大家庭,其中最高经营者被视为家长,员工被视为家庭成员,全体员工在家庭似的企业中互敬互爱,共同创造事业和生活。企业是一个利益共同体,共同的价值观念使企业目标和个人目标具有一致性。企业里,上级关心下级,权利和责任划分并不那么明确,一般集体决策,取得一致意见后才作出决定,一旦出了问题,不归咎个人,而是各自作自我批评。

**3. "忠"**

"忠"指的是忠诚。企业对员工实行终身雇用和年功序列工资制,即根据员工的学历和工龄长短确定其工资水平的做法,工龄越长,工资也越高,职务晋升的可能性也越大。如果学历、能力和贡献不相上下,工龄就是决定职务晋升的重要根据。这里所说的工龄,均指在同一公司或企业内连续工作的年数,而在不同公司工作的工龄一般不能连续计算。"年功序列工资制"增强了企业对职工的吸引力,比较有效地防止了熟练工人和技术骨干被别的企业挖走。也正是在这种制度下,员工更富有集体主义精神,尽忠职守,拼命工作,具备为企业、社会和国家效力的使命感、荣誉感和自豪感,与企业结成命运共同体。

### (三) 中国的企业文化模式与管理特点

中国企业文化是在中国文化传统框架内形成和发展起来的,因此,要了解中国企业的企业文化特点,首先应对中国文化的基本精神有些了解。中国文化的基本精神大致可以概括为这样四个方面:一是富有特色的人文精神。与西方的世俗化的人文精神不同,中国的人文精神侧重于伦理教化,而中国人文精神的经典的表述就是先秦的儒家伦理。二是与西方的分析思维相对照的整体思维方式。一般而言,西方人的思维方式重在分析,首先是把自然界不断地分解为各种尽可能小的部分,然后仔细地详加考察,直到一目了然。与此相反,中国人正好是一种重整合的整体思维方式,研究和观察自然界时将客观事物的整体形态作为考察的基本层面,根据事物之间的联系来把握对象,从而得出一种总体的认识。三是强调天人协调。中国传统文化中的天人协调观,以《易》最为典型。概括起来《易》中的天人协调观其主要内容有三点:人是自然界的一部分,是天地自然的衍化产物,但又具有超越万物的卓越地位;自然界存在普遍规律,人也要服从这种普遍规律;人生的理想就是自强不息,有所作为,以达天人协调的境界。四是强调“明人伦”“讲执中”“求致合”和人际关系，所谓的“明人伦”就是了解和遵守调节人与人之间相互关系的道德规范，所谓的“讲执中”就是要求人们在处理人际关系时要把握一个合适的“度”，做到“适度”，以“中庸”为好。所谓的“求致合”就是要求人们之间既要保持和谐的人际关系，又要做到“和而不同”，以“海纳百川，兼收并蓄”的宽容态度和“厚德载物”的博大胸怀对待多样性的个人意见和差别。

中国企业文化的特点大致包括：

**1. 注重伦理道德，表现出浓厚的伦理色彩**

尽管我国企业文化的表现形态是多种多样的，但注重伦理道德问题始终是其主要内容。无论是干部的任命考核，还是企业经营绩效的衡量与判断，乃至企业决策及行为的选择和评价，在很大程度上往往都不是以客观经济效果作为价值评价的依据，而是以道德规范和伦理标准作为衡量的基本价值准则。我国企业文化之所以形成这种注重伦理道德的特征，原因就在于传统的伦理文化的影响和计划经济时代所形成的集权管理模式的滞后效应。

**2. “人治”“情治”与“法治”相结合的非制度型的企业文化**

虽然改革开放以来我国许多企业都在进行企业文化建设工作，而且也取得了十分明显的成效，但从总体上来说，我国的企业文化建设活动仍然处在起步阶段，所以“法治化”的局面并未真正形成，“人治”的成分仍然相当严重。诸如长官意志、口头承诺、随意性和模糊性的习惯、裙带关系等行为随处可见，严重制约了企业的规范化和制度化的发展历程。

**3. 个性不明显**

如果从作为个体的企业这个角度进行比较，我国大部分国有企业也并未形成自己有特色的企业文化，国外许多企业大多有自己的特色鲜明的个性化企业文化，它们各自的企业文化实质上形成自身的象征和标志。例如，美国 IBM 公司的“服务”文化，日本索尼公司的“开拓者”精神等都是与众不同的、很富有个性特点的企业文化实例。然而我国国有企业却未能形成这种富有特色的企业文化，有的只是千篇一律完全雷同的企业文化。

总而言之，中国企业文化的特点是儒家伦理，整体思维，天人合之，中庸，和为贵。

## 四、跨文化沟通策略

### (一) 树立正确的跨文化观念

1. 客观看待文化差异。跨国公司的员工来自不同的国家，具有不同的文化背景，必然有不同的价值观念、态度和行为,从而导致文化差异,文化差异具有客观性。管理有先进和落后之分,但文化本身没有谁优谁劣之分,文化差异没有绝对的对与错,管理者应客观看待文化差异。

2. 树立全球文化意识。尽管人类文化的差异存在是普遍的真理,但是具有某些共同特征的独特的全球文化正在出现。大众传媒和电子传播(包括传真、电子邮件、互联网等)正在打破人们之间和各种文化之间的疆界。全球化的管理人员要很敏感地以一种跨国性战略来满足人类共同的需要和全球市场,同时加强跨国企业总部和分部之间的协调合作,以建立起承认地方多样化的同一标准,通过全球的系统决策方法把全球各地统合起来,实现资源全球共享。

3. 充分认识到跨文化管理是人的管理。这是因为,跨文化管理的主体是人,即企业的经营管理人员;跨文化的客体也是人,即企业的所有员工。跨文化管理的目的就是要使不同文化进行融合。形成一种新型的文化,而这种新型的文化只有根植于企业所有成员之中,通过企业员工的思想、价值观、行为才能表现出来,才能真正实现跨文化管理的目的,否则跨文化则流于形式。

### (二) 建立统一的价值观

作为文化重要组成部分的价值观,是一种比较持久的信念,它可以决定人的行为方式、交往准则以及用来判断是非、好坏、爱憎等。跨国企业需要找到两种文化的结合点,发挥两种文化的优势。在企业内部逐渐建立起统一的价值观。

1. 发展文化认同。在文化差异的基础上求同存异,找到双方都能接受的文化共同点。这里所说的共同点包括两层意思,一是本来就是共同的东西,这种共同的东西在物质的、行为的、制度的、精神的层面上都会存在;二是隐藏在特殊的东西中的共同的东西,它们是特殊中的共性。发展文化认同需要跨国经营管理人员熟悉和掌握跨文化沟通与跨文化理解的技能和技巧。

2. 建立共同经营观,建设“合金”企业文化。通过文化差异的识别和敏感性训练等,提高企业员工文化鉴别和适应能力。在文化共性认识的基础上,根据环境的要求和公司战略的需求建立起公司共同的经营观和强有力的公司文化。通过文化的交汇,达成跨文化和谐的、具有东道国特色的经营管理模式,逐渐建立起跨国公司的管理文化,并逐步建立起以公司价值观为核心的企业文化。

### (三) 实行管理本地化策略

跨国企业管理人员要本着“思维全球化和行动本地化”的原则进行跨文化管理。本地化策略主要包括:

1. 人员本地化。充分利用当地人才为本公司服务，提高经营业绩以及降低跨国企业海外派遣人员和跨国经营的费用，而且还能更好地与当地文化融合，减少当地社会对外来资本的危机情绪。

2. 语言文字本地化。为了方便和尊重当地员工，公司总部与子(分)公司的沟通文字最好也用当地文字，这有利助于两公司的真正的融合，减少母(分)公司与子(分)公司之间的文化冲突，更有利于建立共同的企业文化。

### (四) 学习异质文化

**1. 营造学习气氛。**

首先，鼓励跨国企业的管理者在文化环境中学习，他们必须能够不受自己的文化视角的约束，在实践中学习目标市场的文化。不但要学习目标市场的语言和非语言的交流手段，而且还要学习目标市场的文化、社会特点，熟悉当地的传统和风俗习惯。

其次，还要鼓励跨国企业管理者进行文化间的学习交流，这意味着自我意识的开放，能够卸下自己文化中的包袱和累赘，学习异质文化新的思想和优势，博采众长，从而达到整体最优。

**2. 加强跨文化培训。**

培训内容一般包括：对他民族文化和母公司文化的认识和了解；文化的敏感性、适应性训练；语言、习俗、生活方式培训；跨文化沟通及冲突处理能力的培训；对对方先进的管理方法及经营理念的培训等。通过培训，一方面通过全面系统地讲授对方文化的价值观念、伦理道德、风俗习惯、法律制度等，提高员工对对方文化的认识和文化敏感性，引导员工理解和尊重对方的文化，减少文化冲突以及提高文化冲突的解决能力。另一方面跨文化培训还包括培养和发展员工的观察能力和面对面交流的能力，使员工在真实的企业环境中理解和学习对方的文化。

## 五、构建我国企业文化的思路

### (一) 构建兼容并蓄、精华集萃的企业文化

在学习国外先进企业文化的同时，更要注重与我国优秀的民族文化相结合。古典名著中，许多内容对企业文化建设很有价值。《三国演义》中脍炙人口的“三顾茅庐”故事所体现的求贤若渴、尊贤重士风格；《红楼梦》中王熙凤“从严治宁府”的有效管理术，至今仍有其值得借鉴和参考的积极意义。在民间传说——大禹治水(变堵为疏)、精卫填海(百折不挠)、愚公移山(坚韧不拔)、岳母刺字(保家卫国)之中，在警句格言——

“闻鸡起舞”“黎明即起”“一寸光阴一寸金,寸金难买寸光阴”“只要功夫深、铁棒磨成针”等,亦能找到对建设企业文化有价值的东西。

### (二) 构建提高素质、更新理念的企业文化

企业必须千方百计地提高职工素质,在破除旧观念的同时树立起市场经济需要的新观念。这些新观念主要指:竞争观念、创新观念、用人观念、科学领导观念、时间观念、信息观念、平等观念、效益观念等。

### (三) 构建以企业家精神为基础的企业文化

企业必须充分发挥人力资源的作用,加大培训工作力度,培养和造就庞大的企业经营者队伍,培养和造就具有开拓创新精神的科技人才队伍,培养和造就有理想、有道德、有文化、有纪律的职工队伍,而这些方面中,最为关键的是造就大批的高素质的企业经营者。企业家在一定程度上是企业文化的代表,他在企业文化中起着设计、组织、概括、示范、引导、凝聚、传播的作用,这种起主导的作用是他人不可能代替的。培养优秀的现代企业文化,就是要培育和造就一批具有良好思想、文化、技术、管理素质,以及具有开拓创新精神的企业家队伍,才能加快现代企业文化生成、发育及升华、丰富的过程,才能使形成的文化产生应有的导向、激励、辐射作用,以独特的形象、优秀的文化魅力,对其他企业乃至整个社会产生良性的影响。

### (四) 构建以人为本的企业文化

构建以人为本的企业文化,使企业文化建立在关心人、爱护人、帮助人的基础之上。在企业文化建设中注重关心人,就是要真正以员工为中心,以企业文化引导、教育、激励、培养、塑造员工,促进员工的自我实现和全面发展,同时,完善企业福利设施,对员工福利的注重能提高员工工作的积极性和对企业的认同感。企业文化建设中对人的关心,不能仅仅局限于企业内部,还应反映在企业的外部“关怀”上,主要体现为对顾客的尊重,对社会文化的尊重,特别是高度的社会责任意识。管理是通过别人来做好工作的过程。企业管理者要学会并具备人的工作本领,包括了解人、尊重人、团结人、发挥人的长处来做好管理工作的本领,是实施企业文化的基本要求。企业文化的实质是人的问题。

### (五) 构建与现代企业制度相融合的企业文化

在现代企业制度下,由于建立了业主产权制度、法人产权制度,企业产权清晰,遵循现代雇用制,企业员工与企业之间,业主与经理人之间关系清楚,权责明确。这样,

才能建设业主认可的、以企业家为主体的、企业员工共同建设的企业文化，因此，构建“产权清晰、权责明确、政企分开、管理科学”的现代企业制度，才能加快建立优秀的有中国特色的企业文化。

### （六）构建发展变化创新的企业文化

当今世界，瞬息万变，企业文化不能僵化。“以不变应万变”的落后理念已经不能适应社会发展需求，取而代之的则是“以变应万变”。而变就要创新，没有创新无所谓变。而创新的企业文化应该能够提高效率、提高质量、提高效益、促进发展。企业应具有全球视野，立足国情，在竞争、开放、动态的环境下思考企业文化的发展变化问题，使企业文化与企业提升核心竞争力相促进、与企业发展战略相适应、与企业生产经营管理相融合。

目前，在中国企业文化第二次浪潮中，越来越多的企业家已经感受到企业文化的力量，他们开始重新审视自身的企业文化系统并做出否定、创新的抉择，向着如何在中西方企业文化兼容并蓄的基础上发展中国特色企业文化模式发展，并且更重视以定性为主定量为辅的研究方法。我国的企业对待企业文化的态度正在跃升，企业文化研究者以及实际操作者们正在致力于如何使企业文化深入人心，如何使企业文化变得更实在、更有用，并且更有突破。只要企业找对路、找好路，伴随我国经济振兴的企业文化日趋繁荣指日可待。人类因梦想而伟大，企业因文化而繁荣。世界经济正在为中国企业家提供更广阔的舞台和新的发展空间，中国的企业文化建设必将成为和谐中国的伟大向心力，中国企业文化管理师必将成为企业文化凝聚力、促进企业可持续发展的中坚力量。

## 【复习思考题】

1. 什么是组织文化？组织文化有哪些类型？
2. 哪些因素影响了组织文化的形成？
3. 传播组织文化的关键机制有哪些？
4. 组织文化的功能有哪些？
5. 霍夫斯坦德的国家文化模型的主要内容是什么？
6. 美国的企业文化模式与管理特点是什么？

7. 日本的企业文化模式与管理特点是什么？
8. 海尔企业文化建设带给我们什么样的启示？

## 【本章案例分析】

### TCL 的企业文化

哪一个企业能够在企业文化建设方面领先，哪一个企业就能建立起竞争优势。TCL 努力以中国传统的优秀文化为基础，吸收西方企业管理的精髓，形成“新儒家”文化——一种合金式的企业文化。

——TCL 集团总裁　李东生

企业文化是企业领导和员工共同遵循的价值观，TCL 认为企业文化应该是全体员工思想观念的提升和概括，而不完全是一种从上到下的灌输。经营变革、管理创新的过程就是企业经营理念的实践和传播过程。经营变革、管理创新一方面要对企业过去成功的经营思想、观念、方法、体制等进行回顾和总结，使之更广泛地为企业员工理解和接受；另一方面则应根据企业的发展目标和发展战略，积极主动地改善不足之处，提高经营管理水平，更新经营观念，建立更有效率的组织结构，以获得更大的成功。同时，全体员工在向企业发展目标共同努力的过程中，逐步达成对共同的价值观和共同的行为准则的共识，从而形成能保障企业实现“创中国名牌、建一流企业”目标的企业文化体系。多年来，TCL 一直倡导用企业精神激励员工为实现发展目标而共同努力。

TCL 创业初期提出“廉洁奉公、思想统一、雷厉风行、富有成效”的企业口号；1993 年初，TCL 提出“团结开拓、艰苦拼搏”的企业精神，并为企业精神做了明确定义。TCL 之所以能够实现高速增长，其中的重要原因就是全体 TCL 人特别是管理干部，能将企业精神贯彻到工作实践中去。这些企业精神是 TCL 宝贵的精神财富，也是保证 TCL 事业继续发展的思想基础。企业的明天是昨天和今天的继续。TCL 十分看重企业文化建设，就是要把最能推动 TCL 发展的思想、观念、精神、作风进行总结、提升，使之规范化、系统化，并广泛地为全体 TCL 人理解、接受，并成为其自觉行为。

为了企业下一步求得更大的发展，TCL 重新确定了企业的核心价值观，并系统表述为企业经营目标：创中国名牌，建一流企业。

所谓 TCL 的目标——“创中国名牌”，就是要创立一个驰名全球市场的中国名牌，因为只有首先成为中国名牌，才能争取创世界名牌；“建一流企业”，就是要建设一个具有国际竞争力的综合企业。而一流企业的标准具有两方面的含义：一个是综合企业，另一个是具有国际竞争力。TCL 目前已走向国际竞争,而且在国内已经直接参与同跨国企业的竞争,所以企业的生存发展与竞争的度量标准,已不单单是指在国内竞争中能否生存与发展,更重要的是有无能力与那些跨国企业竞争。能否具备这种竞争能力,直接取决于企业管理水平的高低,因此说,建立国际竞争力是衡量一流企业的标准。而另一方面,一流企业应该是一个综合企业,能够把握机会综合发展,从而增强企业的整体实力。目前,我们的营销网络功能正不断扩展,并朝着多元综合化经营方向发展,在金融方面,去年我们建立了结算中心,最终将使之发展成为财务公司,以加强企业的资本运营能力。

TCL 的企业宗旨是"为顾客创造价值;为员工创造机会;为社会创造效益"。其中"为顾客创造价值"是 TCL 经营理念的重大进步,它改变了企业以利润为中心的管理观念,明确企业最重要的工作目标就是用高质量的产品、全方位的服务满足社会广大顾客的需求,通过卓有成效的工作,让更多的顾客认同 TCL 产品和服务的价值。这就要求 TCL 人在生产经营的每一个环节,都必须把顾客的需求、市场的需求放在第一位,扎扎实实地做好每一项工作。只有真正做到这一点,TCL 的品牌与产品才会更有竞争力,企业也才能获得更快的发展,才会有更好的效益。

"为员工创造机会"——企业的竞争就是人才的竞争。同时,企业也是员工生存和实现自我价值的载体,企业有责任满足员工在精神上和物质上的需求,有责任为员工的发展并实现自我价值创造条件。为此,TCL 要建立一个科学、公平的员工考核和价值评价体系,建立员工的教育和培训制度,建立合理的薪酬和福利制度,使员工在企业中能获得更好的成长和发展机会,实现自己的事业追求,同时也获得合理的回报和生活福利保障。

"为社会创造效益"——企业生存和发展的过程,客观上也是为社会创造效益的过程。TCL 是国有控股企业,企业所创造的效益在更大程度上是为社会创造效益,是为国家经济的振兴、为民族工业的发展尽力尽责,这是所有 TCL 人的使命。

TCL 倡导的企业精神是"敬业、团队、创新",这是"团结开拓、艰苦拼搏"企业精神的延续和升华。

"敬业"是鼓励为事业而献身的精神,这种敬业实质上是 TCL 过去"艰苦拼搏"精神的延续;追求更高的工作目标,勇于承担工作责任,掌握更好的工作技能,培养踏踏实实和精益求精的工作作风。这种精神是以往 TCL 成功的一个非常重要的因素,也是保障今后继续成功的基础。

"团队"是要求企业内部要有协作和配合的精神,营造企业和谐健康的工作环境,员工不但要对自己的工作负责,同时也对集体的工作负责,对整个企业负责,提倡员工间互相鼓励、互相关心和帮助。"团队"精神包含了团结的内涵,但比团结的表述更为系统,更有积极的意义。

"创新"精神一直是 TCL 高速发展的重要动力。创新包含了"开拓"的内涵。TCL 从小到大,比别人走得更快,工作更有成效,靠的就是创新进取、勇于开拓的精神。这是支撑 TCL 高速成长的重要经营观念,TCL 只有在借鉴别人成功经验基础上不断创新,才有可能超越对手。

TCL 提出的企业经营目标、宗旨、精神,构成了一个相互支撑的企业文化体系,这也是我们企业和员工的使命宣言及核心价值观的体现。TCL 就是要通过企业经营变革、管理创新推进企业文化建设,把企业经营理念变为 TCL 人的自觉行动,弘扬"敬业、团队、创新"的企业精神。

实践表明,国际竞争力实质上是在国内培养出来的,企业的竞争力实质上也是在企业内部培养出来的。TCL 致力于经营变革、管理创新,最终目的是使我们企业的内部管理力度、考核力度、绩效改进力度和优胜劣汰力度达到国际市场竞争的要求,以确保在激烈的市场竞争中实现可持续发展,实现"创中国名牌、建一流企业"的目标。

## 思考题:

1. TCL 企业文化的特色是什么?
2. TCL 的企业文化建设带给我们什么样的启示?

# 参考文献


1. [法]法约尔:《工业管理和一般管理》,曹永先译,团结出版社 1999 年版。
2. [美]海耶尔:《美国管理百科全书选编》,时事出版社 1984 年版。
3. [美]马斯洛:《动机与人格》,许金声等译,中国人民大学出版社 1987 年版。
4. [美]麦考密克,伊尔根:《工业与组织行为学》,科学出版社 1991 年版。
5. [美]斯帝芬·P.罗宾斯:《组织行为学》,孙建敏等译,中国人民大学出版社 1997 年版。
6. [美]薛恩:《组织心理学》,余凯成译,经济管理出版社 1987 年版。
7. 陈国海,方华,刘春燕:《组织行为学》,清华大学出版社 2003 年版。
8. 陈琦,刘儒德:《当代教育心理学》,北师大出版社 2007 年版。
9. 董伯俞:《从中国企业文化特点看中国人力资源管理》,《经济师》2003 年第 4 期。
10. 窦胜功,张兰霞,卢纪华:《组织行为学教程》,清华大学出版社 2009 年版。
11. 范周:《企业文化导论》,世界知识出版社,1991 年版。
12. 顾琴轩等:《组织行为学》,上海人民出版社 2007 年版。
13. 郭亮:《正激励和负激励的应用》,《企业研究》2010 年第 3 期。
14. 黄爱玲:《现代管理心理学理论与实践》,海风出版社 2003 年版。
15. 江历明:《非正式领导在企业组织中的作用》,《湖北经济学院学报(人文社会科学版)》2008 年第 4 期。
16. 金思宇:《中国特色企业文化建设案例(第一卷)》,中国经济出版社 2005 年版。
17. 荆建林,李忠义:《海尔企业文化建设方略》,《石油化工管理干部学院学报》2003 年第 3 期。
18. 瞿葆奎:《教育与人的发展》,人民教育出版社 1989 年版。
19. 乐国安:《应用社会心理学》,中国人民大学出版社 2009 年版。
20. 李剑锋:《组织行为管理》,中国人民大学出版社 2006 年版。
21. 李磊,马维华:《管理心理学》,南开大学出版社 2006 年版。
22. 李培红:《领导特质理论的评述》,《大众文艺理论》2009 年第 20 期。
23. 李绍元:《破解华盛顿合作定律》,《企业管理》2006 年第 11 期。
24. 李秀改,李福华:《个性差异在管理领域中的应用》,《淮北煤炭师范学院学报:哲学社会科学版》2005 年第 1 期。

25. 李铮,姚本先:《心理学新论》,高等教育出版社 2001 年版。
26. 刘红:《浅析内容型激励理论及应用》,《商场现代化》2005 年第 10 期。
27. 刘平:《社会文化环境与青少年人格塑造》,《江西社会科学》2004 年第 11 期。
28. 卢盛忠:《管理心理学》,浙江教育出版社 1985 年版。
29. 孟昭兰:《普通心理学》,北京大学出版社 2003 年版。
30. 彭聃龄:《普通心理学》,北京师范大学出版社 2005 年版。
31. 邵冲:《管理学概论》,中山大学出版社 2005 年版。
32. 时勘,卢嘉:《管理心理学的现状与发展趋势》,《应用心理学》2001 年第 7 卷第 2 期。
33. 时蓉华:《现代社会心理学》,华东师范大学出版社 2007 年版。
34. 史王民:《论“非正式领导”》,《中国管理信息化》2010 年第 15 期。
35. 苏方国,赵曙明:《组织承诺、组织公民行为与离职倾向关系研究》,《科学学与科学技术管理》2005 年第 8 期。
36. 孙彤:《组织行为学》,高等教育出版社 2000 年版。
37. 索志林,黄蓓:《管理心理学》,中国农业大学出版社 2004 年版。
38. 谭融:《公共部门人力资源管理》,天津大学出版社 2003 年版。
39. 王朝晖:《跨文化管理》,北京大学出版社 2009 年版。
40. 王德清,杨东:《管理心理学》,重庆大学出版社 2004 年版。
41. 王珏:《期望理论在组织管理中的运用》,《邢台学院学报》2009 年第 4 期。
42. 王瑞:《中国传统文化与我国现代企业文化的构建》,西安电子科技大学 2006 年版。
43. 王雁:《普通心理学》,人民教育出版社 2002 年版。
44. 吴晓义:《管理心理学》,东北财经大学出版社 2005 年版。
45. 熊川武:《管理心理学》,广东高教出版社 1998 年版。
46. 徐智华:《管理者如何做到有效倾听》,《中国科技信息》2007 年第 11 期。
47. 鄢琰:《组织行为学在现代企业人力资源管理中的运用》,《人才资源开发》2009 年第 5 期。
48. 杨懿:《转型期中的中国民营企业文化研究》,复旦大学 2005 年版。
49. 杨宇:《德鲁克目标管理理论评述》,《中国高新技术企业》2010 年第 3 期。
50. 姚玲珍,钟君君:《组织行为学在房地产开发项目管理中的应用》,《建筑施工》2006 年第 3 期。
51. 尹亚磊:《企业内部非正式群体问题探究》,《魅力中国》2009 年第 10 期。
52. 俞文钊:《管理心理学》,东北财经大学出版社 2006 年版。

53. 袁瑛,卢文文:《管理中的物质激励和精神激励》,《中国集体经济》2009 年第 7 期。
54. 曾晖,赵黎明:《组织行为学发展的新领域——积极组织行为学》,《北京工商大学学报(社会科学版)》2007 年第 3 期。
55. 张春兴:《现代心理学》,上海人民出版社 2005 年版。
56. 张德:《全球化背景下的跨文化人力资源管理》,《新资本》2006 年第 5 期。
57. 张术松,汪雷:《管理心理学概论》,合肥工业大学出版社 2008 年版。
58. 赵国祥:《管理心理学高级教程》,安徽人民出版社 2008 年版。
59. 钟力平:《斯金纳的强化理论及其应用》,《企业改革与管理》2008 年第 2 期。
60. 周家骥:《心理测验分类介绍》,《现代特殊教育》1996 年第 3 期到第 7 期。

**图书在版编目(CIP)数据**

组织行为学/罗珊编著.—2版.—上海:格致
出版社:上海人民出版社,2017.7(2024.10重印)
高等院校经济学管理学核心课教材
ISBN 978-7-5432-2767-5

Ⅰ.①组… Ⅱ.①罗… Ⅲ.①组织行为学-高等学校
-教材 Ⅳ.①C936

中国版本图书馆CIP数据核字(2017)第169427号

**责任编辑** 程 倩
**美术编辑** 路 静

高等院校经济学管理学核心课教材
**组织行为学(第二版)**
罗 珊 编著

**出 版** 格致出版社
上海人民出版社
(201101 上海市闵行区号景路159弄C座)
**发 行** 上海人民出版社发行中心
**印 刷** 上海新华印刷有限公司
**开 本** 787×1092 1/16
**印 张** 24.5
**插 页** 1
**字 数** 461,000
**版 次** 2017年7月第1版
**印 次** 2024年10月第2次印刷
ISBN 978-7-5432-2767-5/F·1045
**定 价** 88.00元

# 高等院校经济学管理学核心课教材

组织行为学(第二版)(备有教学课件)
罗珊/编著

会计学基础(第四版)(备有教学课件)
徐晔　王交通/编著

国际贸易(第二版)
高露华/主编

宏观经济学(备有教学课件)
谢玉梅　浦徐进　王敏琴/主编

微观经济学(备有教学课件)
谢玉梅　浦徐进　徐敏丽/主编

管理学原理(第二版)(备有教学课件)
芮明杰/编著

经济法(第三版)(备有教学课件)
向征/主编　王剑文　薛亚君/副主编

西方经济学原理(第二版)(备有教学课件)
丁卫国　谢玉梅/主编

会计学基础习题集(第二版)
徐晔/编著

国际贸易实务(备有教学课件)
逯宇铎　刘海洋/编著

市场营销学(备有教学课件)
张红　万炜/主编

货币银行学(备有教学课件)
朱启贵/编著

微观经济学
张元鹏/编著

微观经济学习题与解答
张元鹏　李琼　胡翠/编著

政治经济学原理
何玉长　张沁悦/编著